U0602530

超值典藏

从零开始学炒股

大·全·集

丛书编委会 编著

吉林出版集团有限责任公司

图书在版编目（CIP）数据

从零开始学炒股 /《超值典藏书系》丛书编委会编
著 . — 长春：吉林出版集团有限责任公司，2012.7
（超值典藏书系）

ISBN 978-7-5463-9853-2

Ⅰ . ①从… Ⅱ . ①超… Ⅲ . ①股票投资—基本
知识 Ⅳ . ① F830.91

中国版本图书馆 CIP 数据核字（2012）第 127066 号

超值典藏书系 **从零开始学炒股**

编　　著	**丛书编委会**	
责任编辑	师晓晖	
开　　本	787mm×1092mm　1/16	
字　　数	300 千字	
印　　张	20	
版　　次	2012 年 7 月第 1 版	
印　　次	2014 年 8 月第 6 次印刷	

出　　版　吉林出版集团有限责任公司
　　　　　（长春市人民大街 4646 号　邮编：130021）
经　　销　全国新华书店
电　　话　总编办：0431-85600386
　　　　　市场部：025-66989810
　　　　　北京市场部：010-85804668
网　　址　www.keyigroup.com
印　　刷　三河市兴达印务有限公司

ISBN 978-7-5463-9853-2　定　价：39.80 元

前 言

Preface

股票是股份公司在筹集资本时向出资人公开或私下发行的、用以证明出资人的股本身份和权利，并根据持有人所持有的股份数享有权益和承担义务的凭证。股票是一种有价证券，代表着其持有人（股东）对股份公司的所有权，每一股同类型股票所代表的公司所有权是相等的，即"同股同权"。股票可以公开上市，也可以不上市。在股票市场上，股票也是投资和投机的对象。

股票至今已有将近 400 年的历史，它伴随着股份公司的出现而出现。随着企业经营规模扩大与资本需求不足要求一种方式来让公司获得大量的资本金。于是产生了以股份公司形态出现的，股东共同出资经营的企业组织。股份公司的变化和发展产生了股票形态的融资活动；股票融资的发展产生了股票交易的需求；股票的交易需求促成了股票市场的形成和发展；而股票市场的发展最终又促进了股票融资活动和股份公司的完善和发展。

炒股就是买卖股票，靠做股票生意而牟利。炒股的核心内容就是通过证券市场的买入与卖出之间的股价差额，实现套利。股价的涨跌根据市场行情的波动而变化，之所以股价的波动经常出现差异化特征，源于资金的关注情况，他们之间的关系，好比水与船的关系。水溢满则船高（资金大量涌入则股价涨）水枯竭而船浅（资金大量流出则股价跌）。

股市是一个充满风险的场所，股票操作也是一项非常复杂的工作，对于新股民来说，首要的是学会客观冷静地看待股市，认真、细致地分析股市，准确、合理地把握股市，切不可凭一时热情，盲目入市，随意买卖股票。事实上，在股市中，股民最大的风险不是市场风险，而是股民自身的知识和技术风险，许多股民经不住诱惑，在对股票知识一知半解甚至半知不解的情况下，仓促入市，风险从一开始就高悬在他们的头顶。所以刚刚入市的新股民必须快速掌握炒股方法和技巧。

目录 CONTENTS

目录 CONTENTS

目录 CONTENTS

目录 CONTENTS

目录 CONTENTS

揭开股票的面纱

股票有哪些种类

由于股票包含的权益不同，股票的形式也就多种多样，可谓五花八门、形形色色。这些股票名称不同，形成和权益各异。一般来说，股票可分为普通股股票、优先股股票和其他类型股票。

普通股股票

所谓普通股股票，就是持有这种股票的股东都享有同等的权利，他们都能参加公司的经营决策，其所分取的股息红利是随着股份公司经营利润的多寡而变化。而其他类型的股票，其股东的权益或多或少都要受到一定条件的限制。

普通股股票的主要特点之一，它是股票中最普通、最重要的股票种类。股份公司在最初发行的股票一般都是普通股股票，且由于它在权利及义务方面没有特别的限制，其发行范围最广且发行量最大，故股份公司的绝大部分资金一般都是通过发行普通股股票筹集而来的。

其二，普通股股票是股份有限公司发行的标准股票，其有效期限是与股份有限公司相始终的，此类股票的持有者是股份有公司的基本股东。

第三，普通股股票是风险最大的股票。持有此类股票的股东获取的经济利益是不稳定的，它不但要随公司的经营水平而波动，且其收益顺序比较靠后，这就是股份公司必须在偿付完公司的债务和所发行的债券利息以及优先股股东的股息以后才能给普通股股东分红。所以持有普通股股票的股东其收益最不稳定，其投资风险最大。

对于股份公司而言，持普通股股票的股东所处的地位是绝对平等的，在股份有限公司存续期间，它们都毫无例外地享有一定权利，法律和公司章程对此没有任何特别的限制。

持普通股股票的股东享有的权利之一是，通过参加股东大会来参与股份公司的重大经营决策。一般来说，股份公司每一年度都至少要召开一次股东大会，在遇到重大事件时还要召开临时股东大会。在股东大会上，股东除了听取公司董事会的业务和财务报告外，还可对公司的经营管理发表意见，参加公司董事会和监事会的选举。如果认为公司的账目不清时，股东还有权查阅公司的有关账册。如果发现董事违法失职或违反公司章程而损害公司利益时，普通股股东有权将之诉诸于法庭。

持普通股股票的股东享有的权利之二是，具有分配公司盈余和剩余资产的权利。在经董事会决定之后，普通股股东有权按顺序从公司经营的净利润中分取股息和红利。在股份有限公司解散清算时，有权按顺序和比例分配公司的剩余资产。

持普通股股票的股东享有的权利之三是，具有优先认股权。当股份公司为增加公司资本而决定增资扩股时，普通股股东都有权按持股比例优先认购新股，以保证普通股股东在股份有限公司中的控股比例不变。如我国的上市公司在配股时，都是按比例先配给现有的普通股股东。当普通股股东不愿或无力参加配股时，他可放弃配股或按相应的规定将配股权利转让与他人。

优先股股票

所谓优先股股票是指持有该种股票股东的权益要受一定的限制。优先股股票的发行一般是股份公司出于某种特定的目的和需要，且在票面上要注明"优先股"字样。

优先股股东的特别权利就是可优先于普通股股东以固定的股息分取公司收益并在公司破产清算时优先分取剩余资产，但一般不能参与公司的经营活动，其具体的优先条件必须由公司章程加以明确。

一般来说，优先股的优先权有以下四点，即在分配公司利润时可先于普通股且以约定的比率进行分配；当股份有限公司因解散、破产等原因进行清算时，优先股股东可先于普通股股东分取公司的剩余资产；优先股股东一般不享有公司经营参与权，即优先股股票不包含表决权，优先股股东无权过问公司的经营管理，但在涉及到优先股股票所保障的股东权益时，优先股股东可发表意见并享有相应的表决权；优先股股票可由公司赎回。

关于第四点，由于股份有限公司需向优先股股东支付固定的股息，优先股股票实际上是股份有限公司的一种举债集资的形式，但优先股股票又不同于公司债券和银行贷款，这是因为优先股股东分取收益和公司资产的权利只能在公司满足了债权人的要求之后才能行使。优先股股东不能要求退股，却可以依照优先股股票上所附的赎回条款，由股份有限公司予以赎回。大多数优先股股票都附有赎回条款。

累积优先股股票是指在上一营业年度内未支付的股息可以累积起来，由以后财会年度的赢利一起付清。非累积优先股股票是指只能按当年赢利分取股息的优先股股票，如果当年公司经营不善而不能分取股息，未分的股息不能予以累积，以后也不能补付。

参加分配优先股股票是指其股票持有人不仅可按规定分取当年的定额股息，还有权与普通股股东一同参加利润分配的优先股股票。不参加分配优先股股票，就是只能按规定分取定额股息而不再参加其他形式分红的优先股股票。

可转换优先股股票是指股票持有人可以在特定条件下，按公司条款把优先股股票转换成普通股股票或公司债券的股票。不可转换优先股股票是指不具有转换为其他金融工具功能的优先股股票。

可赎回优先股股票又称为可收回优先股股票，是指在发行后一定时期可按特定的赎买价格由发行公司收回的优先股股票。可赎回优先股股票有两种类型，即强制赎回和任意赎回。强制赎回，即这种股票在发行时就规定，股份公司享有赎回与否的选择权。一旦发行该股票的公司决定按规定条件赎回，股东就别无选择而只能缴回股票。而股票持有者没有任何主动权。任意赎回，即股东享有是否要求股份公司赎回的选择权。若股东在规定的期限内不愿继续持有该股票，股份公司不得拒绝按赎回条款购回。

在现实中，大部分可赎回股票属于第一种，赎回的主动权掌握在股份公司手中。股份公司赎回优先股票的目的一般是为了减少股息负担。所以，往往是在能够以股息较低的股票取代已发行的优先股票时予以赎回。赎回的价格是事先规定的，通常高于股票市场价值，其目的在于补偿股东因股票被赎回而可能遭受的损失，保护股票持有者的利益，同时也可以规范股份公司的赎回行为。

与可赎回优先股股票相对应的，就是不可赎回优先股票，即指是指发行后根据规定不能赎回的优先股票。这种股票一经投资者认购，在任何条件下都不能由股份公司赎回。

股息可调整优先股股票，即股息率可以调整变化的优先股股票，其特点是优先股股票的股息率，可随相应的条件进行变更而不再事先予以固定。

其他类型的股票

除了普通股股票和优先股股票外，根据股票持有者对股份公司经营决策的表决权，股票又可分为表决权股股票和无表决权股股票；根据股票的票面是否记载有票面价值，股票又可分为有面额股股票和无面额股股票；根据股票的票面是否记载有股东姓名，股票可分为记名股票和不记名股票；除此之外，还有库藏股票、偿还股股票、职工内部股票和储蓄股股票等。在这些股票当中，比较特殊的是后配股股票和混合股股票。

后配股股票又称劣后股股票，是指在规定的日期或规定的事件发生以后才能分享股息红利和公司剩余资产的股票。具体来讲，后配股股票股东行使的收益权顺序位于普通股股东之后，但行使的股东权和普通股股东一致，即可通过股东大会参与股份公司的经营决策。后配股股票的收益极不稳定且没有保障，其股东地位要强于优先股股东。即使如此，一般的投资者都不愿意接受，所以后配股股票一般都是无偿地向公司发起人或参与公司经营的股东管理人赠送，故后配股股票也称为发行人股或管理人股。

混合股股票是将优先分取股息的权利和最后分配公司剩余资产的权利相结合而构成的股票。具体地讲，股份有限公司在分配股息时，混合股股东先于普通股股东行使权力。而在公司清算时，混合股股东分配公司剩余财产的顺序又处于普通股股东之后，混合股股票是优先股与后配股的结合体。

股票的自身特点

几百年来，数以亿万计的人参与了股票的买卖，演绎了无数悲欢离合的故事。股票之所以具有那么大的魅力，是因为它具有一些其他投资所不具有的优点，主要体现如下：

一是不可偿还性。股票是一种无偿还期限的有价证券，投资者认购了股票后，就不能再要求退股，只能到二级市场卖给第三者。股票的转让只意味着公司股东的改变，并不减少公司资本。从期限上看，只要公司存在，它所发行的股票就存在，股票的期限等于公司存续的期限。

二是参与性。股东有权出席股东大会，选举公司董事会，参与公司重大决策。股票持有者的投资意志和享有的经济利益，通常是通过行使股东参与权来实现的。股东参与公司决策的权利大小，取决于其所持有的股份的多少。从实践中看，只要股东持有的股票数量达到左右决策结果所需的实际多数时，就能掌握公司的决策控制权。

三是收益性。股票具有长期收益和短期收益的特点。就长期收益性来说，在我国股票的红利分配比例比债券和银行存款要吸引人得多，多的可达到15%以上。就股票的短期收益性来说，在现在的股票市场上，有许多股票能使投资者在很短的时间内得到巨大的收益。

当然，股票的高收益是与高风险相联系的，可以说，股票最大的魅力所在就是它能使投资者在承担风险的条件下获得高额的投资回报。一个出色的股票投资者，既能获取丰厚的收益，又可以享受搏击风浪的无限乐趣。

四是流通性。股票的流通性是指股票在不同投资者之间的可交易性。流通性通常以可流通的股票数量、股票成交量以及股价对交易量的敏感程度来衡量。可流通股数越多，成交量越大，价格对成交量越不敏感（价格不会随着成交量一同变化），股票的流通性就越好，反之就越差。股票的流通，使投资者可以在市场上卖出所持有的股票，取得现金。通过股票的流通和股价的变动，可以看出人们对于相关行业和上市公司的发展前景和赢利潜力的判断。那些在流通市场上吸引大量投资者、股价不断上涨的行业和公司，可以通过增发股票，不断吸收资本进入生产经营活动，收到了优化资源配置的效果。

五是价格波动性和风险性。股票在交易市场上作为交易对象，同商品一样，有自己的市场行情和市场价格。由于股票价格要受到诸如公司经营状况、供求关系、银行利率、大众心理等多种因素的影响，其波动有很大的不确定性。正是这种不确定性，有可能使股票投资者遭受损失。价格波动的不确定性越大，投资风险也越大。因此，股票是一种高风险的金融产品。例如，称雄于世界计算机产业的国际商用机器公司，当其业绩不凡时，每股价格曾高达170美元，但在其地位遭到挑战，出现经营失策而招致亏损时，股价又下跌到40美元。如果不合时机地在高价位买进该股，就会导致严重损失。

六是永久性。股票所载有的权利的有效性是始终不变的，因为它是一种无限期的法律凭证。股票的有效期与股份公司的存续期间相联系，两者是并存的关系。

股票投资者的权利

我们通常所说的股票指的是普通股，它是在公司的经营管理和赢利及财产的分配上享有普通权利的股份。当购买普通股股票时，上市公司给的投资收益（股息和分红）不是在购买时就像银行利息那样事先约定，而是根据股票发行公司年末的经营业绩来确定。公司经营的业绩好，你购买的普通股收益就高；反之，若经营业绩差，收益就低。普通股是股份公司资本构成中最重要、最基本的股份，但如果投资普通股时就必须面对较大的风险。

我们买了股票就是发行公司的股东，普通股股东拥有以下一些权利：

一是利润分配权，按照股东持有股票的比例分配公司盈余，也就是派发股息。但股东要明白，公司并非把公司一年的利润全部按比例分配，而是在扣除各项留存和公积金之后，再把剩下的利润平均到每股分配给股东。

二是优先认股权，也称为新股优先认购权，公司在增发新股时，当你还拥有此公司的股票时，你有比其他没有此公司股票的人有优先购买新股票的权利。这一权利的目的在于维持原来股东的持股比例不会因增发新股而非意愿地减少。

三是投票表决权，在股份有限公司每年召开股东大会时，作为该股票发行公司的股东有权利参加，并拥有对公司重大事项的投票表决权，从而间接地影响公司的经营决策，因此，这一权利也称为参与决策权。

四是剩余资产分配权，当公司解散清算后若有剩余财产，作为股东有权按持股比例进行分配。但必须要注意，剩余资产先偿还债权人，再给予优先股股东，最后剩下的分配给普通股股东。

最后，还具有公司章程所规定的其他权利如股份支配权、检查账册权等。

股票投资者的义务

股票投资者在享有上面所说的权利的同时，必须承担如下一些义务：

一是遵守公司章程的义务，作为股东是公司的部分所有者，为使公司经营活动顺利进行，必须遵守公司章程的有关规定，在章程的约束下行使自己的权利。

二是承担经营风险、对公司债务负有限责任，一旦公司经营亏损或宣告破产，应对公司债务直接承担责任。但这种责任是有限的，它以持股数量的比例作为其承担责任的界限。也就是说，股东承担公司的经营风险的责任仅以出资额为限。如果你持有该公司1000股股票，但公司经营不好，破产时你的最糟糕的情况是1000股股票资产为零，变成废纸，但不需要再拿出额外的钱来偿还债务。这种有限责任制消除了广大股票投资者的疑虑，促进了股份制和股票市场的发展。

三是承受股本的非返还性义务，股本作为公司经营的资本金需要长期使用下去，只要公司不解散不倒闭，股本永远存在于公司中，不能退还给你。如果你想把所持有的股票兑现，只能将股票在流通市场上转手交易，不能从公司抽回资金而损害公司和其他股东的利益。

股票与存款、债券有何不同

普通老百姓有了剩余资金，传统的做法是把它存入银行。那么，股票和存款有何区别呢？

股票和存款的区别是，当你把钱用来购买股票时，是一种投资行为，围绕着这种投资行为股份公司和你之间形成的是所有权关系（投资者买了股票就是公司的股东）；而当你把钱存入银行时，这种存款行为是一种银行信用，你和银行之间形成的是债权和债务关系。投资用来购买股票时，是一种风险性较高的投资，是没有期限的，只要股票发行公司存在，就不能要求退股以收回本金，但可以进行买卖和转让；而你把钱存入银行，一般是固定期限的，存款到期时存款人收回本金和利息。股票投资回报率可能很高，但高回报率伴随的必然是较高的风险；而存款回报率较低，风险则相对很小。

具有权证书性质的股票，其特点是没有期限，不能退股，但可以转让。股票的收益要根据公司的赢利情况和分配政策而定；股票价格受各种因素的影响而可能出现大幅度的波动，这既可能给股票投资者带来巨额的收益，也会给股票投资者带来惨重的损失。总之，股票投资是一种高风险、高收益的投资，当然，我们可以通过投资分散化来降低股票投资的风险。

债券是一种债权债务凭证，它的特点是有期限，到期偿还本金和利息。债券的收益是固定的，是一种固定收益证券，加上债券价格波动的幅度不大，因此，债券是一种安全性较高的投资工具，但无法获得高收益。我国自1981年开始发行国库券以来，债券（包括国库券、企业债券、金融债券等）已经成为居民投资的一个主要品种。

股票和债券都是企业募集资本的融资手段。政府也可以利用债券来融资，如发行国库券。股票和债券的主要区别在于持有者权利不同：债券相当于借据，这是你借给别人使用的钱，在购买债券之前双方会有一定的协议，到期时无论盈亏他都要还你本息，按照约定的金额偿还你。股票是你投资于他人的钱，他没有义务偿还你，根据他的经营状况的好坏决定是否给你分红。你也可以在投资中通过买卖股票赢得差价收益。债券的主要风险在于借钱人无法偿还，股票的风险在于经营状况的恶化导致股票贬值。

当公司利润分配或破产清算时，如果你持有债券，你会有比股票持有人优先获得偿付的权利。然而你无权干涉公司的经营管理，而这恰恰是股票持有人的权利（通过股东大会行使投票权来实现）。在特殊情况下，债券持有人可以通过借款条件约束经营管理。

股票类型及板块的划分

股票的通俗分类

由于我国股市正经历着先发展、后规范的历程，我国股票的通俗分类和国外有所不同。目前，我国上市公司的股票有 A 股、B 股、H 股、N 股，以及 ST、*ST 股等。这一区分的主要依据是股票的上市地点和所面对的投资者。

A 股是我国境内的公司发行，供境内机构、组织或个人（不含港、澳、台投资者）以人民币认购和交易的普通股股票。我国第一张公开向社会发行的 A 股是 1984 年 11 月发行的上海飞乐音响股份有限公司股票（飞乐音响，600651），A 股的柜台交易市场开始于 1986 年 9 月 26 日的中国工商银行上海信托投资公司静安证券业务部，A 股的集中交易市场则是于 1990 年 12 月 19 日上海证券交易所正式开业时成立。我国以特批外国投资机构的形式部分开放 A 股市场，2003 年 5 月 26 日，瑞士银行有限公司和野村证券株式会社获得首批合格境外机构投资者（QFII）资格，2003 年 7 月 9 日，瑞士银行通过申银万国 QFII 业务专用席位完成了第一笔 A 股买入交易。

B 股是中国内地公司发行的人民币特种股票，在国内证券交易所上市，以外币交易。B 股市场于 1992 年建立，2001 年 2 月 19 日前，仅限外国投资者买卖。2001 年 2 月 19 日后，B 股市场对国内投资者开放。因此，境内居民只要有外汇资金都可以参与 B 股买卖交易。上海证券交易所 B 股交易以美元计价，深圳证券交易所 B 股交易以港元计价。截至 2007 年 12 月 31 日，我国上海、深圳两证券交易所共有 B 股 99 只。

H 股即注册地在中国内地、上市地在香港交易所的外资股。香港的英文 HongKong，取其首字母，在港上市的股票就称为 H 股。

N 股现指注册地在境内、上市地在纽约证券交易所的股票和存托凭证。纽约的第一个英文字母是 N，国内在纽约上市的股票就称为 N 股。

ST 是英文 Speci MTreatment 的缩写，意思是"特别处理"，是指上市公司出现财务状况异常或者其他异常情况，导致其股票存在被终止上市的风险，或者投资者难以判断公司前景，投资权益可能受到损害的，证券交易所对该公司股票交易实行特别处理的政策，该政策自 1998 年 4 月 22 日起实行。

上市公司出现以下情形之一的，证券交易所对其股票交易实行其他特别处理（"ST"股）：

最近一个会计年度的审计结果表明其股东权益为负值；

最近一个会计年度的财务会计报告被会计师事务所出具无法表示意见或者否定意见的审计报告；

向证券交易所提出申请并获准撤销对其股票交易实行的退市风险警示后，最近一个会计年度的审计结果表明公司主营业务未正常运营，或者扣除非经常性损益后的净利润为负值；

由于自然灾害、重大事故等导致公司生产经营活动受到严重影响且预计在三个月以内不能恢复正常；

主要银行账号被冻结；

董事会会议无法正常召开并形成决议；

中国证监会根据《证券发行上市保荐制度暂行办法》的有关规定，要求证券交易所对公司的股票交易实行特别提示；

上市公司出现以下情形之一的，证券交易所对其股票交易实行退市风险警示（"*ST"股）：

最近两年连续亏损（以最近两年年度报告披露的当年经审计净利润为依据）；

因财务会计报告存在重大会计差错或者虚假记载，公司主动改正或者被中国证监会责令改正后，对以前年度财务会计报告进行追溯调整，导致最近两年连续亏损；

因财务会计报告存在重大会计差错或者虚假记载，被中国证监会责令改正但未在规定期限内改正，且公司股票已停牌两个月；

未在法定期限内披露年度报告或者中期报告，且公司股票已停牌两个月；

公司可能被解散；

法院受理关于公司破产的案件，公司可能被依法宣告破产；

证券交易所认定的其他情形。

中国证监会和证券交易所认定的其他情形。部分尚未完成股权分置改革公司的股票前标有"ST"。

另外，股市上还有一种蓝筹股与红筹股的说法。

先说蓝筹股。在股票市场上，投资者把那些在其所属行业内占有重要支配性地位、业绩优良、成交活跃、红利优厚的大公司股票称为蓝筹股。"蓝筹"一词源于西方赌场。在西方赌场中，有三种颜色的筹码，其中蓝色筹码最为值钱，红色筹码次之，白色筹码最差。投资者把这些行话套用到股票上。美国通用汽车公司、埃克森石油公司和杜邦化学公司等股票，都属于"蓝筹股"。

蓝筹股并非一成不变。随着公司经营状况的改变及经济地位的升降，蓝筹股的排名也会变更。据美国著名的《福布斯杂志》统计，1917年的100家最大公司中，目前只有43家公司的股票仍然在蓝筹股之列，而当初"最蓝"、行业最兴旺的铁路股票，如今完全丧失了入选蓝筹股的资格和实力。

在香港股市中，最有名的蓝筹股当属全球最大商业银行之一的"汇丰控股"。"长江实业"和"中信泰富"，也属于蓝筹股之列。中国的股票市场虽然历史较短，但发展比较迅速，也逐渐出现了一些蓝筹股，如中国石化（600028）、招商银行（600036）、宝钢股份（600019）等。

再说红筹股。红筹股这一概念诞生于20世纪90年代初期的香港股票市场。中华人民共和国在国际上有时被称为红色中国，相应的，香港和国际投资者把在境外注册、在香港上市的那些带有中国概念的股票称为红筹股。

根据业绩情况划分个股类型

依据上市公司的业绩情况，我们可以把个股分为绩优股、成长股、绩差股和ST类股。

绩优股，顾名思义，就是指那些经过持续发展后规模较大、资金实力雄厚、市场份额稳定、信誉优良的上市公司的股票，这些上市公司对各种市场变化具有较强的承受和适应能力，从而保证了其稳定的业绩。一般来说，绩优股具有较好的投资回报，是中长线投资者布局的主要目标。

绩优股走势的最大特点就是，在一个时间跨度较长的周期内，投资者既可以通过上市公司的每年分红获得不错的股息，也可以通过上市公司的业绩稳步增长，而获得二级市场中的股价增值收益。

成长股是指那些具备了高速成长能力的上市公司的股票，相对于绩优股来说，这些公司的成长性更为突出，因而其股价估值状态往往也要高于绩优股。成长股的最大特点是，由于上市公司持续高速增长的业绩会带动其股价的持续攀升，因而在二级市场中买入成长股后，往往可以在中长期内获得高额的回报。

成长股多出现在中小企业中，相对于绩优股来说，这些企业由于发展业务的需要，其每年所赚得的净利润多数用于企业的再次扩建，只有很少一部分用于分红派息，投资者在购买这种股时，主要是利用二级市场中的股价增值获取高额回报。

绩差股与绩优股刚好相反，绩差股指代那些主营能力较差、业绩处于微利或亏损状态的上市公司，这类上市公司或者由于行业前景不好，或者由于经营不善等原因，导致其在同行业中竞争力极弱、毫无优势可言。连续两年出现亏损的上市公司即变为ST类个股，连续3

年亏损的则要在 ST 前面加一个星号，表示有退市风险。与普通的股票不同，ST 类个股的涨跌幅限制为 5%。

根据股本规模划分个股类型

根据上市公司的股本规模大小，我们可以把个股分为大盘股、中盘股、小盘股 3 类。

这种划分方法只是一种相对的划分，并没有一个绝对的标准，相对于当前的 A 股市场来说，对于总股本在 10 亿股以上的股票，可以将其称之为大盘股，像中国石油、中国工商银行、万科 A 等盘子较大的股票都属于大盘股，它们的涨跌情况往往对指数的影响更大；对于总股本在 5 亿至 10 亿之间的股票，可以将其称为中盘股；总股本在 5 亿股以下的股票，可以称之为小盘股。

大盘股可容纳的资金量大，更容易吸引实力强大的机构资金入注；小盘股可容纳的资金较少，适合于市场中的短线主力资金进行炒作。在走势上，大盘股的波动幅度相对较小，且更容易受到大盘指数的影响；而小盘股在有好题材的支撑下，往往会走出逆市上涨或强势上涨的独立行情，其波动幅度也相对较大，这也是为什么短线投资者更偏爱于小盘股的原因所在。

小盘题材股的这种没有业绩支撑的高估状态是不可能持久的，也不适于投资者进行长线投资，随着题材热度的降温及主力出货的完成，此股在中长期内仍将向其合理的估值状态靠拢。

板块的划分

板块是具有某种共性的同一类个股的集合，这种共性既可以是行业的相同，也可以是地域的相同，同样可以是概念的相同，不同的分类标准将得出不同类型的板块，例如，根据行业特点，我们可以把板块划分为银行板块、券商板块、钢铁板块、房地产板块等；根据地域位置，我们可以把板块划分为上海板块、北京板块、新疆板块等；根据概念，我们可以把板块划分为 3G 板块、高送转板块、奥运板块等。板块的划分绝不是任意而为之的，它的划分依据要有其科学合理性，通过板块的划分，我们可以对个股进行更好的理解。

为大智慧新一代中板块划分示意图，这种划分也是最常用的划分方法，主要包括行业板块、地域板块、证监会行业板块等。通过板块划分，我们可以很容易地找出哪些个股具有相同的概念，哪些个股处于同一行业之中，这对于我们深入了解个股具有重要作用。

新股与题材股

在股市中，新股与题材股无疑是两个较为特殊的群体，但由于这两种股票往往都蕴涵了短期高额回报的获利机会，因而是我们重点关注的对象之一，此外，通过对这两种个股进行研究，还有助于我们对个股股价的走势有一个更为深入的了解。

通过 IPO 的方式刚进入二级股票市场的个股称之为新股，新股是一个特殊的群体，新股上市前，上市公司往往对其自身进行一系列的宣传，且新上市的企业往往也在某一领域内占有明显的优势，种种因素都使得新股在刚刚上市开始交易时受到广泛的关注，这从新股首日高比例的换手率就可以看出。

股市最大的作用之一是发挥其融资功能，正常的市况下，新股的发行会有条不紊地进行着，虽然新股往往能吸引市场关注，但并非所有的个股在新上市后都能走出较为理想的上涨行情，这取决于主力资金的介入程度、主力资金是否有炒作此新股的意愿等。那么，我们应如何发现新股上市后是否有主力资金介入呢？一般来说，可以从以下几个方面着手：

第一，从新股上市首日的换手率着手：炒作新股的主力资金多数会在上市首日进行布局，高换手率的出现说明股价估值合理、场外资金介入意愿强烈，只有经过这样的充分换手，主力才有可能吸到足以控盘的筹码。通常情况下，上市首日的换手率若小于40%，则这样的新股上市后难有行情出现，而当换手率超过50%以上时，我们就可以积极关注此股，并留意此股当日盘中是否有经常性的大单买入情况出现，这是因为主力吸筹不可能是一手、两手的小单买入，大单买入的持续出现多是主力有备而来的体现。

第二，从新股上市首日的涨幅着手：主力炒作新股的最大原因之一就是新股仍有不错的上升空间，若新股首日的涨幅过大，则代表股价已处于过度透支状态，这样的个股后期难有表现机会，主力资金也不会贸然介入的。如何判断新股上市首日的涨幅高低呢？依笔者经验来说，首日涨幅超过200%的新股，后期都难有行情出现，而首日涨幅小于100%的新股，则要结合它的发行价位情况、当时市场的估值状态、其他新股的估值状态等方面进行综合分析。

第三，从新股的股本大小着手：一般来说，小盘股上市后更容易受到主力资金炒作，大盘股只有在牛市氛围极强时才有可能受到众多主力资金的联手炒作。

第四，从新股上市首日随后几日的走势中着手：若新股在上市首日中有实力强大的主力资金介入，则新股往往会在随后几日出现强势运行的走势，若此时大盘回调，则新股很可能只出现小幅回调走势，或是强势横盘走势，而且在回调时多会出现明显的缩量形态，这显示筹码锁定状态良好。

第五，从新股的题材面着手：一般来说，新股在上市后，其估值状态都要略高于同行业中的其他"老股"，如果没有好的题材，那么是很难吸引主力及普通投资者关注的，好的题材可以有效地会聚市场人气，方便主力拉升股价，可以说是主力炒作新股的最大原因之一。而那些主营业务并不突出且也没有能会聚市场人气题材的个股，在上市后则多表现平庸，难以受到主力资金的关注并炒作。

第六，关注市场当前是否有炒作新股的热情，新股作为一个特殊的群体，往往只是在股市人气较为旺盛时才会更多地受到主力资金的炒作，"炒作新股"也呈现出阶段性的特点，即某一阶段市场有明显的炒新热情，反之，某一阶段市场则冷落新股，那么如何判断市场是否有炒作新股的热情呢？我们可以从之前上市的新股走势中获知，若之前上市的新股走出了大涨行情，则说明市场炒新氛围较浓，此时即是我们关注新股的时候。

在文学作品中，题材是作者将素材集中提炼加工而写入作品中材料的总称，是作品中具体表现的一定社会历史事件或生活现象，可以说，作品有丰富的题材才能引人入胜。同样，在股市中也有所谓的题材，股市中的题材是指个股所具有的独特素材，这些素材可能是个股与社会生活中的某一重大事件相关，也可能是个股与某些利好信息相关，它们丰富了个股的内涵，让个股显得与众不同，总之，股市中的题材可以说是主力炒作个股的一种理由，它可以有效地解释一只个股为何会受到主力资金炒作，或普通投资者为何要追涨这些个股等，热点题材可以有效地催生黑马股诞生，投资者要想很好地理解一些个股为何在没有主力资金支撑的情况下可以短期内实现翻倍的走势，就一定要理解它所具有的"题材性"。

一方面是业绩的不断下滑，另一方面却是股价的暴涨，这往往就是题材所呈现出来的最大特点，因为题材股炒作并不是基于业绩的，它基于的是题材的热度、市场的热情。在题材股的暴涨走势中，主力与大众投资者之间、市场上的不同主力之间是在进行一场击鼓传花的游戏，接最后一棒的投资者无疑要面临着严重的亏损局面。但题材无疑也最大限度地诠释了股市的魅力所在，正因为有题材的短期造富效应，股市才有可能吸引越来越多的场外资金介入，股市的交投才能更好地进行下去。

股市获利的几种方式

投资者介入股市后，其目的是相同的，就是以获利为原则，不同的投资者有不同的投资习惯，有的投资者偏爱于中长线的绩优股投资方法，这种投资方式风险较小，往往可以获取较为稳定的投资者回报，不失为一种理财的好选择；也有的投资者希望通过捕捉高成长股来获取远高于市场平均值的回报，这需要投资者对上市公司的发展潜力有一个明确、透彻的认识，而且往往需要一定的运气成分，因为在当前竞争日益激烈的市场环境下，我们很难事先确定哪家企业可以实现高速成长。

同样，还有的投资者以纯粹技术分析的角度着手，希望从股价的短期起落中通过低吸高抛获得二级市场的差价利润，但这需要投资者有敏锐的直觉和深厚的技术功底。下面就来逐一介绍股市中常见的投资方式，也可以称之为股市中的获利方式，读者可按照自身的性格、习惯来初步了解一下应以哪种获利方式来主导自己的股票交易：

短线波动的获利方式

短线交易是股市中最为常见的一种获利方法，所谓短线交易，就是指利用股价短期内的波动情况，通过在相对低位买入，并于随后在相对高位卖出的方式进行获利，短线波动获利方式充分利用了股市波动性较大，而个股短期的波动幅往往更大这一特点，是一种带有"投机"性质的获利方法。

绩优股稳定回报的获利方式

绩优股是指那些经过持续发展后规模较大、资金实力雄厚、市场份额稳定、信誉优良的上市公司，这些上市公司对各种市场变化具有较强的承受和适应能力，从而保证了其稳定的业绩，一般来说，绩优股具有较好的投资回报，是中长线投资者布局的主要目标。

在投资者参与绩优股时，应注意绩优股的估值合理性，一般来说，当绩优股的市盈率在20倍左右，而同期的银行利率不超过5%时，我们就可以认为投资绩优股是明智的，因为，这意味着通过银行储蓄的方式，我们要20年才能收回成本，而通过投资绩优股，我们不仅可以分享上市公司稳步增长所带来的股价增值回报，也可以通过每年的分红派息得到与银行利率几乎持平的收益，这是一种双重增值效果。

投资绩优股的另一个要点就是要注意上市公司的业绩增长性，买股票自然要买那些业绩可以蒸蒸日上的上市公司，由于绩优股大多具有较为明显的市场优势，因而，只要不出现大的变故，它在未来几年内的业绩情况，我们就可以准确预知。

成长股中长期高额回报的获利方式

股市的最大魅力在于其所独具的"预期性"，而这种预期性就完美地体现在成长股身上，成长股的业绩增速往往是惊人的，业绩很可能在几年之内会出现平均超过50%以上的收益，这也会同步体现在二级市场中股价的成倍上涨走势中。

如果说一个企业因具有明显的市场份额、庞大的规模、稳定的成长性，而使得我们可以很容易地判断出它是一只绩优股的话，那对于成长股的把握则无疑要难很多，成长股多出现在中小企业之中，由于企业规模较小，在某一领域中的优势也较为明显，因而它的扩张速度、发展潜力往往都是惊人的，像苏宁电器、驰宏锌锗、置信电器等个股都是典型的高成长股。

投资者在捕捉成长股时，无疑应更注重上市公司的行业前景、独特优势、管理水平等基本面信息，只要这些条件皆较为理想，且估值不是过高（一般来说市盈率在30倍左右），就可以大胆介入，做中线持有。此外，投资者在介入成长股时，一定还要结合当时的行业发展趋势及公司是否有重大转型出现，因为成长股也并非是上市公司自上市后就能一直保持高速成长的，它的高速成长是有阶段性的。

趋势投资法的翻倍获利方式

所谓趋势就是价格运行的大方向，价格依趋势运行是技术分析理论的假设前提，它基于大量的股市历史走势得出，既是经验的总结与升华，也反过来深深影响着投资者的操作行为，趋势可以说是价格走势的一种客观规律。

趋势投资者的投资原则很简单，就是在一个大的上升趋势即将出现或正处于启动初期时，积极买入并持有，直到上升趋势发出明确的反转信号为止；当一个大的下跌趋势即将出现时，投资者则应持币在场外观望，以保护本金的安全性。趋势投资获利的原则看似简单，但投资者因"只缘身在此山中"，往往会受到股价短期波动的诱惑及价格波动的干扰而很难正确地推断出趋势的方向，也很难实施这一种持股不动或持币观望的策略。

走进证券市场

什么是股票市场

股票市场是股票发行和交易的场所，是股份公司通过面向社会发行股票，迅速集中大量资金，实现生产的规模经营；而社会上分散的资金盈余者本着"利益共享、风险共担"的原则投资股份公司，谋求财富的增值。

股票市场包括股票发行市场和股票交易市场两部分，这两个市场既有区别又有联系。

股票发行市场又称一级市场或初级市场股票发行是发行公司自己或通过证券承销商（信托投资公司或证券公司）向投资者推销新发行股票的活动。股票发行大多无固定的场所，而在证券商品柜台上或通过交易网络进行。发行市场的交易规模反映一国资本形成的规模。股票发行目的一是为新设立的公司筹措资金，二是为已有的公司扩充资本。

股票发行市场的发行方式有两种：一是由新建企业自己发行，或要求投资公司、信托公司以及其他承销商给予适当协助；二是由证券承销商承包发售。两种方式各有利弊，前者发行费用较低，但筹资时间较长。后者筹资时间较短，但费用较高，需要付给投资公司、信托公司或承销商一定的手续费。

股票交易市场又称二级市场或流通市场，包括证券交易所市场和场外交易市场。

证券交易所市场是专门经营股票、债券交易的有组织的市场，根据规定只有交易所的会员、经纪人、证券商才有资格进入交易大厅从事交易。进入交易的股票必须是在证券交易所登记并获准上市的股票。场外交易市场又称证券商柜台市场或店头市场，主要交易对象是未在交易所上市的股票。店头市场股票行市价格由交易双方协商决定。店头市场都有固定的场所，一般只做即期交易，不做期货交易。

股市的功能和特征

股票市场一方面为股票的流通转让提供了基本场所，一方面也可以刺激人们购买股票的欲望，为一级股票市场的发行提供保证。同时，由于股市的交易价格能比较客观地反映出股票市场的供求关系，股市也能为一级市场股票的发行提供价格及数量等方面的参考依据。

股票市场的职能反映了股票市场的性质。股票市场通过股票的发行，大量的资金流入股市，又流入了发行股票的企业，促进了资本的集中，提高了企业资本的有机构成，大大加快了商品经济的发展。另一方面，通过股票的流通，使小额的资金汇集了起来，又加快了资本的集中与积累。

具体来说，在市场经济社会中，股票市场有积聚资本、转化资本、转让资本、给股票赋予价格这四个方面的职能。

积聚资本

上市公司通过股票市场发行股票来为公司筹集资本。上市公司将股票委托给证券承销商，证券承销商再在股票市场上发行给投资者。而随着股票的发行，资本就从投资者手中流入上市公司。

转让资本

股票市场股市为股票的流通转让提供了场所，使股票的发行得以延续。如果没有股市，很难想象股票将如何流通，这是由股票的基本性质决定的。当一个投资者选择银行储蓄或购买债券时，他不必为这笔钱的流动性担心。因为无论怎么说，只要到了约定的期限，他都可以按照约定的利率收回利息并取回本金，特别是银行存款，即使提前去支取，除本金外也能得到少量利息。总之，将投资撤回、变为现金不存在任何问题。但股票就不同了，一旦购买了股票就成为了企业的股东，此后，你既不能要求发行股票的企业退股，也不能要求发行企业赎回。如果没有股票的流通与转让场所，购买股票的投资就变成了一笔死钱，即使持股人急需现金，股票也无法兑现。这样的话，人们对购买股票就会有后顾之忧，股票的发行就会出现困难。有了股票市场，股民就可以随时将持有的股票在股市上转让，按比较公平与合理的价格将股票兑现，使死钱变为活钱。

转化资本

股市使非资本的货币资金转化为生产资本，它在股票买卖者之间架起了一座桥梁，为非资本的货币向资本的转化提供了必要的条件。股市的这一职能对资本的追加、促进企业的经济发展有着极为重要的意义。

给股票赋予价格

股票本身并无价值，虽然股票也像商品那样在市场上流通，但其价格的多少与其所代表的资本的价值无关。股票的价格只有在进入股票市场后才表现出来，股票在市场上流通的价格与其票面金额不同，票面金额只是股票持有人参与红利分配的依据，不等于其本身所代表的真实资本价值，也不是股票价格的基础。在股票市场上，股票价格有可能高于其票面金额，也有可能低于其票面金额。股票在股票市场上的流通价格是由股票的预期收益、市场利息率以及供求关系等多种因素决定的。但即使这样，如果没有股票市场，无论预期收益如何，市场利率有多大的变化，也不会对股票价格造成影响。所以说，股票市场具有赋予股票价格的职能。

股市具有周期性，以及由周期性所显现的股市特征。

股市周期是指股票市场长期升势与长期跌势更替出现、不断循环反复的过程。通俗地说，股票上涨下跌的一个循环，即熊市与牛市不断更替的现象。

股市的一个周期大致要经历以下四个阶段，即牛市阶段——高位盘整市阶段——熊市阶段——低位牛市阶段。

股市周期性运动具有以下几个方面的重要特征：

一是股市周期性运动是指股市长期基本大势的趋势更替，不是指短期内股价指数的涨跌变化。股市每日有涨有跌，构成了股市周期性运动的基础，但不能代表股市周期。

二是股市周期性运动是指股市整体趋于一致的运动，而不是指个别股票、个别板块的逆势运动。

三是股市周期性运动是指基本大势的反转或逆转，而不是指股价指数短期的或局部的反弹或回调。

四是股市周期性运动是指股市在运动中性质的变化，即由牛市转为熊市或由熊市转为牛市，而不是指股价指数单纯的数量变化。牛市和熊市的性质是不同的，但牛市中也可能出现股价指数下跌的现象，而熊市中也可能存在股价指数上涨的局面，关键要看这种数量的变化能否积累到使基本大势发生质的转变。

股市的经济作用

股票市场对实际的经济活动究竟有什么直接关系？从资本市场我们可以从中看出哪些更为实际的东西？

第一，股票市场对国家经济发展的作用。

股市可以广泛地动员、积聚和集中社会的闲散资金，为国家经济建设发展服务，扩大生产建设规模，推动经济的发展，并收到"利用内资不借内债"的效果。

股市可以充分发挥市场机制，打破条块分割和地区封锁，促进资金的横向融通和经济的横向联系，提高资源配置的总体效益。

股市可以为改革完善我国的企业组织形式探索一条新路子，有利于不断完善我国的全民所有制企业、集体企业、个人企业、三资企业和股份制企业的组织形式，更好地发挥股份经济在我国国民经济中的地位和作用，促进我国经济的发展。

股市可以促进我国经济体制改革的深化发展，特别是股份制改革的深入发展，有利于理顺产权关系，使政府和企业能各就其位，各司其职，各用其权，各得其利。

股市可以扩大我国利用外资的渠道和方式，增强对外的吸纳能力，有利于更多地利用外资和提高利用外资的经济效益，收到"用外资而不借外债"的效果。

第二，股票市场对股份制企业的作用。

有利于股份制企业建立和完善自我约束，自我发展的经营管理机制；有利于股份制企业筹集资金，满足生产建设的资金需要，而且由于股票投资的无期性，股份制企业对所筹资金不需还本，因此可长期使用，有利于广泛制企业的经营和扩大再生产。

第三，股票市场对股票投资者的作用。

股市可以为投资者开拓投资渠道，扩大投资的选择范围，适应了投资者多样性的投资动机，交易动机和利益的需求，一般来说能为投资者提供获得较高收益的可能性。

股市可以增强投资的流动性和灵活性，有利于投资者股本的转让出售交易活动，使投资者随时可以将股票出售变现，收回投资资金。股票市场的形成，完善和发展为股票投资的流动性和灵活性提供了有利的条件。

除了上述积极意义外，股票市场的活动对股份制企业，股票投资者以及国家经济的发展亦有不利影响的一面。

股票价格的形成机制是颇为复杂的，多种因素的综合利用和个别因素的特动作用都会影响到股票价格的剧烈波动。股票价格既受政治、经济、市场因素的影响，亦受技术和投资者行为因素的影响，因此，股票价格经常处在频繁的变动之中。股票价格频繁的变动扩大了股票市场的投机性活动，使股票市场的风险性增大。股票市场的风险性是客观存在的，这种风险性既能给投资者造成经济损失，亦可能给股份制企业以及国家的经济建设产生一定的副作用。这是必须正视的问题。

股市指数

股市指数是由证券交易所或金融服务机构编制的，它是表明股票行市变动的一种供参考的指示数字。由于股票价格起伏无常，投资者必然面临市场价格风险。

对于具体某一种股票的价格变化，投资者容易了解，而对于多种股票的价格变化，要逐一了解，既不容易，也不胜其烦。为了适应这种情况和需要，一些金融服务机构就利用自己的业务知识和熟悉市场的优势，编制出股票价格指数，公开发布，作为市场价格变动的指标。投资者据此就可以检验自己投资的效果，并用以预测股票市场的动向。同时，新闻界、公司老板乃至政界领导人等也以此为参考指标，来观察、预测社会政治、经济发展形势。这种股票指数，也就是表明股票行市变动情况的价格平均数。

编制股票指数，通常以某年某月为基础，以这个基期的股票价格作为100，用以后各时期的股票价格和基期价格比较，计算出升降的百分比，就是该时期的股票指数。投资者根据指数的升降，可以判断出股票价格的变动趋势。并且为了能实时的向投资者反映股市的动向，所有的股市几乎都是在股价变化的同时即时公布股票价格指数。

计算股票指数时，要考虑三个因素：一是抽样，即在众多股票中抽取少数具有代表性的成份股；二是加权，按单价或总值加权平均，或不加权平均；三是计算程序，计算算术平均数、几何平均数，或兼顾价格与总值。

由于上市股票种类繁多，计算全部上市股票的价格平均数或指数的工作是艰巨而复杂的，因此人们常常从上市股票中选择若干种富有代表性的样本股票，并计算这些样本股票的价格平均数或指数，用以表示整个市场的股票价格总趋势及涨跌幅度。

计算股价平均数或指数时，要经常考虑以下四点：一是样本股票必须具有典型性、普通性，为此，选择样本对应综合考虑其行业分布、市场影响力、股票等级、适当数量等因素；二是计算方法应具有高度的适应性，能对不断变化的股市行情作出相应的调整或修正，使股票指数或平均数有较好的敏感性；三是要有科学的计算依据和手段。计算依据的口径必须统一，一般均以收盘价为计算依据，但随着计算频率的增加，有的以每小时价格甚至更短的时间价格计算；四是基期应有较好的均衡性和代表性。

熟悉而陌生的股市术语

投资者

投资者是指持有上市公司股票的自然人或机构投资者，机构投资者主要包括券商、基金、投资公司、保险公司及金融财团等。

IPO

股市的最大作用之一就是为企业提供所需的资金以进行发展，那么，企业如何向公众募集资金并进入股票市场呢？这就需要通过 IPO 的方式。IPO（Initial Public Offerings）为首次公开发行股票的简称，是一家企业通过证券交易所第一次将它的股份向公众出售，IPO 过程对应于一级市场，多由券商来承销发行。所谓承销发行，是指企业通过向券商支付一定的酬劳，由券商代理帮助其实现股票发行，并由大众申购，若大众申购数量不足，则余下的股票份额由券商买入。

手

"手"是股票交易时的最小买入单位，一手股票为 100 股，因此投资者所买的股票数量应是 100 的整数倍。我们常说买入 10 手股票，即是指买入 1000 股。

T+1 制度

T 是 Trade（交易）的首字母。目前沪市与深市均实行 T+1 制度，即当天买进的股票只能在第二天卖出，而当天卖出的股票确认成交后所返回的资金则可以当天再次买股，T+1 制度使得投资者最短的一次买卖操作也要经历两个交易日才能完成，这可以在一定程度上起到抑制投机的作用。

股票代码

每一只股票在股市中都有唯一的代码，例如，中国石油的代码为 601857，中国工商银行的代码为 601398，在国内的 A 股市场中，沪市的股票代码以"600"或"601"打头，深市的股票代码则以"000"打头。

新股上市

成功完成了 IPO 过程的企业会在随后进入股票二级市场进行交易，这就是所说的新股上市交易，此时，那些在一级市场中成功申购到此股的投资者就可以进行卖出操作，新股上市首日会在其股票名称前加一个字母"N"，即 NEW 的首字母。

低吸高抛

在股市中常可以听到"低吸高抛"这样的用语，这一概念反映了国内股市的获利原则，即先通过在相对低位区买入，等随后股价上涨后才可以在相对高位实现获利抛出，这一获利机制也称为"做多机制"。

股 价

股价是指股票在二级市场中的交易价格，它随着买方与卖方的持续交易而发生变化，当买方力量更强时，股价会在买方的推动下而上涨，反之，在卖方力量的打压下而下跌，股价的变化直接决定着投资者是亏损还是赢利的，因而它也是投资者最为关注的对象。

多头与空头

在股市中有"多"与"空"这两个较为专业的概念，"多"指代上涨，"空"则指代下跌，多头是指那些认为股价将要上涨，而积极买入并持股的投资者，空头则是指那些认为股价将要下跌，而卖出股票或持币观望等待下跌的投资者。多头与空头是股市中的两类投资者，多头投资者构成了多方阵营，空头则构成了空方阵营，它们对价格的上涨或下跌起着决定作用。

涨跌幅限制

涨跌幅限制是国内股市中的一种交易规则，它限制了股价的当日波动范围，其出现是为了防止股价的暴涨暴跌并抑制过度投机现象的发生。上海、深圳两交易所自 1996 年 12 月 26 日起，分别对上市交易的股票（含 A 股、B 股）、基金类证券的交易实行价格涨跌幅限制，即在一个交易日内，上述证券的交易价格相对上一交易日收市价格的涨跌幅度不得超过 10%，超过涨跌限价的委托为无效委托。不受涨跌幅限制的股票主要包括以下几种：第一，新股上市首日；第二，增发股票上市当天；第三，某些重大资产重组股票，例如合并之类的复牌当天。

涨停板与跌停板

涨停板与跌停板是涨跌幅限制制度下股价的一种特殊走势，当买盘过于强劲促使股价当日达到涨幅限制时，若买盘力量没有减弱，则交易就会在这一涨幅上限处进行交易，由此形成涨停板；当卖盘过于强劲促使股价当日达到跌幅限制时，若卖盘力量没有减弱，则交易就会在这一跌幅下限处进行交易，由此形成跌停板。涨停板与跌停板是股价的极端走势，往往蕴涵着机会或风险，是投资者应关注的对象。

趋　势

趋势是股市中最为重要的一个概念，绝大多数投资者在预测价格走向时，都是以趋势为背景来展开的。股市中的趋势即是指价格的总体变化方向，它是价格运行的大方向，一般包括 3 种趋势，即上升趋势、下跌趋势、横盘震荡趋势。此外，依据道氏理论，还可以将趋势划分为主要趋势、次要趋势、短期趋势 3 种。

大盘指数

指数是根据一定的计算方法经过编制，并用以反映相应股票市场整体走势情况的指标，不同的股票市场都有反映其运行情况的相应指数，例如，对于国内的上证 A 股与深证 A 股，分别有上证指数与深证指数，平常我们所说的大盘指数是一个俗语，它是指上证综合指数。

仓位、满仓、空仓

仓位反映了投资者股票账户中的现金数量与股票市值的关系，当全部的现金都买入股票后，则为满仓；反之，若账户中没有股票，只有现金，则为空仓。在股票交易中，仓位的控制极为重要，这属于资金管理的范畴。

集合竞价

集合竞价是指个股在当日开盘交易前，投资者基于昨日个股的收盘价及当日个股的预期走势进行申报买入或卖出的行为，对于沪、深 A 股来说，每个交易日的 9:15~9:25 这段时间内为集合竞价时间，期间投资者可以申报买入或卖出，其中，9:15~9:20 这段时间内还可以对所委托的申报给予撤销，而 9：20 至开盘前则不可以进行撤单操作。在 9:30 正式开盘的一瞬间，沪、深证交所的电脑主机开始撮合成交，以每个股票最大成交量的价格来确定个股的开盘价格。

K 线图

K 线图是反映价格在某一时间周期内波动情况的图表，它由开盘价、收盘价、最高价、最低价 4 个要素构成，若当日收盘价高于开盘价，则表明价格处于上涨状态，此时 K 线图多用红色表示；若当日收盘价低于开盘价，则表明价格处于下跌状态，此时 K 线图多用黑色或绿色表示。

休 市

休市是指股市停止交易，国内股市每周六、周日会休市，此外，在五一、十一、春节等节假日也会休市。

停牌、复牌

停牌是指个股暂停交易，复牌则是指停牌后的个股又继续恢复交易。对上市公司的股票进行停牌，是为了维护广大投资者的利益，保证市场信息披露公平、公正以及对上市公司行为进行监管约束而采取的必要措施。一般来说，以下几种情况可能出现停牌：第一，个股走势出现明显的异常时；第二，当上市公司有重大事项将要公布时；第三，上市公司召开例行的股东大会时。此外，一些意外的因素也可能导致上市公司股票停牌。

委买盘与委卖盘

在股票行情软件中，可以看到"买盘"与"卖盘"窗口（也可称之为"委买盘"与"委卖盘"窗口），买盘与卖盘各包含五档信息，每一档的信息包括这一档的价位及其委托单数量（以"手"为单位），指代了已委托而未成交的股票数量，因而，"买盘"与"卖盘"窗口是反映投资者申报委托情况的窗口。我们平常所说的"买盘"与"卖盘"是指已买入的股票数量及已卖出的股票数量，与这里反映委托单情况的买卖盘窗口含义不同。

主动性买盘与主动性卖盘

"买盘"与"卖盘"窗口只反映了投资者的委托挂单情况，但主动性买盘与主动性卖盘则是真实成交的单子，当投资者以委卖盘的报价进行委托买入时，一笔真实的交易就发生了，这笔成交数量会被计入主动性买盘中；反之，当投资者以委买盘的报价进行委托卖出时，这笔成交数量会被计入主动性卖盘中。主动性买盘数量越多，说明投资者的买入意愿更强烈，股价就会随之上涨；反之，主动性卖盘数量越多，说明投资者的卖出意愿更强烈，股价也会随之下跌。

牛 市

股票市场上买入者多于卖出者，股市行情看涨称为牛市。形成牛市的因素很多，主要包括以下几个方面，即经济因素、政治因素、股票市场本身的因素。

经济因素是在股份企业赢利增多、经济处于繁荣时期、利率下降、新兴产业发展、温和的通货膨胀等都可能推动股市价格上涨；政治因素是政府政策、法令颁行，或发生了突变的政治事件都可引起股票价格上涨；股票市场本身的因素则如发行抢购风潮、投机者的卖空交易、大户大量购进股票都可引发牛市发生。

熊　市

股票市场上卖出者多于买入者，股市行情看跌称为熊市。引发熊市的因素与引发牛市的因素差不多，不过是向相反方向变动。

多头、多头市场

多头是指投资者对股市看好，预计股价将会看涨，于是趁低价时买进股票，待股票上涨至某一价位时再卖出，以获取差额收益。一般来说，人们通常把股价长期保持上涨势头的股票市场称为多头市场。多头市场股价变化的主要特征，体现为一连串的大涨小跌。

空头、空头市场

空头是投资者和股票商认为现时股价虽然较高，但对股市前景看坏，预计股价将会下跌，于是把借来的股票及时卖出，待股价跌至某一价位时再买进，以获取差额收益。采用这种先卖出后买进、从中赚取差价的交易方式称为空头。人们通常把股价长期呈下跌趋势的股票市场称为空头市场，空头市场股价变化的特征是一连串的大跌小涨。买空投资者预测股价将会上涨，但自有资金有限不能购进大量股票于是先缴纳部分保证金，并通过经纪人向银行融资以买进股票，待股价上涨到某一价位时再卖，以获取差额收益。卖空是投资者预测股票价格将会下跌，于是向经纪人交付抵押金，并借入股票抢先卖出。待股价下跌到某一价位时再买进股票，然后归还借入股票，并从中获取差额收益。

利　多

是指刺激股价上涨的信息，如股票上市公司经营业绩好转、银行利率降低、社会资金充足、银行信贷资金放宽、市场繁荣等，以及其他政治、经济、军事、外交等方面对股价上涨有利的信息。

利　空

是指能够促使股价下跌的信息，如股票上市公司经营业绩恶化、银行紧缩、银行利率调高、经济衰退、通货膨胀、天灾人祸等，以及其他政治、经济军事、外交等方面促使股价下跌的不利消息。

长　空

是指长时间做空头的意思。投资者对股市长远前景看坏，预计股价会持续下跌，在借股卖出后，一直要等股价下跌很长一段时间后再买进，以期获取厚利。

长 多

是指长时间做多头的意思。投资者对股市前景看好，现时买进股票后准备长期持有，以期股价长期上涨后获取高额差价。

死 多

是抱定主意做多头的意思。投资者对股市长远前景看好，买进股票准备长期持有，并抱定一个主意，不赚钱不卖，宁可放上若干年，一直到股票上涨到一个理想价位再卖出。

跳 空

股价受利多或利空影响后，出现较大幅度上下跳动的现象。当股价受利多影响上涨时，交易所内当天的开盘价或最低价高于前一天收盘价两个申报单位以上。当股价下跌时，当天的开盘价或最高价低于前一天收盘价在两个申报单位以上。或在一天的交易中，上涨或下跌超过一个申报单位。以上这种股价大幅度跳动现象称之为跳空。

吊 空

股票投资者做空头，卖出股票后，但股票价格当天并未下跌，反而有所上涨，只得高价赔钱买回，这就是吊空。

实 多

投资者对股价前景看涨，利用自己的资金实力做多头，即使以后股价出现下跌现象，也不急于将购入的股票出手。

开盘价

是指某种证券在证券交易所每个营业日的第一笔交易，第一笔交易的成交价即为当日开盘价。按上海证券交易所规定，如开市后半小时内某证券无成交，则以前一天的盘价为当日开盘价。有时某证券连续几天无成交，则由证券交易所根据客户对该证券买卖委托的价格走势，提出指导价格，促使其成交后作为开盘价。首日上市买卖的证券经上市前一日柜台转让平均价或平均发售价为开盘价。

收盘价

是指某种证券在证券交易所一天交易活动结束前最后一笔交易的成交价格。如当日没有成交，则采用最近一次的成交价格作为收盘价，因为收盘价是当日行情的标准，又是下一个交易日开盘价的依据，可据以预测未来证券市场行情；所以投资者对行情分析时，一般采用收盘价作为计算依据。

报　价

是证券市场上交易者在某一时间内对某种证券报出的最高进价或最低出价，报价代表了买卖双方所愿意出的最高价格，进价为买者愿买进某种证券所出的价格，出价为卖者愿卖出的价格。报价的次序习惯上是报进价格在先，报出价格在后。在证券交易所中，报价有四种：一是口喊，二是手势表示，三是申报纪录表上填明，四是输入电子计算机显示屏。最高价也称高值，是指某种证券当日交易中最高成交价格。

最低价

最低价也称为低值，是指某种证券当日交易中的最低成交价格。

跌停板价：为了防止证券市场上价格暴涨暴跌，避免引起过分投机现象，在公开竞价时，证券交易所依法对证券所当天市场价格的涨跌幅度予以适当的限制。即当天的市场价格涨或跌到了一定限度就不得再有涨跌，这种现象的专门术语即为停板。当天市场价格的最高限度称涨停板，涨停板时的市价称为涨停板价。当天市场价格的最低限度称为跌停板，跌停板时的市价称跌停板价。

除　息

股票发行企业在发放股息或红利时，需要事先进行核对股东名册、召开股东会议等多种准备工作，于是规定以某日在册股东名单为准，并公告在此日以后一段时期为停止股东过户期。停止过户期内，股息红利仍发入给登记在册的旧股东，新买进股票的持有者因没有过户就不能享有领取股息红利的权利，这就称为除息。同时股票买卖价格就应扣除这段时期内应发放股息红利数，这就是除息交易。

除　权

除权与除息一样，也是停止过户期内的一种规定：即新的股票持有人在停止过户期内不能享有该种股票的增资配股权利。配股权是指股份公司为增加资本发行新股票时，原有股东有优先认购或认配的权利。

这种权利的价值可分以下两种情况计算，一是无偿增资配股的权利价值：停止过户前一日收盘价–停止过户前一日收盘价÷（1+配股率）；二是有偿增资机股权利价值=停止过户前前一日收盘价–（停止过户前一日收盘价+新股缴款额配股率）÷（1+配股率）。其中，配股率是每股老股票配发多少新股的比率。除权以后的股票买卖称除权交易。

本益比

是某种股票普通股每股市价与每股赢利的比率。所以它也称为股价收益比率或市价赢利比率。

抢帽子：这是股市上的一种投机性行为。在股市上，投机者当天先低价购进预计股价要上涨的股票，然后待股价上涨到某一价位时，当天再卖出所买进的股票，以获取差额利润。

或者在当天先卖出手中持有的预计要下跌的股票，然后待股价下跌至某一价位时，再以低价买进所卖出的股票，从而获取差额利润。

坐轿子

坐轿子是股市上一种哄抬操纵股价的投机交易行为。投机者预计将有利多或利空的信息公布，股价会随之大涨大落，于是投机者立即买进或卖出股票。等到信息公布，人们大量抢买或抢卖，使股价呈大涨大落的局面，这时投机者再卖出或买进股票，以获取厚利。先买后卖称为坐多头轿子，先卖后买称为坐空头轿子。

抬轿子

抬轿子是指利多或利空信息公布后，预计股价将会大起大落，立刻抢买或抢卖股票的行为。抢利多信息买进股票的行为称为抬多头轿子，抢利空信息卖出股票的行为称为抬空头轿子。

洗　盘

投机者先把股价大幅度杀低，使大批小额股票投资者（散户）产生恐慌而抛售股票，然后再股价抬高，以便乘机渔利。

回　档

在股市上，股价呈不断上涨趋势，终因股价上涨速度过快而反转回跌到某一价位，这一调整现象称为回档。一般来说，股票的回档幅度要比上涨幅度小，通常是反转回跌到前一次上涨幅度的三分之一左右时又恢复原来上涨趋势。

反　弹

在股市上，股价呈不断下跌趋势，终因股价下跌速度过快而反转回升到某一价位的调整现象称为反弹。一般来说，股票的反弹幅度要比下跌幅度小，通常是反弹到前一次下跌幅度的三分之一左右时，又恢复原来的下跌趋势。

拨　档

投资者做多头时，若遇股价下跌，并预计股价还将继续下跌时，马上将其持有的股票卖出，等股票跌落一段差距后再买进，以减少做多头在股价下跌那段时间受到的损失，采用这种交易行为称为拨档。

整　理

股市上的股价经过大幅度迅速上涨或下跌后，遇到阻力线或支撑线，原先上涨或下跌趋势明显放慢，开始出现幅度为百分之十五左右的上下跳动，并持续一段时间，这种现象称为整理。整理现象的出现通常表示多头和空头激烈互斗而产生了跳动价位，也是下一次股价大变动的前奏。

套 牢

是指进行股票交易时所遭遇的交易风险。例如投资者预计股价将上涨，但在买进后股价却一直呈下跌趋势，这种现象称为多头套牢。相反，投资者预计股价将下跌，将所借股票放空卖出，但股价却一直上涨，这种现象称为空头套牢。

多杀多

即多头杀多头。股市上的投资者普遍认为当天股价将会上涨是大家抢多头帽子买进股票，然而股市行情事与愿违，股价并没有大幅度上涨，无法高价卖出股票，等到股市结束前，持股票者竞相卖出，造成股市收盘价大幅度下跌的局面。

轧 空

即空头倾轧空头。股市上的股票持有者一致认为当天股票将会大下跌，于是多数人却抢卖空头帽子卖出股票，然而当天股价并没有大幅度下跌，无法低价买进股票。股市结束前，做空头的只好竞相补进，从而出现收盘价大幅度上升的局面。

关 卡

股市受利多信息的影响，股价上涨至某一价格时，做多头的认为有利可图，便大量卖出，使股价至此停止上升，甚至出现回跌。股市上一般将这种遇到阻力时的价位称为关卡，股价上升时的关卡称为阻力线。

支撑线

股市受利空信息的影响，股价跌至某一价位时，做空头的认为有利可图，大量买进股票，使股价不再下跌，甚至出现回升趋势。股价下跌时的关卡称为支撑线。

股票市场中的指数

初入股市的投资者要想很好地理解市场的走势，就一定要理解趋势的运行，并注意影响股市走向的要素。本章以指数为出发点展开论述，详细介绍了趋势的运行规律及影响股市走向的要素，力图使读者对股市运行有一个更为全面深入的把握。

A 股指数

人们素以"经济变化的晴雨表"这一称呼来指代股市在经济中的重要作用，经济的发展离不开各行各业中优秀企业的持续发展，这些企业的持续发展必然带来良好的业绩增长，从而对二级市场中的股价形成支撑，股市就会出现稳步上行的走势；反之，当很多企业出现利润下滑情况、开始走下坡路时，则实体经济也自然难以企好，可以说，股市的总体运行情况既是一种人们对经济的预期体现，也是经济真实情况的一个写照。

对于个股价格走势来说，我们很容易了解，但对于市场整体，或是对于某一类股票集合来说，我们则需要相应的方法反映其整体走势，此时，就需要运用"指数"这一工具。指数，也称为股票指数或股票价格指数，它由证券交易所或金融服务机构编制而成，用以表明股市整体或某一类股票的整体变动情况。

1.如何得出指数

我们可以从两个方面来理解指数这一概念，一是得出指数计算过程中所包含的个股集合，即样本空间；二是指数的计算方法。

一般来说，指数的样本空间既可以是其所描述市场范围内的全体个股，也可以是其所描述市场范围内的一部分个股（这些个股可称为成份股），将指数所描述市场范围内的全体个股或者是有代表意义的个股列入指数的计算范围，都可以很好地反映出相应范围的整体运行趋势。在编制成份指数时，为了保证所选样本具有充分的代表性，应综合考虑样本股的市价总值及成交量在全部上市股票中所占的比重，并要充分考虑到所选样本股公司的行业代表性。

指数的计算方法主要分为两种，一种是算术平均法，一种是加权平均法。所谓算数平均法就是仅以股票价格为考虑因素，而不考虑股票的股本规模，通过将所有股票的价格进行简单的相加后再平均得出指数，这种方法存在着明显的不足之处，它没有考虑股票的股本规模，然而，在实际的股市中，那些股本规模较大但股价较低的大盘股对股市整体的影响力要明显大于那些股本规模较小但股价较高的小盘股，因而，这种方法很少使用。所谓加权平均法是在考虑个股股本规模的情况下，根据个股股本的大小分别赋予不同的权值，从而让这些股本不同的个股在指数中所占分量也不同，这种方法较为科学合理，受到了广泛的推广使用。

2.A股中值得关注的指数

国内的投资者主要参与的是A股市场，A股市场分为上证A股与深证A股，因而对于国内投资者来说，主要关注的对象应是反映这两个市场运行状态的指数。一般来说，对于A股市场，以下几种指数是值得我们关注的：上证指数（0000001）、深圳成指（399001）、中小板指数（399005）及相应的行业类指数，下面就来分别介绍这几种指数。

上证指数（000001）：上证指数全称为"上海证券交易所综合股价指数"，也常简称为沪指、沪综指，我们常说的"大盘指数"所指的也是上证指数，它由上海证券交易所编制，于1991年7月15日公开发布。上证指数以1990年12月19日为基准日，其基准日点数定为100点，样本空间为在上海证券交易所上市交易的全体个股，其计算方法为：报告期指数=（上证全体个股的流通股市价总值÷基准日全体个股的流通股市价总值）×100，可以看出，上证指数的计算方法采用的是加权平均法，股本规模大的个股在指数中所占的分量更重一些。

深圳成指（399001）：深圳成指全称为"深圳证券交易所成份股指数"，它由深圳证券交易所编制，样本空间为从深圳证券交易所中上市的所有股票中抽取的具有市场代表性的40

家上市公司的股票，计算方法是以流通股为权数综合计算得出，由于所选的样本个股均是在全部上市股票中所占的比重较大且为行业代表性的上市公司，因而，深圳成指可以很好地反映出深圳证券交易中上市的全体 A 股及 B 股的整体性走势情况。

中小板指数（399005）：中小企业板指数兼具价值尺度与投资标的功能，由深圳证券交易所发布，其指数基期为 2005-06-07，指数基点为 1000 点，中小板指数由 100 家具有代表性的中小板公司组成，用以反映中小企业整体走势的指数，它是国内多层次证券市场结构下的一种重要指数。2006 年 6 月 8 日，华夏基金管理公司成功发行跟踪中小板价格指数的 ETF 产品——华夏中小板 ETF。

行业指数及相应板块指数：行业是指主营业务具有相似性的同一类个股的集合，而板块则是指具有某种共性的同一类个股集合。反映相应行业及板块整体运行情况的就是行业指数及板块指数。对于行业来说，既有笼统的工业指数（000004）、商业指数（000005）、地产指数（000006）、公用指数（000007）、综合指数（000008）这 5 大类划分方式，也有细化的制造指数（399130）、食品指数（399131）、造纸指数（399134）等数十种小类的划分；对于板块来说，我们既可以根据主营业务来对全体个股进行划分，也可以根据地域、概念等方式来进行划分，每一种划分标准都将得出不同的划分子集，每一个子集的成员都会有一个相应的板块指数来反映其走势，如，根据主营业务划分将得到钢铁板块、银行板块、券商板块等，反映它们各个走势情况的指数就是钢铁指数（991009）、银行类指数（991017）、券商指数（991036）。

3.如何研读指数走势

指数的 K 线图走势仅仅是市场运行的表面现象，如果我们仅仅就事论事，而不寻根究底、追根溯源的话，那是很难正确解读出指数走势中所蕴含的丰富信息的，也很难透过当前的指数走势情况去准确推断未来一定时期内的预期走势。依笔者经验来说，在研读股票价格指数的走势时，我们应注意以下几点：

第一，注意指数的走势与量能的配合关系。在决定价格走势的众多因素中，成交量信息无疑是最为重要的一种，美国著名的证券分析师格兰维尔曾经说过："成交量是股票的元气，而股价只是成交量的反映罢了，成交量的变化，是股价变化的前兆。"

透过成交量形态，我们可以有效地了解到多空双方的交战规模、力量强弱等信息，在分析指数走势时，只有深刻理解了市场运行的内在原因，我们才可以准确地解决以下诸多疑问：是多方力量强大导致了指数持续走高？还是空方暂未抛出导致了股市仍在创出新高？是大量的卖盘抛出导致了指数走低？还是没有买盘入场或少量的卖盘让指数创出了新低？理解了成交量所包含的信息，我们就可以更有效地理解指数的运行，也可以更好地预测指数的运行。

第二，注意指数的真实有效性。前面讲过指数的计算方法，其最为显著的一个特点就是它会充分考虑到个股的权重大小，那些股本规模极大的个股势必会对指数的走势产生更大的影响，而国内的股市中又经常会出现所谓的"大盘蓝筹行情"，即业绩不错的大盘股持续上涨，而绝大多数中小盘个股却处于横盘震荡之中，两个群体的走势明显出现分化，这时，反映股市整体走向的指数往往就会出现失真的情况。

在股票市场上，指数是用以衡量股票市场交易整体波动幅度和景气状况的综合指标，是投资人作出投资决策的重要依据。那么，当指数出现失真走势时，我们应如何操作呢？一般来说，此时应采取"重个股，轻大盘"的方法，例如，若中小盘个股已出现了大幅上涨，而指数的涨幅却明显滞后，此时，虽然指数的后期上涨空间还很充足，但是这并不意味着中小盘个股后期仍有很好的上涨行情将会出现；反之，当指数大幅飙升时，而中小盘个股却处于滞涨状态，这多是由于大盘蓝筹股的补涨走势所造成的，此时，我们应注意股市见顶的趋向。

股市运行的3种趋势

根据汉语词典的解释，趋势的意思为"事物或者局势发展的动向"，如我们说，"历史的发展趋势是向前"、"只有跟上趋势才能跟上世界的变化"，当人们使用"趋势"这个词时，很明显是"对一种模糊的、不够明确的、遥远的运行方向采取行动"。趋势是自然界中的客观规律，同样它也是经济生活的规律。

同样，在股市中，市场的运行也是以趋势呈现出来的，股市中的趋势是指价格运行的大方向，我们可以将趋势运行划分为上升趋势、下跌趋势、横盘震荡趋势3种。趋势是股票市场运行中的一种客观规律，是不以投资者的意志为转移的，因而，在从事股票交易时，我们一定要做到"顺势而为"，不要"逆势而动"。

股市的运行趋势即是价格的运行趋势，下面就分别来介绍这3种趋势的特点及表现形式。

上升趋势

上升趋势也称基本上升趋势，它代表了牛市行情，是价格总体运行方向向上的一个过程，一般来说，上升趋势一旦出现，股市总体的累计升幅至少达到20%以上，往往会超过50%，甚至出现翻倍行情，可以说，上升趋势是一个价格持续上涨，且上涨时间与上涨力度均较强的运行状态。

对于处于上升趋势中的价格运行轨迹来说，我们可以用"波峰"、"波谷"来做比喻，在上升趋势中，后来出现的波峰和波谷都相应地高于先前出现的波峰和波谷，即上升趋势是一个价格在运动过程中呈现出"一峰高于一峰"、"一谷高于一谷"的总体向上推进过程，这种"一峰高于一峰"、"一谷高于一谷"的走势是源于充足的买盘推动，当价格在买盘推动下上涨后，往往会在获利盘抛出的情况下出现回调走势，但是当价格还没回调至前次的相对低位时就促使大量买盘再次介入，因为此时投资者是以做多思维为操作策略，随着买盘的推动，当价格向上创出新高时，更多的投资者会认为一波新的上涨正在出现，于是多追涨买入，从而加快了价格上涨步伐，也使得价格走势呈现出这种"峰"、"谷"依次增高的走势。

上升趋势只是对价格走势的一种整体性描述，想要更好地理解上升趋势，我们就要对其进行更为细致的划分，一般来说，可以将上升趋势的推进过程划分为三个阶段。

第一阶段为低位区的建仓阶段。这一阶段是多方积蓄能量的阶段，价格的持续上涨与多头在最初积累了较为充分的做多动能有着密切的联系。一般来说，在这一阶段，市场多处于相对低估的低位区运行走势中，或是由于前期持续的下跌，或是由于宏观经济氛围较为萧条，这时市场交投较为清淡，并没有明显的做多气氛，但是此时有远见的投资者已经意识到了形势即将扭转，因而开始进行较为积极的买入建仓操作，在一部分买盘持续介入的支撑下，价格走势也会出现止跌企稳形态，宏观经济的情况被片面夸大，它并非像投资者所想的那样糟糕，而且最坏的时间已经过去，现在正在迎来转机。此时，市场做空动能已经不足，经济已开始有所好转，股市的走势总是运行于经济复苏之前，在经济好转这一信息还没有深入人心时，股市往往已开始稳步上扬了。在这一阶段，聪明的投资者也提前开始布局了。

第二阶段为稳步的攀升阶段。此时股市在经济情况逐渐好转、政策利好消息频传、上市公司业绩预增的影响下开始步入了稳健的上升通道之中，但由于前期跌的持久性及强力性，多头思维并没有占据绝对的主导地位，很多投资者仍对涨势产生怀疑，但此时市场交易气氛不断活跃却是不容置疑的，这种活跃的迹象既体现在稳步和上涨之上，也体现在成交量随着价格上涨而出现的不断放大之上。在这一阶段，技巧娴熟的投资者会在良好的大势氛围下获取远大于市场平均水平的收益。

第三阶段为狂热情绪下的见顶阶段，前期价格的持续上涨使股市的财富效应骤现，股市造富神话在一幕幕地上演，越来越多不熟悉这个市场的投资者开始涌入，似乎是只要买入并持股就可以在短时间内获取较高的收益，此时，投机气氛主导着整个市场，股市的上涨走势已经不是基本面和技术面能解释清楚的，这时所有的市场信息都令人乐观。然而，一个不容置疑的事实是：推动股市上涨的买盘毕竟是有限的，前期的持续大幅上涨已过多地消耗了做多的动能，因而，股市的上涨走势正面临着买盘枯竭的窘境，此时，我们往往会看到价格走势创出了新高，但是成交量却明显萎缩，这种量价背离形态预示着市场正处于狂热中的见顶阶段。

牛市的出现可遇不可求，它需要多方面因素的配合，但是一旦牛市有启动迹象或是初步形成，则是中长线投资者的最佳布局时机，此时，中长线投资者可以采取买入并持有的策略，即可很从容地忽略各种次等的回调及小幅波动，直至市场发出较为明确的趋势反转信号（如"大幅上涨后的量价背离形态"、"横盘宽幅震荡的滞涨走势"等）后再进行卖出，可以说中长线投资者是在一个相对较长的时间跨度内来把握投资策略。

下跌趋势

下跌趋势也称基本下跌趋势，它代表了熊市行情，是价格总体运行方向向下的一个过程。一般来说，下跌趋势一旦出现，股市总体的累计跌幅至少达到20%以上，往往会超过50%，甚至出现翻倍下跌空间，可以说，下跌趋势是一个价格持续下跌，且下跌时间与下跌力度均较强的运行状态。

对于处于下跌趋势中的价格运行轨迹来说，我们可以用"波峰"、"波谷"来做比喻，在下跌趋势中，后来出现的波峰和波谷都相应地低于先前出现波峰和波谷，即下跌趋势是一个价格在运动过程中呈现出"一峰低于一峰"、"一谷低于一谷"的总体向下推进过程，这种"一峰低于一峰"、"一谷低于一谷"的走势是由于卖盘持续抛出而买盘无意入场造成的，当价格在卖盘的抛售下出现下跌后，往往会在抄底盘介入的情况下出现反弹走势，但是当价格还没反弹至前次的相对高位就促使大量卖盘再次抛售，因为此时投资者是以做空思维为操作策略，随着卖盘的抛售，当价格向下创出新低时，更多的投资者会认为一波新的下跌正在出现，于是大多割肉出局，从而加快了价格下跌步伐，也使得价格走势呈现出这种"峰"、"谷"依次降低的走势。

下跌趋势只是对价格走势的一种整体性描述，想要更好地理解下跌趋势，我们就要对其进行更为细致的划分，一般来说，可以将下跌趋势的推进过程划分为三个阶段。

第一阶段为出货阶段。这一阶段与之前上升趋势最后一程的拔高走势交织在一起，由于前期股市的巨大升幅消耗掉过多的多方能量，因而后期的上涨显得软弱无力，而且往往会呈现出明显的滞涨走势。对于绝大多数个股来说都已处于明显的泡沫高估状态。这时，一些较为理性的投资者意识到了巨大风险的来临，因而获利出局，此时虽然参与买卖的有少部分中长线投资者，但更多的则是短线投机客，市场潜在买盘处于枯竭状态之中，股价重心开始出现下移迹象。

第二阶段为快速下跌阶段。随着高位区滞涨无力的走势，那些获利的卖盘开始逐渐意识到上涨走势的可能终结性，因而在担心利润消失的心态下选择离场，但是由于市场的潜力买盘已消耗殆尽，因而，少量的买盘入场是难以阻挡价格下跌的，随着跌势的持续，当越来越多的投资者意识到熊市开始时，价格的跌势与跌幅也往往会快速扩大，在快速下跌阶段，宏观经济情况较不理想与上市公司的业绩下滑往往同时出现。虽然我们可以把牛市与熊市的出现看做是宏观经济周期循环的表现，但是，更为深刻的理解则应把这种大涨大跌看做是股市对于估值不合理状态的一种修正，而且这种修正往往会出现修正过度的情况，因而出现涨时会形成明显高估、而跌时又会形成明显低估的状态。

第三阶段为恐慌性抛售后的探底阶段。股市最大的特点就是体现了市场整体的非理性情绪，这种非理性情绪体现在上涨趋势中是大涨之后的狂势追高情绪，体现在下跌趋势中则是深幅下跌后恐慌性杀跌情绪。当价格已经过了第二阶段的持续性下跌之后，很可能已开始处于一个历史上的相对估值低位区，但由投资者的思维来看往往就是"跌时看跌"，一部分投资者由于看不到底部的出现，因而在深幅下跌后还会采取割肉出局的方式，但这时的股价对于中长线投资者来说无疑是最有吸引力的，因而，在买盘随后陆续进场的情况下，股价也会在探底之后出现止跌企稳的走势。

横盘震荡趋势

横盘震荡趋势是一个价格处于横盘上下震荡状态的走势，其持续时间也相对较长，如果这种现象持续的时间比较长，那么就属于典型的"牛皮市特征"，此时价格的波动趋势呈波峰与波谷交替出现，价格走势也没有明显的上升或下跌状态。一般来说，横盘震荡走势多出现在上升趋势末期的顶部区，或是出现在下跌趋势末期的底部区，是一个多方双方实力较为接近、双方处于焦灼状态的表现形式。此外，出现在上升趋势途中或是下跌趋势途中的横盘走势往往持续时间较短，这属于横盘整理走势，是原有趋势在推进过程中的一次休整。

一般来说，横盘震荡走势是一种趋势不明朗的反映形式，当横盘震荡走势出现时，我们应结合价格的前期走势情况来做具体分析，如果长期的横盘震荡走势出现大幅上涨或下跌之后，则多是顶部或底部出现的信号；如果横盘震荡走势出现在累计升幅不大或是累计跌幅不大的情况下，则多预示着价格随后仍将沿原有趋势运行。

通过均线与趋势线认清趋势

"工欲善其事，必先利其器"，我们除了可以通过 K 线走势来识别趋势外，还可以根据均线、趋势线等工具有效地识别趋势、趋势的运行状态、是否有反转迹象等。

价格的趋势运行特征在表面上看是价格在某一方向上的延续性，但是其内在本质却与市场持仓成本的变化有着密切关系，一旦市场的趋势形成，价格仍有沿这一趋势运行的动力，趋势的持续强度与力度既与市场中潜在的买盘数量有关系，也与当前市场持仓成本的变化情况有关，一般来说，这两方面在趋势运行时所产生的影响力占到了 50%，而均线就是通过形象地反映出不同时间周期内市场持仓成本的变化情况，进而反映趋势运行状态，并预示价格后期走向的。

均线全称为移动平均线（MA），它以道·琼斯的"平均成本概念"作为理论基础，是道氏理论的形象化表述，在计算方法上，是将相应时间周期内每一交易日的股价加以平均得出（其中"每一交易日的股价"既可以是每一交易日的收盘价，也可以是每一交易日的平均价）。通过计算不同时间周期内的平均价格，我们就可以得到不同周期下市场持仓成本的变化情况，并进一步根据短期市场平均线持续成本与中长期市场持仓成本的关系预测价格走向。（注：移动平均线通常有 5 日、10 日、20 日、40 日、60 日、120 日、240 日等，本节中，我们以 5 日均线代表短期均线，以 30 日均线代表中期均线，以 60 日均线代表长期均线）

下面介绍均线的计算方法，其中 C&&n 代表第 n 日的收盘价，计算周期为 5 日（即得到的结果是 5 日均线数值 MA5），第 n 日的 MA5 数值为：

MA5（n）=（C&&n+C&&n-1+1+C&&n-2+C&&n-3+C&&n-4）÷5

将每一日的 MA5 数值连成平滑曲线，就可以得到 5 日移动平均线曲线。移动平均线的灵敏度取决于它的时间周期，均线时间周期越短，则其波动越频繁，这适用于表现价格短期内的运行情况；反之，若均线的时间周期越长，则其波动就越平缓，这适用于表现价格的中长期运行情况。

均线有三种重要的表现形态，这三种表现形态分别为多头排列形态、空头排列形态、相互缠绕形态，它们分别对应了价格的上升趋势、下跌趋势、横盘震荡趋势。

当价格处于上升趋势中时，由于市场处于一个买方占主导地位的状态下，因而，代表着短期市场平均持仓成本的均线会对股价的运行起到良好的支撑作用，代表着中长期市场平均持仓成本的均线则会对短期均线起到支撑作用，此时，均线会呈现出多头排列形态。多头排列是指周期较短的均线运行于周期较长的均线之上，并且它们呈现出向上发散的状态。

当价格处于下跌趋势中时，由于市场处于一个卖方占主导地位的状态下，因而，代表着短期市场平均持仓成本的均线会对股价的运行起到阻挡作用，代表着中长期市场平均持仓成本的均线则会对短期均线起到阻挡作用，此时，均线会呈现出空头排列形态。空头排列是指周期较短的均线运行于周期较长的均线下方，并且它们呈现出向下发散的状态。

当价格处于横盘震荡趋势中时，由于市场处于一个多空双方势均力敌的状态，因而，此时价格的波动趋势呈波峰与波谷交替出现，价格走势也没有明显的上升或下跌状态，此时短期均线、中期均线、长期均线会处于相互缠绕形态，这种相互缠绕形态出现在大幅上涨之后往往是顶部出现的标志，反之，若出现在大幅下跌之后，则多是底部出现的标志。

移动平均线可以很好地反映趋势的运行并预示趋势的反转，与移动平均线功能类似的一个工具是趋势线，趋势线可以很好地反映上升趋势及下跌趋势，并且能够有效地预示趋势的反转。

在股票行情软件中，我们可以轻易地调出移动平均线这一指标，但是趋势线却要我们自行画出，趋势线就是根据股价走势所画出的线路，我们可以分别画出表示上升趋势的上升趋势线（也称为支撑线）及表示下跌趋势的下降趋势线（也称为阻力线）。上升趋势线的功能在于能够显示出股价上升的支撑位，它是通过连接两个以上价格回调时的低点而得到的直线，一旦价格在波动过程中跌破此线且随后无力再次站稳于此线上方，就意味着行情可能出现反转；下降趋势线的功能在于能够显示出股价在反弹时的阻力位，它是通过连接两个以上价格反弹时的高点而得到的直线，一旦价格在波动中向上突破此线并有效站在此线上方，就意味着下跌行情可能结束。下面我们通过实例来说明趋势线的用法及注意要点。

影响股市运行的因素

股市是一个预期性极强的市场，它的走势会受到各种各样因素的影响，例如，宏观经济的走向、周边股市的涨跌、政策消息的发布等都是影响股市运行的因素，本节中，我们就分门别类地来看一下影响股市运行的因素有哪些。

宏观经济是决定股市牛熊状态的内因

股市是经济运行情况的晴雨表，它往往可以提前反映出宏观经济的走势，很多投资者认为股市的涨跌只是源于资金的流入与流出，这种观点固然不错，但是投资者却没有进一步思考资金为何要流入或流出？其实，追根溯源，资金的持续流入无非是基于对宏观经济走向的乐观预期，而资金的流出也多是基于对经济不景气状况的担忧，股市在短期内的涨跌情况易受偶然因素影响，但是其中长期的走势是与宏观经济运行情况相挂钩的。

下面就介绍一下宏观经济状况与股市走向之间的逻辑关系，首先来看一个实例。2008年受全球范围内出现的金融危机的影响，国内股市在经过2007年的暴涨之后，在2008年出现了深幅下跌的走势，这种下跌走势既是对前期上涨过度的一种矫正，也是基于同期出现的经济下滑的带动，此时的股市走向与宏观经济运行情况具有正相关性，即宏观经济运行情况开始低迷且呈现出下降苗头，而股市的走势也是一路下跌。

一个经济周期可以划分为复苏、繁荣、衰退、萧条4个阶段，而一轮股市走势也可以相应地划分为筑底、上涨、筑顶、下跌4个阶段，宏观经济的运行规律与股市的运行规律具有一致性，在理解股市的周期变化时，我们一定要结合宏观经济的周期变化。

随后，当股市在经历了深幅下跌后，于2008年10月见底并出现了止跌回升的走势，从2008年10月至2009年5月期间，大盘指数上涨幅度超过50%，绝大多数中小盘个股更是出现了翻倍走势，但是此轮反弹发生的时期却是在经济数据最差的一段时间，此时的股市走向与宏观经济运行情况出现了一种看似"脱节"的关系，其实不然，这正是股市"预期性"的完美体现，因为"股市走向是经济变化的晴雨表，它往往先于宏观经济情况而运行"，当股市已出现大幅上涨之后，我们发现宏观经济也出现了好转的势头，此时一系列报喜式的经济数据也开始揭示宏观经济正逐渐向好，只是，当这些令人振奋的经济数据发布时，股市早已提前大幅上涨了，这就是股市先于宏观经济而行的逻辑关系。

股市走势具有极强的预期性，因而其走向多先于宏观经济而行，在参与股市买卖时，投资者应注意两者之间的这种时间差，可以说，当宏观经济处于萧条且个股处于低估状态时，我们就应预期到随后将要出现的宏观经济改善情况及股市的提前上涨走势，因而可以在此期间进行中长线的积极布局，以分享随后股市先于宏观经济好转而提前上涨所带来的收益；同理，当宏观经济过热且股价处于明显高估状态时，我们就应预期到随后将要出现的经济走势放缓及股市的先行下跌走势，因而可以在此期间抛售股票以保住利润。

股市总体走势与宏观经济运行情况之间除了有以上的两种关系外（一种关系是走势一致性，另一种关系是股市先于宏观经济而行），还存在着一种反应过度的关系，当宏观经济持续走好时，股市往往会对这种利好进行过度放大，从而使得股市的升幅远远大于宏观经济的增长速度，特别是当宏观经济已出现了连续数年的增长而同期股市却不见明显上涨的情况，此时的股市往往会"累积"大量的做多动能，其大幅上涨走势随时可能一触即发；反之，当宏观经济持续走低时，股市往往也会对这种利空进行放大，从而使得股市的跌幅远远大于宏观经济的衰减速度，特别是当股市已身处高位而宏观经济此时却突遇利空而产生悲观预期时，此时的股市很可能出现非理性的恐慌抛售情绪，大幅下跌走势也随时可能一触即发。

政策导向是影响股市走向的重要原因

促进资本市场稳定健康发展是党中央、国务院既定的战略决策，政策导向是影响股市走向的重要原因。股市的暴涨暴跌无疑会对实体经济造成较大的负面影响，当股市投机气氛浓郁而导致估值中枢明显偏高时，就会有针对股市的相关政策利空消息发布，以抑制股市的投机气氛；反之，当股市的恐慌情绪过于严重而导致其出现暴跌走势，估值中枢明显偏低时，就会有针对股市的相关政策利好消息发布。

政策导向无疑是引导股市健康运行的重要保障之一，且我国股市素有政策市之称，因而，在分析股市的走势时，我们一定要将政策的利好利空消息考虑进去，当股市已经历了大幅度的上涨且个股股价处于明显的高估状态，而此时又有相关的政策利空消息发布，则我们不宜再追涨买入；反之，当股市已经历了大幅度的下跌且个股股价已处于明显的低估状态，而此时又有相关的政策利好消息发布，则我们也不宜再盲目杀跌。

外围股市的涨跌会影响股市的短期运行

全球经济一体化不仅体现在各国之间的经济贸易合作、互动之上，也体现在各国股市之间的相互影响上，对全球经济来说，美国是最大的经济实体，对全球股市来说，美股的影响往往也是最大的，我们可以将美股看做是外围股市的典型代表，当美股出现暴涨暴跌走势时，这种走势在短期内往往也会对国内的股市产生重要影响。

牛市对利好消息有放大效应，熊市则对利空消息有放大效应，这种效应也体现在国内股市受外围股市的影响之上。当以美股为代表的外围股市出现大幅上涨走势时，若此时国内股市正处于牛市运行阶段，则往往会引发国内股市的加速上涨，反之，若国内股市处于熊市运行阶段，则很有可能引发其反弹走势；当以美股为代表的外围股市出现大幅下跌走势时，若此时国内股市正处于牛市运行阶段，则往往会引发国内股市的回调行情，反之，若国内股市处于熊市运行阶段，则很有可能引发其加速下跌走势。

资金流动决定股市的涨跌

股市的上涨与下跌源于资金的流入与流出，当股市中流入的资金总量要明显大于流出的资金总量时，会出现上涨走势，反之，当股市中流出的资金总量明显大于流入的资金总量时，则会出现下跌走势。某个交易日出现的资金流入流出情况易受偶然因素影响，但是某一阶段出现的资金流入流出情况则往往能准确地反映出股市在随后较长时间内的总体走势情况。在进一步讨论股市的资金流动前，我们先来看一下"资金流入"与"资金流出"这两个概念。

资金流向作为一个成熟的技术指标，它可以有效地反映出个股、板块、大盘等某一范围内的资金流入与流出情况，如果在某一分钟内，指数或股价处于上涨状态，则我们就可以把这一分钟的成交额计入资金流入一项中；反之，若指数或股价在某一分钟内处于下跌状态，则我们就把这一分钟产生的相应成交额计入资金流出一项中；若指数或股价与前一分钟相比没有发生变化，则不计入。通过这种方法每分钟计算一次，通过汇总就可以得出当日的资金流入与流出情况，若当天的资金流入总量大于资金流出总量，则指数或个股在当日处于资金流入状态，对应的价格走势多为上涨；反之，若当天的资金流出总量大于资金流入总量，则指数或个股在当日处于资金流出状态，对应的价格走势多为下跌；流入资金与流出资金的差额就是该板块当天的资金净流入或净流出值。

资金流入与流出的计算方法是基于以下假设的：若指数或股价在此期间处于上升状态，则我们可以把此期间的成交额看做是推动价格上涨的动力；反之，若指数或股价在此期间处于下跌状态，则我们可以把此期间的成交额看做是推动价格下跌的动力。

很明显，这种假设是客观合理的，通过资金流入与流出数量，再结合价格的涨跌情况，我们可以更好地看清楚市场的资金流动情况，持续的资金流入出现在价格的深幅下跌之后，是主力进场、多方开始积极积蓄能量的体现，也是趋势反转的信号，持续的资金流入也是推动价格持续上涨的原动力；持续的资金流出出现在价格的大幅上涨之后，是主力离场、空方开始积极抛售的体现，也是趋势反转的信号，持续的资金流出也是推动价格持续下跌的原因所在。

期货价格对于相应个股走势的影响

粮食、金属、原油等商品价格的走向在很大程度上反映了一种经济预期，而且这些商品的价格变化也往往对上市公司的业绩造成直接影响，这些影响都会反映到相关个股的价格走势中。那么，我们如何及时有效地发现这些商品的变化趋势呢？期货市场就是最为简单直接的方法。

国际上的期货市场有着悠久的发展历史，期货市场的诞生是源于生产商与销售商对于原材料的保值要求，随着经济的发展，被要求保值的商品品种越来越多，期货市场因而得到了快速的发展，在经济中的地位也越来越重。期货市场是一个覆盖范围极大的交易市场，它以公开竞价的方式进行交易，确保了商品价格的客观合理，通过期货市场，我们可以及时有效地发现相应商品品种价格的变化情况，从而可以直观有效地了解到商品价格的走势。

上市公司及其赢利分配

上市公司及其特点

上市公司是指所发行的股票经过国务院或者国务院授权的证券管理部门批准在证券交易所上市交易的股份有限公司。所谓非上市公司是指其股票没有上市和没有在证券交易所交易的股份有限公司。

上市公司是股份有限公司的一种，这种公司到证券交易所上市交易，除了必须经过批准外，还必须符合一定的条件。《公司法》、《证券法》修订后，有利于更多的企业成为上市公司和公司债券上市交易的公司。

按照《公司法》的规定，股份有限公司要上市必须经过国务院或者国务院授权的证券管理部门批准，未经批准，不得上市。上市公司是股份有限公司；股份有限公司可为非上市公司，但上市公司必须是股份有限公司。上市公司发行的股票在证券交易所交易，不在证券交易所交易的不是上市股票。

相对于普通公司而言，上市公司对财务披露要求更为严格，股份可以在证券交易所中挂牌自由交易流通（全流通或部分流通，每个国家制度不同）；能够取得整合社会资源的权利。

上市公司是股份有限责任公司，具有股份有限公司的一般特点，如股东承担有限责任、所有权和经营权。股东通过选举董事会和投票参与公司决策等。与一般公司相比，上市公司最大的特点在于可利用证券市场进行筹资，广泛地吸收社会上的闲散资金，从而迅速扩大企业规模，增强产品的竞争力和市场占有率。因此，股份有限公司发展到一定规模后，往往将公司股票在交易所公开上市作为企业发展的重要战略步骤。

首先，上市公司也是公司。从这个角度讲，公司有上市公司和非上市公司之分。

其次，上市公司是把公司的资产分成了若干分，在股票交易市场进行交易，大家都可以买这种公司的股票从而成为该公司的股东，上市是公司融资的一种重要渠道；非上市公司的股份则不能在股票交易市场交易（注意：所有公司都有股份比例，包括国家投资，个人投资，银行贷款，风险投资）。上市公司需要定期向公众披露公司的资产、交易、年报等相关信息，而非上市公司则不必。

最后，在获利能力方面，并不能绝对地说谁好谁差，上市并不代表获利能力多强，不上市也不代表没有获利能力。当然，获利能力强的公司上市的话，会更容易受到追捧。

根据我国《公司法》的规定，股份有限公司申请其股票上市必须符合下列条件：股票经国务院证券管理部门批准已向社会公开发行；公司股本总额不少于人民币5000万元；开业时间在三年以上，最近三年连续赢利；原国有企业依法改建而设立的，其主要发起人为国有大中型企业的，可连续计算；有股票面值达人民币1000元以上的股东人数不少于1000人，向社会公开发行的股份达公司股份总数的 25% 以上；公司股本总额超过人民币 4 亿元的，其向社会公开发行股份的比例为 15% 以上；公司在最近三年内无重大违法行为，财务会计报告无虚假记载；国务院规定的其他条件。满足上述条件可向国务院证券管理审核部门及交易所申请上市。

公司上市发行股票的基本要求是：上市公司的股票经国务院证券管理部门批准向社会公开发行；公司股本总额不少于人民币 3000 万元；公开发行的股份占公司股份总数的 25% 以上，股本总额超过 4 亿元的，向社会公开发行的比例 10% 以上；公司在最近三年内无重大违法行为，财务会计报告无虚假记载。

根据国情的不同，世界各国针对上市公司还有相关的暂停上市制度、终止上市制度以及退市制度。我国政府为推动上市公司建立和完善现代企业制度，规范上市公司运作，促进我国证券市场健康发展，相继颁布出台了有关政策和法规，向规范化、制度化迈进。

上市公司股息与红利的来源

股息是股东定期按一定的比率从上市公司分取的赢利，红利则是在上市公司分派股息之后按持股比例向股东分配的剩余利润。获取股息和红利，是股民投资于上市公司的基本目的，也是股民的基本经济权利。

一般来讲，上市公司在财会年度结算以后，会根据股东的持股数将一部分利润作为股息分配给股东。根据上市公司的信息披露管理条例，我国的上市公司必须在财会年度结束的一百二十天内公布年度财务报告，且在年度报告中要公布利润分配预案，所以上市公司的分红派息工作一般都集中在次年的二三季度进行。

在分配股息红利时，首先是优先股股东按规定的股息率行使收益分配，然后普通股股东根据余下的利润分取股息，其股息率则不一定是固定的。在分取了股息以后，如果上市公司还有利润可供分配，就可根据情况给普通股股东发放红利。

股东一年的股息红利的多少，取决于上市公司的经营业绩。因为股息和红利是从税后利润中提取的，所以税后利润既是股息和红利的唯一来源，又是上市公司分红派息的最高限额。在上市公司分红派息时，其总额一般都不会高于每股税后利润，除非有前一年度结转下来的利润。

各国的公司法对公司的分红派息都有限制性规定，如我国就规定，上市公司必须按规定的比例从税后利润中提取资本公积金，来弥补公司亏损或转化为公司资本。因此，上市公司分配股息和红利的总额总是要少于公司的税后利润。

由于上市公司的税后利润既是股息红利的来源且又是它的最高限额，所以上市公司的经营状况直接关系着股息和红利的发放。在一个经营财会年度结束以后，当上市公司有所赢利时，才能进行分红与派息，且赢利愈多，用于分配股息红利的税后利润就愈多，股息红利的数额也就愈大。

除了经营业绩以外，上市公司的股息政策也影响股息与红利的派发。在上市公司赢利以后，其税后利润有两大用途，除了派息与分红以外，还要补充资本金以扩大再生产。如果公司的股息政策是倾向于公司的长远发展，则就有可能少分红派息或不分红而将利润转为资本公积金。反之，派息分红的量就会大一些。

股息红利的分配还要受国家税收政策的影响。上市公司的股东不论是自然人还是法人都要依法承担纳税义务，如我国就有明确规定，持股人必须交纳股票收益（股息红利）所得税，其比例是根据股票的面额，超过一年期定期储蓄存款利率的部分要缴纳 20% 的所得税。

股息与红利的发放原则

上市公司在实施分红派息时，它必须符合法律规定且不得违反公司的章程，这些规定在一定程度上也影响着股息红利的发放数量。

股息与红利发放应遵循以下一些原则。

第一，必须依法进行必要的扣除后才能将税后利润用于分配股息和红利。其具体的扣除项目和数额比例要视法律和公司章程的规定。上市公司的股东大会和董事会通过的分红决议是不能与法律和公司章程的规定相抵触的。

在上市公司的税后利润中，其分配顺序是弥补以前年度的亏损；提取法定盈余公积金；提取公益金；提取公积金；支付优先股股息；支付普通股股利。

在公司按规定的比例交纳所得税后，将依照注册资本的数额提取 10% 的法定盈余公积金，但当法定的盈余公积金达到注册资本的 50% 以上时，可不再提取。公益金的比例一般为 5% 至 10%，公积金和股利由公司董事会根据当年的赢利情况报请公司股东大会批准实施。

第二，分红派息必须执行上市公司已定的股息政策。上市公司一般都要将公司的长远发展需要与股东们追求短期投资收益有机地结合起来，制定相应的股息政策，作为分配股息、红利的依据。

第三，分红派息必须执行同股同利的原则。具体表现在持有同一种类股票的股东在分红派息的数额、形式、时间等内容上不得存在差别，但公司章程另有规定的可例外。如果上市公司在分红派息时，给个人股或职工内部股送红股，而给法人股或国家股派发现金红利，这实际上是一种不公平行为，它侵犯了法人股和国家股的权益，是同股不同权的表现，所以国有资产管理局多次发文制止这种同股不同权的分红方式。

第四，上市公司在依上述原则分红派息时，还必须注意有关的法律限制。一般包括：上市公司在无力偿付到期债务或者实施分红派息后将导致无力偿付债务时，不得分派股息、红利。即使是公司的总资产额超过了公司所欠债务总额，但是当其流动资金不足以抵偿到期债务时，公司亦不得分派股息、红利。

上市公司分配股息、红利，不得违反公司所签订的有关约束股息、红利分配的合同条款。

上市公司分派股息、红利，依法不得影响公司资产的构成及其正常的运转。比如，公司为了分派股息、红利或收回库藏股票而支出的金额，不得使公司的法定资本（股本）有所减少。

公司董事会的自行限制。其主要表现在分派股息、红利时，不得动用公司董事会为了扩大再生产或应付意外风险而从公司利润中提取的留存收益部分。

股息与红利的发放方式

股息和红利作为股东的投资收益，是以股份为单位计算的货币金额，如每股多少元。但在上市公司实施具体分派时，其形式可以有四种：现金股利、财产股利、负债股利和股票股利。

现金股利是上市公司以货币形式支付给股东的股息红利，也是最普通、最常见的股息形式，如每股派股息多少元，就是现金股利。

股票股利是上市公司用股票的形式向股东分派的股利，也就是通常所说的送红股。采用送红股的形式发放股息红利实际上是将应分给股东的现金留在企业作为发展再生产之用，它与股份公司暂不分红派息没有太大的区别。股票红利使股东手中的股票在名义上增加了，但与此同时，公司的注册资本增大了，股票的净资产含量减少了。但实际上股东手中股票的总资产含量没什么变化。

财产股利是上市公司用现金以外的其他资产向股东分派的股息和红利。它可以是上市公司持有的其他公司的有价证券，也可以是实物。

负债股利是上市公司通过建立一种负债，用债券或应付票据作为股利分派给股东。这些债券或应付票据既是公司支付的股利，又确定了股东对上市公司享有的独立债权。

由于要在获得利润后才能向股东分派股息和红利，上市公司一般是在公司营业年度结算以后才从事这项工作。在实际中，有的上市公司在一年内进行两次决算，一次在营业年度中期，另一次是营业年度终结。相应的向股东分派两次股利，以使及时回报股东，吸引投资者。但年中期分派股利不同于年终分派股利，它只能在中期以前的利润余额范围内分派，且必须是预期本年度终结时不可能亏损的前提下才能进行。根据《中华人民共和国公司法》（以下简称《公司法》）的规定，上市公司分红的基本程序是，首先由公司董事会根据公司赢利水平和股息政策，确定股利分派方案，然后提交股东大会审议通过方能生效。董事会即可依股利分配方案向股东宣布，并在规定的付息日在约定的地点以约定的方式派发。

在沪深股市，股票的分红派息都由证券交易所及登记公司协助进行。在分红时，深市的登记公司将会把分派的红股直接登录到股民的股票账户中，将现金红利通过股民开户的券商划拨到股民的资金账户。沪市上市公司对红股的处理方式与深市一致，但现金红利需要股民到券商处履行相关的手续，即股民在规定的期限内到柜台中将红利以现金红利权卖出，其红利款项由券商划入资金账户中。如逾期未办理手续，则需委托券商到证券交易所办理相关手续。

公司分红时，我国股民普遍都偏好送红股。其实对上市公司来说，在给股东分红时采取送红股的方式，与完全不分红、将利润滚存至下一年度等方式并没有什么区别。这几种方式，都是把应分给股东的利润留在企业作为下一年度发展生产所用的资金。它一方面增强了上市公司的经营实力，进一步扩大了企业的生产经营规模，另一方面它不像现金分红那样需要拿出较大额度的现金来应付派息工作，因为企业一般留存的现金都是不太多的。所以这几种形式对上市公司来说都是较为有利的。

当上市公司不给股东分红或将利润滚存至下一年时，这部分利润就以资本公积金的形式记录在资产负债表中。而给股东送红股时，这一部分利润就要作为追加的股本记录在股本金中，成为股东权益的一部分。但在送红股时，因为上市公司的股本发生了变化，一方面上市公司需到当地的工商管理机构进行重新注册登记，另外还需对外发布股本变动的公告。

但不管在上述几种方式中采取哪一种来处理上一年度的利润，上市公司的净资产总额并不发生任何变化，未来年度的经营实力也不会有任何形式上的变化。

而对于股东来说，采取送红股的形式分配利润将优于不分配利润。送红股以后，股票的数量增加了，同时由于除权降低了股票的价格，就降低了购买这种股票的门槛，在局部可改变股票的供求关系，提高股票的价格。

将送红股与派现金相比，两者都是上市公司对股东的回报，只不过是方式不同而已。只要上市公司在某年度内经营赢利，它就是对股民的回报。但送红股与派发现金红利有所不同，如果将这两者与银行存款相比较，现金红利有点类似于存本取息，即储户将资金存入银行后，每年取息一次。而送红股却类似于计复利的存款，银行每过一定的时间间隔将储户应得利息转为本金，使利息再生利息，期满后一次付清。

但送股这种回报方式又有其不确定性，因为将赢利转为股本而投入再生产是一种再投资行为，它同样面临着风险。若企业在未来的年份中经营比较稳定、业务开拓较为顺利且其净资产收益率能高于平均水平，则股东能得到预期的回报，若上市公司的净资产收益率低于平均水平或送股后上市公司经营管理不善，股东不但在未来年份里得不到预期回报，且还将上一年度应得的红利化为了固定资产沉淀。这样送红股就不如现金红利，因为股民取得现金后可选择投资其他利润率较高的股票或投资工具。

上市公司的分红是采取派现金还是送红股方式，它取决于持多数股票的股东对公司未来经营情况的判断和预测，因为分红方案是要经过股东大会讨论通过的。但我国上市公司中约有一半以上的股份为国家股，且其股权代表基本上都是上市公司的经营管理人员。由于切身权益的影响，经营管理人员基本上都赞同企业的发展与扩张，所以我国上市公司的分红中送红股的现象就非常普遍。

配股的利与弊

分红是上市公司对股东投资的回报，是建立在上市公司经营赢利的基础之上的，没有利润就没有红利可分。而配股并不建立在赢利的基础之上，只要股东情愿，即使上市公司的经营发生亏损也可以配股，上市公司是索取者，股东是付出者。股东追加投资，股份公司得到资金以充实资本。配股后虽然股东持有的股票增多了，但它不是公司给股民投资的回报，而是追加投资后的一种凭证。

根据公司法的有关规定，当上市公司要配售新股时，它应首先在老股东中进行，以保证老股东对公司的持股比例不变，当老股东不愿参加公司的配股时，它可以将配股权转让给他人。对于老股东来说，上市公司的配股实际上是提供了一种追加投资的选择机会。

老股东是否选择配股以追加对上市公司的投资，可根据上市公司的经营业绩、配股资金的投向及效益的高低等来进行判断。但在现实的经济生活中，除了配股外，股民还可通过购买其他公司的股票或投资债券及居民储蓄来实现追加投资，其关键就是要视投资收益情况来确定。如配股后上市公司的净资产收益率还达不到居民储蓄存款利率，显然上市公司的经营效益太差，其投资回报难以和居民储蓄相比拟，股民就可以不选择配股这种方式来追加对上市公司的投资。

当然，当一个上市公司确定配股以后，如配股权证不能流通，其配股就带有强制性，因为配股实施后股票就要除权，价格就要下跌，如老股东不参加配股，就要遭受市值下降的损失。其逃避配股的唯一的方法就是在配股前将股票抛出。

在比较成熟的股市下，配股是不受股东欢迎的，因为公司配股往往是企业经营不善或倒闭的前兆。当一个上市公司资金短缺时，它首先应向金融机构融通资金以解燃眉之急。

一般来说，银行等金融机构是不会拒绝一个经营有方、发展前景较好的企业的贷款要求的。而经营不善的公司就不得不向老股东伸手要钱以渡难关。从最近两年我国股市的配股情况来看，一些配股比例较高的公司往往都是业绩平平、不尽如人意的。

我国上市公司的配股之风盛行也有其他一些原因，如在国民经济宏观调控期间资金较为紧张、贷款实行规模控制，上市公司也难以从金融机构取得贷款。另外从上市公司的扩展方式来说，由于通过配股来筹集资金比较容易，且因流通股股东所占比例较小也无法抗拒，所以配股就成为上市公司扩展规模的最好途径。

对股民来说，配股有时预示着更大的投资风险。根据我国的有关规定，上市公司每年度都可有百分之三十的配股额度，不配也就浪费了指标。

配股一般是全体股东都应按持股比例追加投资，这样将不改变原有股东的相对持有比例。当然，如果某些股东对持有比例不介意的话，也可以放弃配股。但放弃配股的股东可能遭受市价损失。

当流通配股后，由于除权的作用，股价就要下降，对于参与配股的股东来说，由于股票数量的增多，股票的市价总值不发生变化。而若放弃配股，这部分股东将因所持股票总市值的减少而蒙受损失。而对于暂不能上市流通的国家股和法人股来说，市值只是一个名义的价格，其经济利益是否受损要视其配股后每股净资产含量和赢利能力的变化情况而定。

当配股价不等于每股净资产时，股东放弃配股将导致资产的相互转移，也就是说，部分股东的资产将在配股之中流失了。当配股低于每股净资产时，配股后每股净资产含量将高于配股价且低于原来的基数，这样，放弃配股的股东的部分净资产将无偿地流向参与配股的一方；而当股价高于每股净资产值时，配股后每股净资产将大于原来的基数而小于配股价，参与配股一方的部分净资产就无偿地流向了放弃配股的一方。而依照中国证监会的现行规定，上市公司的配股价是不得低于每股净资产额的。这样，在上市公司的配股中，若国家股和法人股放弃配股，个人股东配股后所形成的部分资产将无偿地流向国家股和法人股股东，且配股比例越大、溢价愈高，个人股东的资产流失也就越大。

一些股民之所以热衷配股，除了配股能增加手中的股票数量外，通过追加投资，配股还能降低市盈率。

在上市公司配股时，只有当配股价低于配股时的股票市价，配股才能进行。当配股大于或等于配股时的股票市价，股民可直接在股市上购买同类股票来增加持有的股票数量。

相对配股时的股票市价来说，配股价都是很低的，配股后上市公司的经营业绩若能保持在原有的水平，由于配股后股民手中的股票成本有所下降，平均股价有所下降，股票的市盈率将会随之下降。

其实，降低股票的市盈率或股票的平均持有成本，并不一定非要通过配股来实现，如果一位股民能在市场上买到市盈率较低的股票，则其效果与配股是相同的，只不过是持有股票的种类增加了，因为股票只不过是上市公司为股民提供了一个购买低市盈率股票的机会而已。

在追加投资时只要股民把握住这么一个原则，即后买股票的市盈率比先买的低，就能降低股票的平均市盈率。如果股民仅仅是想降低股票的持有成本或降低持股的市盈率，就不一定非要将自己限制在配股上。

业绩增长与投资回报

股民的回报来自上市公司的经营业绩。业绩好，股民的回报就高；若上市公司经营不善，股民的回报就少，甚至没有任何回报。

在谈及上市公司的发展时，营业收入、净利润、净资产收益率是经常被用来论证上市公司经营业绩的，一些投资价值报告也常应用这几个指标的增长率来说明公司对股东的回报。

实际上，营业收入是一家企业在一年中取得的收入之总和，它是一家企业的经营规模。对于一家生产型的公司，营业收入是销售额；对于一家服务性企业，营业收入是所提供劳务的总收入。如果将股民比作一家企业，营业收入就是一年中股民卖出股票的总交易额。所以，营业收入表示的是一种销售规模，销售得越多，营业收入就越大。而对于一家贸易公司来说，资金周转得越快，营业收入也就越大。

由于营业收入是一家企业的毛收入，它没有扣减经营支出即成本，它不是上市公司的经营业绩，所以经营收入增长与否，还谈不上是对股民的回报。对于同一家企业来说，即使今年的营业收入比往年有成倍的增加，但如果成本上升更快，企业的利润有可能比往年要低或发生亏损。所以，上市公司营业收入的增加与它对股民的回报没有直接的关系。

净利润是一家公司在一年的经营成果，它是股息红利的最高限额。净利润高，股民能分得的红利就高，所以净利润的增减就影响股东的投资回报。但在将净利润用来考证上市公司对股民的回报时，应该注意股民的投入是否增加了，如果股民的投入增加了，净利润的增长就是理所当然的了。

在我国沪深股市，由于上市公司频繁配股，且配股比例在很长一段时间内高达30%，企业的经营资本一年比一年雄厚，相应的上市公司净利润的增幅每年也应在30%以上，上市公司经营的扩张主要是股民投入增加的缘故，而非上市公司的经营能力增强了。

衡量上市公司回报能力的最好指标是净资产收益率，它是每个单位净资产的获利能力，因为它是一个效益指标，就很容易用它与其他领域的投资收益做比较。

在上市公司的利润增加时，如果其净资产收益率没有提高，就说明是由于加大了投入而引起的利润扩张，如果在净利润增加的同时净资产收益率也有所提高，就说明公司的经营能力增强了，其对股东的回报也实实在在地提高了。

资本利得是指投资者在证券市场上交易股票，通过股票买入价与卖出价之间的差额所获取的收入，又称资本损益。当卖出价大于买入价时为资本收益，即资本利得为正，当卖出价小于买入价时为资本损失，即资本利得为负。

低买高卖是最终实现股票投资收益的根本方式，除权、除息等并不能直接形成收益，实现收益最终还是要落到低买高卖的价差上。目前，我国股市中资本利得部分不征税，而在发达美国等股市发展成熟的国家是要征收资本利得税的。一旦资本利得税开征，至少在短期是对股市一个不小的打击，应关注相关政策的动向。

证券机构的管理

走近证券机构

证券机构包括证券管理机构、证券经营机构、证券交易机构以及证券服务机构。

证券管理机构

我国已建立了专门的证券管理机构和全国统一的、跨部门的、自律性的证券行业组织相结合的证券市场管理体制。1992年10月，我国正式成立了国务院证券管理委员会即证监委和中国证券管理监督委员会即中国证监会。其中证监委是我国证券管理的权力机关，主任委员由国务院副总理兼任，委员由国家体改委、中国人民银行、财政部、工商行政管理局等部门的领导担任。证监委对全国证券市场进行统一的宏观管理，证监会是证监委的办事机构，根据证监委的授权，依法对证券市场进行监督管理。

除上述政府机构外，我国还设立了自律性的证券管理组织，即中国证券业协会，它是1990年经中国人民银行批准并在民政部注册登记后成立的社团法人，是由证券经营机构主体会员自愿组成的全国证券行业自律组织。

证券经营机构

证券经营机构也称证券商或证券经纪人，是证券市场的中介人，是专门经营证券业务并从中获利的企业法人。它的作用有两点：一是在发行市场上充当证券筹资者与证券投资者的中介人；二是在流通市场上充当证券买卖的中介人。

我国的主要证券经营机构主要有以下两种：一是证券公司。证券公司是我国直接从事证券发行与交易业务的具有法人资格的证券经营机构，其业务主要范围有：代理证券发行、证券自营、代理证券交易、代理证券还本付息和支付红利、接受客户委托代收证券本息和红利、代办过户等。二是信托投资公司。信托投资公司是以营利为目的的，并以委托人身份经营信托业务的金融机构。它除了办理信托投资业务外，还可设立证券部办理证券业务，其业务范围主要有：证券的代销及包销、证券的代理买卖及自营、证券的咨询、保管及代理还本付息等。

证券交易机构

证券交易机构主要包括证券交易所以及证券交易中心。

证券服务机构

证券服务机构是为证券经营和证券交易服务的机构。我国证券服务主要有以下两种。一是证券登记公司。证券登记公司是独立的企业性质的证券服务机构，其主要业务是：公开发行与非公开发行的证券登记、上市及未上市的记名证券的转让登记、代理有价证券的保管、代理有价证券的还本付息和分红派息、从事与证券有关的咨询业务及主管机关批准的其他业务。

二是证券评级公司。证券评级公司是专门从事有价证券评级业务的企业法人，一般都是独立的、非官方的，主要业务为对有价证券的发行公司进行客观、准确、真实、可靠的评级，并负责提供评级结果及有关资料。

证券交易所

证券交易所是依据国家有关法律，经政府证券主管机关批准设立的集中进行证券交易的有形场所。目前，我国的证券交易所有两个，分别在上海与深圳。上海证券交易所是我国目前最大的证券交易中心。

从股票交易实践可以看出，证券交易所有助于保证股票市场运行的连续性，实现资金的有效配置，形成合理的价格，减少证券投资的风险，联结市场的长期与短期利率。

一般来讲，作为证券市场的组织者，证券交易所具有以下功能：一是提供证券交易场所。由于这一市场的存在，证券买卖双方有集中的交易场所，可以随时把所持有的证券转移变现，保证证券流通的持续不断进行。二是形成与公告价格。在交易所内完成的证券交易形成了各种证券的价格，由于证券的买卖是集中、公开进行的。采用双边竞价的方式达成交易，其价格在理论水平上是近似公平与合理的，这种价格及时向社会公告，并被作为各种相关经济活动的重要依据。三是集中各类社会资金参与投资。随着交易所上市股票的日趋增多，成交数量日益增大，可以将极为广泛的资金吸引到股票投资上来，为企业发展提供所需资金。四是引导投资的合理流向。交易所为资金的自由流动提供了方便，并通过每天公布的行情和上市公司和信息，反映证券发行公司的获利能力与发展情况。使社会资金向最需要和最有利的方向流动。

证券交易所也可能产生下列消极作用：

证券交易所可能扰乱金融价格。由于证券交易所中很大一部分交易仅是转卖和买回，因此，在证券交易所中，证券买卖周转量很大，但是，实际交割并不大。而且，由于这类交易其实并非代表真实金融资产的买卖，其供求形式在很大程度上不能反映实际情况，有可能在一定程度上扰乱金融价格。

证券交易所易受虚假消息的影响。证券交易所对各类消息都特别敏感。因此，只要有人故意传播不实消息，或者谎报企业财务状况，或者散布虚有的政治动向等，都可能造成股票价格变动剧烈，部分投机者就会蒙受重大损失，而另一些人则可能大获其利。

证券交易所可能从事不正当交易。从事不正当交易主要包括从事相配交易、虚抛交易和搭伙交易。相配交易是指交易者通过多种途径，分别委托两个经纪人，按其限定价格由一方买进、一方卖出同种数量的证券，以抬高或压低该证券的正常价格。虚抛交易是指交易者故意以高价将证券抛出，同时预嘱另一经纪人进行收购，并约定一切损失仍归卖者负担，结果是可能造成该证券的虚假繁荣。搭伙交易是指由两人以上结伙以操纵价格，一旦目的达成后，搭伙者即告解散，包括交易搭伙（搭伙者或者在公开市场暗中买进其所感兴趣的证券以免这些证券的价格抬高，或者通过散布对公司不利的消息压低其欲购进的股票价格）和期权搭伙（投资者按有利的价格购买证券，这通常是通过打通公司董事会而获得，一般是从获利中的一部分私下返回给董事）。

证券交易所为内幕人士操纵股市。由于各公司的管理大权均掌握在大股东手中，所以这些人有可能通过散布公司的赢利、发放红利及扩展计划、收购、合并等消息操纵公司股票的价格；或者直接利用内幕消息牟利，如在公司宣布有利于公司股票价格上升的消息之前先暗中买入，等宣布时高价抛出；若公司将宣布不利消息，则在宣布之前暗中抛出，宣布之后再以低价买入。

在证券交易所内股票经纪商和交易所工作人员作弊。在证券交易所进行交易时，股票经纪商的作弊行为可能有倒腾（即代客户一会儿买入，一会儿卖出，或故意紧张地劝说客户赶快买入或卖出，以便其从每笔交易中都可获佣金）、侵占交易佣金、虚报市价、擅自进行买卖，从而以客户的资金为自己谋利或者虚报客户违约情况从而赚取交易赔偿金。交易所工作人员的作弊方式可能有：自身在暗中非法进行股票买卖，同时股票经纪商串通作弊或同股票经纪商秘密地共同从事股票交易。

通常情况下，证券交易所组织有下列特征：证券交易所是由若干会员组成的一种非营利性法人。构成股票交易的会员都是证券公司，其中有正式会员，也有非正式会员；证券交易所的设立须经国家的批准；证券交易所的决策机构是会员大会（股东大会）及理事会（董事会）。其中，会员大会是最高权力机构，决定证券交易所基本方针；理事会是由理事长及若干名理事组成的协议机构，制定为执行会员大会决定的基本方针所必需的具体方法，制定各种规章制度；证券交易所的执行机构有理事长及常任理事。理事长总理业务。

不论是公司制的交易所还是会员制的交易所，其参加者都是证券经纪人和自营商。

会员包括股票经纪人、证券自营商及专业会员，股票经纪人主要是指佣金经纪人，即专门替客户买卖股票并收取佣金的经纪人。交易所规定只有会员才能进入大厅进行股票交易。因此，非会员投资者若想在交易所买卖股票，就必须通过经纪人。

　　股票自营商是指不是为顾客买卖股票，而为自己买卖股票的证券公司，根据其业务范围可以分为直接经营人和零数交易商。直接经营人是指在交易所注册的、可直接在交易所买卖股票的会员，这种会员不需支付佣金，其利润来源于短期股票价格的变动；零数交易商是指专门从事零数交易的交易商（零数交易是指不够一单位所包含的股数的交易），这种交易商不能收取佣金，其收入主要来源于以低于整份交易的价格从证券公司客户手中购入证券，然后以高于整份交易的价格卖给零数股票的购买者所赚取的差价。

　　专业会员是指在交易所大厅专门买卖一种或多种股票的交易所会员，其职责是就有关股票保持一个自由的、连续的市场。在股票交易实践中，专业会员既可以经纪人身份、也可以自营商身份参与股票的买卖业务，但他不能同时身兼二职参加股票买卖。

　　交易人进入交易所后，就被分为特种经纪人和场内经纪人。特种经纪人是交易所大厅的中心人物，每位特种经纪人都身兼数职。主要有充当其他股票经纪人的代理人；直接参加交易，以轧平买卖双方的价格差距，促成交易；在大宗股票交易中扮演拍卖人的角色，负责对其他经纪人的出价和开价进行评估，确定一个公平的价格；负责本区域交易，促其成交；向其他经纪人提供各种信息。

　　场内经纪人主要有佣金经纪人和独立经纪人。佣金经纪人是指接受客户委托，在证券交易所内代理客房买卖有价证券，并按固定比率收取佣金的经纪人；独立经纪人主要是指一些独立的个体企业家。一个公司如果没有自己的经纪人，就可以成为独立经纪人的客户，每做一笔交易，公司须付一笔佣金。在实践中，独立经纪人都会竭力按公司要求进行股票买卖，以获取良好信誉和丰厚报酬。

客户和经纪人之间的关系

　　在股票投资与交易活动中，客户与经纪人是相互依赖的关系，主要表现在下列四方面：

　　第一，授权人与代理人的关系。客户作为授权人，经纪人作为代理人，经纪人必须为客户着想，为其利益提供帮助。经纪人所得收益为佣金。

　　第二，债务人与债权人的关系。这是在保证金信用交易中客户与经纪人之间关系的表现。客户在保证金交易方式下购买股票时，仅支付若干保证金，不足之数向经纪人借款。不管该项借款是由经纪人贷出或由商业银行垫付，这时的经纪人均为债权人，客户均为债务人。

　　第三，抵押关系。客户在需要款项时，须持股票向经纪人作抵押借款，客户为抵押人，经纪人为被抵押人，等以后股票售出时，经纪人可从其款项中扣除借款数目。在经纪人本身无力贷款的情况下，可以客户的股票向商业银行再抵押。

　　第四，信托关系。客户将金钱和证券交由经纪人保存，经纪人为客户的准信托人。经纪人在信托关系中不得使用客户的财产为自身牟利。客户若想从事股票买卖，须先在股票经纪人公司开立账户，以便获得各种必要资料，然后再行委托；而经纪人则不得违抗或变动客户的委托。

证券交易所的管理

在我国，证券交易所由所在地市的人民政府管理，中国证券监督管理委员会监督。证券交易所的管理主要包括下列内容：

一是证券交易所的设立和解散。设立证券交易所，由国务院证券管理委员会审核，报国务院批准。如果证券交易所出现章程规定的解散事由，由会员决议解散的，经国务院证券管理委员会审核同意后，报国务院批准解散。如果证券交易所有严重违法行为，则由国务院管理委员会做出解散决定，报国务院批准解散。

二是证券交易所的职责。证券交易所应当创造公开、公平的市场环境，提供便利条件从而保证股票交易的正常运行。证券交易所的职责主要包括：提供股票交易的场所和设施；制定证券交易所的业务规则；审核批准股票的上市申请；组织、监督股票交易活动；提供和管理证券交易所的股票市场信息等。

三是证券交易所的业务规则。证券交易所的业务规则包括上市规则、交易规则及其他与股票交易活动有关的规则。具体地说，应当包括下列事项：股票上市的条件、申请程序以及上市协议的内容及格式；上市公告书的内容及格式；交易股票的种类和期限；股票的交易方式和操作程序；交易纠纷的解决；交易保证金的交存；上市股票的暂停、恢复和取消交易；证券交易所的休市及关闭；上市费用、交易手续费的收取；该证券交易所股票市场信息的提供和管理；对违反证券交易所业务规则行为的处理等。

四是证券交易所的组织。证券交易所设委员大会、理事会和专门委员会。会员大会为证券交易所的最高权力机构，每年至少召开一次。理事会对会员大会负责，是证券交易所的决策机构，每届任期三年。专门委员会主要有上市委员会和监察委员会。

证券交易所对股票交易活动的监管主要包括下列内容：

证券交易所应当即时公布行情，并按日制作股票行情表，记载并以适当方式公布下列事项：上市股票的名称；开市、最高、最低及收市价格；与前一交易日收市价比较后的涨跌情况；成交量、值的分计及合计；股票指数及其涨跌情况等。

证券交易所应当就市场内的成交情况编制日报表、周报表、月报表和年报表，并及时向社会公布。

证券交易所应当监督上市公司按照规定披露信息。

证券交易所应当与上市公司订立上市协议，以确定相互间的权利义务关系。

证券交易所应建立上市推荐人制度，以保证上市公司符合上市要求。

证券交易所应当依照股票法规和证券交易所的上市规则、上市协议的规定，或者根据中国证券监督管理委员会的要求，对上市股票做出暂停、恢复或者取消其交易的决定。

证券交易所应当设立上市公司的档案资料，并对上市公司的董事、监事及高级管理人员持有上市股票的情况进行统计，并监督其变动情况。

证券交易所的会员应当遵守证券交易所的章程、业务规则，依照章程、业务规则的有关规定向证券交易所缴纳席位费、手续费等费用，并缴存交易保证金。

证券交易所的会员应当向证券交易所和中国证券监督管理委员会提供季度、中期及年度报告，并主动报告有关情况；证券交易所有权要求会员提供有关报表、账册、交易记录及其他文件。

对证券交易所监管理

第一，证券交易所不得以任何方式转让其依照股票交易法规取得的设立及业务许可。

第二，证券交易所的非会员理事及其他工作人员不得以任何形式在证券交易所会员公司兼职。

第三，证券交易所的理事、总经理、副总经理及其他工作人员不得以任何方式泄露或者利用内幕信息，不得以任何方式从证券交易所的会员、上市公司获取利益。

第四，证券交易所的高级管理人员及其他工作人员在履行职责时，凡有与本人有亲属关系或者其他利害关系情形时，应当回避。

第五，证券交易所应当建立符合股票监督管理和实施监控要求的系统，并根据证券交易所所在地人民政府和中国证券监督管理委员会的要求，向其提供股票市场信息。

第六，证券交易所所在地人民政府授权机构和中国证券监督管理委员会有权要求证券交易所提供会员和上市公司的有关材料。

第七，证券交易所应当于每一年财政年度终了后三个月内，编制经具有股票从业独立核算资格的会计师事务所审计的财务报告，报证券交易所所在地人民政府授权机构和中国证券监督管理委员会备案，同时抄报国务院证券管理委员会。

第八，证券交易所不可预料的偶发事件导致停市，或者为维护证券交易所正常秩序采取技术性停市措施必须立即向证券交易所所在地人民政府和中国证券监督管理委员会报告，并抄报国务院证券管理委员会。

第九，证券交易所所在地人民政府授权机构和中国证券监督管理委员会有权要求证券交易所提供有关业务、财务等方面的报告和材料，并有权派员检查证券交易所的业务、财务状况以及会计账簿和其他有关资料。

第十，证券交易所应当按照国家有关规定将其会员缴存的交易保证金存入银行专门账户，不得擅自使用。

第十一，证券交易所、证券交易所会员涉及诉讼，以及这些单位的高级管理人员因履行职责涉及诉讼或者依照股票法规应当受到解除职务的处分时，证券交易所应当及时向证券交易所所在地人民政府授权机构和中国证券监督管理委员会报告。

如何防范股市风险

什么是股市风险

所谓股市中的风险是指在竞争中，由于未来经济活动的不确定性，或各种事先无法预料的因素的影响，造成股价随机性的波动，使实际收益和与预期收益发生背离，从而使投资者有蒙受损失甚至破产的机会与可能性。

由于股票的价格始终都在变化，股市的风险就处于动态之中。当价格相对较高时，套牢的可能性就大一些，股价收益率要低一些，其风险就大一些；而当股票价格处于较低水平时，套牢的可能性就小一些，股价收益率要高一些，其风险就小得多。所以股票的风险随着股价的上升而增大，随着股价的下降而逐渐释放。

股市风险的分类

股市中的风险从不同的角度可以进行不同的分类，以系统的观念来划分，股市的风险可分为两类，即系统风险和非系统风险。

第一类是系统风险。

系统风险又称市场风险或不可分散风险。它是指由于某种因素的影响和变化，导致股市上所有股票价格的下跌，从而给股票持有人带来损失的可能性。系统风险的诱因发生在企业外部，上市公司本身无法控制它，其带来的影响面一般都比较大。

系统风险至少具有以下三个特征：

一是由共性因素引起。引起股票系统性风险的共性因素主要包括经济因素、政治因素和社会因素三个方面。经济方面因素包括利率、汇率、通货膨胀、宏观经济政策、经济周期等。政治方面因素包括政权更迭、战争冲突等。社会方面因素包括体制变革、所有制改造等。因此投资者要对宏观经济进行关注，以作为选择股票买卖时机的参考。

二是对市场上所有的股票产生影响。它对市场上所有的股票都有影响，只不过有些股票影响大，而另一些股票影响小而已，即只是股票对系统风险的敏感性有所不同。例如，基础性行业、原材料行业等，其股票的系统风险就可能更高；科技类、消费类股票的系统风险敏感性相对要小。

三是无法通过分散投资来加以消除。由于系统风险是个别企业或行业所不能控制的，是社会、经济政治大系统内的一些因素所造成的，它影响着绝大多数企业的运营，所以股民无论如何选择投资组合都无济于事。

系统风险的主要来源是多方面的：

一方面是源于利率或法定准备金的提高。当利率向上调整时，股票的相对投资价值将会下降，从而导致整个股价下滑。

利率提高对股市的影响表现在三个方面：一是绝大部分企业都有相当的负债是从银行借贷而来，特别是流动资金部分，基本上都是借贷资金。利率的提高将加大企业的利息负担及成本支出，从而影响上市公司的经营业绩；其二是伴随着利率的提高，债券及居民储蓄利率也会相应上调，这些都会降低整个股市的相对投资价值，一些投资者将会抛售股票而将其资金存入银行套利或投向债券市场，从而导致股市供求关系向其不利的方向转化，导致股价的下调；其三是利率的提高将抑制社会消费，如我国采取的保值储蓄政策在一定程度上就抑制了社会消费的增长，从而影响了企业的市场营销，导致销售收入减少或整体经营效益的下降。

法定准备金作为中国人民银行的目前一个重要的调节手段，对流动性紧缩产生重大影响。法定准备金提高，银行可贷资金减少，银行信用创造能力降低，这样必定在一定程度上减少证券投资市场的资金供给，从而形成证券市场调整的压力。

第一个方面是印花税率的上调。政府对印花税率的数次调整都对股市产生了重大影响。历史上两次上调印花税，都造成了股市的大幅下跌。财政部决定从 2007 年 5 月 30 日起，调整证券（股票）交易印花税税率，以期促进股票市场长期健康地发展。

税收的高低是与上市公司的经营效益及股民的投资收入成反比的，所以税收对股市的影响也可分为两个方面。其一是上市公司方面，现许多上市公司享受的是优惠税率政策，一旦国家将其优惠税率取消，这些上市公司的税后利润将会下降，从而影响上市公司的经营业绩。另一方面就是股市投资方面，现在对红利要进行征税，其税率的高低就直接影响股票投资的收益。有些国家对股市还开征资本利得税，即对股票的炒作价差进行征税，这个税种的开征将直接影响股民的投资效益及投资热情，从而导致股市资金的转移，引起股价的下跌。

第四是经营环境的变化。当一个国家宏观经济政策发生变化而将对上市公司的经营乃至整个国民经济产生不利影响时，如政权或政府的更迭及某个领导人的逝世、战争及其他因素引起的社会动荡，在此时，所有企业的经营都无一例外地要受其影响，其经营水平面临普遍下降的危险，股市上所有的股票价格都将随之向下调整。

第五是股价过高、股票的投资价值相对不足。

当股市经过狂炒后特别是无理性的炒作后，股价就会大幅飙升，从而导致股市的平均市盈率偏高、相对投资价值不足，此时先入市资金的赢利已十分丰厚，一些股民就会率先撤出，将资金投向别处，从而导致股市的暴跌。股市上有一句名言，暴涨之后必有暴跌，暴涨与暴跌是一对孪生兄弟，就是对这种风险的一种客观描述。

第六是源于盲目的从众行为。在股市上，许多股民并无主见，看见别人抛售股票时，也不究其缘由，就认为该股票行情赚头，便跟着大量抛售，以致引起一个抛售狂潮，从而使该股票价格猛跌，造成股票持有人的损失。

第七是因为股市扩容。股市的扩容将逐步改变股市中的资金与股票的供求关系，使股市的资金从供过于求向供不应求方向发展，导致股价的下跌。扩容不但包括新股的上市、配股，它还包括 A、B 股市场的并轨、国家股和法人股的上市流通等。

第八是因为其他投资领域利润率的提高。其他投资领域利润率的提高，如房地产业的复苏、其他商贸业利润率的提高都将导致股市资金的流出，从而导致股价的下跌。

第二类是非系统风险。非系统风险又称非市场风险或可分散风险。它是与整个股票市场的波动无关的风险，是指某些因素的变化造成单个股票价格下跌，从而给股票持有人带来损失的可能性。

非系统风险的主要特征包括以下几个方面：它是由特殊因素引起的，如企业的管理问题、上市公司的劳资问题等；它只影响某些股票的收益。它是某一企业或行业特有的那部分风险，如房地产业股票，遇到房地产业不景气时就会出现暴跌；它可通过分散投资来加以消除。由于非系统风险属于个别风险，是由个别人、个别企业或个别行业等可控因素带来的，因此，投资者可通过投资的多样化来化解非系统风险。

非系统风险的主要来源有两个方面。一是经营风险。经营风险是指公司经营不善带来损失的风险。公司经营不善，是对投资者一种很大的威胁。它不仅使股民毫无收获，甚至有可能将老本也赔掉。构成经营风险主要是公司本身的管理水平、技术能力、经营方向、产品结构等内部因素。

二是财务风险。财务风险是指公司的资金困难引起的风险。一个上市公司财务风险的大小，可以通过该公司借贷资金的多少来反映。借贷资金多，则风险大；反之，风险则小。因为借贷资金的利息是固定的，无论公司赢利如何，都要支付规定的利息；而股票资金的股息是不确定的，它要视公司的赢利情况来确定。因此，债务负担重的公司比起没有借贷资金的公司，其风险更大。

防范股市风险的策略

股票风险的防范，首先是要防范系统风险。为了有效地防范系统风险，股民还需密切关注宏观经济形势的发展，特别是要关注国家的政治局势、宏观经济政策导向、货币政策的变化、利率变动趋势和税收政策的变化等。如果在这些因素发生变化之前而采取行动，股民也就成功地逃避了系统风险。

对于非系统风险的防范，主要在选股时对上市公司的经营历史、管理水平、技术装备情况、生产能力、产品的市场竞争能力及企业外部形象等方面要有详细的了解，力图对上市公司的经营管理能力和发展前景作出比较客观的预测。即便如此，由于上市公司在其发展过程之中还是存在着股民难以预测的不确定因素，所以防范非系统风险的有效方法还是在于分散投资，这就是在选择投资组合时，要注意不同行业、不同地区、不同种类股票之间的搭配，一旦某只投票的收益情况不尽如人意，其他股票的收益还能在一定的程度上弥补损失。

对于短线投资者来说，从事股票交易的目的就是赚取价差，股票有没有投资价值并不重要，只要避免了价格套牢，也就规避了风险。现在市场上有许多形形色色的软件和技术分析方法，其在一定的范围和应用条件内能帮助股民进行分析和判断，以掌握股票的买进卖出机会。但应注意的是，任何测试系统或技术指标给出的买入或卖出信号充其量只是必要条件，而不是充分条件，股民若照葫芦画瓢，其最终还是躲避不了股市的风险特别是非系统风险。所以短线股民在购入股票时还是应有风险意识。对于长期投资者来说，风险的防范比短线投资要简单且有效。长期投资者在关注上市公司经营业绩的同时，还需根据国家宏观经济的运行态势、利率的走向、股市发展的一些相关政策以及股票指数的轨迹，对股价的运行趋势多做一些分析研究，尽可能在股价的底部投入，这样不但可降低投入成本、提高投资收益率，还可减轻股价套牢对股民心理的压力。

因股票价格的变幻规律难以掌握，股票的风险就较难控制。为了规避风险，使股票投资的收益尽可能达到最大化，前人总结了一些股票投资的基本策略，下面简要介绍几种常用的策略。

避险分法之一：固定投入法

固定投入法是一种摊低股票购买成本的投资方法。采用这种方法时，其关键是股民不要理会股票价格的波动，在一定时期固定投入相同数量的资金。经过一段时间后，高价股与低价股就会互相搭配，使股票的购买成本维持在市场的平均水平。

固定投入法是一种比较稳健的投资方法，它对一些不愿冒太大风险，尤其适宜一些初次涉入股票市场、不具备股票买卖经验的股民。采用"固定投入法"，能使之较有效地避免由于股市行情不稳可能给他带来的较大风险，不至于损失过大；但如果有所收获的话，其收益也不会太高，一般只是平均水平。

避险方法之二：固定比例法

固定比例法是指投资者采用固定比例的投资组合，以减少股票投资风险的一种投资策略。这里的投资组合一般分为两个部分，一部分是保护性的，主要由价格不易波动、收益较为稳定的债券和存款等构成；另一部分是风险性的，主要由价格变动频繁、收益变动较大的股票构成。两部分的比例是事先确定的，并且一经确定，就不再变动，采用固定的比例。但在确定比例之前，可以根据投资者的目标，变动每一部分在投资总额中的比例。如果投资者的目标偏重于价值增长，那么投资组合中风险性部分的比例就可大些。如果投资者的目标偏重于价值保值，那么投资组合中保护性部分的比例可大些。

固定比例法是建立在投资者既定目标的基础上的。如果投资者的目标发生变化，那么投资组合的比例也要相应变化。

避险方法之三：可变比例法

可变比例法是指投资者采用的投资组合的比例随股票价格涨跌而变化的一种投资策略。它的基础是一条股票的预期价格走势线。投资者可根据股票价格在预期价格走势上的变化，确定股票的买卖，从而使投资组合的比例发生变化。

当股票价格高于预期价格，就卖出股票买进债券；反之，则买入股票并相应卖出债券。一般来讲，股票预期价格走势看涨时，投资组合中的风险性部分比例增大；股票预期价格走势看跌时，投资组合中的保护性部分比例增大。但无论哪一种情况，两部分的比例都是不断变化着的。

当股票价格低于预期价格或者高于预期价格时，则可以根据实际差价的分配百分比买入或卖出股票，从而也会使投资组合中的风险性部分的比例逐月加大。

因此，在使用可变比例法时预期价格走势至关重要。它的走势方向和走势幅度直接决定了投资组合中两部分的比例，以及比例的变动幅度。

避险方法之四：分段买高法

分段买高法是指投资者随着某种股票价格的上涨，分段逐步买进某种股票的投资策略。股票价格的波动很快，并且幅度较大，其预测是非常困难的。如果股民用全部资金一次买进某种股票，当股票价格确实上涨时，他能赚取较大的价差。但若预测失误，股票价格不涨反跌，他就要蒙受较大的损失。由于股票市场风险较大，股民不能将所有的资金一次投入，而要根据股票的实际上涨情况，将资金分段逐步投入市场。这样一旦预测失误。股票价格出现下跌，他可以立即停止投入，以减少风险。

一旦股票价格出现下跌，他一方面可以立即停止投入，另一方面可以根据获利情况抛出手中的股票，以补偿或部分补偿价格下跌带来的损失。

避险方法之五：分段买低法

分段买低法是指股民随着某种股票价格的下跌，分段逐步买进该种股票的投资策略。按照一般人的心理习惯，股票价格下跌就应该赶快买进股票，待价格回升时，再抛出赚取价差。其实问题并没有这么简单，股票价格下跌是相对的，因为一般所讲的股票价格下跌是以现有价格为基数的，如果某种股票的现有价格已经太高，即使开始下跌，不下跌到一定程度，其价格仍然是偏高的。这时有人贸然大量买入，很可能会遭受重大的损失。因此，在股票价格下跌时购买股票，投资者也要承担相当风险。一是股票价格可能继续下跌，二是股票价格即使回升，其回升幅度难以预料。

股民为了减少这种风险，就不在股票价格下跌时将全部资金一次投入，而应根据股票价格下跌的情况分段逐步买入。

分段买低法比较适用于那些市场价格高于其内在价值的股票。如果股票的市场价格低于其内在价值，对于长线股民来说，可以一次完成投资，不必分段逐步投入。因为股票价格一般不可能长期低于其内在价值，其回升的可能性很大，如不及时买进，很可能会失去获利的机会。

避险方法之六：相对有利法

相对有利法是指在股市投资中，只要股民的收益达到预期的获利目标时，就立即出手的投资策略。股票价格的高低是相对的，不存在绝对的高价与绝对的低价。此时是高价，彼时却可能是低价；此时是低价，而彼时则有可能是高价。所以，在股票投资过程中务必要坚持自己的预期目标，即"相对有利"的标准。因为在股票投资活动中，一般投资者很难达到最低价买进、最高价卖出的要求，只要达到了预期获利目标，就应该立即出手，不要过于贪心。至于预期的获利目标则可根据各种因素，由投资者预先确定。

显然，相对有利法虽然比较稳健，可以防止因股价下跌而带来的损失，但也有两个不足之处，一是股票出手后，如股票价格继续上涨，那么股民就失去了获取更大收益的机会；二是如果股票价格变化较平稳，长期达不到预期获利目标，那么投资者的资金会被长期搁置而得不到收益。投资者除了事先确定预期获利目标外，还可相应确定预期损失目标，这就是止损线，只要股票价格变化一达到预期损失目标，股民就立即将股票出手，防止损失进一步扩大。

确立正确的炒股心态

要学炒股先学做人

炒股如做人，贪婪、恐惧、幻想，这些人性的弱点在股市中都会暴露无遗。所以说，炒股的过程就是锻炼人性的过程。当你的性格变得沉稳、冷静、专注时，你就具有了成功者的心境。无论股市行情怎么波动，都不会因为心态不好，而作出错误的决定。

有人说，做股票其实是在做人。确实，人做得好，股票才能做得好。要用平和的心态去对待股市，才能战胜自己，战胜市场。无论在获利还是亏损的交易行为中，我们都在感悟着这个市场，同时也在感悟着我们自身。因为，交易的主体是人本身，而人的本身特性很大程度上决定了交易的结果是怎样的。

在股市的赢家中造就成功的因素有很多，而输家的原因则大体一致，根本的原因就是人性本身，步入赢家行列的途径就是改变自身的缺点，提高自身的认知过程。

第一，克服贪婪的心态。

在炒股的过程中，个别股民看到自己的账户资金已升值但还不死心，不平仓，挣多了还想挣得更多。结果股市一跌再跌，许多股民最后往往是悲惨套牢，其最根本的原因就是太贪。所以，股民一定要克服人性贪婪的缺点。知足者常乐，而贪婪者常悲。

要知道，炒股赚钱是一件很难的事情，如是一件轻而易举之事，农民何须汗滴禾下土，工人为何辛苦地劳作，知识分子何必苦其心智，大家在证券部的空调房里打打电脑，或在家里打个电话就能黄金万两，天下哪有这样的好事？在股市里，折腾炒作、劳心费神未必能赚到钱，修心养性，广结善缘可能会有所作用。

第二，谨防散漫过度。

人的行为具有很大的随意性、自我性、分散性。比如你在单位上班，就有各种规章制度管束你，还有领导、同事监督你，你就不能我行我素。但在股市炒股发财致富，环境不同了。你独来独往，自己是自己的领导，此时你的散漫习性就暴露无遗了。一无纪律管束，二无他人监督，你买卖股票时可以说是随心所欲。

但此时隐患也就不期而至了。主要是你没有给自己制定一个严格的买卖股票的纪律，即使制定了纪律，由于无人监督，你自己也没有及时自觉执行，结果是功亏一篑。所以你想靠炒股发财致富，必须克服人的散漫习性，一定要制定纪律，特别是赢利目标、止损边界，且必须自我监督。

第三，杜绝过分依赖。

人生在世，如果没有生存、竞争压力，则易陷入贪图享乐、不思进取的生活圈中。当我们看到一个体育运动员站在领奖台高举奖杯的辉煌时刻，外人是无法体会他为此付出的人生血泪成本代价。因此，不论哪个行业哪个人，要想夺取金牌，背后都付出了"流汗、流泪、流血"的成本。

所以，你要炒股，你就必须克服贪图享乐、不思进取的惰性，必须要比常人多付出百倍的精力、资源去学习、钻研股市的各种政策、技术、技巧等。

第四，杜绝坐享其成。

一些股民希望依赖他人指点迷津，坐享其成。买卖股票主要靠打听消息，靠股评，自己的分析主张很少。及时与他人沟通交流信息，听股评是需要的，但是买卖股票是挣钱的行为，过分依赖别人不现实，现在无偿为你服务的也不多，股评说错的比说对的多，各种小道消息五花八门。因此，想靠炒股发财致富，还要克服依赖性，以己为主。

第五，去掉浮躁心理。

有浮躁心理的人，遇到开心顺心之事，则眉飞色舞、喜形于色、忘乎所以、逢人炫耀；遇到挫折困难，则寝食不安、愁眉不展、逢人唠叨、怨天尤人。人的这个缺点在炒股中表现得相当突出。如炒股赢利后，就杯盘狼藉猛搓一顿，逢人就吹嘘自己的业绩。而炒股失败后，情绪一落千丈，对亲友和同事发无明火，遇到股友，则无休止的车轱辘话唠唠叨叨。而且从不总结失败的教训，更不主动从自身上找失败的原因，从不作自我批评，而是一味指责他人，将失败的原因全部归结于股评、政策、庄家等。

作为一个股民，想靠炒股发财致富，就一定要坚决克服这个爱吹不爱批的陋习，炒股不管盈亏，最好不要逢人唠叨，要不动声色、胸有城府。要赢得起，输得起。尤其亏损时，要多从自身查找原因，多作自我批评、自我反思，不能把责任都归于他人。

以上这些都是在炒股过程中应该做到的几点，如果不注意遵照去做，则对你终身炒股非常不利。实际上你也可以通过炒股发现自己的人性缺点，然后逐一克服，不断提高自己的修养。

俗话说，好人有好报，好人炒股一定可以炒好。如果你炒股业绩不断提高，说明你的为人水平有了提升。如果你炒股水平徘徊不前，甚至老是亏损，说明你在克服人性缺点方面还有差距。所以，必须明白这个道理：炒股致富，先学做人。在做人方面，果断、谦逊、自律、独立、愉快的品格，显然是注重培养和应该具备的。

股市是个万花筒，错综复杂，千变万化，奇妙无穷；股市中人更是性格万千，心态各异，喜怒无常，苦乐不均。怎样做一个赚钱的股民、一个快乐的股民？我认为，炒股犹如做人。如果你是一个有理想、有毅力、有知识、有主见、守纪律、有耐心的人，那你在股海中也一定是个成功的股民。

跟着感觉走

跟着感觉走不是凭空而来，而是要通过无数次的实战练出来的，是通过对无数次赚钱与亏钱的分析总结而悟出来的，就像身经百战的军人和武林高手，在战场上、在江湖中，他们对潜在的危险就能敏锐地感觉到。不然，中小散户你凭什么立足于股市？你有资金实力吗？你有强大的调研团队吗？你有左右股价走向的能力吗？肯定没有。既然这样。就只有练出这种感觉，否则最好远离股市。

正如心理学家所指出的那样，对任何一位陌生人的第一印象，将会在今后当事者与之相处的过程中发挥出巨大的影响作用。印象的深与浅、好与坏将决定我们到底在今后是与之深交，还是浅交甚至是断交。

其实，经验丰富的炒股者对市场的第一感觉，往往也有着类似第一印象的功效，只不过有时无视直觉，而太过于迷信技术面、基本面的分析判断，以至于错失了尽早决断，适时买卖的良机。

譬如，大盘在构筑头部的过程中，我们的第一感觉总是直白地告诉我们：大盘的涨升有些滞重的感觉了；板块轮涨、轮动的脉络不但不清晰，而且也少有了涨势中，黑马股轮番跳跃、频繁出击的惊喜。

这时，我们就得给自己找退路、留后路了，一个字，就是要"抛"。不要为自己侥幸地去寻找什么技术指标尚未见顶的谎言，也不要迷信升浪尚未走完的什么波浪理论，更不要痴痴等待还会有足以刺激大盘继续扬升的什么利好消息。否则，忽视直觉，而依赖于侥幸心理的指引，往往会为自己纺织顶部被套的网绳而准备好绳头或是引线之类的东西。

这好比心理测试在做量表前，总有咨询师辅导大家注意答题技巧，其中对三个或五个答案想要选出一个而又拿捏不准时，咨询师常告诫大家：答题者要凭第一感觉来三选一或五选一，而无须反复比较，失去了答题的及时性、有效性，尤其是准确性。

可见，在趋势即将发生逆转时，该要买时只需买，该要卖时只需卖，该凭感觉办事时，还是得"跟着感觉走"。

在大盘构筑底部的过程中，我们的第一感觉也总是在直观地告诉我们：大盘已经跌无可跌了，因为量价关系随着底部的临近，是越跌越背离；看好市场的"死多头"是越来越少，翻手做空"倒戈"后进行多杀多的搏傻行为的人是越来越多。有不少股票不但跌破了其上市后的发行价，甚至还跌进了每股净资产。

而且还有不少绩优抗跌的股票也在进行着补跌，使得大盘满盘尽墨，其情其景真是叫人惨不忍睹。而这时，能相信自己第一感觉的投资者就会意识到抄底的机会来到了，此时不动手还要更待何时啊！大盘都跌到了"跌无可跌"的份儿上了，还指望其跌到哪里去？

就算是股市彻底清盘，在二级市场上以低于其每股净资产所认购的股票，也能有套利的机会：可按每股同每股净资产等值的价格，向发行上市的公司竞取相应的现金。所以，还有什么好害怕的呢？只要在大盘底部区域买进的股票，输钱是绝对不可能的，赢是一定的，只不过是时间上早晚的问题。

在买股票时，一要先看基本面，再分析K线图。觉得不错时就纳入自己的潜力股候选池，一旦感觉好时则及时买入。同样，当你感觉要卖出时，不管赢利还是亏损一定要有卖出的勇气，哪怕断臂割肉，也不能有一点点幻想，要相信自己的第一感觉。跟着感觉走，该出手时就出手，是一条很实用的原则，不然准会后悔不迭。

炒股不能恐惧

恐惧是一种非常不健康的心理表现。有些人看到手中持有的股票价格下跌，便立即惶恐不安，担心股价还会继续下跌，并且整天只往危险的一面想，只注意周围的不利信号。这样常常丧失客观判断能力，心情压抑，思绪混乱，只想着早知如此不买这种股票就好了，于是惊恐万分地匆忙离开股市。其实此时往往正是股市进入谷底即将反弹之际，但由于恐惧使许多人错过了反败为胜的机会。

许多投资者都十分熟悉华尔街的一句名言，"市场是由两种力量驱动的：贪婪和恐惧"。在一个投资市场，当市场由贪婪与恐惧所主导时，每一个投资者都希望从自己的投资中获得最大的收益，没有一个投资者会由于收益不错而感到满足。加上投资者的从众心理，必然会使后进入的投资者有更多的贪婪，正是这种贪婪，能够造成股市短期繁荣；反之，当这种力量是悲观或恐惧时，那么市场就会迅速地逆转。所以在股市中投资者要时常控制自己的恐惧心理，当投资大众都不敢投资的时候，却往往可能是最好的下手机会。无数事实证明，最不敢投资的时候，往往就是购买股票的最佳时机。

过度的恐惧心态，常常会妨碍投资者作出正确的判断和决定。有的股民在股价跌至谷底时，因为害怕股价继续下跌而把股票卖掉了，结果失去反败为胜的机会；有的股民在股价处于低档时因为恐惧而不敢及时介入，结果错过最佳买点；有的股民则因为害怕刚刚涨起来的股价又会跌下去，刚刚获得的一点利润又会赔掉，结果把刚刚启动的黑马股抛掉，失去了赚大钱的机会。

其实，在股市里的恐惧，多数时候都是虚惊一场，它并不是因为真正有什么危机发生，而实际上是由于投资者心理素质差，怕亏本，怕套牢，以致不能客观而实际地评估眼前的形势，而把全部的注意力集中在危险的那一面，从而感受到危机的来临。而危机感愈深，恐惧感也愈深。

这时，我们自认为是基于合理判断的行动，其实已经被恐惧扭曲了。当股价急速下跌时，我们会感到钱财正加速远去，如果不马上采取行动，恐怕会一无所剩。持股的立即不计成本地抛股，空仓者则更不敢抄底建仓了。这正中一些庄家的奸计。因为在许多时候，股市里的恐慌气氛是庄家故意制造的空头陷阱，其目的是诱使股民把手中的筹码低价割肉送给他们享用。

炒股不要太贪心，也不要太害怕，这是所有的股票投资经典理论都反复告诫过的，许多股民也知道这个道理。但说起来容易，做起来却相当困难。做股票确实不能太贪，但炒股票就是为了赚钱，当然就会有贪财的心理；股市下跌了，自己的血汗钱天天缩水，说不害怕也是不可能的。关键的问题是要学会控制贪心和害怕心理，对大势而言，股市上涨时不要冲昏头脑，下跌时不要惊惶失措；对个股来说，不要总想卖个最高价，下跌不要匆忙割肉。这是投资者应具备的基本心理素质。

按照惯常的分析思路，人们对新阶段股市的改革发展存有四个恐惧，进而认为股市要进行中期调整。仔细分析可以发现，这四个恐惧来源于人们僵化的认识。

一为"恐扩"。对于新股特别是大盘股发行，不少人总担心会抽走场内老股票的资金，或者新资金跟不上；对于限售股票到期上市，人们同样担忧会造成过重的抛压。

二为"恐涨"。大盘刚刚走出低迷，恢复上涨，一些人就担心涨得太多了。人们不是常提到指数"失真"吗？且不说2006年3月中国银行上市，仅由于前期中国石化、中国联通、长江电力等大公司上市，上证综指的生成机制就早已改变。如果严格按照"比性"衡量，而大盘点位可能还处于"老上证综指"的1300点左右。照此说，大盘近一年来出现的恢复性上涨，只不过是初步的。所以，僵化地看待大盘点位是不行的。

三为"恐高"。除了害怕指数涨高之外，不少投资者（甚至包括机构投资者）也常忧虑市盈率高、股价高。我国上市公司的质量不够高，治理的规范化程度较低，这都是事实。但笔者认为，这都不能作为股价不能高、市盈率必须和其他国家标准划一的依据。不应僵化地借用别人的标准。

四为"恐大"。对大盘股上市担忧，对大盘股涨跌担忧，对大型机构入市担忧，成为不少分析人士的惯性思维。其实不仅股市中，任何经济领域都是有大有小；认为大家伙来了就等于侵犯小家伙，难免片面。

一般来说，由于心理准备不足，害怕的人在股价上升时会变得贪心，贪心的人在股价下跌时又变得恐惧。这样时贪时怕，交替出现在股民身上，使他们追涨杀跌，结果劳而无获，甚至血本无归。所以说，投资股市，首要的就是要克服这两大心理误区，股市上涨时不贪，股价下跌时不怕，这样才有可能成为股市的赢家。

别把股市当赌场

具有赌博心理的股市投资者，总是希望一朝发迹。他们恨不得捉住一只或几只股票，好让自己一本万利，他们一旦在股市投资中获利，多半会被胜利冲昏头脑，像赌徒一样频频加注，恨不得把自己的身家性命都押到股市上去，直到输个精光为止。

在生活中，不少人喜欢赌一把，撞大运、摸大彩，尽管中奖的概率极低，但还是乐此不疲。这充分反映了人的投机赌博习性。这也是自然的，否则世界的赌场、彩票的销售、有奖促销等类似的经营行为也早就无影无踪了。但我们必须适可而止。不能依赖赌一把，撞大运、摸大彩来发财致富。

因为炒股本身存在风险，从某种意义上讲就是具有一定的投机赌博成分，比如亏损股，它的风险最大，但是一旦扭亏为盈，它的股价也会一步登天。因此炒亏损股就带有很大的投机赌博性质。这也是为什么亏损股的股价有时比业绩好的股价炒得还高的原因之一。您可能遇到一点点运气，但我们绝不能靠投机赌博去买卖股票。

以赌博的心态进行股市投资，往往就会忽略分析，随便草率地进场以钱换期，在这山又望那山高时，"买了就跌，一卖就涨"，没有耐心，造成这种投资心态的原因在于"投资饥渴"，就像赌博一样总有"赌赢饥渴症"。当股市失利时，他们常常不惜背水一战，把资金全部投在股票上，这类人多半落得个倾家荡产的下场。所以说，不能以赌博的心态进行股票投资，那样你会比赌徒还要输得惨！

既然如此，如何才能避免以赌博的心态进行股市投资呢？

第一要有平和的心态。焦躁必败，不要争先恐后，怕赶不上车，如果好不容易攀上车门，一遇到大震荡，又会不幸地掉下去，掉下去之后，短时间是爬不起来的。要注意今天股市有好的行情，明天或后天还会有，所以不要太急，心急是不能吃热粥的。

一些投资者经常用其全部入市资金孤注一掷，一旦行情看错，满盘皆输。正确的方法应该是适当分仓，将全部资金分散买入3至5只股票为宜。最后用获利的股票收入与亏损的股票支出对冲，数值为正时即表示赢利。用此方法操作，心态稳定性强，在股市获利的机会将大为增加。

第二要深谋远虑。有些投资人，在期价起涨之前便介入，自信地以为可以大赚一笔，结果往往被牛皮走势拖得自己心力交瘁。因此，投资人不可单只依据线图来作判断，应学习区分影响期价的"基本因素"市场和"技术因素"市场，综合判断介入的时机，才不致有"挂一漏万"的遗憾。

第三是采取正金字塔的卖出方式

为避免卖得太早，宜采取正金字塔的卖出方式，即当期价到达自己设定的第一个获利点时，卖出六分之一的持股；至第二个获利点，出脱三分之二的持股；至第三个获利点，再卖剩余的六分之一。除非投资人非常有把握，否则同时杀出持股时，极易产生孤注一掷的危险。

可见，股票分析可以取得很多有利的东西，通过逻辑性的推理可以求得投资的机会，这是赌博所不具备的。不懂分析的人可以赌博，但如果不懂分析而去投资股票，就没有具备充足的投资条件。股票市场不是赌场，不要赌气，不要昏头，要分析风险，建立投资计划。尤其是有赌气行为的人，买卖股票一定要首先建立投资资金比例。

给自己设定输赢的底线

底线是不可逾越的，做人有做人的底线，投资者在股市实战中也有自己的底线。在底线之内，就可以保证在实战操作中赢面大，输面小；而如果在底线之外，那么，胜少败多也就不足为奇了。

投资者在进行一笔股票买卖实际操作之前，先不要问自己有可能赚到多少钱，而先自己给自己设定输的底线放在一个什么位置合适。

第一条底线：以趋势线为依据。

俗话说得好，"趋势是最好的朋友"，所谓势如破竹，还有大势已去，这两条有关"势"之两极端的成语，都无不点明道出了"势"之重要性。因此，"事在人为"应当改为"势"在人为，"势"若不在，就会越是"为"越是糟。

由此，在股市实战中，应当把趋势线当成事关股市中进退的"生死线"。如果趋势线是向上支持的，则可一路持有，不破不卖；一旦有效跌破了该趋势线，就算有再多看好后市的理由，也不得再抱侥幸心理，准备再等一等，再看一看，而错失了卖出股票的良机。

如果趋势线是向下反压的，则应一路空仓，不等到指数和股价不向上冲破趋势线反压，则坚决不进仓，任你有什么题材，什么强庄，咱也都不搭理你。

第二条底线：坚守止赢、止损的底线。

上升市道中，坚守止赢的底线，一旦涨破止赢位，就应当"不贪为主，该减仓的减仓，该空仓的空仓，不要让即将到手的鸭子飞走了"。

下跌市道中，设定止损位，一旦跌破止损的底线，坚决空仓，决不恋战，要知道付出壮士断腕的代价换来的是自己不被套牢的绞索所绞杀的幸运。

第三条底线：大盘或个股放量要小心。

放量根据大盘或个股所处的高与低不等的位置，会出现不相同的两种情况。一种情况是指数和股价在底位，这时无论其是在继续下跌，还是刚刚出现上涨的端倪，都应当坚决跟进，勿失良机。因为出现这种情况足以证明，有人敢于逆跌势承接抛盘，或者，有心人在底位突破时抢着扫货建仓。

另一种情况是指数和股价在高位，这时无论其以什么形式，还是以什么理由，只要放量而不再创新高，都应当小心谨慎，逐步减仓，及至空仓为妙。

情况不同，方法也应不同，对待"放量"也得因时、因地而异。

第四条底线：趋势不明，仓位要轻。

投资者最应当警惕的是那种牛皮整理的行情，虽然看似不上不下，但最消磨短线客的意志，徒增投机客的成本，所以，在横盘整理，趋势不明，还没有明确的突破方向时，坚决不满仓，持仓情况应当以在半仓以下为宜。

第五条底线：久已踏空的股票坚决不买，久已套牢的股票坚决不卖。

所谓"行百里者，半九十"说的就是这个理。有些投资者比较倔，看到强势股已有一定涨幅，即便其还能涨，还有一大段空间，可"我"就是不买，非等"你"跌下来不可，不跌就坚决不买。若以这样的倔劲，索性一股脑儿地坚持到底也行，可偏偏有些投资者会沉不住气，从每股 10 元起涨处踏空了，可踏空到了涨得已久、已高，即将发生逆转的每股 30 元处却空翻多了，没坚守底线的结果可想而知。

凡事预则立，不预则废，在期待赢和赚的当初，能预设输和亏的底线，不啻给投资者自己的心底加装了一块用以缓冲压力的充气软垫。因为，底线就是准则，坚守准则，才使我们在股海搏击中的一举一动，大致能做到出入有据、进退有序。

炒股要有自己的主见

有主见就是不要人云亦云。股市中消息传闻满天飞，各人说各人买的股票好，股评人更是今天吹"牛"，明日捧"马"。对这一切你都要冷静地进行分析判断，要去粗取精，去伪存真，有自己的见解。

股市是一个高风险的市场，也是一个需要经年累月摸爬滚打的场所。既然进入了股市，就应该沉下心来，一点一点地学，一招一式地练。为什么买，为什么卖，每一次操作均应该是深思熟虑的，事后还要总结，对了有经验，错了有教训。只有这样立足于自己的实践，立足于自己的学习，日积月累，才会形成自己的思路和特点，才能鉴别别人的经验哪些是正确的，哪些是偶然的，哪些是片面的，才能取其精华去其糟粕。

有一位姓刘的女士，她从 2001 年就开始投资股市，指望能在股市中有所收获，实现资金尽快增值和奔小康的目标。经过一段时间的读书学习和向多位老股民请教，加上她自己模拟操作了几回，感觉有了一定把握。于是，她决定正式炒股。在细心研究一番后，她选择了一只蓝筹股。但是，实际操作和模拟操作是不同的，毕竟是要用自己的真金白银，她担心会亏损，于是向周围的人询问。

"什么？这么高价格的股票你也敢买，小心跌下来可就找不到底了啊！"周边的同事好心地劝她。刘女士吓得赶紧缩手停止操作。

另一个同事接口道："股价高低和跌多少有什么关系？2 元股跌到 1 元，那跌幅还不是很大？再说，有媒体报道说这只蓝筹股有很大的上升空间。"

刘女士听后，犹豫着不敢买进，转而又向人打听大势走向会不会转好，可还是"公说公有理，婆说婆有理"。

朋友李先生说："从波浪理论分析，目前是 B 浪的开始阶段，别看现在涨得好，以后不定什么时候还要跌。"

朋友陈先生却不赞同："当初银行资金大举撤出股市，我就知道行情要见顶，可现如今，银行资金都进来了，还有什么好怕的？现在不买以后可就没机会了。"

刘女士听后更加犹豫，就这样她入市几个月时间，总是向别人询问，可别人的回答总是相互矛盾，使得她犹豫不决，一直没敢交易。

最后还是丈夫的一席话让她开了"窍"。丈夫对他说："有句古话叫'作舍道边，三年不成'，像你这样到处问人，三十年也炒不成股。曾经有头毛驴，在干枯的草原上好不容易找到了两堆草，由于不知道先吃哪一堆好，结果在无限的选择和徘徊中饿死了。证券市场本来就应该存在不同意见，如果大家意见都一致的话，那就没法炒股了。你想要炒好股，就得自己在实际操作中锻炼，别管人家怎么说。"

从那以后，刘女士下定决心，每次操作之前不再向别人咨询，而是自己事先制订操作计划、操作纪律及风险防范措施，一旦遇到问题就按照原计划实行。如果发现自己的计划有问题，再进行修正和完善。

在炒股实战中首先要有果断的思维，要养成独立思考的习惯。不能独立思考，总是人云亦云，缺乏主见的投资者是不适宜参与证券投资的。如果不能有效运用自己的独立思考能力，随时随地因为别人的观点而否定自己的投资计划，必然会使自己的投资陷入困境。

尤其是对于市场上那些荐股的、自吹自擂的所谓"专业人士"更要谨慎。你可以这样想：他们为什么要这样做，他如果有挖掘出翻番股票的本领，为什么自己不去做呢？他有这本事干吗要口干舌燥地荐股赚那点咨询费呢？他们荐的股有时也能涨，那往往是他们利用手中的资金和接受他们咨询人的资金操纵股价的结果，这不但是违法的，而且获利的也不会是那些接受他们咨询的中小投资者。

其次是要严格执行操作纪律。有的投资者明明事先已经编制了能有效抵御风险的止赢和止损计划，而一旦现实中的盈亏牵涉到自己的切身利益时，往往就不容易下决心了：当处于赢利状态时，投资者会因为赚多赚少的问题而犹豫不决；当处于亏损状态时，虽然有事先制订好的止损计划和止损标准，可常常因为犹豫使得自己最终被套牢。

此外，还要注意应顺势而为，不能逆势而动。要正视投资风险，但不要惧怕风险；如果过于惧怕风险，则股价跌下来时犹犹豫豫不敢买进，涨上去又犹豫着不愿卖出，那么，机会必将在犹犹豫豫中随风而去。

分析一些初入股市的投资者误入黑嘴、黑理财的陷阱和圈套，除了他们对股市这些咨询、理财机构缺乏认识和了解外，和他们想依赖别人致富，甚至想依赖别人快速致富有关。其实要想投资成功，应该立足于自己，自力为主，外援为辅。

不要太在意金钱的得失

炒股不能太在意金钱的得失，否则，你会有很大的心理魔障，这个魔障，是你赚钱路上最大的敌人。近年来随着股市的涨涨跌跌，身边炒股的人越来越多。股市的火爆，让不少股民朋友们心情愉快。但也有不少人因投入过度，加重了心理负担，整日患得患失，手中的股票像一块烫手的山芋，抛也不是不抛也不是。

有一些股民心理素质较差，大盘涨就心花怒放，有说有笑的，大盘一跌就默默无语了。整天处于一种紧张状态，一颗心总让大盘提拉着，股市的走向就是他的心情晴雨表，天天睡不好、吃不好。甚至有些人连上厕所都想着股票，做其他事情注意力根本集中不起来，一到周末没大盘看反而心里发慌，觉得失落。

《般若心经》说："以无所得故，心无挂碍，无挂碍故无有恐怖，远离颠倒梦想。"放下得失，不以涨喜，不以跌悲。轻松自如地按照市场规律止盈止损，就会因炒股而快乐，而不仅仅是因为赚钱而快乐。身心健康才是炒股的本钱。

炒股不论输赢，可能开心，也可能难过。赢利时，可能兴高采烈，忘乎所以，不知风险将至；输钱时可能灰心丧气，一蹶不振，怨天尤人。这样使自己长期处于紧张的状态中，交感神经容易兴奋，心血管就容易收缩，对脑、肝、肾都不好。有这种心态的人炒股，也许赢了些小钱，却输了健康，岂不得不偿失？所以，投资股市需量"体"而行。

在股市中，如果心态不好，遇到股市大幅震荡，就特别容易使身体甚至生命遭受危害。对此，我认为，无论是新股民还是老股民，在进入股市之前就应明白：身体是革命的本钱，赚得再多的钱赔了自己的身体也是划不来的，因为身心健康才是炒股的本钱。

股市好比浪潮，一波未平，一波又起。每一轮股市的潮起潮落，对股民来说都是一个很大的刺激，如果刺激反应过于激烈或过于持久，就会引起心身疾病。为此，以平和、健康的心态去应对和抗击股市风浪，才能获得股票交易和心身健康的双赢。

适时选择正确的股票

在股市中，利用恰当的时机，买恰当的股票，这个道理也许人人都懂，因为想要从证券市场中博取差价的玄机，就在于"低买"和"高卖"之间，如果方向反了，变成"高买"到"低卖"，则必然要招致亏损了。

然而，在股市中，何谓"低"，何谓"高"，本来就是相对而说的，如果以静止和片面的观点去处置论之，难免会南辕北辙，常常出错。这类错误有可能在以下三种情形中发生：

一是在空仓的状态下，本该买的时候却没有去买。这种情形通常出现在真正的阶段性或历史性的底部。但空仓而没有果敢地去抄底的投资者，却错误地认为"弱者恒弱"，低价之后仍会出现更低的价，所以自以为真正底部的低价相对其主观臆想的更低价，还是在一个相对的"高"位，于是，不买而错过了底部。这就是把"低吸高抛"的标尺下限往下打到了一个容易让人错失机遇的极限位置。

二是在半仓的状态下，本该加仓的却没有去买，本该减仓的却没有去卖。这种情形通常出现在牛市的中期或者是熊市的中期，相对于历史底部和历史顶部而言，皆处在一个不上不下、不高不低的位置。这时，在牛市中继形态中本该继续加码买进，以求扩大今后潜在利润之时，却错误地选择了减仓行为；或者在熊市中继形态中本该继续卖出，以求规避今后潜在风险之时，却错误地选择了加仓行为。

以上这两种错误思路及手法都是没有把底和顶综合起来看待，没有将"何谓低"、"何谓高"冷静下来辩证地判断。只有将当前主流趋势同历史走势融合在一起评判，才能看到牛市中继形态的点位与价位相对于历史底部是"高"了，但相对于历史顶部甚至可能创新高之后的顶部还"低"着呢；才能看到熊市中继形态的点位与价位相对于历史顶都是"低"了，可相对于历史底部甚至可能创新低之后的底部还"高"着呢。所以，当我们对当下运行的位置到底算低还是算高搞不大清楚的时候，不妨从历史走势和横向比对中找答案。

三是在满仓的状态下，本该卖的时候却没有去卖。这种情形通常出现在真正的阶段性或历史性的顶部。然而，满仓却没有审慎地逃顶的投资者，却误以为"强者能够恒强"，高价之后仍会出现更高的价，因此自认为真正顶部的高价相对其主观臆想的更高价来说，还是在一个相对的"低"位，于是，不卖而错过顶部。这就是把"低吸高抛"的标杆上限往上提位到了一个使人"见好还不想收"的极限位置。

究其上述三种错误的情形，共同的特征都在于没有很好把握买卖股票的趋势与时机，在界定不清的"低"和"高"之间迷失了自己。同买卖之间不相适宜的还有一个讲求和掌握满仓到空仓、空仓到满仓之间循环往复的节奏问题。主要是指要有随时准备顺应趋势，不能用"买与卖"双刃之刀去单向着力，更不能将死多头、死空头的一条道走到底，应该随时根据市场运行的情况来有序调整自己的资金与仓位的配比，才能以不变应万变的姿态。

这里为股民提出买股票的时机，以供参考：

一是不低不买。

什么叫低位？有的人认为，跌到历史低位的股价叫低位。有的人认为，在 w 底、圆弧底、大盘底的股价叫低位。无疑，上述这些位置的股价都属低位。问题在于这样的股票或三年难逢，或难以捕捉。我们这里所说的低位便是在每一波的行情中没有下跌空间或下跌空间很少的股票。这从许多技术图形，如 MA、MACD、RSI、KDJ 和 BOLl 等日线和周线上都可以清楚地看到，它们的股价或处于极低位置，或股价与技术指标连续出现"底背驰"，甚至长时间在低位"钝化"。在低位选股买入，风险比较低。

二是跌之后买入。

股票暴跌的原因很多，或因出现特大利空，或因庄家刻意打压，或因大盘急速回调等，每次大市或个股暴跌，都是一次绝佳的中短线入市机会。当股票暴跌时，一般不宜在连续大跌前三天买入，最好等到第四天逢低开时买入，往往能买到更低的价位。特别是在大市向好，只是个股利空消息导致股价暴跌时买入，效果更佳。在技术上可同时参考一些指标及图形的走势。

三是买熟悉的股票。

在股票市场上，强调要买熟悉的股票是十分正确的。"不熟不买"已成为股市的一条低风险操作格言。买熟，不仅是对该上市公司的各种情况了解，更由于对个股股性熟悉从而减少了风险。如有的股票，每当冲破布林（BOU.）线上轨时就回调，每当跌破布林线中轨时就反弹，每当跌破布林线下轨时往往反转。根据这一股性，配合大市和其他指标，在正常情况下，当股价跌破布林线中轨或下轨时买入，往往风险较少，收益较好。当你对熟悉的股票研究得非常好，有巴菲特般的投资眼光，那么就可以集中投资该股股票。这种做法一般集中于投资某些稳定、成熟的行业。反之，投资者最好还是进行分散投资的好。

四是贵在精而不在多。

大多数的投资者在自己买卖股票时，常东听一下、西跟一下与其他朋友抢进，会不自觉或不经意地买了一大堆股票，内容涵盖各项产业，琳琅满目好像在开杂货店。往往在看盘或注意自己持股的价格波动时，不免看左又看右，瞻前又顾后，其中几只幸运赚到钱，又几只打平不赚不赔，还有些赔钱货，等到全部结算下来，搞不好没啥输赢，自己内心却忽喜忽悲，因为有的股上涨，有的下跌，搞得自己很疲惫，这又何苦来呢？除非是钱太多了，可以任意挥霍，否则一般投资人也不可能每只股票都买一手，而且投资人也不是基金经理人，一定得分散种类、个股。固然散户也可以建立自己适量的投资组合，但一定要记住，组合并非打散弹，不分好坏东买西买。一般来说，你持有五只左右其实就足够了。五只股票的组合和比重也是可以稍加区分的，若特别看好者，不妨加重买进的数量，只有采取精兵制，才能有较佳的效果。但也不鼓励你孤注一掷，全押一只，这样风险太大了些。

五是抓住"第一个"。

中国股市是一个不断创新的新兴市场，股民向来对"新生事物"情有独钟。在股市中抓住每一次创新的"第一个"，往往会是低风险、高收益的。从历史情况看，抓住第一批权证的，第一批解决历史遗留问题上市股的，第一批增发A股的，第一批证券投资基金的，第一批上网竞价发行的，第一批股份回购的，等等，买的人都有良好的收益，而风险相对较少。此外，一些特殊题材的股票，如上海的"三无"概念股、行业特殊的"明星股"，低位选股买入，常常不存在什么风险，又可获得可观的收益。

在买入股票时，除考虑大盘的趋势外，还应重点分析所要买入的股票是上升空间大还是下跌空间大、上档的阻力位与下档的支撑位在哪里、买进的理由是什么、买入后假如不涨反跌怎么办，等等，这些因素，在买入股票时都应有个清醒的认识，就可以尽可能地将风险降低。

看大势者赚大钱

炒股票首先就要看清大势，而后顺势而为。所谓大势，就是股市整体走势的趋势，是所有个股走势的集合。尽管没有一只个股是与大盘指数完全一致的，但多数股票的走势是与大势一致的。

看清大势，就是要掌握股市发展趋势，套用股市术语，就是你必须弄清这个市场是朝多头市场发展呢，抑或有转入空头市场的可能。在多头市场中，股市走势虽然不免有时回档，但从总的来看，仍然是上升的。换言之，一般股价总是涨多跌少。投资者在这种市场中，纵使一时遭到套牢，仍不愁没有解套之时，当然，如果盲目买进完全不具有实质支撑的垃圾股，则又当别论。

但是，如果股市由多头已经转入空头，情况便不相同。市场走势中固然也偶有反弹，但大都只是昙花一现。总的来看，一般股价跌多涨少，在这种市场中，买进股票只有看跌，很难看涨，除非你是顶尖高手，善于抓住机会放空，否则莫想获利。

不少新股民入市是因为大势好，进入市场后却不看大势或看不懂大势，这样炒股很盲目，结果不会很好。因为，大势是多种因素综合后产生的结果，代表了大多数参与者的意志，在股市中具有无可替代的作用。在大势不好的情况下，走势好的股票寥寥无几，勉强操作的话，成功的几率会大大降低，风险也会随之增加，所以，大势是股票的命脉，不可不察。

有人会说，在股市中，不少人不看大势炒股收益也很好，但这并不表明大势不重要，"覆巢之下，安有完卵"，一旦大势不妙，大多数股票都难免下挫。炒股票的目的当然是"鱼"，但首先要学会"渔"，没有"渔"的本事，结局堪忧。炒股票不看大势是乱炒，迟早要付出代价的。

据某家市场调查公司调查，在某年的牛市行情里，61.97%的投资者赢利，只有20.66%的投资者出现亏损，其余的持平；而在2001年的股市调整中，赢利的投资者只有10.78%，73.09%的投资者亏损。据新浪网调查，在2005年的熊市里，82.97%的投资者出现亏损，6.34%的投资者持平，真正赢利的只有10.69%。而在2006年、2007年的大牛市里，赢利的高达70%，亏损的只有10%，其余的持平。

由此说明，许多股民赔钱，赔就赔在看错大势上。市场已经发出了转弱的信号，他却还在盲目买进，市场开始转强了，他又麻木不仁，视而不见。结果不是高位套牢，就是坐失良机。这种人炒股，自然是亏多赢少。

当大势有启动迹象时大胆买进股票，在大势有顶部征兆时坚决卖出股票。能够看清大势并顺势而为的股民注定会成为股市的赢家，而那些屡屡看错大势、踩错节拍的股民，则无疑是股市的败将。在大势向好、人气旺盛的时候，大部分的股票都在往上涨，而下跌的只是极少数。这样，投资者赚钱的机会就会非常大，可供选择的牛股也非常多。

相反，在熊市中，人心散淡，争相出逃，再好的股票也没有人敢炒作，这样要选择好股票就非常难。我们随意选择一只股票，比如浦发银行，观察其K线图，你便可以清楚地看到，它与上证指数K线图的走势是如何的一致。

大量事实表明，不看大势炒股，不但是非常不现实的想法，而且也是实际操作中许多股民赔钱的一个重要原因。因此，散户炒股，首要的就是要学会判断大势走向，并据此顺势而为。正如股谚所云：看大势赚大钱，看小势赚小钱，看错势倒赔钱！

那么，在炒股的过程中，要如何学会看大势呢？

第一，根据政府有关部门发布的各项经济指标与信号，分析经济成长是否趋于衰退，如政府有关部门发表的经济成长预测、工业生产月增率、失业率等指标。倘若经济呈现衰退迹象，股市失去实力支撑，纵有所谓"资金行情"，亦难望其持久。

第二，看通货膨胀有无上升趋势。通货膨胀不仅使企业因物价与工资上升，成本升高，同时也使多数低收入与固定收入者的购买力降低，间接也会影响企业获利。虽然在通货膨胀初期，企业因拥有低价库存原料与成品以及房地产等优势可保赢利不衰，但毕竟为时较短。

一旦通胀恶化，股市必然陷于空头走势。

第三，看利率是否大幅扬升。如果通货膨胀持续上升，政府为安定民生，遏制金融投机，必采取紧缩金融措施，迫使利率上升。利率上升，企业经营成本上扬，获利能力相对削弱，对股市有不利影响。

第四，看房地产景气是否呈现衰退。通常房地产景气与股市盛衰几近同步运行。若是房地产景气活络，股市亦必活络，反之，若房地产景气呈现衰退，则股市亦难保繁荣。

第五，看股市是否出现非理性的暴涨。股市一旦出现非理性的暴涨，必有几种表现：一是多数股票市盈率偏高，与上市公司实际获利能力显然不相称；二是小型股、投机股股价连续飘升；三是价涨量缩，甚至呈现无量上涨；四是股市里人潮汹涌，充满乐观气氛，显示股市"过热"；五是各项技术分析指标显示股市严重"超买"。检讨过去每次股市"崩盘"，莫不经历此一非理性暴涨阶段。

第六，看政治与社会是否持续稳定与安定。繁荣的股市有赖稳定的政治与安定的社会环境以作支撑，倘若政局动荡不安，经济发展必受影响，社会混乱，则降低企业投资意愿，股市转入空头市场亦属势所必然。

综上所述可知：如果经济呈现衰退，进出口贸易大幅萎缩，通货膨胀日益恶化，利率走高，房地产景气衰退，本币大幅升值或资金大量外流，股市非理性暴涨，则股市势必由多头市场转入空头市场。

要炒好股票一定要看懂大势，看不懂大势的人永远炒不好股票。所以，新股民一定要学会看懂大势，这是学会"渔"而不是直接得到"鱼"，这虽然有些难度，但是必需的。

辩证地看待成交量

股市中常有人说：什么都可以骗人，唯独成交量骗不了人，只有成交量才是最真实的。然而，对于成交量也需辩证地看待。比如，许多庄家利用成交量设置陷阱，往往会使更多的股民陷入其中。原因很简单，人们太过于相信成交量，以至被其迷惑，身陷其中而浑然不觉。

成交量是衡量一只股票质地的指标，它包含着深刻的含义，通过成交量的深入分析可以发现主力资金的介入情况，比如一只股票相同的题材、概念、价位、形态等外在的表象形式都是相同的，可是为什么有的股能成为黑马，而有的表现平平呢？这种区别主要就是成交量这种看得见而摸不到的东西在作怪。如果深入地剖析成交量的指标，便可以看清庄家的本来面目。

无量反弹往往被认为是人气不盛的表现，场外资金观望气氛浓，追涨情绪不高，成交量难以有效放大，反弹"夭折"的可能性极大。因此，投资者不敢也不愿进场。其实，这往往也是一个陷阱，只要庄家筹码锁定好，用少量资金将股价推高是不成问题的。等市场反应过来时，指数或股价已经相对较高，许多投资者因此而踏空。

高位放巨量收阳，常被缺乏经验的投资者认为是股价强势上攻的表现，是庄家正在拉高，于是抓紧时机抢夺筹码，岂知接到手的全是庄家出的货，等明白上当时庄家早已无影无踪了。其实，只要冷静分析一下，是不难发现庄家意图的。庄家若不是拉高出货，为何需要这么大的量？市场人气旺盛，散户能大量抛售筹码吗？对于高位放巨量收阳，投资者应当把它与高位放巨量收阴同样对待。如果是巨量收小阳或上影线较长，表明价已到顶，庄家出货无疑，应坚决退出，放巨量涨停的个股，如果次日收盘价低于前日收盘价或明显呈现跌势，也应立即抛售。高位成交量连续放大，常是庄家出货的表现。

但是，庄家可以采用小单出货法，每次只卖20手，根本不超过1万股，几乎所有的软件都不会把这种小成交量统计成主力出货，使投资者认为庄家仍在其中而持股不放，结果被套牢在高位。庄家还会采用多卖少买的方法设置成交量陷阱，误使投资者认为庄家吃货而大胆跟进。

先吃后吐，吃少吐多，也是庄家在成交量上设的一个陷阱。庄家要出货时，会先把股价拉高5%至10%，而且高位放巨量，显示的就是买进的实盘，多数人会认为主力在买进，风险不大，所以也积极买进。然后主力再逐渐出货，股价逐渐下跌，如果做得好，当天可以出很多货。在这里，庄家在高位买进的可能确实是实盘，比如，买进50万股，但随后他可以在低位抛出100万股或者200万股。

根据成交量选股要求投资者分析成交量的变化，捕捉主力行踪，看破主力意图，是中小投资者找到好股的重要办法。通常，当股价从高位滑落时，成交量逐渐萎缩，当股价跌至一定位置跌不动的时候，往往伴随着成交量的极度萎缩。这时多空双方的力量已经发生了变化，空方的能量几近衰竭，而多方则有蓄势发动行情的机会。

如果成交量在逐渐萎缩达到底量后，温和放量，使成交量曲线形态出现圆弧底时，我们该注意了，股价很可能反转回升。该种形态出现后，成交量放大越明显，后市股价的上涨动能越足。在实际操作中，投资者可采用以下办法：

一是选取成交量从某天突然放大，之后维持在较高水平。如果是股价上涨幅度较小的股票出现这种情况，一般都是主力在有计划地进行吸纳。但这种吸纳容易引起股价的上扬，主力为了掩盖其吸货的迹象，经常会在尾市的时候将股价砸低，从而在K线图形上留下长长的上影线，给人一种上方抛压非常之重的感觉。主力这种欲盖弥彰的做法，给我们一个较好的建仓介入机会。

二是选择从某天股价大涨、成交量异常放大，之后能够维持这种走势的股票。这类股票通常是有突发性的利好消息待公布，主力来不及慢慢地低位吸货，只好采取拉高建仓的方式。由于这类股票的主力介入和成本较高，后市大多会有爆发性的行情出现。

三是选取前期曾经出现急拉行情，调整时长期无量横盘的个股，待其成交量重新放大时，可积极跟进前期出现过急拉行情，特别是连续几个涨停板拉上去的股票，都有大资金的介入。经过较长时间的调整之后，浮动的不坚定筹码所剩无几，从而为以后行情的纵深发展打下了坚实的基础。另外，股价能够缩量横盘，说明前期介入的主力资金无法在高位顺利出逃，同时主力有护盘的迹象。这类股票成交量重新放大（最好是能够放大至前期开始急拉时的成交量），可能是以下原因中的一种：前期主力蓄势完毕，卷土重来；有新的增量资金的介入。不管是哪种原因，重新放量之后，该股上涨的概率极大，积极跟进收益较高，风险较小。

四是选取成交量连续几个月极度萎缩的个股。有的股票在一段时间的放量之后，成交量大幅萎缩，有的甚至会出现连续很长时间日成交量少于 10 万股的情形。

这里说的成交量萎缩，可以是冲高回落后的萎缩，也可以是漫漫熊途后的萎缩，它都反映了持股者的惜售心理和多空双方不再认同股价的下跌，在技术指标上反映了严重的超卖现象。此时买入股票最为安全。

选取这类股票的时候，要遵循以下几个原则：长时间成交清淡，几乎没人买卖，日成交较长时间维持在 1000 手以下；股价随着成交量的缩小逐步下跌，跌至某位置跌无可跌，成交量开始放大；维持较小的日成交量时间越长，将来上涨的空间将越大；成交量放大至缩量时的 7 倍以上时，中线可积极介入。

以上四种依据成交量选股的方法并不是绝对的，最后的投资决策仍然要靠投资者自己根据对当日市场的观察、思考和判断作出。

庄家利用成交量设置陷阱的招数远不止以上介绍的这些，对于经验不足的投资者来说，要想识破它们并非易事。这需要投资者在实战中多总结经验，多动脑筋，结合其他分析手段多方分辨，千万不能把成交量当成唯一的判断工具。

熊市选股需慎重

熊市本来就是市场整体处于下降趋势，总币值呈现递减状态的环境中，多数股票都处于下降态势，所以，在熊市中，一般需慎重考虑，不宜买进股票，而是要关注大盘走势，了解盘中热点和政策转变，投资者只选不买，为将来牛市到来选好准备中长线投资的主打股票，这种做法无非是为将来播下希望的种子。

但跌市中并不是就没有了市场机会，如果投资者敢于冒险，可以选择以下几类股票：

一是短期底部股。从技术上来说，短期底部股比较容易在以下点位附近形成：重要的历史点位和密集成交区；均线系统的支撑位；箱体的低部或前次浪谷的时间共振窗口；股价的整数关口；布林线、轨道线的下轨处。投资者可据此来判断个股短期底部。另外，个股的止跌企稳总是与大盘的企稳保持一致，因此，在寻找个股底部时还必须密切关注。

二是暴跌股。暴跌后的股票能量过度释放，导致股价远离平均成本。由于股价有向平均成本靠拢的趋势，远离均线的幅度越大，其回归的可能性和力度也相应越大。因此，暴跌之后常常有较大的反弹，是短线买入时机。个股的暴跌有时是以大盘的暴跌为背景，这时可选择有庄入主的股票介入，因为有庄的股反弹力度较大。个股暴跌的原因主要是突发性因素和庄家出货两种，突发性事件造成的暴跌又可能产生强力反弹，而庄家出货的暴跌则不会反弹。

三是关注抗跌股。股票抗跌有两种：一种是大盘深跌但个股拒绝下跌，或仅仅是小幅下跌，这样的股票后市看好的可能性大。另一种是顺势回调，卷土重来，这类股票一般都处于上升通道中，虽然也随着大盘下跌，但并未放量，走势也未破坏上升通道。对这样的股票，大盘的回调仅仅起到了震仓的作用，大盘止跌后股价会迅速恢复到原来的位置，显示极好的弹性。投资者应该密切关注。

四是关注涨势股。这类股往往在弱市中跌幅小于大盘或横盘不动，有时甚至逆市上扬。运用均线系统对比选择强势股，当大盘止跌回升时，再介入跌市中的强势股，静等庄家拉升。

面对股市下跌的因素，投资者必须多思考、多分析、多比较、多研究。若系经济面与政策面引起的下跌，维持的时间就比较长，幅度也比较大。若系资金面、市场面引起的下跌，一般以箱形波动为主，历时不会太长，幅度也不会太大，往往给市场带来更多的机会。而突发事件引起的下跌也许还会带来更大的市场机会。

面对下跌中的股市，投资者应从以下几方面着手：

切莫满仓。

投资者切勿在下跌行情中将资金"倾巢"出动，更不能集资借钱炒股，否则万一出现大幅震荡，心理上自难承受。亦应克服短期暴富心理，以投资为重，切勿过度投机。若太注重短线交易，频繁进出，会心力交瘁，辛苦异常，适得其反。

在参与下跌行情前，首先不应设计好能赚多少，而是先想清楚，自己心理承受能力能担负得起赔多少，准备持股多长时间。若对大盘趋向感到无方向，周围人赢利都很困难，不妨先作壁上观。

在下跌行情中，赢利的期望值不能太高。手中筹码若在短时间内获利10%，万一碰到涨停板，就应坚决获利了结，将胜利成果先拿到手。若在大盘上涨了一段后，手中的若干股票均有5%以上的获利，但大盘却是牛皮，来回折腾，无明显的突破，不妨先卖出一半。万一行情下跌，这样便有余力加码，赚取差价，若行情续涨，则手中还有一半筹码，可扩大战果。此不失为进退自如的稳妥办法。

紧跟热点，盯住强势震荡行情中，获利的关键是抓准新的市场热点。从波段底部领涨的热点板块若长期筑底成功，此热点可以追逐，并附带关注相关的板块，但不能去追逐已经筑顶或见顶回落的首期热点板块。当领涨的新的热点板块接近顶部，大盘又滞涨时，此轮上涨行情离结束亦为时不远，应不失时机地退场。在此基础上要抓强势股，尤其要关注的是天天有量、有强主力入驻其中，开盘、盘中和尾盘每每有主力做盘动作的个股，无论是做 T+0 还是 T+1、T+2，获利的机会都比较多。

控制仓位，分次操作。

震荡行情中，控制好仓位十分重要。一般而言，在震荡箱形底部可满仓，在中部宜半仓，在顶部宜三分之一仓或空仓。然而不少散户往往是在箱形底部清仓，在箱形中部建仓，而在箱形顶部满仓，以致赢的只是底部的"小头"，输的却是顶部的"大头"。

低位震荡中要不为小利而动心。当主力通过打压完成建仓任务后，便开始试探性地推高指数或个股。在快速拉高一次后，主力往往还要来回震荡几次，甚至将股价"打回老家去"，使抄底者在恐慌中被迫以微利抛出股票。

对已领先大盘涨到顶部区域的个股，就先予以了结；对手中有潜力的个股，应耐心等待，坚信早晚要拉升；对即将启动的强势股，可顺势做一把行情；对手中品位不住的个股，可及时换股，曲线获利。为获取最大效益，持股可一直到股价打破上升趋势线，或 10 日均线掉头向下时，才获利了结，但是仓位应减为半仓或三分之一仓。

为什么说熊市行情难做，主要是因为大盘与个股没有一个明显的趋势，尤其是在熊市中选股，一定要坚持谨慎原则，在总体上调低收入预期。评估某只股票是否有投资价值，也应根据当时的市场情况和平均市赢率水平来确定。一切尽在走势中，炒股说难不难，关键是要跳出自我的小圈子。要做到这一点，一方面要站得高，看得远；另一方面要主动将自己的角色进行置换，以期从更加客观的角度思考市场走势的未来趋向，千万不要等到什么都搞清楚了后，才决定买进卖出。

不少投资者有着"打破砂锅问到底"的嗜好，面对涨起来的势头，总爱这里问问、那里打听，看有什么利好的消息。但通常情况下，非得等到问清什么原因支撑股市上涨才放心买入时，一般离顶部逆转时已不远了。而面对跌下来的苗头和端倪，也总爱打听，哪里有什么利空消息？等到问清楚而决定减仓时，跌势也早已过了大半了。所以但凡喜欢穷尽渠道、想方设法来刨根问底的投资者，往往会踏乱节奏甚至是走错方向。

其实，一切该涨还是该跌的信息早已全部包容在了市场当期的走势中了，实在没必要枉费心机地去追根溯源，因为支撑股市大盘在特定时段上涨，压制其在特定时期下跌的一切利空、利多消息，都将在行情演绎的尾声阶段"图穷匕首见"。

总之，哪怕是在跌势中，也不要依靠询问他人来自我安慰。该卖的卖，该空仓的空仓。因为后续走势一定会验证，会有潜在的、尚未兑现的利空消息，在行情走势不远的那头，等着将大盘或个股的走势往下拉，把股价向下压。如果不及时跳出这部存有故障的电梯，一旦利空压制、仿佛如维系电梯上升的缆绳崩断的话，不要说伤筋动骨了，就是在投资上"一蹶不振"都是足以想见的。

以理智的心态看股评

"股市有风险，投资须谨慎"。这是许多媒体在发表股评时的声明。如果将股评家的个人观点抑或是集体评论当成是"放之四海皆准"的股民，必将在投资的征程中遭遇到轻信甚至是迷信的伏击。所以，对待股评，千万不可掉以轻心。

要知道，即使是气象预报运用先进的气象卫星或是多普勒气象雷达等手段，有时其预报的准确率还是有所折扣的，例如报雨无雨，说晴不晴，尤其是在夏季预报的每日最高温度总有可能失真那么几度。既然如此，那么，股评家在评判大势、预测点位上有这样或那样的闪失也还是可以理解的，至少不会出现"冬天中说夏天"般的死多头或是"夏天中说冬天"的死空头来误导投资者就行。

投资大师彼得·林奇就曾说过："不要预测市场走势，因为那将是徒劳无功的。"虽然我们能够在股评家善意提醒和指导下知道中短期的趋势，但没有哪一位股评家敢拍胸脯、打保票地确切知道市场总体态势甚至蕴涵其中的某只个股的股价涨跌方向。道理既简单又明了，因为股市是一个饱含着系统性风险和非系统性风险的开放性市场，而且所有参与者，大至机构主力，小至中小散户，面对一定容量的信息，观点和决策都是在个性心理独立判断并作出的，况且中小散户的单个决策过程随意性强、感性成分多而显得有些片面。当"混纯效应"促使以上因素相互作用时，情绪化的趋势也好，资金推入与撤出型的浪潮也罢，预测起来便带有一种随机博弈、不够科学的影子。

此外，对于报纸、杂志上的股评文章，我们也要以理智的心态对待。虽说大多数股评文章都不乏精辟的分析、客观的预测，对股民认清大势，选择个股很有帮助，但不可否认的是，也有许多文章纯粹是信口开河，不负责任地乱评乱点，还有的甚至成为上市公司的"吹股手"，或者庄家的帮凶，他们或者是为了帮助上市公司推高股价，以利配股，或者是为了配合庄家的炒作，在媒体上别有用心地发布一些似是而非的文章。

这些文章有的是上市公司的投资价值分析报告，有的是公司的前景分析，有的则是透露上市公司今后的重组打算，借此误导股民，坑害股民。因此，许多股票本来涨得好好的，只要股评家一推荐就下跌，以至有人说：股票推荐之日，往往也是下跌之时。

在变幻无穷的股票市场，庄家使尽阴谋、手段，设下恐怖陷阱，往往让投资者无所适从，这时，投资者介入股市时，如果不会思考选股技巧和策略，而盲目跟从或者轻信股评，不但不会赚到大钱，可想而知，赔钱也在所难免。所以，投资者在选股时一定要注意一些主客观方面的因素，千万不要被一些陷阱所迷惑。

事实已经证明并将一再证明，尊重事实、合乎规律，唯有独立思考，才能使参与主体在波幅或缓或陡的趋势中把握住涨或是跌的主流方向，无论是对单个投资者，还是对某位知名或不知名的股评家，这才是"放之四海皆准"的真理。

以理智的心态看待谣传

股票市场从来就是一个小道消息满天飞的地方，空穴来风、毫无依据的消息对于老股民来说习以为常，但对于现在的新股民而言，负面影响不可小视。这不仅增加了他们的精神压力，更会误导他们的操盘取向，出现不必要的损失。

那么，在股市中，到底是哪些人在制造种种谣言呢？细加剖析，不外下面三种人：

一类是人云亦云的市场起哄者。这类传播人数量最多，大多对中国股市缺乏研究，不了解中国股市的现状，嗜好道听途说的小道消息，跟着别人起哄，大盘一涨，就亢奋异常，认为上证指数要达到 10000 点也不是难事；大盘一跌，就信心全无，仿佛中国股市又要回到起点。

一类是制造紧张气氛的恶作剧者。这类人以制造紧张气氛为乐事，常常在网上发帖戏弄受众：什么大盘会涨到点呀，大盘会跌点呀，不到达点不买卖股票呀，说话没有一点责任感。大盘涨，加点油，大盘跌，下点雪，这是他们的惯用手法。其实他们对这个股市，还是比较了解的。只不过是想寻点刺激罢了，不然的话，自己这样不看好这个市场，还待在这里干什么。

还有一类是别有用心的市场操纵者。这类人其实就是广大中小投资者的冤家对头，他们是这个市场的主宰。他们善于诱多，更善于诱空，他们有说不完的唱"空"理由，在大盘处于调整时期时，他们是最凶狠的砸盘手。他们的最终目的就是要散户们在最低位把廉价筹码拱手送给他们，这类人是我们要时刻警惕的，绝不能上他们的当！

谣言终究是谣言，它不具备推动股价上涨的力量。即使在庄家的恶炒和散户的跟风下，它可能会使股价一时涨起来，但绝不会持久，最终必然会以大幅下跌而告终。因此，作为一般股民，绝对不要去玩这种博傻的游戏。因为这种游戏的赢家，只可能是制造谣言的庄家。

股票的交易

股票买卖概述

怎样开办股票账户

一是先开户，找一家证券公司营业部，办理开户手续，需要办上海和深圳的股东账户卡，一共90元，目前很多营业部免收。

二是签定三方存管协议，也就是指定一家银行，以后资金转进转出都是通过那家银行的银行卡，只能选择一家银行，一张银行卡。

三是办完上面的手续后，就回家下载交易软件，在证券公司的网站上有下的。比如大智慧，很简单，新手用大智慧不错。

四是软件分两种，一种是看行情的，如大智慧，一种是做交易的，就是网上委托程序，证券公司网站有下载的，你做交易就登陆这个程序。输入资金账户和交易密码。

五是买卖股票最低单位为一手，也就是100股。

六是交易费用有三部分：印花税，单向收取，卖的时候才收，成交金额的千分之一。过户费，买卖上海股票才收取，每1000股收取1块，低于1块也收取1块。另外佣金，买卖时都收取，最高上限为成交金额的千分之三，可以浮动的，需要你和证券公司谈，根据你的资金量和成交量可以适当降低。

办理资金账户作用

你要委托买卖股票必须要有资金，因此，应事先在证券营业部开立资金账户，投资者存入资金账户中的资金按活期利息给予计息，每季度证券公司会定期把利息转入到投资者的资金账户中。有了资金账户，投资者买入股票时，就从资金账户划出相应金额，卖出股票时，就在资金账户中划入相应金额。

不同证券商，不同的证券营业部在不同时期规定的开户资金最低限额不同，没有统一规定。

如何查询股票账户

凡本人持有有效证件及股票账户卡者，都可以到你开立资金账户或指定交易的证券公司营业部查询、核对账户股票数量、账户现金余额及红利发放记录，若查询结果与实际情况不符，可进一步查询交易记录。

如果你对交易情况仍有疑问。特别是对交易日期比较长久的，可以通过所指定或开户的券商向中国证券登记结算有限公司上海、深圳分公司继续查询。

买入或卖出股票

投资者办好开户手续，拥有了自己的证券账户和资金账户，存入一定资金，就可以通过各种委托方式向证券商下达交易指令，买入股票。

证券账户中拥有股票的投资者，也可卖出股票，这一买一卖的过程都是委托。投资者买卖股票，不能直接进入证券交易所内进行交易，必须通过交易所的会员单位——证券商来进行。委托方式有多种，但原理都是一样的，即证券营业部集中接收投资者发出的交易指令，然后将投资者的指令通过电脑网络传送至证券交易所的电脑主机处，由证券交易所的电脑主机对来自四面八方的委托指令按照"时间优先，价格优先"的原则进行集中撮合处理。

目前，投资者买入或卖出股票可以通过以下四种方式进行：到券商营业部柜台填写买入或卖出委托单；拨打券商开设的委托电话；通过自助键盘终端进行委托；通过网上交易系统进行委托。对于投资者来讲，不管采取何种委托方式，一定要明确所委托的买卖方向（买入或卖出）、证券代码、委托数量、买卖价格，确认后再提交委托。

投资者的委托指令下达并确认后，委托就已生效。在此笔委托未成交前，投资者如果改变主意，可以依据委托合同编号进行撤单操作。

确认是否成交

只要到证券营业部查阅证券交易所反馈给券商的成交回报单，或者在规定的时间里去进行股票交割便可知道是否成交。也有不少券商专为进行自助委托的客户提供股票成交查询，通过拨打电话或者自助终端、网上交易系统一查便知。

领取资金账户中的现金

已实行客户保证金第三方存管的证券营业部，因营业部没有资金柜台，需要客户办理相关银行的银证转账，通过各种电话银行或网上银行把在证券营业部的资金划入银行，然后再到银行提取。

对未实行第三方存管的证券营业部，客户则需携带好本人身份证明，一般有股东账户卡、身份证、资金账户存折等到委托卖出股票的证券营业部的资金柜台办理取款手续即可。目前，大部分营业部均已取消现金柜台，一般均需办理银证转账手续存取款。

如何领取红利

目前在国内挂牌上市的公司个人股红利主要是委托证券中央登记结算公司代理发放。办理过指定交易的投资者，可享有由上海证券交易所将其红利直接划拨至其指定账户内的待遇。目前沪市红利领取办法基本是按照以上办法进行。

深市红利领取办法已在1996年上半年进行了重大修改。投资者从深证所在报纸上公布的上市公司分红派息时间表中便可获知自己可得到的红股和股息，无须办理任何手续，股息和红股会直接派到账上。

印花税怎样计算

我国对股票交易所征收的印花税，是根据一笔股票交易的成交金额按一定的比例对买卖双方同时计征的。目前单边印花税率为 1‰。

印花税是国家税法规定的一项税种。按现行印花税法规定，企业公开发行的股票，因购买、继承、赠与等方式发生股权转让行为的，均依股权转让书据书立时的证券市场当日实际成交价格计算的金额，由买卖股票的双方当事人（投资者）分别依据规定税率缴纳征收的一项税金。印花税一般由证券经纪商在同证券投资者交割中代为扣收，然后，经纪商在同证券交易所或所属中央结算公司的清算交割中进行结算，之后，由结算公司统一向国家税务机关交纳。

印花税率变动会影响到股市的结构、换手率、活跃度、股价水平等，最终波及投资者的切身收益和股市的行情走势。因此，调整印花税率成为证券主管部门调控股市的一种手段。

按规定，目前计征印花税只对 A 股和 B 股交易适用，各类基金、权证、国债现券及回购，以及企业债券交易等均不征收印花税。

红利税怎么收取

红利税指的是股市里面分红时需要缴纳的税款，股市分红有派现、送股和增股。这其中除了增股不收税，其他两者都收 10% 的红利税。

红利税属个人所得税范畴，它是根据同期银行个人存款利率，对股票持有者分得的现金红利超过同期银行存款利息的部分所计征的个人所得税计算出来。这里需注意，计算股票红利是否超过银行存款利息，是按照持股者持有股票的面值而不是买入价格作为计算基数的。

什么是电话委托

电话委托是指投资者通过拨打券商开设的专项委托电话而进行买卖申报的一种委托方式，投资者无需到证券营业柜台填写买卖委托单。

电话委托开户手续如下：

第一步：股民携本人身份证、证券账户卡，亲自到自己选中的证券营业部柜台办理开户手续。一般证券营业部都开有办电话委托的专柜。

第二步：在柜台领取电话委托开户申请表，正确填写个人有关资料。然后在券商给你的两份电话委托协议书上签字，交齐证件材料的复印件，由营业员告诉你手续已办全，取回自己的证件和一份《电话委托交易协议书》及操作说明书，这就完成了电话委托开户的全过程。

开立电话委托服务项目的客户一般离券商的营业场所较远，不便每次成交后做交割，这时候客户可以采用系统提供的查询功能来核实自己的资金余额。营业部通常会为客户保留当月的历史交割单，并为客户打印资金，股票交易情况的明细对账单。

电话委托虽然有上述种种好处，但投资者在选择这种服务方式时也应考虑电话委托可能存在的一些问题如：在交易活跃时，如果委托系统线路少，常会出现占线情况；电话委托属于一种间接委托，更易产生交易纠纷等。

电话委托的具体操作很简单，客户只要拨通证券营业部的专线电话，按照电话委托交易系统的语音提示进行操作就可以了，系统在每笔委托的最后都要给客户复述整笔委托单，使客户有最后确认的机会。同时，对确认的委托单将回复给客户一个委托合同号，依靠此合同号，客户可以对未成交的当日委托单进行撤单，也可以进行当日或历史的委托单成交查询。在委托过程中，客户如发现自己的输入不正确，可以随时挂机，自行中断此次委托。

什么是指定交易

指定交易是指上海证券交易所的投资者通过与某一证券公司（营业部）签订协议，指定该公司（营业部）作为自己买卖证券的唯一交易点的一种交易方式。指定交易的作用体现在以下两方面：一是有助于防止投资者股票被盗卖，二是自动领取红利，由证券交易系统直接将现金红利资金记入投资者的账户内。

怎样进行网上交易

所谓网上证券交易，通常是指投资者利用互联网网络资源，获取证券的即时报价，分析市场行情，并通过互联网委托下单，进行实时交易。

网上交易给证券市场带来了革命性的变革，这种打破时空限制的现代交易方式，已成为国际证券经纪业务发展的趋势。

尽管目前我国网上交易开展的时间不长，但发展非常迅速。网上交易的发展，将迫使证券公司的服务方式和内容发生重大变化。它不仅大大降低了证券商的经营成本，也使证券公司经纪业务的竞争能力取决于他们向客户提供个性化服务的能力。

客户的上网费用主要包括上网设备购置费和网络接入使用费，网上交易费用主要是交易佣金、印花税等，这和其他交易方式是一样的。

为了防止密码被盗、交易指令中途篡改以及交易记录对账不清等问题，以及为防止"黑客"从不可知的网络节点非法侵入券商的内部网络，所有券商网络都使用了防火墙，利用现有的防火墙技术使用户只能隐式地访问资源管理机、动态数据机、静态数据机和交易管理机，其他地址无权访问。同时，建立用户口令保护机制和电子记录保存制度。用户在开始登录时，系统将询问用户账号及密码，验证合法后才提供服务。为保存历史记录，以备查询，中心机房在每收到客户的一条交易指令或者交易回报，都要在数据库中分几个级别、索引进行电子记录，并且该电子记录将不允许隔日改动，以备留档查看。另外，若用户须做实时交易时，用户地址必须随委托指令捆绑在一起，并在服务端保存三天以上，这样便于电信安全部门查获"网络破坏者"。

只要具备了上网的条件并且已在所在证券公司的营业部开立资金账户，即可申请网上证券委托。

其流程是：带身份证、股东账户卡和资金卡，到营业部填写《网上证券交易协议》和《网上证券委托申请表》，一般还需要和证券公司签署《网上交易风险揭示书》；营业部开户人员将投资者的《网上证券委托申请表》输入电脑后，即可开通投资者的网上交易权限，投资者则可从网上下载证券网上股票交易分析软件和网上交易软件；安装相关软件后，就可以进行网上证券委托了。

登记托管是怎么回事

登记托管是指证券投资者在进入市场进行交易前预先在指定的登记和托管中介机构（目前是中央证券登记结算公司）办理注册登记、股东账户开户手续，并将持有的股票交由证券结算公司保管。

登记托管是由我国证券交易采用的电脑集中无纸化交易方式决定的，否则股票的交割、资金清算、过户登记就无法有序有效地进行，市场交易也会难以维持下去。

如何申购新股

普通投资者申购新股必须通过网上进行申购。上海、深圳证券交易所申购新股的单位不同。上海市场每一申购单位为1000股，申购数量不少于1000股，超过1000股的必须是1000股的整数倍，但最高不得超过当次社会公众股上网发行数量或者9999.9万股。深圳市场申购单位为500股，每一证券账户申购数量不少于500股，超过500股的必须是500股的整数倍，但不得超过本次上网定价发行数量。

按《沪市股票上网发行资金申购实施办法》，在上海证券交易所上网发行股票资金申购流程是：投资者在申购时间内通过与上证所联网的证券营业部，根据发行人发行公告规定的发行价格和申购数量缴足申购款，进行申购委托。

申购日后的第一天（T+1日），由中国证券登记结算上海分公司将申购资金冻结。确因银行汇划原因而造成申购资金不能及时入账的，应在T+1日提供划款银行的划款凭证，并确保T+2日上午申购资金入账，同时缴纳一天申购资金应冻结利息。

申购日后的第二天（T+2日），中国证券登记结算上海分公司配合上证所指定的具备资格的会计师事务所对申购资金进行验资，并由会计师事务所出具验资报告，以实际到位资金作为有效申购。发行人应当向负责申购资金验资的会计师事务所支付验资费用。

有效申购确认完毕后，上证所将根据最终的有效申购总量，按以下办法配售新股：当有效申购总量等于该次股票上网发行量时，投资者按其有效申购量认购股票；当有效申购总量小于该次股票上网发行量时，投资者按其有效申购量认购股票后，余额部分按承销协议办理；有效申购总量大于该次股票发行量时，则上证所按照每1000股配一个号的规则，由交易系统自动对有效申购进行统一连续配号，并通过卫星网络公布中签率。

主承销商于申购日后的第三天（T+3日）公布中签率，并根据总配号量和中签率组织摇号抽签，于次日公布中签结果。每一个中签号可认购1000股新股。证券营业部应于抽签次日在显著位置公布摇号中签结果。

中国证券登记结算上海分公司于T+3日根据中签结果进行新股认购中签清算，并于当日收市后向各参与申购的证券公司发送中签数据。

申购日后的第四天（T+4日），对未中签部分的申购款予以解冻。新股认购款集中由中国证券登记结算上海分公司划付给主承销商。

中国证券登记结算上海分公司将申购期内集中冻结所有投资者申购资金的利息划入中国证券登记结算上海分公司专用账户，由中国证券登记结算上海分公司按相关规定办理划转事宜。

申购日的第四天后（T+4日后），主承销商在收到中国结算上海分公司划转的认购资金后，依据承销协议将该款项扣除承销费用后划转到发行人指定的银行账户。

深证所与上证所的新股网上申购资金申购程序大同小异。

申购新股需要注意哪些问题

如果要申购新股，首先要有沪深的股东账户和资金账户。申购委托前，投资者应把申购款全额存入与交易所联网的证券营业部指定的资金账户。

申购新股的当天，打开并进入交易软件，选择买入，再输入股票的申购代码，例如中行是780988。这时候，申购的价格会自动显示出来，只需输入申购的数量就可以了，申购数量按照规定进行，例如沪市必须是 1000 股的整数倍，深市是 500 股的整数倍。一般来说，申购越多，中签机会越大。其余操作和平时买入股票一样。

新股申购只能申购一次，并且不能撤单，重复申购除第一次有效外，其他均无效。而且如果因错误操作而导致新股重复申购，券商会重复冻结你的新股申购款，重复申购部分的资金无效而且不能撤单，这样会造成资金当天不能使用，只有等到当天收盘后，交易所将其作为无效委托处理，资金第二天回到账户内，这些资金才可以使用。

申购之后，申购资金就被冻结了，第四个交易日之后，如果没有中签，资金就返回到申购者的账上，如果中签了，中签的股票就会显示在账上。

申购之后，可以在账户配号那里查到你的配号号码，如果你申购了（例如沪市）410000 股，那么你就有 10 个号码，因为号码是连号的，所以只显示第一个号，其他的号码自然就知道了。公布中签号码后，你也可以自己看看是否中签。不看也没有关系，真的中签，股票自然就划到你的账上了。

新股申购不收手续费。根据两个交易所的规定，申购新股不收取手续费、印花税、过户费等费用，但可以酌情收取委托手续费，上海、深圳本地收 1 元，异地收 5 元，大多数券商出于竞争的考虑，不收取这项费用。

申购新股一般风险较小。只是在申购的时候会冻结资金一段时间，四天左右就会知道自己的资金申购是否会中签。上海市场中一个签是 1000 股，深圳中一个签是 500 股。但由于申购新股的资金量很大，所以中签率一般都很低。

沪深两市申购时间均为发行日上午 9 时 30 分至 11 时 30，下午 13 时至 15 时。

新股申购的技巧

能否中签是资金参与新股申购的关键，但实际上它又是个概率事件，对足够的资金来说，一般中签水平与中签率相当，但对于小资金来说，新股中签一方面要靠运气，另一方面也需要掌握一些小技巧。

一是应充分了解未来 1 至 2 周新股的发行情况。当出现两只以上新股同时上网发行或者资金冻结期重合时，可优先考虑基本面尚可的冷门股以获取较高的中签率，资金较少的投资者应全仓出击一只新股。

二是参与大盘股的申购。因为大盘新股的中签率明显要高于小盘股，实际平均收益率往往高于小盘股。

三是资金上有条件的可以分开多个账户进行申购，并且注意下单的时间，根据经验显示上午 10 时 30 分前后和下午 14 时前后的新股中签率相对较高。

四是投资者在通过证券公司交易系统下单申购的时候要注意时间段，因为一只股票只能下单一次，需要避开下单的高峰时间段，目的是保证下单后中签号的连贯性，这样可以提高中签的几率。

当新股发行密集期时可有选择地挑选一只新股进行申购，或者搭配资金在两只新股上做配比申购。在选股上不单单只是看发行股票的数量，还要看该股是不是有上涨的潜力，是不是处在一个龙头行业中等。

资金量处于中等的投资者可以拿出部分资金放在申购新股上，而小资金量的投资者则更适合把资金放到相应的打新股的基金或者理财产品上面。

在目前中签率极低的情况下需大资金量来进行中签，要摆脱仅靠运气的唯一选择便是资金量。统计表明，要想有稳定的新股收益，至少需要300万元的资金，个别独立发行的小盘股所需资金量更高。如果是非闲置自有资金，建议放弃申购。国外成熟市场的新股发行折价率一般在15%左右，目前沪深股市新股发行定价已是普遍偏高，但上市之后仍有较高的涨幅。根据估算，目前从国内金融市场无风险投资收益的横向比较看，新股投资无疑独占鳌头，成为最理想的低风险高收益的投资品种。

最后一点就是要坚持到底，申购新股有时候会一段时间内不中签，这种情况下可能会扰乱投资者的信心和计划，因此要理性地约束自己，把申购新股坚持下去才会有一个比较满意的收益。

新股中签率是怎样产生的

根据《公司法》对上市公司"其持有不少于1000股的股东数量至少有1000人"的要求（简称"千人股"），目前我国新股发行每单位最小申购数量规定为1000股，或是1000股的整倍数（深市申购是500股的整数倍）。在新股申购结束后，将由主承销商对有效申购数量进行确认，然后根据股票发行数量和有效申购数量计算出新股中签率。

具体有以下两种情况：一是当投资者的有效申购数量小于或等于股票发行数量时，投资者可按其有效申购数量认购，余额部分由承销商包销；当投资者的有效申购数量大于股票发行数量时，由交易所主机或承销商按每1000股有效申购确定一个申报配号，顺序排列，然后通过摇号抽签确定出中签号码，每个中签申购配号可认购1000股股票（上海）。

中签率计算公式为：

中签率=（股票发行股数/有效申购股数）×100%

开盘价、收盘价如何计算

证券的开盘价为当日该证券的第一笔成交价格。证券的开盘价通过集合竞价方式产生，就是在每天早晨9时15分至9时25分之内，交易系统接受投资者买卖申报，并按照价格优先、时间优先的原则对买卖申报进行排序，最后于9时25分集合竞价的价格决定原则，对买卖申报进行撮合，产生出开盘价。不能产生开盘价的，以连续竞价方式产生。

证券的收盘价通过集合竞价的方式产生。收盘集合竞价不能产生收盘价的，以当日该证券最后一笔交易前一分钟所有交易的成交量加权平均价（含最后一笔交易）为收盘价。当日无成交的，以前收盘价为当日收盘价。

决定集合竞价的价格有两个原则：第一，必须是能使成交量达到最大的价格才能作为决定价格；第二，高于决定价格的买进申报与低于决定价格的卖出申报必须有一方能够成交。

怎样看证券营业部的大盘

证券公司一般都在其营业大厅的墙上挂有大型彩色行情显示屏幕，即我们平常所说的大盘。不同证券营业部的显示屏幕不尽相同，有的营业部的显示屏幕较大，可以将所有的上市公司的股票代码和股票名称都固定在一个位置不动，而让其他内容变化；有的营业部的显示屏幕较小，只能各只股票的行情轮流出现，每隔一会儿就换一屏，你要了解某只股票的行情只有等它显示出来才能看到。大部分营业部的显示屏，都用不同的颜色来表示每一只股票的价格和前一天的收盘价相比，是涨还是跌。

大盘显示的内容主要有前收盘价、开盘价、最高价、最低价、最新价、买入价、卖出价、买盘、卖盘、涨跌、现手、买手、卖手和成交量等。

前收盘价是前一天最后一笔交易的成交价格。自1996年12月实行涨跌停板制度后，深交所对"收盘价"做了调整。

前收盘价计算方法为：收盘价=最后1分钟成交额/最后1分钟成交量。

开盘价是当天第一笔交易的成交价格。

最高价、最低价分别是当天开盘以来各笔成交价格中最高和最低的成交价格。

最新价是刚刚成交的一笔交易的成交价格。

买入价是指证券交易系统显示已申报但尚未成交的买进某种股票的价格，通常只显示最高买入价。对投资者来说，这是卖出参考价。

卖出价是指证券交易系统显示的已申报但尚未成交的卖出某种股票的价格，通常只显示最低卖出价。对投资者来说，则是买入参考价。

买盘是当前申请买入股票的总数。

卖盘是当前申请卖出股票的总数。

涨跌指现在的最新价和前一天的收盘价相比，是涨还是跌了。它有两种表示方法，一种是直接标出涨跌的数额；一种是给出涨跌幅度的百分数。

现手是刚成交的这一笔交易的交易量的大小。因为股票交易的最小单位是手，1手是100股。所以衡量交易量的大小时常用手数表示。

买手是比最新价低3个价位以内的买入手数之和的数量。

卖手是比最新价高出3个价位以内的卖出手数之和的数量。

成交量是指当天开盘以来该股交易的所有手数之和，换成股数时就要乘上100。

总额是当天开盘以来该股交易的所有金额之和，单位通常是万元。

大盘除了显示各股票的行情之外，还有显示整个市场行情的股价指数。

看盘点时应关注哪些内容

盘面反映的信息很多，我们不可能全面兼顾，再说，各种信息的重要性也不一样，其中有些信息对我们研判盘面变化不是太重要，因此，看盘时就要关注那些比较重要的信息。

一是重点关注开盘时集合竞价的股价和成交额。看盘应重点关注开盘时集合竞价的股价和成交额，看是高开还是低开。所谓高开，是指当天的开盘价高于前一营业日的收盘价，而低开则是指当天的开盘价低于前一营业日的收盘价。开盘价表示出市场的意愿，期待当天的股价是上涨还是下跌。成交量的大小则表示参与买卖的投资者数量的多少，它往往对一天之内成交的活跃程度有很大影响。

二是关注开盘后半小时内股价变动的方向。一般来说，如果大盘指数或个股股价开得太高，在半小时内就可能会回落，如果大盘指数或个股股价开得太低，在半小时内就可能会回升。这时要看成交量的大小，如果高开又不回落，而且成交量放大，那么股票就很可能要上涨。当然，有时候大盘指数或个股股价高开后就一直高走，低开后就一直低走，但这种情况出现不多。因此，有经验的投资者，在一般情况下，真正操作时间都在10时之后进行。即使要买进股票，他们也会在大盘或个股高开回落时买进，不会贸然追高；反之，要卖出股票时，也会在大盘或个股低开回升时卖出，不会贸然杀跌。

三是关注买盘与卖盘。买卖双方的出价与数量构成盘口表现中的买盘和卖盘，市场投资者能够直接看到的是"买五"和"卖五"的买卖委托以及"内盘"、"外盘"和"委比"、"量比"等概念。

这几项都是表示目前盘中买卖双方力量对比的指标。如果即时的成交价是以"委卖"价成交的，说明买方也即多方愿以卖方的报价成交，"委卖价"成交的量越多，说明市场中的"买气"即多头气氛越浓。

以"委卖价"实现的成交量称为"外盘"，俗称"主动买盘"。反之，以"委买价"实现的成交量称为"内盘"，也称"主动卖盘"。可见，当"外盘"大于"内盘"时，反映了场中买盘承接力量强劲，走势向好；"内盘"大于"外盘"时，则反映场内卖盘汹涌，买盘难以抵挡，走势偏弱。

由于内盘、外盘显示的是开市后至现时以"委卖价"和"委买价"各自成交的累计量，所以对我们判断目前的走势强弱有参考价值。如果"委卖价"与"委买价"价格相差很大，说明追高意愿不强，惜售心理较强，多空双方处于僵持的状态。

四是关注开盘后股票涨跌停板情况。开盘后涨跌停板的情况会对大盘产生直接的影响。在实行涨跌停板制度后，可以发现涨跌停板的股票会对其他股票起向上或者向下拉动的影响作用。比如说大盘开盘后即有 5 只以上的股票进入涨停板，在其做多示范效应影响下，大盘将会有走强的趋势；反之，当天有众多股票跌停，开盘后则易受到空方的打压。

五是关注阻力与支撑情况。阻力越大，股价上行越困难；而支撑越强，股价越跌不下去。对支撑与阻力的把握有助于对大市和个股的研判，如当指数或股价冲过阻力区时，则表示市场或股价走势甚强，可买进或不卖出；当指数或股价跌破支撑区时，表示市场或股价走势很弱，可以卖出或不买进。

明显的阻力位有以下几处：

第一，前收盘，当日开盘常会有大量股民以前收盘价参与竞价交易，若指数低开，表明卖意甚浓。在指数反弹过程中，一方面会遭到新抛盘的打击，另一方面在接近前收盘时，前面积累的卖盘会发生作用，使得多头轻易越不过此道关口。

第二，今开盘，若当日开盘后走低，因竞价时积累在开盘价处大量卖盘，因而将来在反弹回此处时，会遇到明显阻力。

第三，前次高点，盘中前次所以创下高点，是因为此处有明显的卖盘积压，当指数在此遇阻回落又再次回升时，此处就成了阻力位。

第四，前次低点，如果股指在前次低点失去支撑，会有相当多的做空力量加入抛售行列，当股指反弹至此时就会遇到前次未成交的卖盘的阻力。

第五，均线位置，短线运行中的 5 日线、10 日线被技术派格外看重，一旦指数爬升至此处，会有信奉技术指标的短线投资者果断抛售，故而形成阻力。

第六，整数关口，由于人们的心理作用，一些整数位置常会成为上升时的重要阻力，如4000、4500、5000 点等，在个股价位上，像 10 元、20 元大关等。特别是一些个股的整数关口常会积累大量卖单。

关注阻力区的目的是为了卖在最高点或次高点，一般可以在判明阻力区之前卖出。

明显的支撑区有以下几处：

今开盘，若开盘后走高，则在回落至开盘价处时，因买盘沉淀较多，支撑便较强。道理与阻力区相似。

第一是前收盘，若指数或股价从高处回落，在前收盘处的支撑也较强。

第二是前次低点，上次形成的低点区一般会成为人们的心理支撑，其道理也与阻力区相同。

第三是前次高点，前次高点阻力较大，一旦有效越过，因积淀下的买盘较多，因此再次回落时，一般会得到支撑。

第四是均线位置，主要是 5 日线、10 日线等。

第五是整数关口，如指数从 5300 点跌至 5100 点时，自然引起人们惜售，破 5100 点也不易，股价从高处跌到 10 元处也会得到支撑。

关注股价现在所处的位置，是否有买入的价值？我们在看股价时，不仅看现在的价格，而且要看昨日收盘价以及今日开盘价、最高价和最低价、涨跌的幅度等，另外还要看它是在上升还是在下降趋势之中。一般来说下降之中的股票不要急于买，而要等它止跌以后再买。上升趋势之中的股票可以买，但要小心不要被它套住。一天之内股票往往要有几次升降的波动，你可以看你所要买的股票是否和大盘的走向一致，如果是的话，那么最好的办法就是盯住大盘，在股价上升到顶点时卖出，在股价下降到底部区域时买入。这样做虽然不能保证你买卖完全正确，但至少可以卖到一个相对的高价和买到一个相对的低价，而不会买一个最高价和卖一个最低价。

另外，还要关注现手和总手数。现手是刚刚成交的一笔交易的成交量大小。如果连续出现大量，说明有很多人在买卖该股，成交活跃，值得注意。而如果半天也没人买，则不大可能成为好股。

现手累计数就是总手数（也叫成交量）。有时总手数是比股价更为重要的指标。总手数与流通股数的比称为换手率，它说明持股人中有多少人是在当天买入的。换手率高，说明该股买卖的人多，容易上涨。但是如果不是刚上市的新股，却出现特大换手率（超过 50%），则常常在第二天就会下跌，所以最好不要买入。

怎样参与B股交易

B股，即人民币特种股票，是以人民币标明流通面值，以外币认购的特种股票，于1995年底改称境内上市外资股，为便于与人民币普通股票（即A股）相区别而简称B股。现在中国有两个B股市场，分别设在上海和深圳。

B股作为人民币的特种股票面值用人民币标价，但是买卖清算和揭示行情，沪市B股以美元计算，深市B股则以港元计算。在发行及股息红利发放时，B股以人民币确定其金额，而以美元现汇或港元现汇分别进行折算和支付。对B股的有关汇率确定，发行价折算汇率按承销首日中国人民银行公布的上一个工作日，美元现汇或港元现汇兑人民币的中间价的平均值计算；发放股息红利折算汇率由股东大会决议日后的第一个工作日的中国人民银行公布的美元现汇或港元现汇兑人民币的中间价计算。B股股东和A股股东享有同等的权利和义务，即同股同权。

境内居民个人开设B股账户的程序如下：

第一步，投资者选择一家具有B股结算会员资格的证券公司营业部，作为自己买卖证券的代理人。

第二步，投资者携带拟开户证券公司在国内商业银行开立的B股保证金账户，然后到个人开立外币存款的银行，把投资金额划入该证券公司B股保证金账户（沪B是1000美元或以上：深B为等值1000美元以上的港币）。外币存款如果是其他外币也不要紧，银行会根据你的指令，用当日的汇率进行币种转换。请记住拿好进账凭单客户联。

第三步，投资者持中华人民共和国居民身份证，银行出具的进账凭单客户联在每个工作日的交易时间，前往证券公司处办理开户手续，填写开户申请表。

第四步，证券公司对投资者填写的开户申请表的内容进行审核，并确认填写内容的准确性、有效性。根据每日开户回报信息，对开户成功的投资者，证券公司会于开户当天按照规定格式打印B股开户确认书，加盖开户代理机构的开户专用章后交投资者本人。对未成功开户的投资者，证券公司会根据开户回报信息答复投资者开户失败的原因并退回不合格申请。

第五步，证券营业部不能直接提供外币现钞，因此如果投资者要取回投资或投资收益，境内居民凭开户证件、资金卡、股东本人银行账号，委托其证券营业部将外币作为现钞转入股东银行账户，客户自己去银行取现。以C9开头的B股资金账户（境外居民）凭开户证件和境外身份证明，委托营业部以现汇划至其银行，然后到银行去取外币现钞。

怎样参与权证交易

权证买卖单笔申报数量不超过 100 万份，申报价格最小变动单位为 0.001 元人民币。权证买入申报数量为 100 份的整数倍。权证卖出申报数量没有限制。对于投资者持有的不到 100 份的权证，如 99 份权证也可以申报卖出。

权证的交易佣金、费用等，参照在交易所上市交易的基金标准执行。具体为权证交易的佣金不超过交易金额的 0.3%，行权时向登记公司按股票过户面值缴纳 0.05% 的股票过户费，不收取行权佣金。但交易量金额较大的客户可以跟相关证券营业部协商，适当降低交易佣金、费用。

与股票涨跌幅采取的 10% 的比例限制不同，权证涨跌幅是以涨跌幅的价格而不是百分比来限制的。

具体按下列公式计算：

P1=Pt-1+（D1-S）125%B

P2=Pt-1-（S-D2）125%B

在公式中，P1 为权证涨幅价格；P2 为权证跌幅价格；Pt-1 为权证前一日收盘价格；D1 为标的证券当日涨幅价；S 为标的证券前一日收盘价；D2 为标的证券当日跌幅价格；B 为行权比例。

当计算结果小于等于零时，权证跌幅价格为零。

权证行权具有时效性，如果投资者拿着尚有价值的权证却错过了行权的时机，将最终无法行权。投资者如果确实无法亲自行权，必须事先与自己开户的证券公司办妥"代为行权"业务，以规避这一风险。需提醒投资者的是，按照两市规定，权证产品在到期日前五天内是不能交易的，还拿着如废纸般权证的投资者应尽早选择抛出，以免到时追悔莫及。

什么是融资融券

"融资"和"融券"是信用交易（也称保证金交易）的两种基本形式。当投资者预测未来行情看涨，但手头没有足够的资金，于是通过缴纳一定比例保证金的办法，向证券商借钱买进证券，等到证券行情朝预测的方向变动后再卖出，以赚取差价收益，这就是融资。反之，当投资者预测行情看跌，但手上没有证券，这时可向证券商借入证券卖出，待证券价格下跌到一定程度后再买入还给证券商，这样也可以赚取差价收入，称为融券。无论哪一种方式，投资者每天都要付出一定比例的利息。

融资或融券的数额是由规定的保证金比率或融资比率决定的。保证金比率是自有资金（保证金）在总交易额中所占的比率，融资比率则为证券商为投资者垫付的资金（融资资金）占总交易资金的比率。保证金比率和融资比率两者之和为100%。保证金比率是信用交易中一个相当重要的因素。保证金比率越低（即融资比率越高），投资扩张的倍数越高，投资者的收益就越高，同时风险也越大；反之，保证金比率越高（即融资比率越低），投资扩张的倍数越小，投资者的收益就越小，同时风险也小。

股票投资方法与技巧

股市中的 "二八定律"

二八定律也叫巴莱多定律，是 19 世纪末 20 世纪初意大利经济学家巴莱多发明的。他认为，在任何一组东西中，最重要的只占其中一小部分，约百分之二十，其余百分之八十的尽管是多数，却是次要的，因此又称 "二八法则"。就股市而言，80% 的投资者只会想着怎么赚钱，仅有 20% 的投资者考虑到赔钱时的应变策略。但结果只有 20% 投资者能赢利，而80% 的投资者却常常赔钱。

通过二八定律，可使我们在股海浮沉的游戏中看到以下情形，得到如下启示：

一是 80% 的利润与 80% 的风险。

在这种情形下，个股和大盘通常在趋势上表现为突破股价和指数运行过程中的箱体整理，从板块和热点上往往表现为具有一定刺激力和吸引力的题材效应，从情形存在的时间上来看，往往具有短期效应。

80% 的利润与 80% 的风险，很浅显地指出了风险和利润半对半呈胶着状态。判断准确了，跟进的题材有一定号召力，短期内能获取不菲的收益；但具有风险的是，在这种情形下，往往带有很强的投机意味，如果判断失误了，股价和指数往往重回箱体甚至破位运行，因为跟进的题材犹如昙花一现，短期内不但不能赚钱，反倒有可能偷鸡不成蚀把米。

二是 80% 的利润与 20% 的风险。

在这种情形下，个股和大盘往往经过漫漫的熊途，不是指数被腰斩，就是股价跌得只剩下个零头，显得满盘皆没，人人恐慌，个个惧怕，怕股价再步熊之途，而无人敢谈股，敢买股。

这种情形，对从事投资有一定年限的投资者而言，似曾相识过，如 1994 年 7 月底的上证指数 325 点，1996 年初的 512 点；2007 年 10 月 6124 点，2008 年 10 月 1664 点。在这种时候，在周围 80% 以上投资朋友都不敢轻举妄动的时候，我们倒不妨拿出平时不轻易出手的 80% 的勇气，果断买入，多多买进。因为利润很大，至少有 20% 以上甚至是 1 倍、2 倍以上的利润；而风险却很少，只有平时买进操作出差错的概率的 20%，因为我们通常能买在个股和大盘中长期的底部。

三是 20% 的利润与 80% 的风险。

这种情形通常表现为，个股和大盘指数已经经过相当长时间的涨升，积累了一定的升幅及其面临调整的风险。但越是接近顶部，股市越是显得热闹，人声鼎沸，交投热络，使人不由得想起谁曾说过："上帝欲将其灭亡，必先让其疯狂。"接近顶部，放出天量的背后，则是 80% 的投资者虽然也意识到涨得太久，可能到头；但凭着侥幸心理却容易认为，自己又不是中长线操作，趁着成交量大、买卖进出方便，有一个 10% 至 20% 的赢利差价，不至于被套至损吧。

但是，这种以 80% 的风险博 20% 的利润的投资冲动，近乎于 "刀口舔血" 的赌徒心理，面临的将会是"十赌九输"的悲剧。

四是20%的利润与20%的风险。

正所谓利润越大，风险越大；利润越少，风险越小。20%的利润与20%的风险说的正是后者。在这样的情形下，通常大盘和个股在既不是高位也不是低位的中位区间牛皮盘，上落市差价很少，涨也涨不到哪去，跌也跌不到哪去，赚和亏的可能都不大。

应对这种盘局，花上80%的精力和80%的时间，收效很少，更何况一点也感觉不到应对风险、把握机遇时的肾上腺激素分泌的刺激，很不上算，犹如鸡肋，"食之无味，弃之可惜"，不如不做。

股市不是人人赚钱的地方，二八定律永远存在。散户投资股票应该要有良好的心态，既然是投资股市，不是投机股市，那就要安心下来，不要看人家赚钱、翻番眼红，那是人家的事。

分析了以上四种"二八定律"的情形后，哪一种答案最近乎和谐与完美，已经很明了。那就是第二种答案。

因为，当80%的人看好后市时，股市已接近短期头部，当80%的人看空后市时，股市已接近短期底部。只有20%的人可以做到铲底逃顶，80%的人是在股价处于半山腰时买卖的。

此外，在股市中，一轮行情只有20%的个股能成为黑马，80%个股会随大盘起伏。80%投资者会和黑马失之交臂，但仅20%的投资者与黑马有一面之缘，能够真正骑稳黑马的更是少之又少。

投资收益有80%来自于20%笔交易，其余80%笔交易只能带来20%的利润。所以，投资者需要用80%的资金和精力关注于其中最关键的20%的投资个股和20%的交易。

值得思考的是，成功的投资者用80%的时间学习研究，用20%的时间实际操作。失败的投资者用80%的时间实盘操作，用20%的时间后悔。成功的投资者用20%的时间参与股价质变的过程，用80%的时间休息，失败的投资者用80%时间参与股价量变的过程，用20%的时间休息。所以，投资者只有用心思考，把握住主流资金的动向，才能稳定获利。

在股市中，无论是熊市还是牛市，80%的人是赔钱的，只有20%的人赚钱。为什么大部分人都是亏钱的呢？这就是对进出的时间把握得不好。在赚了钱后，不把利润锁定，在大盘见顶时还在频频出手，结果要么在大盘的下跌中被深套了，要么在不断割肉的过程中亏损加剧了。当其彻底弄坏了心态，胆子变小而不敢再贸然出手的时候大行情却来了，他却踏空了。这种恶性循环就是很多失败者的普遍特点。

进行宏观经济政策分析

宏观经济政策主要包括货币政策、财政政策等，这两种政策对股票市场都有重大的影响。下面我们从认识它们入手，就可以清楚地知道进行宏观经济政策分析的重要性。

第一，货币政策对股市的影响。

货币政策主要通过调节和控制货币供给量来进行，进而实现稳定货币、增加就业、发展经济等宏观经济目标。如果国家实施宽松的货币政策，即扩大社会的货币供给总量，增大总的货币需求，使存、贷款利率降低。由于存款利率比较低，会使投资者把大量资金投入股市，从而带动了股票市场上的资金投资，活跃股票市场；而贷款利率降低，可以降低企业的资金成本，使企业利润增加，经济趋于繁荣，这也有利于股市上涨。但是如果货币供应太多又会引起通货膨胀，使企业发展受到影响，使实际投资收益率下降。紧缩的货币政策则相反，它会减少社会上货币供给总量，不利于经济发展，不利于股票市场的活跃和发展。

另外，预期的货币政策对人们的心理影响也非常大，如果事先投资者知道国家将要实行宽松的货币政策，他们就会增加自己在股市上的投资，扩大股市投资资金，大量的资金因而进入股市，促使股价上涨。相反，如果预期实行紧缩的货币政策，则投资者会减少自己在股市上的投资额，使股市低迷，股价下跌。所以这种预期将对股市的涨跌将产生极大的推动作用。

第二，财政政策对股市的影响。

财政政策的实施主要是通过税收和财政收支的改变来发挥作用。一般来讲，税征得越多，上市公司用于发展生产和发放股利的盈余资金越少，投资者获得的利润越少，从而使投资者用于购买股票的资金也相应越少，因而高税率会对股票投资产生消极影响，投资者的投资积极性也会下降。同时，高税率还会阻碍公司和整个经济的发展。相反，低税率或适当的减免税则可以调动投资者的积极性，增加股票投资，活跃股票市场。

对于财政收支来说，当国家注入过多财政资金用于公共设施和公共建设时，会产生财政收入小于支出，这时的政策具有扩张社会需求，拉动经济的功效，股市会随着经济增长呈现强势。当财政收入大于支出时，说明社会生产中政府的投资力度较小，将减少社会总需求，给过热的经济降温，股市应呈现下跌的趋势。

从以上的分析中我们可以看出，要想在股票市场上取得良好的投资收益，投资前进行宏观经济政策分析至关重要。

把握市场的节拍

投资离不开时机，更离不开市场。我们说炒股要踩准股市节拍，其实就是要把握市场时机，也就是在低位买进股票与在高位抛出股票的时机。只有这样，我们才能赚到差价，获取利润。

股市中决定胜负盈亏的最关键因素，就是市场时机的把握。炒股高手高就高在能敏锐地发现股市底部并大胆建仓，能准确预测股市顶部并提前撤退；而股市输家输就输在追涨杀跌，高进低出上。

根据多年的跟踪发现，在每次牛市出现之前，个股之间都会出现两极分化现象。其中的强势个股，始终保持着强者恒强，当强势股股价涨高时，投资者越是不敢追涨，强势股越是能继续上涨。而弱势股却常常弱者恒弱，投资者越是认为，弱势股调整到位该涨了，弱势股越是没有像样的表现。等到弱势股终于开始补涨，强势股也出现回调时，牛市往往已经告一段落，最丰厚的主升浪行情已经结束，投资者这时再进入股市，无异于羊入虎口。

很多对股市的节拍还不了解的投资者，往往不能清楚地鉴别个股的优劣，他们常常会天真地幻想：今天，这只股票涨了，明天一定会轮到另一只股票涨；或者看到龙头股上涨了，就简单地认为与它同一板块的个股会跟风上涨。可是实际上，总是事与愿违。在强势行情中，涨过的个股往往还能继续上涨，而不涨的股票则仍然不涨；在同一板块中即使领头羊上涨了，也并不表示该板块的所有个股都能联动上涨。

个股是否能联动上涨取决于板块容量的大小、板块热点持续性的强弱、题材的想象空间、同一板块的个股联动性等因素的影响作用。而且，即使投资者选的跟风股联动上涨了，但是，由于领头羊具有先板块启动而起，后板块回落而落的特性，所以，跟风股的安全系数和收益都远远小于领头羊个股。因此，投资者与其追买跟风股，不如追涨领头羊，这就叫做"擒贼先擒王"。

顺势而为是股市中成功投资的根本法则，在强势行情中投资者不仅要顺应市场整体的趋势，还要顺应个股的趋势，尽早地转变不合时宜的投资思路，及时参与到对市场主流品种的炒作中来，重点选择强势股、龙头股、热门股。坚决回避弱势股、冷门股、非主流个股。踏准市场前进的节拍，才能取得理想的收益。

股票市场是涨跌循环的，当股市处于低价区时，趋势的本质已由弱势孕育着强势，然后逐渐由弱转强，再进一步加强，直至极强，中间虽然会不断反复，但此是必由之路。相反，当股市处于高价区时，股市的趋势也会渐渐地由强势变为弱势，直至谷底。总之，当市场涨跌交替出现时，大约要经历几个必要的阶段：

低迷期：当市场经过长期或者大幅下跌后，人们亏损累累，悲观气氛笼罩市场，许多没耐心的投资人纷纷认赔出局，成交清淡，各种利空预期充斥于大街小巷，舆论几乎一致看空，市场岌岌可危，股票价格已跌无可跌是其主要特征。

初升期：主要特点是对底部持怀疑态度，走势呈不确定性，飘飘忽忽、升多跌少，高低点上移，成交量小幅增加，有部分股票呈强势特征，多数股票窄幅波动，徘徊不前，套牢者不愿斩仓，抛出者不愿进场，市场已小幅上升是主要特征。

回档期：市场经过筑底盘升后，市场观点出现分歧。多空对峙，市场被迫回头确认底部，出现回档走势，成交量随下跌而逐步减少，向下时出现强烈的惜售现象，先期转强的股票开始领导其他同类股票转强，空头意识到市场已转强停止抛售，转持观望态度，市场仅回到相对低位无法下行是此阶段特征。

主升期：强势股已大幅上升，一涨再涨，成交量成倍增长，目前仍离回档低点不远，空头亦回补，上升速度愈来愈快，向上缺口频出，利好出现，市场做多激情出现，多数人已解套获利，投资者均出现极高的获利预期，舆论亦呈一边倒态势，群情激奋，市场升幅大、时间长，是此阶段的技术特征。

末升期：历史上一阶段大涨后，预期仍会延续前面的状态，却出现放量滞涨现象。此时多方仍占优势，但抛售压力无形增加，人们仍不愿抛出，甚至仍在买进。股票上升时量开始减少，下跌时反而增加，多数人对此视而不见，暴跌之后再被拉起，大幅震荡，各种指标已出现背离。此时风险极大，有部分投资者浅套，但不愿割肉离场，反而幻想解套出局，盛极一世，然其内质已虚，是此阶段本质。

初跌期：前两个过程是事物发展至极点，无以复加，市场已至高位，尽管多头仍能控制局面，但事物内部机制已倾向于反方，市场潜移默化地由量变到质变，进入物极必反的过程中，已初露衰败之相，无可奈何地向下运行，正所谓大势已去。

主跌期：与主升期方向背道而驰，连续出现跳空向下的缺口，价跌量增，每日以最低点收市，利空频出，通货紧缩，违法违纪事件频出。多数散户已被套高位，无法斩仓，欲哭无泪。多杀多现象严重，反弹之力无足轻重，多方主力无影无踪，自相践踏，惨不忍睹。

反弹期：市场在超速下跌后，过低的指标在超卖区爬行，高位出局者不甘寂寞，用少量资金博反弹，以消磨时光。逆向波出现，呈快速及小幅回升状，时间短、幅度小是主要特征。主要出现在大幅下跌之后。

末跌期：市场空头气氛肆虐，九成人士看跌，但市场已不再大幅下跌，市场中门可罗雀，交易清淡，满目疮痍，一派消亡之相。但此时却是孕育生机之时，故盛则衰、衰则更生，实则虚、虚则实。虽穷途末路，但已至无可复加的程度，空方耗尽最后的气息，希望之星随之出现。

"不以涨喜，不以跌忧"绝对是一名想要取得成功的投资者必须修炼的功课。否则，在变化多端、涨跌互现的走势中，不能针对主力诱多、诱空的行为和其他投资者的从众行为来见招拆招，则势必躲不了大的风险，也逮不住太大的机会！

选择股票中的黑马

"黑马"在股市术语里，专指那些一直未被投资者关注，却出人意料地大幅上扬。甚至股价翻几番走势的个股。许许多多中小散户投资者无不对如何发现黑马股兴致勃勃，甚至一门心思地想捕捉它。

其实，黑马股的启动不是一种偶然，任何一只个股成为"黑马"，都不是在瞬间完成的，总是有它成长发展的轨迹。其中必然有大庄潜伏于其中，在股价启动之前必然有主力的大规模建仓过程，或是长时间的隐蔽建仓，或是快速地放量拉高建仓，，只有主力依靠资金实力收集了绝大多数流通筹码后，该股才具备了黑马个股的前提条件，在此我们不必去研究主力是如何建仓的，只要了解黑马股启动之前的形态就够了。

市场的浮动筹码减少，股价的震幅趋窄，如果主力今天休息，则盘口的交易非常清淡，启动之前往往有连续多个交易日的阶段性的交易过程。

股价的30日均线连续多个交易日走平或者开始缓慢上移，30日均线代表着市场平均成本，如果一个股票的30日均线走平则意味着多空双方进入平衡阶段，30天之前买进股票的投资者已经处于保本状态，只要股价向上攻击，投资者就迅速进入赢利状态，由于市场平均成本处于解套状态，该股向上的套牢盘压力比较轻，并且刚启动时市场平均成本处于微利状态，相应的兑现压力也比较轻，因此行情启动之初主力运作将相对轻松。

周线指标及月线指标全部处于低位，日线指标处于低位并不能有效地说明什么，主力依靠资金实力可以比较轻松地将日线指标，尤其是广大投资者都熟悉的技术指标，如KDJ、RSI等指标做到低位，只有周线指标与月线指标同时处于低位，该股才真正具备黑马个股的潜在素质。

在大牛市中，黑马满街跑，但是烈马难驯，很多的人因为半途介入，加上马背功夫不够，一经震荡就跌下马来，等爬起来，黑马已经跑得很远，追都追不上。要避免这种情况，最好是在黑马还在起跑阶段就及时上马，这时选黑马的技巧就很重要。

因为，黑马股大都有三个共同的特征：第一是低起点，第二是有远景题材，第三是有动力。低起点表示股价还在底部区，有远景题材表示该股具有很大的想象空间。虽然目前的每股盈余并不突出，但是只要背后有动人的故事题材，想介入的人就会一大堆。

当然，即使有了上述的两个条件，还得要有动力出现才不会等太久而失去耐心，尤其从周线上观察，底部出了大量的个股，隔不了多久，都会爆出大行情。

作为中小投资者来说，可从以下几个方面去寻找黑马股的踪迹：一是目标个股的选择。投资者可以经常查阅行情的涨跌幅排名榜，查找个股涨幅在2%~4%区间的个股，随后立刻观察以下方面：股价的30日均线是否走平，周线指标及月线指标是否全部处于低位；股价是否处于相对的底部位置；当天的成交量是否有效配合股价的上涨，股价的量比必须大于1，量比越大越好。

二是目标个股的盘面观察。一般而言，个股进入攻击状态后盘面有清晰的主力运作迹象，上档挂出的卖单非常大，但无论挂出多大的卖单也会相应地有大手笔主动性买盘涌入，将挂单吃掉，随后上档又有大手笔卖单挂出，又有买盘将其吃掉，如此反复上扬，具有持续的攻击能力，投资者可以很清楚地看清楚哪些是主力的单子，哪些是散户的单子，可以很清楚地明白主力已经在其中干活了。

三是确认目标个股后，投资者可进入逢低吸纳操作。往往黑马股启动时股价运作都非常流畅，股价快速扬升而缓慢回调，投资者就股价回调时介入。一般而言，强势攻击时股价不会跌破当天的均价，因此均价线上方稍高位置是投资者较好的买点。

黑马股是可遇而不可求的，如果被大家都看好的股票就很难成为黑马了，投资者不用刻意地搜寻黑马，只要是好股票，就可以赚到钱。

多做长线少搞短炒

股市里有"长线是金"一说，但许多人认为这只是吸引人们入市的一种宣传口号，总觉得长线投资见效慢，获利少，不如短线炒作来得快，来得过瘾。炒中了可以一夜暴富，炒不中就当交了学费，因此，许多股民选择短线炒作。

在股市中，有这么一种现象，有些人天天泡在股市里，今天进科技股，明天又买钢铁股。后天又去追生物制药股，忙忙碌碌搞了几年，大多数是费了精力赔了钱，真正赚钱的少。而尤其让我们感到忧虑的是，许多股民还没有意识到这种频繁短炒的弊端，反而把亏损的原因单纯归结为运气不好，认为是没有炒中股票，没有跟好庄家，以至昨天才割肉斩仓，今天又去炒什么热门股，只想炒中一次就可以扳回老本，反败为胜。就是不想想，如此频繁炒作，追涨杀跌，光手续费都受不了，又怎么能赚得到钱？

西方成熟证券市场的投资者大都崇尚长线投资，这也是许多投资者获得丰厚利润的经验与诀窍。巴菲特就特别反对短期投资或投机，而主张永恒的投资价值。他发现和实践了投资的复利效应，以自己巨大的成功证明一个人在一年内能使投资翻倍并不重要，重要的是一辈子都能保持这样高的回报率，则财富就可以以几何级数上升的方式积累。1 万元投资一年翻 10 倍，不过 10 万元；而投资 28 年后，如果每年可以带来 50%的回报的话，则资产的价值可以增值 8 万倍以上，达到 8.5 亿元，这就是长期投资价值的所在。当然长线投资的必须是成长性较好的股票，这是最重要的前提条件。

许多中国股民至今都并未把持有股票视为一种投资，而仅仅是为了一夜暴富的投机。据统计，中国的股民仅 7.5%的人认为来日方长，持有长期股票进行长期投资，其余的都是短期投资者。

其实，从中国股市十多年发展的历史来说，虽然中国股市时起时伏，时涨时落，但总的趋势是走强，大部分个股的股价也是不断提高，因此如果我们真正做长线投资，其回报也是相当惊人的。如果谁在建市之初就买了延中实业，到现在是个什么概念？可惜真正能将一只股票留在手里十几年不动的几乎没有。大量事实证明，那些耐得住寂寞，选中了成长性好的个股中长线持有的人，往往能获得高于市场平均的利润。可能大家都知晓这个道理，做到却很难，关键就是要战胜自己，不为市场短线波动所左右。

当然，我们提倡长线投资，但也不绝对反对中线和短线投资。由于现时的股价并不是完全由市场决定的，而是包含了许多政府的价格行为因素与供求调节关系，这必然使投资者在决策时难于把握长期价格预期因素。另外，目前中国股市还没有摆脱大涨大跌的周期性循环。过于强调长线投资也不合时宜。况且，受题材炒作和庄家操纵的影响。中国股市也确实存在着一些中线和短线机会。

　　因此，根据投资者时间、精力、资金实力以及性格等方面的差异，不同的投资者可以选择不同的操作策略：时间充沛、操作娴熟又有较高风险承受能力的投资者可以做些短线，因为在他们眼里，市场每时每刻都充满着赚钱的机会，放过了十分可惜；如果认为做短线太累，也赔不起那份时间和精力，但长线投资又会丧失一些波段机会，这类投资者可以考虑做中线投资；而如果你认为市场是一步一步向上的，入市的资金也不需吹糠见米的产生效益，则可以长期持有，以分享国民经济稳步增长所带来的丰厚回报。只要把握得好，长线短线都能获利。

　　具体是做什么"线"，因时因人而异。一般来说，可以根据以下几个方面进行考虑：

　　一是当时所处的市道。

　　如果其时大盘处于一个持续上扬的过程中，中线持有涨势良好的股票自然不失为较好的选择；如果市场刚刚启动，并且通过各方面的分析，可以确认大牛市即将或已经展开，那么，"长线是金"成为我们所遵循的法宝也是理所应当的。比如，你如果在 2006 年买入的多只低价股，如 4 元多的王府井，2 元多的邯郸钢铁，5 元多的白云机场等，持有到 2007年，哪一只股票没有几倍、十几倍甚至几十倍的收益？但如果股指已经走了不短的一段时间，上升了不小的高度，大盘走势又较为震荡，那此时也就是做短线的最佳时机——既不放过利润，又可在股价下跌之时迅速规避风险，可谓两全其美。如果有人机械地做长线死抱不放，则无疑要亏大本。比如，你若在 2000 年初追高买入的亿安科技等所谓网络股，几年后大多跌去了 50% 甚至 90%，这样，长线持有不仅不是金，反而是烂铁了。

　　二是投资者自身的性格与风格。

　　有的投资者较为沉稳，好静不好动，叫这样的人去成天忙里忙外做短线无疑是"活受罪"，中长线自然将成为其较佳的选择；但叫一个天性好动的人一年半载也不操作一次，恐怕也会把他急出病来。因此，只有在把握自己性格、风格的基础上进行相应的操作，才能够充分发挥自己的优势，而不要强迫自己干不愿意干的事，更不能因此产生抵触情绪甚至逆反心理。当然，有时候适当的修身养性也是十分必要的。

　　三是有没有操作短线的条件。

　　并不是人人都有做短线的条件，它首先需要投资者有较多的时间"泡"在股市里，并因此对大盘及个股有较为深刻的了解，有较强的市场感觉和领悟能力，以及进行技术分析的能力、捕捉黑马的功夫等。同时，短线操作需要每天都能看到实时行情，且能及时对个股的走势进行分析研判，仅仅靠在散户大厅里看一千多只股票行情的滚动播放是难以实现的；另外，短线操作还需要具有较为通畅便捷的跑道。倘若不具备这些条件却非要进行短线操作，那风险将是显而易见的。

　　有的投资者既想获得长线投资的稳定效益，又想获取短线炒作的丰厚利润，则可以采取"投资性买入，投机性卖出"（也即"长线短炒"）的策略，即按投资性的要求选股买入，长期持有，按照其波动情况，做短线买卖。在一个长期上升通道中，吃尽其震动的波幅，这实际是一种长短结合的炒作方式。能有效做长线短炒的股民，必须既具有长线选股的眼光，认真选好成长性高、股价上升空间大的股票，又具有短线炒作高手的特长，对市场十分敏感，善于观市场颜，察市场色，技术分析娴熟，看盘功底扎实，以至这些股民能够长短兼收，左右逢源。

短线操作对投资者的技术分析提出了更多、更高的要求，而中长线则对基本面、政策面的研究要求更深入一些，至于哪条"线"更适合你，当然要靠你自己来选择了。

总的来说，短线操作不仅难度大，风险也较大，如果你没有扎实的盯盘技术，没有较高的操作技巧，没有较好的风险承受能力，最好还是不要做短线，而尽量选择中线与长线投资。这是最稳健也最可靠的投资方法，是一般中小投资者的首选。我们不要看到有些人做短线赚了钱就眼红，就冲动，就盲目跟风。

从长远的意义上来看，赚钱赚得多的，还是做长线的，亏钱亏得大的，也多是做短线的。当然，不是说做长线的都会赚钱，这里还有一个选股与选时的问题，选的股票不对，或者进股的时机不对，同样有可能亏损。但在选股与选时正确的前提下，我们依然看好长线，推荐长线。

什么时候脱手是门学问

股票的操作不管是如何的复杂，但核心只有两个方面：一是低位买入，二是高价卖出。事实上，大多数股民不能做到这两点，他们要么是高位买入，要么是低位卖出，关键原因是没有把握好买卖时机，该买进的时候没买进，该卖出的时候又没有卖出。前者是坐失良机，本该赚的钱没有赚到；后者则往往高位套牢，数年也不得翻身。

买卖时机的选择，实质上也就是大势走向的选择。在熊市的末期或者牛市的初期买进股票，在牛市的顶峰抛出股票，绝对能让你赚得盆满钵满，而如果你要逆市而行，则必将竹篮打水一场空，甚至亏钱蚀老本。

关于卖出股票的时机，也即抛的时机，下面这些意见可以参考。

时机之一：当股价达到自己预先设立的心理价位或者目标收益率时即可抛出。投资者应关注那些一年来没有过动作，而今有庄家介入的个股，一般涨幅都会超过 50%，多数可达 100%。保守型投资者可在最低价上涨 50%时抛出，进取型投资者可继续持筹看涨，在股价创下某高点后回落，跌幅超 10%时获利了结。

时机之二：如某股票某天莫名其妙地拉出一根长红，且放巨量（达到其流通股的 10%以上），第二天一早可马上出局。

时机之三：某股票已有一段较大的涨幅，许多报纸和股评人士在圈点推荐之时，市场出现极乐观的市况，也是该派发的时候了。

时机之四：利用均线系统识别。一般可选用长期均线组合，当股价从低位拉升至阶段性高位后，股价移动平均成本越来越高，伴随承接盘的转弱，股价回调则是必然的选择。

时机之五：盘口变化也会给出庄家出货的信号，作为投资者卖出股票的机会。在股价拉升初期，庄家往往会用大单拉升小单打压股价，以吸引市场的注意，给投资者造成大资金不断涌入的迹象。而在回调阶段则恰好相反，即用小单拉升大单出货的手法造成股价反复震荡。

时机之六：股价出现大幅上扬后，成交量却出现背离现象，呈价升量缩的特点，这表明行情上扬并没有受到场外资金的追捧，只不过场内持股者惜售心较强，导致上档抛压小，资金不大也能推高行情，但这样的行情不会持续很久，形成头部的机会很大。因为成交量是股价涨跌的原动力，股价从低位拉升至阶段性高位时，必定有成交量的配合；当股价再次上升时同样需要成交量的放大，没有成交量的支持，股价是很难继续上涨的。

时机之七：当股票达到目标位时，没有充分的不卖出的理由，则应卖出。投资者在买入股票的同时，都会根据买入的理由制定一个目标位和大概的持股时间。当到达目标位之后，如果该股在走势上没有明确体现出后市趋势，则应该卖出。实际上一只个股在大多情况下并不能反映出后市走向，无论从技术面还是基本面上都很难作出明确的判断。所以此时卖出体现了一种合理的操作思路。

时机之八：当发觉自己买入的理由不成立时。买入需要理由。例如你因为某种消息而买入一只股票，但后来发现消息并没有兑现，这就是理由不成立的一种情况。另一方面虽然消息是准确的，但分析的逻辑不合理。消息看似利好实则利空，公布之后市场反应与你的判断相反，这也是理由不成立的一种情况。当你发现买入的理由不成立而同时又找不到其他充分的理由让你继续持有时，则应卖出，因为你买入行为的本身是不合理的。

时机之九：当股价达到你设定的止损位，或形态明显走坏，则应坚决卖出。设定目标位的目的就是将损失控制在自己能承受的范围之内，这种情况下斩仓没有什么犹豫的，此时割舍，可以避免更大的损失。另外在这种情况下最好一次性卖出。

最后，当你需要调整持仓结构时。你觉得目前大势并不是太好，而手中的仓位又较重时，则应适当地卖出一部分筹码。这时候有很多人以股票是否已经获利作为卖出的前提，其实这种做法是不科学的。因为它忽略了各种股票在股市当中实际的因素，正确的做法是将股票的买入价格暂时忘掉，将它们的当期市场走势逐一比较，找出你认为没有潜力的品种卖出。

股票的买入和抛出是股市操作的两个基本环节，股票市场上常有这样的说法："会买不如会卖。"这说明抛股比买股更为重要。

新股买入的八大时机

新股中产生的牛股，往往有其基本面的支持，或行业独特，或价值低估，或有隐蔽性题材，等等。具体来说，新股买入有以下八大时机。

一是当新股的价值被低估时，二是当新股行业独特时，三是当新股屡炒屡败时，四是当新股具有实力大股东背景时，五是新股上市之际正好为大盘企稳时，六是当新股具有隐蔽题材时，七是当新股成为板块热点时，八是当新股是边疆股时。

投资新股在上市之前与上市之后有不同的要求。

上市之前，投资者首先应该关注的是新股的基本面，以发现那些真正的潜力股，为上市后观察盘面作准备。其次，投资者要关注的是大盘情况，是上涨、下跌，还是盘整，大势不同，投资策略也就完全不一样。再次，投资者还得注意大盘与新股的关系，是屡炒屡败，可能机会来临；若屡炒屡胜，则可能风险已步步逼近。

上市之后，投资者首先应关注的是分时换手率、K线形态，以及量价关系等。一般而言，最多3个交易日就可判断出上市新股是否有主力介入，介入的深度以及可能的炒作手法。

投资新股的实战要诀可概括为以下三个方面。

第一，基本面上看潜力。

在行业方面，计算机信息、生物基因、新材料等行业都是极具潜力的行业，未来的发展空间极大。在关注行业时，不仅要关注行业的景气度，同时还要关注具有行业独特性或行业垄断性及两者兼备的新股，如东方钽业的稀有金属、华工科技的激光、国际实业的麻黄素等。这样的新股，往往具有中线投资价值，值得投资者去关注。

在大股东方面，大股东的实力很大程度上决定了上市公司今后的发展空间。看大股东实力，首先要看其注册资本，注册资本大，规模也就越大，相对也就越有实力。此外，更要看其所从事的行业，产品的市场占有率、技术力量等。

在股本结构方面，一方面要看上市新股是否有特殊的股权构成，从而酝酿今后可能的特殊题材。如：若第一与第二大股东股份不相上下，则有可能为日后的股权之争埋下伏笔。另一方面要关注新股的股本规模，对投资者而言，公司的股本越小，就意味着越有股本扩张潜力和成长空间。

在募集资金投向方面，上市公司募集资金在项目上的投向，直接关系到公司今后的发展方向和发展空间。投资者必须仔细研读资金的投向计划表，甚至还可以依此粗略计算出若干年后的新增利润情况。当然，由于某些上市公司包装过度，甚至出现上市半年就亏损的局面，而上市公司频频更改募集资金投向的事也多有发生，募集资金迟迟未投入计划项目而存入银行吃利息的公司也不在少数。因此，投资者对新股的募集资金投资计划书甚至其利润预测，要作具体分析，不能全信。但不管怎样，新股的募集资金投向终究是判断公司今后发展的重要依据之一。

对于新股基本面的资料，投资者可关注招股说明书、上市公告书和投资价值分析报告等方面的资料。只有真正了解有关新股的基本面情况，才能独具慧眼地发现一些新股中的潜力股。看透新股基本面，这是投资新股基本的一步。

第二，上市定位看机会。

即使有了最好的基本面，但如果一上市股价就高高在上，则这样的新股并无机会可言。例如2007年11月5日，广大股民万分期待的中国石油（601857）在上海证券交易所上市，该股开盘价48.60元，最高仅摸到48.62元，当日收盘43.96元，而后连连下跌，2007年12月18日最底跌至29.15元，使广大散户股民深套其中，苦不堪言，有股民在网上写了"我站在中国石油48之巅"一诗，以抒发心中的郁闷与不满。因此，投资新股，是否给投资者带来机会，除了优异的新股基本面外，还得看其上市定位是否合理。

上市定位的高低，一般而言与以下三个因素密切相关，即上市时的大盘情况，上市前其他新股的炒作情况，上市前外界对新股的看好程度。

当然，新股上市定位是高是低，并无一个绝对的标准，但投资者可以通过与同类板块进行横向比较，并结合其成长性来进行判断。与同类板块个股比较时，应考虑到新股的特殊性，即相对股本较小、资本公积金较多、募集资金投入后新利润增长点较多等特点。从这个角度讲，新股的定位略高于行业中的其他公司，也属正常。

分析新股的成长性，主要应着重关注今后新的利润增长点的产生以及在行业中的地位。对新股定位的判断，特别对其市盈率等指标的判断上，要有动态的眼光。

由此可见，只有基本面上有潜力，上市定位又较为合理甚至有所低估的新股，才会有机会。但介入的时机，则要多多观察新股上市之初的走势。

第三，初期走势看时机。

公司基本面上有潜力，上市定位也合理，但若新股上市初期走势不理想，则这样的新股也不一定有机会。

在新股上市初期特别是上市首日的走势中，可以发现有没有主力介入，主力的实力大小，主力介入的决心等多种信息。一个首日换手率极低的新股，是不会有大主力介入的，没有了主力的参与，这样的新股是不会有多大的机会的。"有庄则灵"，对新股而言同样如此。

熊市也能选出牛股

熊股中能产生牛股，但并非所有熊股都能成为牛股。事实上，日后能成为牛股的熊股，必然是有宏观面、行业面、公司面等利好支撑的个股。具体来说，这类个股具有以下基本面特征：

一是股价走牛与行业景气度上升密切相关。除非经营较为分散，否则，一家主营突出的公司必将随行业的起伏而起伏。

马钢股份曾经一直是沪深两市中股价最低的一家个股。除了该股流通股 60000 万股而盘子偏大以外，其中一个很重要的原因是，马钢股份所处的钢铁行业一直很不景气。同样，马钢股份 2000 年 3 月份以后的大幅走高，也有着基本面的配合。

二是股价的节节攀高，同时也往往有公司面的配合。公司的起伏，不仅受到行业景气度的影响。同时，公司基本面的变化，也深深地影响着个股的走势。那些由长期低位一跃而起的个股，往往受公司基本面利好的支持。

如杭萧钢构（600477）股价的暴涨，源于公司在安哥拉有 344 多亿元的巨额订单（曾经引起广泛的质疑），股价从 2007 年 2 月 9 日的 4.14 元上涨到 5 月 25 日的 31.57 元，涨幅高达 662%，其中从 2 月 13 日到 4 月 3 日连续 11 个涨停板。

重要形态颈线位或重要阻力位突破时，应是一个重要买点；上述位置突破后的回抽确认点，则是第二个买进点；第三个也是最后一个买进点，则是季线、半年线与年线三线金叉之点。

在熊股中，可特别关注以下几类股票：上海、深圳本地股、绩优蓝筹股、低市盈率股和题材股。

从股东信息中选股

为了更有针对性地寻找到股东数可能缩减的股票，投资者应多关注与大盘上涨明显背离的股票，并密切关注有新股增发，送增配股的公司。具体来说：

一是关注公司的多方面公开信息，寻找股东数可能缩减的股票。

首先要多多留意上市公司在年报、中报中所公开的股东人数信息。其次是利用年报、中报、配股公告等信息，留意上市公司股东名单及持股情况。如发现持股量几乎相等的大量个人股东，或在 10 大股东中有大量基金或券商的身影且持股量很大，则很可能是该家公司股东数缩减的信号。这里投资者容易忽视的是上市公司配股后公布的有关股权变动与股东情况的公告。碰到上市公司配股时市场低迷或配股定价太高，往往会有投资者抛售股票形成股价下跌。而上市公司配股后，有时可能会见到新的大股东，如配股承销商等。这无意中会促使筹码的集中和股东数的减少，为日后可能的拉升埋下伏笔。

二是从公司各类信息中判断股东数减少或可能减少的个股，通过结合技术面走势，来寻找有机会的个股。

在已确切知悉上市公司股东数已减少的情况下，可观察该股的走势情况。如股东数剧减而股价滞涨，则很可能日后酝酿着大行情，应择机果断介入。如亿安科技，从 1998 年 6 月 30 日至 1998 年 12 月 31 日半年中，股东数下降 48.74%，但股价仅上涨 10.32%，而其后半年中，在股东数进一步缩减的情况下，上涨幅度高达 265.83%。1999 年中至 1999 年末，亿安科技的股东数再度下降 29.79%，但股价仅从 30.51 元上涨至 42.30 元，涨幅只有 38.64%。而仅仅 2 个月以后，亿安科技的股价却最高见到了 126.31 元，最大涨幅达 198.61%。在不能确切断定上市公司股东数是否减少时，应结合该股的技术走势进行分析，如发现有股东数缩减的技术走势特征，并且股价处于相对低位，则应择机介入参与，并密切关注该上市公司有关信息，以求验证。

选择有长期投资价值的股票

股民在进行长线选股时，应选择有相当的获利性、安全性、成长性的股票。长线选股要重点考虑如下一些因素：

第一，选择成长型的股票：

成长型的股票其公司的成长性比较好，将来的报酬率一般都比较高。高成长性公司的主营业务收入和净利润的增长态势通常处于高速扩张之中，并在多送红股少分现金以保证有充足资金投入运营的同时，能使业绩的递增速度追上股本规模的高速扩张。它们往往在多次大面积送配股之后，其含金量和每股收益却并未因此而大大稀释。

此外，成长性股票的市场容量比较大。随着越来越多的中国人进入"小康"，由于人口众多，中国市场已成为一个庞大而非常富有潜力的市场，但是，由于行业不同，市场容量和发展空间也就大不相同。如传统的商业企业的市场容量就无法和空调制造业之类的企业相比拟。在这方面，朝阳行业的企业发展空间也要比夕阳行业企业的发展空间大得多。

此外，成长型股票还有如下特征：首先，属于成长型工业，今后被认为是成长型的工业是生化工程、太空与海洋工业、电子自动化与仪器设备及与提高生活水准有关的工业。其次，公司股本较小，较易期待其成长，且可以计划增资，造成股价上涨。

第二，选择具有政策背景支持的股票。

一个国家的政策取向对于国民经济的运行态势及产业结构的调整具有决定性作用。反映到股市当中，受到国家产业政策倾斜支持的行业，容易得到市场的认同。例如，垄断行业由于受国家特殊保护，所以发展稳定，前景看好，股民应当予以注意，能源、通讯等公用事业类和基础工业类股票即是一种选择。再比如，金融业目前在我国尚属一个政府管制较严的行业，现时金融企业整体而言就能获取高于社会平均利润率的利润。还有，我国政府宣布要自己生产大型客机以后，有关飞机制造企业的股票有不俗的表现。

第三，选择获利能力强的股票。

股民在选股时，应注意公司的获利能力，特别是公司的主营业务。那些从事多元化经营的公司通常存在主营业务不甚突出、获利能力不强的弊端，在实践中既无法保证达到现代市场经济所必须的规模经济效益，更无法在专业化分工越来越细的今天在众多的领域保持技术、市场、人才及资金等优势。近几年来，青岛海尔等保持持续增长，与其主营业务突出是分不开的。

第四，选择优良型的股票。

股民在进行长线择股时，应选择那些在同业中属于第一流公司的股票（行业龙头股）。这些公司的经营完善、资金雄厚、收益率比较高，处于行业的龙头地位和优势地位。这些公司有如下特点：首先，在现代经济中，只有达到规模经济的企业才具有较强的竞争能力及抗风险能力。其次，龙头企业更易得到国家的政策扶持，并可能在企业兼并浪潮中快速扩张，进而进一步扩大其市场份额，进入新一轮快速增长。再次，改革开放以来，我国不断引进外资，但外资进来，已不仅仅是带来资金和技术，也渐渐对我国民族工业构成威胁，在这种格局下，政府无疑会扶持那些行业龙头企业，给他们政策优惠，给他们注资，让他们发展并占据市场，以与外国企业抗衡。如中国石化、中国航空、工商银行等都属于这类企业。

固定金额投资法

这种方法是在投资资金中计划一个股票投资金额的固定数，其余部分投资债券。当股价上涨、所持股票的市值超过固定数时，将超过的部分卖出，用于增加债券投资，或保留现金；反之，则动用备用现金或出售部分债券，补进股票，以维持股票的固定金额。例如某投资者有10万元资金，其中6万元用于股票投资，4万元用于债券投资。若股票价值增至7万元，则卖出1万元股票；反之，若股票价值降至5万元，则卖出1万元债券，以补进股票。在正常情况下，股票价格波动的幅度远大于债券价格，固定金额投资法采用股价高时卖出股票，股价低时买进股票，实际上符合了股票"低进高出"的投资原则，因此能获得较好的效果。

然而，固定金额投资法不适合于买卖价格持续上涨或持续下跌的股票。例如，如果股票价格持续上升，当升幅达到预定的幅度，投资者就将其部分出售，这样就失去了可能以更高的价格出售的机会。同样，当股价持续下跌时，投资者因不断抛出债券补进股票，也失去了可能以更低的价格购买股票的机会。

顺势投资方法

顺势投资法认为，股票市场的某种趋势一旦建立，便将发展成为一个相当长的时期，一直等到出现某种信号，表示趋势业已转变，于是才改变投资地位。一般说来，顺势投资法关心的是市场的基本趋势或长期趋势，而不利用短期的股价波动来获利。

顺势投资法要求证券投资者采取"顺势而为"的投资法则，也就是顺着股价的趋势而作出投资的决策。当整个股市大势向上时，宜买进股票；而当股市大势向下时，则应抛出手中股票，然后再等待合适的入市时机。采用这种顺势的操作方法，可以大大提高获利的机率。而如果逆势操作，即使资金雄厚，也会得不偿失，甚至遭受重大损失。

小额股票投资者要想在变幻不定的股市上获得收益，只能跟随股价走势，采用顺势投资法。当整个股市大势向上时，以做多头或买进股票持有为宜；而股市不灵或股价趋势向下时，则以卖出手中持股而拥有现金以待时而动较佳。这种跟着大势走的投资方法，已成为小额投资者公认的"法则"。凡是顺势的投资者，不仅可以达到事半功倍的效果，而且获利的机率也比较高；反之，如果逆势操作，即使财力极其庞大，也可能会得不偿失。

采用顺势投资法必须确保两个前提：一是涨跌趋势必须明确；二是必须能够及早确认趋势。这就需要投资者根据股市的某些征兆进行科学准确的判断。

就多头市场而言，其征兆主要有：不利消息（甚至亏损之类的消息）出现时，股价下跌；有利消息见报时，股价大涨；除息除权股，很快做填权填息反映；行情上升，成交量趋于活跃；各种股票轮流跳动，形成向上比价的情形；投资者开始重视纯益、股利；开始计算本益比、本利比等。

当然顺势投资法也并不能确保投资者时时都能赚钱。比如股价走势被确认为涨势，但已到回头边缘，此时若买进，极可能抢到高位，甚至于接到最后一棒，股价立即会产生反转，使投资者蒙受损失。又如，股价走势被断定属于落势时，也常常就是回升的边缘，若在这个时候卖出，很可能卖到最低价，懊悔莫及。

摊平投资法

摊平投资法是指投资者在买进股票后，由于股价下跌，使得手中持股形成亏本状态，当股价跌落一段时间后，投资者以低价再买进一些以便匀低成本的操作方式。

摊平投资法操作方法大体上可以分为三种：

一是逐次平均买进摊平法，即将要投入股票的资金分成三部分，第一次买进全部资产的三分之一，第二次再买进三分之一，剩余的三分之一最后买进，这种方法不论行情上下，都不冒太大的风险。

二是加倍买进摊平法。加倍买进摊平法有二段式和三段式两种。二段式为将总投资资金分成三份，第一次买进三分之一，如果行情下跌，则利用另外的三分之二，三段式是将总投资资金分成七份。第一次买进七分之一；如行情下跌，则第二次买进七分之二；如行情再下跌，则第三次买进七分之四，此法类似于"倒金字塔买进法"，适用于中、大户的操作。

三是加倍卖出摊平法。加倍卖出摊平法是将资金分成三份。第一次买进三分之一的，如发现市场状况逆转，行情确已下跌，则第二次卖出三分之二，即要多卖出一倍的股票。这样可以尽快摊平，增加获利机会。

"摊平法"适用于资金充裕的投资者，他可以连续摊抵成本，行情跌得越低，他可以买得越多，而资金有限者就不能使用此法。另外，"摊平法"也必须建立在行情研判准确的基础上，即要确认行情在下跌后还有回升的机会。如果没有回升的可能，摊平法就无法奏效。

保本投资法

保本投资法是一种保证部分资金不受亏损、避免血本耗尽的操作方法。保本投资的"本"和一般生意场上"本"的概念不一样，并不代表投资人用于购买股票的总金额，而是指不容许亏损的数额。因为用于购买股票的总金额，人人各不相同，即使购买同等数量的同一种股票，不同的投资者所用的资金也大不一样。通过银行融资买进的投资者所使用的金额，只有一般投资者所用金额的一半。所以"本"并不是指买进股票的总金额。不容许亏损的数额则是指投资者心中主观认为在最坏的情况下不愿被损失的哪一部分，即所谓损失点的基本金额。

保本投资法的基本假设是，任何人的现金都是有限度的。因为它的关键不在于买进而在于卖出的决策。为了作出明智的卖出决策，保本投资者必须首先定出自己心目中的"本"，即不容许亏损的那一部分。其次，必须确定获利卖出点，最后必须确定停止损失点。

保本投资法一般适用于经济景气明朗时，股价走势与实质因素显著脱节时，以及行情不太明朗的情况，当行情上涨时先保其本，行情下跌时则果断止损。

分散投资组合法

进行投资组合的客观依据在于：首先，市场存在的投资机会和种类很多，这就使投资者有可能进行组合投资。其次，不同的投资方向和品种在同一个市场上往往发展状况和趋势是不同的。当股市指数上涨时，并不是所有的股价都上升，而下跌时，也不是所有的股票都下跌。即当此品种的行情上涨时，彼品种的行情则可能在下跌。这样，在集中投资的情况下，很可能会落在下跌行情的品种上，这时，既没有机会获得上涨股票的利润，又身陷下跌股票泥潭，风险无处避，利益无法获。怎么办？办法是将投资品种分散。

投资者进行分散投资，要注意所分散投资的品种之间的相关性越弱越好，否则就达不到风险分散的目的。因为同一类品种或相关性强的股票往往会同涨同跌。投资组合中的"弱相关性"问题有几个原则：一是跨行业品种分散。投资者可以选择不同的行业，如同时购进电子类、金融类、建筑类、商业类等品种的股票。二是跨地区品种分散。选择来自不同地区的上市公司的股票，增加投资品种对地区性发展政策的抗风险能力。三是跨时间选择投资时机。股市之中存在许多机会和风险，如果将资金一股脑地同时投进去，可能会在更大的机会来临时，无资可投，丧失良机。投资者可以分期投资，伺机而动。

当然，投资分散理念，并不是要求投资者将资金一分一厘地平均分投到不同的品种。即投资组合的理论在实际上还有一个组合分散度的问题需要把握。一般来讲，较为可靠的投资组合是选择多种投资方式，每种方式选择几种投资品种。当然，在实际操作之时，还要看投资者的资金量。

一般投资者最好选择一两个投资品种，这样有利于集中精力了解投资品种的情况和发展动态。资金量大时，可考虑投机与绩优等品种的组合。

牛市中的投资策略

策略之一：牛市要抄底。俗话说："牛市不言顶，熊市不言底"，这话反过来理解就是熊市要逃顶，牛市要抄底。因为在熊市中抄底只会越买越套，而在牛市中天天想着逃顶，则必然会错过真正的投资机会。在牛市中不要去预测顶部在哪里，没有人能够准确预测顶部的，也没有必要去预测顶部的位置。关键是在跌下来时候，要敢于买进，坚决抄底。

策略之二：牛市要捂好股。这有两层意思，一是指要捂股票，而是要捂牢股票，争取获得更加丰厚的利润。

策略之三：牛市要重势。所谓"涨时重势，跌时重质"，牛市中选股要重视三大效应：板块效应、资金效应、题材效应，要选择上涨趋势明显的强势股和龙头股。

在牛市的初期，绝大多数股票都会轮番上涨，但是，随着行情的进一步深化，强势股就会逐渐脱颖而出，持有强势股的投资者的收益也会超越大盘的涨幅。

对于强势股的投资有两种方法：一种是在涨升行情初期根据板块、资金、题材三大效应进行选择；另一种是如果在行情初期选股不当，也可以在涨升中期针对逐渐明朗化的强势股进行换股操作。

策略之四：牛市要紧跟热点。热点个股的崛起往往出人意料之外，又在情理之中；牛市行情热点将始终围绕着某条行情主线；符合这条主线的个股，往往维持着强者恒强；而不符合这条主线的个股，往往表现出弱者愈弱的马太效应。因此寻找每一波行情的主线热点显得尤为重要。

策略之五：在找准热点的基础上精选个股。选股时，要选择有主流资金介入的个股，特别需要注意的是，这些主流资金必须是市场中的新增资金，对于一些长期被套的或入驻时间过长的老资金控盘个股，则要坚决回避。因为在行情启动初期中，有新的大型资金介入的股票，其涨升的速度往往会超越大盘，从而为买入这类股票的投资者带来丰厚利润。

策略之六：牛市要克服恐高。俗话说"底在底下，顶在顶上"，意思是说在熊市中股价跌深了，还能继续创新低；而在牛市中，强势股的股价或大盘指数能够在已经涨高的基础上继续创新高。

在牛市中，投资者可以重点参与以下类型的股票，它们是龙头股、大型蓝筹股、新股与次新股、异动股。

决定上市公司股价的内因是企业的内在价值，有价值的股票自然会对各路市场资金产生吸引力。但另一方面，决定股价能否上涨还需要外因。有价值的股票并不表示能立即上涨，有时需要长时间的等待。

炒股不能仅仅关注内因，更要关注外因，而概念就是个股出现强势行情的最重要外因。中国股市自诞生以来，个股的强势行情都需要概念的催化。

因此投资者在选股的过程中不仅要重视内因，更要重视外因。

短线投资的选股要点

第一点，选走势较强的股。

俗话说"强者恒强，弱者恒弱"。除非有理由判断一只股票会由弱转强，一般不要介入弱势股。强势股并不是当天上涨的股票。区别个股是否是强势股，有以下方法：

一是个股走势比大盘强。一方面是个股总体涨幅高于大盘，一方面是上涨时走得快，下跌时抗跌性强回落慢，而且会脱离大势，走出自己的独立行情。

二是从技术上看为强势。RSI 值在 50 以上；股价在 5 日、10 日、30 日均线上；大盘下跌时该股在关键位有支撑；不管大盘日 K 线怎样走，股价都不会创新低；盘口上主动性抛盘和大笔抛单少，下跌无量，上涨有量。

第二点，选有强主力介入的股。

成交活跃，有经常性大手笔买单，有人为控盘迹象，关键处有护盘和压盘迹象，成交量急放又萎缩，报纸传媒经常刊登文章推荐等，都说明主力实力不小。

第三点，选有潜在题材的股。

短线炒手喜欢炒朦胧题材，至于是否真实并不考虑，只要市场认同。但题材一旦见光时便结束炒作了。

第四点，选目前市场炒作热点的股。

做短线最忌买冷门股，但冷门股有爆炸性题材，主力也搜集了很长时间，也极可能成为短线炒手的对象。

第五点，选技术形态向多的股。

要把握这一点较难，但一般而言，应该回避技术指标出现见顶信号和卖出信号，少选择已进入超买区的股票，尽量选择技术形态和技术指标刚刚发出买入信号的股票。

短线投资者只求小利，很多股票一天的波动都在5%左右，如果你想在短线投资中获利，最好是今天低点进，明天高点出，就可能收益3%，加上你精心选股，获利的机会较大，作波段是牛市下的一种投资选择。不求太大收益，只要有3%~5%左右即可，持股时间4~5天，如果把短线做成中线，就不合适，应立刻换股。

中线投资应该如何选股

第一要看大盘的中期走势或波段走势。

结合政策面、基本面和技术面的情况进行股价指数高低的研判，尽可能在股市的阶段性低点或底部选购上升潜力大的股票，在股市的中价区则选择质地较好而股价相对偏低且没有大涨的股票，在股市的阶段性高位，则不操作或只以少量资金投资于价位偏低而有长线投资价值的股票。这样做虽然进出的次数少，但基本上是只赚不赔，收益很有保障，一般能保证一年有40%以上的投资收益，至少可以达到30%的快速扩张速度。

第二要看看个股基本面的变化。

尽量选择那些未来一段时间可能向更好的方向发展、有良好预期的股票，或者选择那些可能受到国家即将出台的产业政策支持和扶持的股票。不过，任何时候都要坚持精选的原则。

第三要关注新上市的小盘或者中小盘新股、次新股。

在股价适中或偏低的时候买入自己精心选出的新股、次新股，如果兼具较好的炒作题材则更佳。一些很有经验的投资者从不放弃从新股、次新股那里淘金的机会。

第四要看根据个股的波段特征选股。

当质地较好的股票进入阶段性低点或底部时，为较好的买入点和买入时机。判断个股的阶段性低点或底部，一般应以其周K线或较长时间的股价均线为依据。操作这种股票前，一般要求心理上至少要有持股3~6个月的准备，精选确认并购入股票以后，一定要耐心持有，只有到达一个大波段的高位或顶部时再将其卖出，中间的一些小波动都可以置之不理。不管庄家如何变幻其操盘手法，反正它要将股价拉高才会赚钱，即便长期做上下震荡式的操盘，它也得让股价显出波段式的特征，只不过股价一波的高点和低点与另一波的高点和低点比较接近，而不是一波比一波高。按个股的波段特征操作应是中线投资的上佳策略之一。

第五要看关注质地较好的冷门股。

在其处于受冷落而价低时买入。股民们一般都喜欢追逐热门股，喜欢跟在庄家屁股后面，但是庄家的腿长，散户的腿短，经常会出现跟不上的时候，很少有股民愿意打提前仗，主动选择那些暂时遭受冷落的股票。追逐热门股一般是短线高手的选股策略，而对于那些入市时间不多、技艺不精的散户股民来说，追逐热门股往往会成为被套牢的对象。而相当长一段时间的冷门股，因为受冷落而股价可能偏低，又因为可能面临那些追逐热门股的人的换股抛压，股价会更低。股价低于其价值时，往往是机构吸筹的好时机。既然机构吸筹是弃热取冷，那么散户为什么就不能弃热取冷呢？再说，今日的冷门股或许不久就成为明天的热门股呢！又有谁能让一只质地较好的股票常冷不热呢？

当然，投资者提前购入冷门股，也许持有的时间要长一些，但因为你的买入价格很低，所以投资风险也很小，而相应地赢利也会很大。

提前购入冷门股，关键要做到以下三点：一是认识要明确，持股心态要好，要有耐心；二是要选择质地好有潜力而受冷落前没有被爆炒过的股票；三是等到它由冷变热的时候，一定要继续持有下去，赚足够钱，不要在刚有小幅上涨就抛掉，要一直守到它有大幅度上涨并到达阶段性顶部时再抛出。采用这种方法，常常能赚到大钱。

庄家是怎样坐庄的

庄家坐庄一般要经过以下几个阶段：进庄前的准备、建仓吸货、洗盘震仓、拉抬、整理、拔高、出货。

进庄前的准备。兵法上讲究"天时、地利、人和"，庄家投入巨额资金坐庄，和行军打仗有很多相似的地方。此外，还有其他各方面关系都要协调好。比如借势利用当地政府的政策支持、金融机构的资金支持、新闻媒体的舆论支持等。

建仓吸货。庄家建仓吸货的方式和手法多种多样：如打压吸货、底部温和吸货、次低位横盘吸货、震荡吸货和高位平台吸货等。庄家常用的一种吸货策略是打破某个技术支撑位，诱使散户在绝望中斩仓，它们趁机进场吸纳。而散户回头看时，股价在自己割肉价的稍低点企稳，以后并没有出现狂跌。

洗盘震仓。洗盘最主要的目的是提高市场平均持仓成本，把底部跟进的其他投资者清洗出局，换上另一批看多的散户。洗盘的位置一般在庄家进货位上方不远，通常的形态是横盘震荡，但又跌不下去。我们常常利用庄家的洗盘判断庄家的仓位，市场满盘获利却又跌不下去，这是主力大量持仓的标志。也有些强悍的庄家喜欢采取狠砸猛打的方式洗盘，将股价打压到市场均价以下，并将所有传统技术指标做坏，这种洗盘方式对持股不坚定的散户股民具有很大的杀伤力。

拉抬。庄家吸货建仓的目的是为了实现低买高卖从中获得经济上的收益。洗盘之后，庄家必然要做的就是拉抬股价，能拉到多高就拉到多高，然后在一个较高的价位套现出局。通常情况下，庄家拉抬股价都要借助一些朦胧利好，以减轻拉抬过程中的抛压，并逐步吸引跟风盘进场帮助庄家拉抬。

庄家买足廉价筹码以后，必然进入拉升阶段，在此期间为了防止计划外随机增加的筹码太多以及随之而来的成本上升，庄家往往需要借助外在的市场力量来实现其推高的意图。因而在这一阶段，庄股故事一般会初露端倪，其传播方式往往是制造朦胧的市场传言：一是可以达到"市场告知"的目的；二是市场传言的弹性很大，也许一个小小的题材也会被惟妙惟肖地夸大到无以复加的地步；三是传言的巨大市场号召力不可小视，这也是新兴市场的固有特点之一。这个阶段，庄股故事的最大特点就是朦胧性、易变性与黑箱性。

整理是另一类的横盘，当庄家已将股价拉抬到一定的高度，庄家在此位置上停一下，让获利者在这个价位获利了结，换上另一批新多头，以有利于行情的继续上涨。在K线图上，这段整理通常表现为高位横盘的箱体，在箱底价位庄家常常会采取一些护盘的动作，不让股价跌下来。

拔高。整理的目的就是为最后一次拔高做好准备，通常情况下，这次拔高庄家操盘会表现得相当疯狂，并以高风险高收益为借口诱使短线投机客杀入。拔高的主要目的还在于为下一阶段的出货拉出价格上的空间。

出货是关系到庄家坐庄成败的关键的一个环节，相对来说。也是最难的一个环节。如果庄家顺利完成出货，获利必定十分丰厚。但通常情况下，庄家出货都需要反复进行数次炒作，才能最终完成全仓出货。

在主力坐庄的过程中，大量地使用消息和题材。庄家吸货建仓阶段，必定空头气氛弥漫，市场上不会有关于该股的任何利好，时不时还会传来一些重大利空。在庄家出货过程中，庄股故事往往会以重磅炸弹的方式闪亮登场，随之而来的便是铺天盖地的宣传攻势，市场上就会有大量利好传闻，这类重大题材对投资者形成极为强大的冲击力，使相当多数的人足以相信其仍然存在巨大的上扬空间和成长潜力，个人投资者因此纷纷看好该股，而在已经高涨的市场价位上买入，结果庄家把希望留给了散户，把财富留给了自己。

基本面分析法

个股在二级市场中的股价受到多种因素的影响，既包括政治情况、宏观经济运行情况、上市公司经营情况等方面的影响，也包括投资者心理预期、情绪化的影响，虽然影响股价走势的因素多种多样，但是我们却可以将这些因素统分成两大类：一类是基本面因素，另一类则是技术面因素。基本面因素包括股票交易市场之外的经济、政治、上市公司的经营情况等因素，而技术面因素则是与股票市场交易行为相关的因素，主要包括 K 线走势、成交量形态、技术指标、委比、量比等数据信息。

所谓基本面分析法，是指根据宏观经济的运行情况、政策因素、利率情况、上市公司的业绩情况等影响价格走势的基本面因素来对价格走势进行分析的方法，其中上市公司的业绩情况是基本面分析法的核心，它既包括上市公司当前所取得的业绩，也包括上市公司的预期业绩。

基本面分析法以个股的内在价值为依据，往往会涉及相应的反映上市公司当前投资价值的数据信息及反映上市公司预期业绩改变情况的数据信息，如果说技术分析的侧重点为市场买卖行为，那么基本面分析的侧重点则是个股的内在价值，"是金子总会发光的"、"价格围绕价值波动"是投资者应用基本面分析法时的投资理念。

无论是对于宏观经济情况、行业发展前景等方面的基本面情况进行分析，还是对于上市公司经营情况、竞争能力等方面的基本面分析，它的时间跨度都是较大的，因而，基本面分析法更适用于中长线投资者。这也是基本面分析方法的最大特点，即股票的实际价值与二级市场中的价格在短期内往往出现明显偏离，股价在短期内的波动情况是无法通过基本面因素来解释的，但由于在一个较长的时间跨度内，股价终究是围绕着其实际价值来运行的，若企业的业绩可以持续增长，则股价在较长的时间跨度内必然会处于总体的上升走势中；反之，若企业的业绩不断下滑，则股价在较长的时间内必然会处于总体的下跌走势中，可以说，基本面分析能有效地解释价格的中长期走势。

通过基本面分析法，投资者可以站在中长线的角度上来看待股价的短期起伏，做到心中有数、运筹帷幄。但基本面分析法有其明显不足之处，它无法分析股价短期、甚至是中期的走势情况，此时，我们就要辅以技术面分析方法。在实盘操作中，技术面分析方法的重要性往往要明显超过基本面分析法，一方面是因为技术面分析法更适于短线操作，可以获取更大利润，另一方面是由于上市公司的基本面有时是难以把握的，当年业绩剧增，下一年就有可能业绩亏损，仅从上市公司的公开信息来看，投资者是难以把握这种基本面的突然转变的。据笔者经验来说，技术面分析固然重要，但基本面分析仍不可或缺，因为基本面分析既是我们了解个股股价中长期走势的出发点，也是我们了解股市整体运行规律的出发点，没有全局的宏观战略眼光，很难做到局部的细致入微。

在学习基本面分析法时，我们可以从局部与整体的角度着手，所谓局部是指某一具体的上市公司，而整体则是指宏观经济背景，整体与局部密不可分，上市公司的发展离不开宏观经济的有力支撑，而大多数上市公司的持续高速发展也推动了宏观经济的持续向好。在理解了上市公司与宏观经济存在这种互相促进作用的同时，我们还应注意到上市公司的独立性，当宏观经济持续向好时，若上市公司不思进取，则一样难以有好的表现；反之，即使整体环境欠佳，若上市公司谋发展、求变革，则一样可以脱颖而出。本节中，我们先从整体着手，来探讨如何把握宏观经济的运行情况。

股票市场是经济变化的晴雨表，虽然股票市场的走向往往提前于宏观经济走势，但是从长期的角度来看，股票市场的周期变化及运行趋势仍是由经济的发展情况及经济周期的循环所决定的。借鉴于较为成熟且历史悠久的欧美股市的走势，我们可以发现，股市的运行大趋势往往与宏观经济的运行周期相吻合，当宏观经济持续低谷时，则股票市场也往往处于低迷的状态；反之，当宏观经济持续向好时，则股票市场也多持续稳健地走高。因而，对于宏观经济的运行情况来说，我们有必要首先了解一下它的周期运行规律。

上市公司的赢利情况既受内部因素影响，也受外部因素影响，对于关乎自身的领导层、经营能力等内部影响因素来说，上市公司可以通过重组、变革等方式进行完善，但对于宏观经济等外部影响因素来说，上市公司是无力改变的，特定的经济环境催生特定的经营策略，因而，对于企业来说，了解经济周期有助于从中长线的角度制定经营策略，对于股市投资者来说，了解经济周期有助于我们周全地制定交易策略。

经济周期，也称经济波动、商业周期，它是指经济发展过程中"经济活动扩张—经济活动收缩"交替出现的循环过程。

经济活动扩张指代经济发展朝气蓬勃，是经济运行持续向好的表现；反之，经济活动收缩则是指代经济发展萧条，是经济运行低迷甚至处于衰退的表现。这两种经济活动交替出现，是经济运行的客观规律，就像物理世界中的天体运行规律一样，是不以人的意志为转移的。

根据这两种截然相反的经济活动，我们可以把一个经济周期划分为两个阶段，即上升阶段（也称为扩张阶段，对应于经济活动扩张时期）和下降阶段（也称收缩或衰退阶段，对应于经济活动收缩时期），这种划分方法较为笼统，若想更为细致地了解经济运行的规律，我们还有必要对其进行更为详细的划分。一般来说，可以把一个完全的经济周期划分为以下4个阶段，即复苏阶段——繁荣阶段——衰退阶段——萧条阶段。下面结合这两种划分方法来了解一下经济周期的运行特点：

经济周期中的上升阶段主要对应复苏与繁荣，这一阶段是宏观经济及市场环境较为活跃的一个阶段，这时的市场供应充足，需求旺盛，企业可以获取稳定的利润并可以进一步开阔市场空间，企业供给与市场需求处于一种良性互动的关系中，可以说，这一阶段的外部环境较为理想，它保证了企业可以稳健发展甚至是高速发展，在繁荣时期，新的企业会不断出现。

经济周期中的下降阶段主要对应衰退与萧条阶段，这一阶段是宏观经济环境和市场环境日趋紧缩的阶段，这时的市场需求量明显减少，企业生产出的产品面临着滞销的窘境，企业资金周转不灵，生产意愿下降，难以获取稳定的利润并有可能出现亏损的不利局面，企业供给与市场需求处于一种恶性循环的关系中，可以说，这一阶段的外部环境较差，它限制了企业的发展空间，降低了企业发展的积极性，在萧条时期，很多企业由于严重亏损而倒闭。

股市中有句谚语"选股不如选时"，无论对于主力资金机构来说，还是对于普通投资者来说，在好的时机进行布局、在适当的时机获利出局都是最好的选择。一个经济周期可以划分为复苏、繁荣、衰退、萧条4个阶段，而一轮股市走势也可以相应地划分为筑底、上涨、筑顶、下跌4个阶段，宏观经济的运行规律与股市的运行规律具有一致性，在理解股市的周期变化后，也一定要结合宏观经济的周期变化。

经济周期的运行规律深深地影响并制约着股市的运行规律，经济从上升阶段到下降阶段的周期循环是导致股市出现牛熊交替走势的根本原因，虽然如此，但这并不是说两者呈现出一种同步性。股市是一个相对独立的市场，它的走势存在着一定的自身规律，其中，股市最大的特点就在于其具有较强的预期性，因而，我们常常可以看到股市的起伏往往先于经济周期的起伏，当经济仍在萧条阶段而没有明显的好转迹象时，股市很可能已提前开始上涨，这使得很多投资者不敢介入，而错失了最好的底部买入机会；反之，当经济处于热潮并没有明显的衰退迹象时，股市却已提前见顶回落，这也会使得很多投资者不能及时转变思维进行获利抛售，从而错失了顶部卖出的机会。

一个完整的经济周期很可能要持续十几年甚至几十年之久，经济周期只是经济运行规律的宏观过程，对于投资者而言，了解经济运行的周期性特点，有助于我们从长远的角度把握市场运行，但对于具体的投资决策来说，把握当前的经济运行情况则无疑更为重要。我们知道，对于投资者来说，在筑底和上涨阶段进行买股是明智的，在筑顶及下跌阶段则应卖股或持币观望，这种长线的操作策略较容易理解，但是却并不容易掌握，其根本原因就在于，我们无法肯定当前的经济状况是处于哪一个阶段。因而，可以说，把握当前的经济运行情况无疑更为重要，而当前的经济运行状况正是借助具体的经济指标得以展现的。

经济指标是反映一定社会经济现象的数值，是将经济情况以量化的数字形式表现出来，不同的经济指标有不同的侧重点，有的经济指标侧重于国民整体，有的经济指标则侧重于局部情况。通过各式各样的经济指标，我们可以对当前的经济情况有一个较为清晰的认识，下面我们就来看看常见的经济指标有哪些：

国内生产总值GDP（Gross Domestic Product）：国内生产总值是对一个国家或一个地区的经济在核算期内所有常住单位生产的最终产品总量的度量，它用以衡量一个国家或一个地区所生产出的全部最终产品和劳务的总体市场价值，它的计算周期既可以是一个月、一个季度，也可以是一年，一般来说，以年为时间周期、以国家为统计范围的计算方式更为常用。

国内生产总值可以较好地反映国力与财富，总的来说，国内生产总值大体可以包括4个部分：消费、私人投资、政府支出、净出口额，而国内生产总值的数值就是这4个部分的累计之和。我们知道，经济的上升阶段即是经济的扩张阶段，而经济的扩张即是指经济总量的扩张，因而，GDP的增长与放缓对我们判别经济周期十分关键。

若国内生产总值可以保持稳健的增长势头，则说明经济正处于扩张阶段，此时的经济多处于上升阶段，是经济形势良好的表现，此时，我们可以结合股票市场的估值状态、上涨势头等因素来积极展开操作；若国内生产总值出现明显放缓，则说明经济增速放缓，依据国际标准，国内生产总值若是连续两年出现下降，则说明经济开始处于衰退之中，此时，企业的赢利能力下降，股市往往也会出现下跌走势，投资者应积极回避，采取持币观望的策略。

国内生产总值在表现形式上可以有两种，一是以总量的方式来表示，二是以百分比的方式来表示，我们常接触到的是以百分比方式来表示的。

消费者物价指数 CPI（Consumer Price Index）：消费者物价指数是一个与大众生活息息相关的经济指标，它是反映与居民生活有关的产品及劳务价格变动情况的指标，既可以反映出经济发展的情况，也可以反映出大众的购买力情况。CPI 最大的作用在于其对通货膨胀的直接反映，经济学理论认为，适度温和的通货膨胀有助于企业增加利润、带动消费增长，从而促使经济稳健发展，但是过度的通货膨胀则会成为经济不稳定因素，而 CPI 数值就是判断通货膨胀程度最直接的指标。

CPI 数值以百分比形式发布，例如，若去年的 CPI 相比前年上升了 2.5%，则说明大众的生活成本在去年上升了 2.5%，也可以说明手中的钱贬值了 2.5%，你手中的 100 元钱在前年可以买到价值 100 元的东西，但是在去年却只能买到价值 97.5 元的东西，如果你的收入没有随之增加，那么，在 CPI 增长的情况下，你的生活质量无疑将下降。可以说，过高的 CPI 是不受市场欢迎的，它会成为经济发展及社会生活中的不稳定因素，一般说来，当 CPI 的增长幅度大于 3% 时，就是典型的通货膨胀，而当 CPI 的增长幅度大于 5% 时，就是严重的通货膨胀，这两种情况都不利于经济发展，只有当 CPI 的增长幅度稳定在 1%~3% 之间，才最有助于经济发展。

在理解了 CPI 指数代表的通货膨胀水平与股市走向之间的关系后，我们一定要注意两者之间的时差性。在典型的通货膨胀初期，此时的货币供应充足，流入实体经济中的资金促使企业赢利能力增强，还有一部分资金很可能会涌入股市，在企业盈率增强及资金涌入的双重带动下，会造成股价上涨；但是随着通货膨胀的持续，银行将会提高利率控制通货膨胀，从而使得资金再次回笼，促使股价下跌。

生产者价格指数 PPI（Producer Price Index）：生产者价格指数是用于测量初级市场上出售的原材料（如石油、钢铁、电力等）价格变动情况的指标，它与 CPI 不同，CPI 从消费者角度出发反映价格变动情况，而 PPI 则是从生产者角度出发反映价格变动情况，大众更关心 CPI 的变化，而企业则更关注 PPI 的变化。由于从生产到消费有一个或长或短的时间差，因而，PPI 的增长与减缓往往先于 CPI，这也使得 PPI 成为一个很好地观察通货膨胀情况的指标。

银行利率（Interest Rate）：银行利率也称为利息率，表示一定时期内利息量与本金的比率，即利息率=利息量÷本金。利率是政府调节经济发展的有力工具之一，当经济处于萧条时期，此时往往出现通货紧缩情况，政府可以通过降低利率的方式，让大众将本金更多地投资于其他金融市场或用于消费，从而提高货币供给，带动经济复苏；当经济处于过热阶段，此时往往出现通货膨胀情况，政府通过提高利率，可以回笼社会资金，从而减少货币供给，抑制经济的恶性发展。

利率的主要作用在于增加或减少货币的供给量，而股市的上涨又是源于资金的推动，因而，利率与股市多呈现出反向关系，利率的上升，使得股市的投资回报变得不那么吸引人，从而降低投资者买股、持股的热情；反之，利率降低，大众将资金存入银行的意愿会明显降低，更多的投资者就会涌入股市，从而推动股市上涨。

财政收入与支出：财政收入是指国家为了维持其存在和实现其社会管理职能，通过一定的形式和渠道集中起来的货币资金；财政支出是指为满足政府执行职能需要而使用的财政资金。当财政收入大于财政支出时，这种状态称为财政盈余，此时经济扩张能力较差，社会资金需求不足，股市往往也会出现下跌走势；当财政支出大于财政收入时，这种状态则称之为财政赤字，说明经济有扩张要求，股市往往也会呈总体上涨走势，犹如适当的通货膨胀可以促进经济发展，而过度的通货膨胀则会破坏经济发展一样，适度的财政赤字可以促进经济良性发展，而过度的财政赤字会严重超出政府的还债能力，从而出现危机，是不利于经济发展的。

在对不同种类的上市公司进行分门别类时，以行业为依据进行划分无疑是最重要的一种。所谓行业，就是那些生产、销售具有明显共同特征的商品的一类企业群体，这些企业或者是因出售相似的商品而处于竞争状态，或者是因业务上有较密切的来往而处于互补状态，一般来说，竞争关系是同一行业中企业之间的主要关系。

行业分析是介于宏观经济分析与上市公司经营情况分析的中间层次，它传导着宏观经济的信号，并具体指引着相关企业的发展方向。对行业加以分析，其目标就是找出决定该行业赢利性的因素、该行业目前及预期的发展前景，从而通过行业发展前景去挖掘更有潜力的个股。若行业的发展前景喜人，则身处其中的企业也会有更大的机遇；反之，若行业的发展前景令人担忧，则身处其中的企业也难有好的作为。

在分析行业的发展前景时，我们既要考虑宏观经济的运行情况，也要考虑国家政策倾向、行业的发展阶段、行业的竞争程度等因素，下面我们就来对这些因素逐一解读：

行业不同，其与宏观经济走势的关联程度也不同，宏观经济持续向好并不代表所有的行业都持续向好，宏观经济出现下滑也并不代表所有的行业都出现下滑，有的行业"逆势"特征较为明显，有的行业则以"顺势"为主。在考察行业的发展前景时，我们一定要注意行业的特性，并明确某一行业的发展前景与宏观经济运行规律之间的关系。

有些行业的发展取决于自身，有些行业的发展则取决于宏观经济走势，在理解行业的发展前景与宏观经济走势之间的关系时，我们可以依据行业发展与宏观经济的相关度来对各种行业进行划分，依此标准，可以把各种行业归入以下三类中，即增长型行业、周期型行业、防御型行业。

增长型行业的发展前景主要取决于自身的情况，而与经济活动总水平的周期及振幅无关，这种行业主要靠技术的进步、新产品的推出及更优质的服务来实现行业的扩张及发展，"科学技术是第一生产力"，这种行业也可以说是生产力原创者，一些电子信息技术、核能、风能等高科技含量的企业隶属这种行业。投资者在购买这一类股票时，应将分析重点更多地集中于企业本身的潜力上，而不必过多地关注当前宏观经济运行情况。也正由于这一行业不随经济周期而起伏，投资者在把握买点与卖点时缺少必要的参考标准，因而操作的难度也会更大一些。

宏观经济代表了整体经济的走势，因而它也代表了绝大多数行业的走势，绝大多数行业都难以摆脱宏观经济周期的影响，周期型行业即是指那些发展趋势直接与经济周期相关的行业。周期型行业的发展前景与经济的扩张性密切相关，一般来说，当国内生产总值呈现了稳步增长时，这时宏观经济处于快速扩张阶段，大众消费能力提高，对这些行业相关产品的购买力会相应增加，企业市场空间也会变大，从而保证了企业的持续成长；反之，当国内生产总值连续出现下滑时，这时宏观经济处于收缩阶段，大众消费能力降低，对这些行业相关产品的购买力也会减弱，企业市场空间缩减，其赢利能力也会出现下降。例如，钢铁、有色金属、工程机械、机床、重型卡车、装备制造等资本集约型领域，化工等基础大宗原材料行业，水泥等建筑材料行业，消费品业，耐用品制造业及其他需求弹性较高的行业，就属于典型的周期型行业。投资者在购买这一类上市公司的股票时，既要分析上市公司的自身经营情况，也要关注宏观经济的周期运行情况。

此外，投资者在购买周期型行业的股票时，还要注意宏观经济处于周期运行的不同阶段对某一行业的影响程度也不同这一特点，当经济处于复苏阶段时，由于经济发展的重心往往是基础建设，此时建筑施工、水泥、石化等基础行业获益最为明显，是投资者购买的最好周期型股票品种。随着经济的持续走好，机械设备、周期性电子产品等资本密集型行业则会后来者居上，是投资者在这一阶段最为理想的购买目标。当经济最景气时，市场上的主角往往会被一些非生活必需品的高档奢侈类消费品代替，这时的汽车行业、黄金饰品行业、高档服装、旅游等行业会异军突起，是投资者在这一阶段最为理想的购买目标。只有把握好不同行业在宏观经济周期不同阶段中的发展规律，我们才能更好地实施买卖操作，毕竟，一个经济循环周期的时间是极长的，如果从头到尾抱守一只目标股，那么是很难有较好收益的。

防御型行业是指那些受经济周期运行影响不大的行业，这些行业的产品需求相对稳定，能提供稳定回报，其走势明显与宏观经济的起落不同步，当经济持续向好并高速发展时，这类行业的发展速度要弱于宏观经济，但是当宏观经济开始处于衰退阶段时，这类行业却仍稳步地发展。投资者在投资这类股票时应注意到它的涨跌幅度往往要明显小于其他个股，这是因为具备防御性特征的上市公司往往规模较大，成长空间有限。当经济处于复苏或高速扩张阶段时，投资防御型行业无疑是不明智的，因为其他周期型行业个股的发展前景都要远远大于防御型行业的上市公司，但是在经济不景气时投资防御型行业则比较理想，此时投资者可以获取稳定的分红回报，也不必担心经济的不景气造成企业赢利能力的大幅下降，从而造成股价暴跌走势的出现。投资者在投资防御型行业时还应注意国家所处的经济发展阶段，同一行业在发达国家是防御型行业，但在发展中国家则很可能是高速成长中的周期型行业，对于当前国内的形势来说，防御型行业主要有水、电、煤气等公用事业，交通运输业，银行业等。

国家在不同的发展阶段往往也有不同的宏观经济发展策略，这是国家的总体发展规划，任何一个行业都是为这一总体规划服务的，出于对总体经济战略的部署，国家会在相应的时期内出台一些政策以扶持或抑制一些行业的发展，例如，当国家的基础建设较为落后，粮食、能源、钢铁等基础类行业发展速度较为缓慢时，则相应的政策往往就会扶持这些基础类行业。因而可以说，那些享受政策扶持的行业就会面临着更好的发展机遇，隶属于这些行业的企业也往往会受益匪浅，发展潜力巨大。例如，在 2009 年 5 月 7 日我国公布了"新能源产业振兴规划草案"，这是一个计划总投资将超过 2 万亿的规划方案，国家大力度资金的投入及相关优惠政策的出台无疑会使这一行业的发展前景极为可观，对这一产业的未来发展起到极为积极的推动作用。新能源，顾名思义，它有别于煤力、水力等传统的能源类产业，一般来说，新能源也意味着高新技术，它主要包括核能、风能、太阳能、生物能等低污染、高效率的能源类产业，这就会使得那些从事风电与太阳能、核电与生物能的企业受益匪浅，在这一政策导向下，投资者就可以选择此类行业中具有潜力的个股。

行业的发展有一个生命周期，这一生命周期包括行业的诞生、成长、成熟、衰退等几个阶段，每个行业的发展都要经历一个由成长到衰退的演变过程，这种客观规律是不以人的意志为转移的，投资者在关注行业的前景时，一定要关注它的发展阶段，只有那些处于成长期、成熟期的行业才是我们投资的最好行业。刚刚诞生的行业由于其诞生到成长往往有一个较为漫长的过程，因而它的市场前景、市场扩展能力都会受到明显的约束，企业也很难获得高速成长的空间；而处于衰退阶段的行业已不符合经济发展趋势，既不会得到政策扶持，也没有旺盛的市场需求，我们可以把这类行业称为"夕阳行业"，其逐步被新兴产业所替代也就成了历史的必然，处于这类行业中的企业是很难有好的发展前景的。只有那些处于成长期、成熟期的行业，才能拥有较高的市场增长率和较为稳定的市场需求，从而才能保证相关的企业获取稳定的收益并有着较为广阔的市场开拓空间。

不同的行业往往会形成不同的经济结构（这种经济结构也是指行业内部企业之间的竞争关系），根据经济结构的不同，我们可以把行业分为 3 种类型：完全竞争、垄断竞争、寡头垄断。完全竞争是一种较为理想的行业结构关系，经济学中对完全竞争是这样定义的：如果市场中买方和卖方的规模足够大，并且每个单独的买方或卖方都是价格接受者，而且不能单独影响市场价格时，这样的竞争性状态被称为完全竞争状态。在完全竞争的行业中，其内部有很多的独立生产者，他们都以相同的方式向市场提供同质产品，在这种竞争关系下，企业只有拥有性价比突出的商品、高质量的服务等竞争优势，才可以取得不俗的战绩。很明显，这是一种较为剧烈的竞争关系，对于隶属于这一行业中的企业来说，我们应着重考察它本身的基本面情况，包括当前的竞争能力、核心领导层管理能力、财务支出收入情况、未来的发展潜力等因素。垄断竞争与完全竞争是两种截然不同的竞争关系，此类行业由于行业壁垒森严，使得其他的外行企业难以涉足其中。具有垄断性质的企业避开了同行竞争的局面，其产品在市场中的竞争对手较少，占有绝大部分的市场份额，导致其对市场具有定价权，这些都可以保证上市公司业绩的持续增长。一般来说，一些资本、技术高度密集型行业或稀有金属矿藏的开采等行业都属于垄断性质的行业。寡头垄断是介于完全竞争与垄断竞争中间地带的行业，在寡头垄断行业中，绝大部分的市场份额被相对较少的几家企业占据，这几家企业的规模较大、市场信誉良好，其他企业很难介入其中参与竞争，这几家企业之间既由于竞争关系从而形成一种牵制，又由于利益同盟关系从而成为一个利益共同体。一般来说，处于寡头垄断行业中的企业只要自身有着不断开拓市场空间的动力与目标，就可以在稳步获利的基础上进一步提高其市场占有率。

基本面分析是一个系统化的过程，我们应遵循由全局到局部的原则，当大致了解了当前的宏观经济情况、行业发展前景之后，就应把重点放在考察企业自身情况之上，这时所要进行的就是对于企业自身的基本面分析。在哲学理论中，促使事物不断发展的因素可分为内因与外因，而在这其中起着"质变"作用的即是内因，好的宏观经济走势、行业发展前景仅仅为企业的发展提供了一个可以发挥的舞台，然而，这种宏观经济走势、行业发展前景仅仅是保障企业发展与成长的外因，至于在舞台上的表演是否突出、优秀则更多地取决于企业自身情况，可以说，企业的自身情况是内因，而且内因也是主导因素。

上市公司的基本面分析既包括其市场竞争能力、领导层管理能力的分析，也包括它的赢利能力、财务报表、发展方向等方面的分析。基本面分析中所包括的各个分析方面既可以让我们了解到上市公司的当前经营情况如何，也可以让我们了解到上市公司的未来发展前景如何。例如，我们选择绩优股与成长股时，就是着重从上市公司的基本面出发的，所不同的是，对于绩优股的选择，我们更侧重于它当前基本面的情况，如它的股价估值水平、当前的业绩情况等；而对于成长股的选择，我们则更侧重于从它的未来发展潜力、发展方向、管理层领导能力等来考察它的发展前景。

企业所提供的产品或服务情况直接决定着企业的赢利能力，通过考察所供应的产品或服务（以下把产品与服务两项合称为"产品"，因为服务也属于一种产品），我们可以很好地了解企业自身的情况。在考察企业所提供的具体产品时，我们可以从这种产品的市场竞争能力、市场品牌情况、市场占有率、覆盖率等具体方面着手，一般来说，只有当企业所提供的产品在成本、技术、质量、信用等方面具有较大的优势时，它才可以在激烈的市场竞争中领先于同行业中的其他企业，以获取更高的利润。下面具体介绍如何从企业所提供的产品来着手考察企业自身的基本面情况：

首先，我们应关注企业所提供的产品品种。单一的产品是无法满足多元化的消费需求的，也难以保证企业获取高额的利润。通过某家企业所提供的产品品种数量，我们可以对这家企业的规模大小、市场占有率等方面的信息有一个大致的了解，刚刚处于诞生期的小企业由于其能力有限、资源不足，其所提供的产品品种无疑是较为单一的，而那些规模相对较大、扩张能力突出的企业基于其良好的实力、资源等优势，就会提供较多的优质产品。在分析企业所提供的产品品种时，我们一方面要关注企业所提供的产品品种数量，另一方面也要关注企业所提供的产品是否符合经济发展的需求，是否引领了技术发展的趋势。如果一家企业提供的产品数量极多，则说明这家企业的实力较强，在同行业中已颇具规模，其赢利能力也可以得到保证；如果一家企业能够不断地推陈出新，提供更好、更优质的产品，以满足消费者不断升级的消费需求，则说明这家企业的技术创新能力较强、竞争能力突出。例如，对于手机行业来说，这是一个技术发展较为迅速的行业，随着人们对手机功能的要求越来越多，那些不专注于技术进步，无法在手机中提供娱乐、视听、拍照、上网等多种功能的生产厂商无疑是要遭到淘汰的。

其次，我们要关注相应产品的市场占有率情况及市场覆盖率情况。市场占有率是指这家企业所提供的产品在同类产品市场中所占据的份额，这一指标充分体现了这家企业的竞争能力如何，在完全竞争的行业中，一般来说，某家企业所提供的产品其市场占有率不会太高，反之，在垄断行业及寡头垄断行业中，一家企业则很有可能占据较高的市场份额。市场覆盖率是指这家企业所提供的产品在各个地区的覆盖及分布情况。一些处于高速发展中的优秀企业基于其规模的限制，很可能出现这种情况，即在某一地区内有着较高的市场占有率，但是在全省、全国的范围内由于其覆盖率较低，因而，其市场占有率较低。在具体分析时，我们一定要结合这两个指标，因为高低不同的市场占有率与市场覆盖率往往会反映出企业内部所出现的不同问题。当市场占有率与市场覆盖率均处于较高水平时，说明这家企业的产品品种全，销售渠道广，更受消费者的欢迎，这是企业竞争能力突出的显著表现；当市场占有率较低而市场覆盖率较高时，说明这家企业的销售渠道很好，但是产品的性价比较差，并没有受到更多投资者的欢迎，这也是企业竞争能力不足的表现；当市场占有率高而市场覆盖率低时，说明这家企业的产品性价比突出，在某个地区更受欢迎，但由于企业的销售渠道并不宽广，因而限制了企业的发展；当市场占有率和市场覆盖率都较低时，说明这家企业没有优势可言，竞争力差，其未来的发展前景不值得期待。

最后，我们还应更进一步来关注相应产品的特性。一般来说，产品特性是决定这一产品市场占有率的重要原因之一，有的产品源于自身的品牌优势而获得了较高的市场占有率，有的产品则源于其较高的性价比而获得了较高的市场占有率，也有的产品是源于它独特的技术领先优势而获得了较高的市场占有率，不同类型的特性决定了其所具有优势能够持续时间的长短，例如，若产品的优势源于其独特的品牌优势，由于品牌的形成及推广有一个较为漫长的过程，因而，这一优势在短期内是难以被取代的；反之，若产品的优势仅仅源于其较高的性价比，则当其他企业有效地控制了原料成本、加工成本及推广费用后，这家企业所具有的优势很可能就不复存在。可以说，考察相应产品的特性是我们判断这一产品所具有优势的生命周期长短的关键因素。

垄断行业与寡头行业毕竟只是少数，绝大多数的行业都处于一种较为激烈的竞争状态中，企业要想在变幻莫测、竞争激烈的市场中求生存、谋发展，就要依赖其强大的竞争能力，一般来说，具备较强竞争能力的企业必然会拥有一定的规模优势、较高的产品质量，且具备较高的市场占有率与市场覆盖率，对于侧重于技术创新的企业来说，它还要专注于技术创新、有较强的独立研发能力。"竞争能力"只是一个笼统的概述，那如何判断企业竞争能力的强弱呢？我们除了可以通过企业所提供的产品情况来了解企业的竞争能力外，还可以通过实实在在的具体数字来了解企业的竞争能力，一般来说，年销售额、年销售额增长率、年销售利润率这3个指标是我们判断企业竞争能力强弱的重要着手点。

年销售额是企业通过销售货物或者提供劳务向购买方收取的全部价款和价外费用，这一指标是我们衡量企业竞争能力的重要数据，年销售额的大小可以清晰地反映出企业的规模大小、竞争能力强弱以及企业在同行业中的地位如何。年销售额只是一个单独的数据，只有通过比较，我们才能从这一数据中获取有用的信息，即，我们只有将某家企业的年销售额与其他企业的年销售额或该行业的总销售额等数据进行对比，才可以全面地了解这家企业的销售情况，从而才能了解到这家企业的竞争能力强弱。一般来说，一家企业的年销售额在行业总销售额中所占的比例较大，或是这家企业的年销售额明显高于其他同类企业，则说明这家企业在这一行业中更有竞争力，其赢利能力往往也更高。通过年销售额这一数据，我们可以在同一时期内以横向的角度来比较同行业中不同企业的竞争能力强弱。

企业每年的销售额都会有所变化，有时当年的销售额要高于上一年度，这称为年销售额正增长，有时当年的销售额则要低于上一年度，这称为负增长，年销售额增长率是将本年度的销售额与上一年度销售额的差值同上一年度年销售额进行相除而得到，它是一个比值，是评价企业成长状况和发展能力的重要指标。年销售额增长率的高低可以反映企业自身销售额的增长水平，在使用这一数据时，我们除了要关注这家企业的年销售额增长率外，还要关注同行业中其他企业的年销售额增长率，因为有的时候，企业年销售额的增长可能源于整个行业的加速发展，而非企业独具的竞争优势。通过年销售额增长率这一数据，我们可以在不同时期内以纵向的角度来比较同一家企业的前后发展情况，明晰企业的发展是处于加速进步阶段，还是处于不断后退阶段。

销售利润率是企业利润总额与净销售收入的比率，这个指标主要体现企业的赢利水平，是反映公司竞争能力的一个重要指标。销售利润率一般与历史同期销售利润率、同行业平均利润率作比较，以反映企业的真实情况，当企业的销售额较高，而销售利润率偏低或接近亏损时，说明企业及其产品已处于竞争极为激烈的行业，这样的企业及其产品其后续发展空间较为有限；反之，若企业的销售额并不突出，但销售利润率却较高时，说明企业及其产品处于竞争并不激烈的行业，这样的企业及产品后续的发展空间往往会更大。

企业就好比是一部高速运转的机器，每一个组件都在其中发挥着或重或轻的作用，机器自身不能维修，如果想要这部庞然大物能够持久地高速运转，发挥其最大的效率，就要有技术出色的工程师对其进行维护，而企业的领导层、管理团队就担当了工程师的角色，它们是整个企业的"司令部"，制定着企业的发展规划，为企业的发展开拓空间，高素质、高水平的领导层是促使企业高速发展的必备条件之一。企业的发展是以"人"为本的，好的领导层、好的管理团队可以把企业引上健康高速发展的道路上去，可以说，在考察企业的竞争能力时，对于企业管理能力的考察也是必不可少的一个环节，公司的经营管理能力和管理水平对公司未来的发展潜力意义重大。

出色的管理能力既体现在企业各部门之间的组织架构上，也体现在领导人员的个人素质上。一般来说，企业的管理层是由决策层、高级管理层、部门负责层、执行层来组织架构的，层次混乱的组织架构是低效率的代名词，而分工明确的各个部门保证了人员分工明确、各司其职，是企业可以全速高效运行的保证。人员素质是指一个人的品质、性格、学识、能力、体质等方面特性的总和，具体的决策和规划是具体的一个人或几个人的智慧产物，当今社会日新月异，没有丰富的阅历、渊博的知识，就难以有高瞻远瞩的目光，也难以在竞争加剧的市场环境中保持高速成长的步调。一般来说，领导层及高级管理层人员的素质最为重要，对于领导层的人员来说，由于这是企业作战的司令部，因此处于这一阶层的人员应具备较高的企业管理能力和丰富的工作经验，有清醒的头脑和综合判断能力，并有明确的生产经营战略和良好的经济素养；对于高级管理层来说，其相应的人员应具备极强的专业技术能力，有实际的管理经验，有较强的组织指挥能力，并有较高的工作效率。

按照要求，为了维护广大投资者的利益，上市公司每季、每年都要按时披露其业绩情况、公司赢利能力等财务方面的信息，这集中体现在上市公司对于财务报表的披露。财务报表是一套包括了企业全部财会信息的表格，它集中反映了上市公司在一定日期的财务状况及经营成果，是我们分析上市公司最为重要的数据信息。完全弄懂财务报表所提供的各项信息需要较为专业的会计知识，对于我们普通投资者来说，只需了解几个基于财务信息的指标即可，通过这几个指标，就可以对上市公司的赢利能力、二级市场股价估值情况等信息有一个较为全面的了解，这些指标主要包括每股收益、市盈率、市净率、净资产收益率等。

每股收益也称每股税后利润，是指当期的税后利润与股本总数的比率，计算公式为：每股收益=税后利润÷股本总数。每股收益是衡量上市公司赢利能力较重要的财务指标，每股收益越高，则说明上市公司所创造的利润越多，是上市公司赢利能力突出的表现。每股收益的作用在于它反映了普通股的获利水平，可以评价该公司相对的赢利能力。在分析每股收益时，我们可以结合上市公司前几期的每股收益情况来加以比较，也可以与同行业中的其他上市公司进行对比，还要结合上市公司的当前股价来分析，原则上来说，在二级市场股价相同的情况下，个股的每股收益越高，则表明期股价越具有吸引力。此外，在分析每股收益时，我们还应考虑以下几方面：

第一，每股收益无法全面反映上市公司的经营风险，特别是当上市公司发生主营业务转型时。例如，对于一家原来从事医药业的上市公司来说，若其主营业务转变为房地产开发后，虽然可能出现每股收益略有增长的情况，但此时的这种每股收益水平是否能保持住却存在着较大的风险，因为相对于医药行业来说，房地产开发业是一个资金周转速度相对缓慢、风险较高的产业，因而，此时每股收益水平的变化无法正确地反映出上市公司的经营风险；

第二，在分析每股收益时，我们还应考虑到个股的每股净资产情况、二级市场股价情况，若一只个股的每股净资产、股价均是另一只个股相应的两倍，那么，如果这两家上市公司的赢利能力相同，则它的每股收益也应是另一只个股的两倍。

第三，理论上来说，上市公司每股收益越高，其可供股东分配的利润就越多，所以投资于每股收益高的股票，自然可期望分得较多股利，但实际情况往往并非如此，每股收益多并不一定意味着分红也多，此时还要看上市公司的股利分配政策，有的上市公司仅抽出净利润的一小部分来进行分红，有的上市公司却将绝大部分利润进行分红，投资者可以通过上市公司的历年股利分配情况来预期此公司的股利分配情况。

市盈率也称本益比，是某种股票每股市价与每股赢利的比率，计算公式为：市盈率=个股股价÷当期每股赢利，上式中的分子是当前的个股股价，分母可以是最近一季、一年的每股赢利水平（称为静态市盈率），也可用所预计的未来一定时期内的每股赢利来代替（称为动态市盈率），一般来说，在应用市盈率时以年为时间周期。

市盈率把股价和企业赢利能力结合起来，其数值大小可以较为真实地反映个股的估值状态如何，是处于高估状态，还是处于低估状态。市盈率这一指标也反映了这样一种信息，即在上市公司赢利数额不变的情况下，且派息率为100%时（即所有收益均用于分红派息），我们经过多少年可以通过股息将投资买股票的成本全部收回，例如，市盈率为20倍时，若上市公司的所有收益均用于分红派息，则这代表了经过20年我们可以通过股息将投资买股票的成本全部收回。因而，在通常意义上来讲，低市盈率代表了低风险、高回报，而高市盈率则代表了投机、高风险，市盈率越低，则投资回收期越短，股票的长期投资价值就越突出；市盈率越高，则投资回收期越长，股票若非有重大的业绩增长就没有长期投资价值。

在应用市盈率时，我们还应注意以下三点：

第一，关注动态市盈率与静态市盈率之间的关系。对于静态市盈率来说，由于静态市盈率是股价同过去一年每股赢利的比率，因而它具有一定的滞后性，当上市公司的业绩发生较快变化时，它不能及时反映股票因本年度及未来每股收益的变化而使股票投资价值发生变化这一情况。对于动态市盈率来说，它是股价同本年度或下一年度每股赢利的比率，此时能否准确地预测上市公司的预期业绩成了这一指标是否客观准确的关键所在。在实际应用中，我们既要关注静态市盈率，因为它是上市公司历史经营情况的再现，也要关注动态市盈率，因为它是上市公司未来发展情况的体现，只有将两者互为补充、有机结合，我们才能更好地把握上市公司的实际情况。

第二，关注不同行业之间的市盈率差别。股票市场是一个基于预期情况的交易市场，新兴行业往往正处于成长期，由于享受政策扶持、竞争较为平和等优势，因而行业发展空间巨大，相应的上市公司也面临着重大的机遇，此时，这一行业中的总体市盈率会高于那些处于成熟期的行业。例如，对于我国当前各行业之间的情况来说，电力、煤炭等行业是传统的周期性行业，其成长空间不大，因而这类行业的市盈率相对偏低就属于完全正常的情况，而高新技术产业、新能源产业、电子信息技术产业等领域正处于高速成长期，其整体市盈率自然而然就相对偏高。

第三，关注个股之间的差别。前面讲解个股分类时，提到了绩优股、成长股等概念，绩优股往往是那些公司规模庞大、业绩稳定，但扩张能力、发展速度却相对缓慢的企业，这样的个股由于预期的业绩增速并不理想，因而其市盈率就要相对偏低；反之，成长股往往是那些公司规模一般、主营业务突出，且扩张能力强、高速发展的企业，这样的个股由于预期的业绩增速较快，因而往往享有相对较高的市盈率。

净资产就是通常所说的股东权益，是一家企业的自有资本，企业净资产在数量上等于全部资产减去全部负债以后的余额（净资产主要包括注册资金、各种公积金、累积盈余等，不包括债务，即净资产=总资产–负债），对于股份公司来说，净资产就是股东所拥有的财产。净资产大小是衡量企业规模的一个重要数据，与净资产相关的两个重要指标为净资产收益率与每股净资产，这两个指标是较为常用的财务指标，也是我们分析上市公司自身情况的重要数据。每股净资产是用会计统计的方法计算出来的每股股票所包含的资产净值，它用公司的净资产除以总股本，得到的股份公司的每股净资产越高，则股东实际拥有的资产就越多。

净资产收益率也称市净率，是企业税后利润除以净资产得到的百分比率，它的主要作用在于可以衡量企业自有资本的运用效率，一般来说，在净资产数量相同的情况下，若一家企业的净资产收益率越高，则代表其赢利能力越强。净资产收益率弥补了每股收益的不足，当一家企业由于转股、送股致使其股本扩大，从而导致每股收益明显下降时，投资者若不加以注意，很可能会误认为企业的赢利能力出现了下降，其实不然，股本扩大时所出现的每股收益下降并不必然反映了企业的赢利能力下滑这一情况，当企业实施高送转分配方案时，一般来说其每股收益必然要出现下降，此时，我们通过该企业的净资产收益率就可以更好地了解企业赢利能力的变化情况。例如，某家企业的净资产收益率逐年提升，我们可以认为企业的自有资金利用效率在加大，这是企业赢利能力突出的表现，也是企业高效率运转的体现。在实盘操作中，我们应注意，过高的市净率与过低的市净率都是不健康的，过低的市净率说明企业的资本运作效率较低，这样的企业很可能正处于起步阶段或衰退阶段，过高的市净率虽然表明了企业的资本运行效率突出、多处于高速成长期，但是这种突出的运作效率能否维持下去或再度增长是令人质疑的，因而，这是风险的象征。一般来说，在财务理论中，3倍左右的市净率属于一个较为适中的数值。

以上我们简要介绍了几个体现上市公司赢利能力的财务指标，这几个指标可以帮助我们了解上市公司的赢利能力、股价估值状态等信息，这些信息是我们进行买卖决策不可或缺的信息，每一种财务指标都从不同侧面反映了上市公司在某一方面的情况，但要想全面了解上市公司的财务情况、赢利能力等信息，我们还要考察很多指标，基于篇幅所限，有兴趣的读者可以查阅财务报表方面的资料。

国内股市中的主力股

国内股市中的主力类型

市场中的主力类型多种多样，对于国内的股票市场来说，我们可以把主力分为以下几类：基金、券商、企业、机构、QFII、私募、大户或他们形成的联盟、大小非等，主力的类型不同，其在股市中的行为往往也截然不同，下面我们就来分别介绍一下这几类主力：

公募基金：公募基金（Public Offeringof Fund）是受政府主管部门监管，向不特定投资者公开发行受益凭证的证券投资基金。公募型股票基金在股市中的操作行为多是基于投资者的申购与赎回展开的，当基民申购多时则加大持股力度，反之则进行减仓以应付基民的赎回。买入公募基金的好处在于可以享受市场整体的回报，避免因个股业绩的不确定性所带来的风险。公募基金往往较为崇尚绩优蓝筹股，这些个股业绩优良且股本规模巨大，可以容纳更多的资金进出，一只大盘股往往会吸引多家公募基金介入，像招商银行、宝钢股份、万科A等这种各行各业的权重绩优股，往往都是基金的标配品种，但这些个股的涨势也多是跟随大势，因而，我们可以看到公募基金的业绩多是与大盘走势不相上下的，很少有大幅超过市场平均值或是大幅低于市场平均值的业绩表现。当市场的上升行情或下跌行情走势较为迅速时，此时由于基民的申购力度加大或是赎回力度加大，基金往往会加速建仓或大幅减仓，从而对原有趋势起到了推波助澜的作用。

券商：券商是我们常说的证券公司，券商除了代理买卖股票并从中收取佣金外，往往还是一些理财产品的发起人和管理人，他可以集合客户的资产并按照集合理财计划进行投资管理，券商在股市中的行为特点和基金基本相似，多是会选择一些绩优蓝筹股，持股方式多是跟随大势做多或做空。

民间游资：在股市中，我们常常可以看到短期内飙升的黑马股，这些个股往往以连续涨停板的形式出现在投资者面前，一般来说，这些个股要么是与国内外的重大事件相关，要么是与政策扶持相关，要么是有预期的重大利好消息公布，可以说这些个股是有炙手可热的炒作题材，如果我们查看这些暴涨题材股的前十大流通股东，则很难在其中发现公募基金或是券商的身影，然而，有主力资金推动此股大幅上涨却是不容置疑的事实，这股资金规模巨大且出入的速度较快，对于这类资金，我们可以将其称为民间游资。民间游资是市场热点的制造者，他们把股市中短期财富暴增的神话演绎得淋漓尽致。相对于公募基金、券商等长期持有权重绩优股的操作方式不同，民间游资更喜欢追逐市场热点，他们炒作的个股更多的是小盘题材股，如果权重股稳定，则民间游资可能会把注意力集中到小盘袖珍股上，在操作上往往倾向于快进快出的短线操作，以求短期内的高额回报，同时他们也会适当地注意最新上市定位合理的新股和一些其他题材股，分析民间游资炒作方式及股价走势特点是衡量投资者短线功力的一项重要内容。

QFII：QFII 全称为"合格境外机构投资者"，合格境外机构投资者在一定规定和限制下可以进入国内股市进行买卖操作，他们通过汇入一定额度的外汇资金，并将其转换为当地货币，随后即可通过专用账户投资当地证券市场，其资本利得、股息等经审核后可转为外汇汇出，QFII制度是一种股票市场向国际投资者展开的开放模式。由于中国经济的快速发展，因而国内 A 股市场也吸引了越来越多国际资金的关注，QFII 多是真正价值投资者，他们虽然资金雄厚，进入中国股市的意图并非短炒，因而并不主导个股行情，但这些个股往往会由于基本面的持续向好、业绩持续增长，从而带动股价的上涨，其走势在业绩的支撑下往往也呈现出相对的独立性。

一般来说，若 QFII 进入或退出一只个股，我们更应该关注的是这只个股的基本面情况，例如，此股是否低估？是否是行业龙头个股？这一行业的发展前景是否喜人？这些问题都是我们要考虑的，对于应用基本面进行分析的价值投资者来说，QFII 进出一只个股无疑是极具参考价值的，因为 QFII 资金庞大，他们在入注或退出一只个股时必定要进行更为详细的分析。

大小非：随着股权分置改革的实施及全流通时代的到来，大小非正成为二级市场上一股重要的力量，大非，即大规模的限售流通股，占总股本的 5% 以上；小非，即小部分禁止上市流通的股票，占总股本的 5% 以内；解禁，即解除禁止，是非流通股票已获得上市流通的权力。由于大小非的持仓成本低，因而这使得大多数投资者只看见大小非解禁对市场的压力，其实，真实的情况是有一些大小非演变成为了股价的坐市商，当股价比较高时大非减持股票，而股价比较低时维护股价。我们常常可以看到一些个股在大小非解禁前出现了大幅度的上涨，这多是源于大小非提前运作股价为日后解禁谋个好价位的手法。

主力的优势有哪些

我们经常可以看到，一些个股在利好消息公布前或是业绩预增发布前，其股价走势就已提前启动，当利好消息或业绩增长真正公布时，投资者往往发现此股此时已处于高位区，这明显是主力资金运作的结果，因而，我们常称主力为证券市场中的趋势引导者，甚至是趋势的制造者，主力之所以具有这种能力，这是与主力所拥有的种种优势密不可分的，那么主力究竟都有哪些优势呢？兵法云："知己知彼，百战不殆"，了解主力的优势无疑会大幅提高我们的买卖决策能力，因为，作为散户投资者来说，其竞争对手是主力，而作为主力来说，其竞争对手则是散户投资者，主力对散户投资者的弱势与优势较为了解，但是散户投资者对主力的优势又有多少了解呢？下面我们就来看看主力所具备的优势有哪些：

优势一：手中拥有巨额控盘资金。控盘资金数量的多少是散户与主力本质的区别，现在的个股，即使是那些小盘类个股，其流通股本也要达到几千万股以上，而且小盘股的股价一般偏高，可以说，没几亿、甚至十几亿元的资金是无法有效地控盘个股走势的，对于盘子相对大一些的个股来说，其所需的控盘资金数额要更多。股市是一个公平的市场，它的公平就体现在谁手中的股票筹码数量多，谁就越有发言权，只有手中拥有了足够的控盘资金，主力才可以在二级市场大量吸筹，从而使大部分筹码落入自己的口袋，以进一步达到控制股价走势的目的。

通常情况下，主力会将控盘资金分为两大部分，一部分用于建仓，另一部分则是控制股价或拉升股价。这两部分资金比例是成反比的，建仓资金多，由于此时市场浮筹的减少，则主力对二级市场中股价走势的控制能力也会增强；建仓资金少，由于此时二级市场中存着在大量的浮筹，因而就需要更多的控盘资金来控制股价的走势。在实盘操作中，主力一般会对资金的使用方式进行规划，即多少资金用于建仓吸筹，多少资金用于护盘，多少资金用于拉升，从而保证自己整个控盘过程的成功。

优势二：具备领先市场一步的消息渠道。散户投资者在股市中可以听到各种各样的小道消息，如有的公司要被借壳上市，有的公司即将出现资产注入，有的公司要实施高送转方案等，这些消息属于道听途说，事实证明，这些小道消息绝大多数都属于空穴来风，其准确率极低，如果跟随这种消息传闻来炒作，则很有可能出现追涨杀跌的不利局面，从而出现亏损。股市炒作的是预期，谁能准确地提前获知一些重大利好消息，谁就取得了主动权，在这方面，主力无疑是远远领先市场的。很多个股在重大利好消息公布前，都会出现强势上涨的形态，而且多会在停牌前的最后一个交易日内收于涨停板，其幕后推手正是主力。主力具有优越的消息渠道，当一些个股因重大事项要停牌时，主力往往可以提前获知这一内幕消息，从而提前运作个股，这就是我们常说的"先知先觉"。随着利好消息的发布，主力或选择借利好出货，或选择继续将股价往上做，从而使自己处于一个极为主动的地位上。

优势三：主力了解散户投资者的炒股思维及操作方式。上市公司的业绩增速总是远远不及主力炒作个股的速度，因而，我们可以将股市看做是一个主力与散户互为博弈关系的市场，主力的赢利来自于大多数散户的亏损，主力要想成功地运作个股，实现获利出局，就要以各种方法来诱骗散户投资者作出错误的买卖决策，当个股股价身处低位时，此时散户投资者的卖出意愿较低，那么主力如何吸筹呢？当股价大幅上涨后，主力有了获利的愿望，但是如果散户投资者不买账，则主力的利润只能是纸上富贵。既然主力与散户互为对手，那么，主力只有很好地了解散户投资者的炒股思维及操作方式，才可以更有效地实施各种手段，以达到自己成功控盘的目的。

那么，散户投资者有哪些炒股思维及操作方式呢？恐慌与贪婪是大多数散户投资者炒股共有的心态，基于这一心态，散户投资者在买卖股票时，往往并不是基于理性的判断，而是基于情绪的波动。例如，在股价的低位区，主力经常会利用大盘的跌势顺势打压，通过挂出大压单、进行虚拟的买卖申报等形式制造恐慌的效果，以此达到让更多散户在恐惧中交出自己手中筹码的目的，虽然此时的股价已明显降低，但由于投资者看到股价仍在下跌，而且大卖盘不断、委卖盘的压单也极多，因此往往会出现恐慌的心态，认为股价仍在漫漫的跌途之中，其实，如果此时我们辅以基本面分析法来分析的话，就完全可以识破主力的这种"打压"骗术。这便是主力在低位区利用散户投资者恐慌的心态而实施的"诱空"手法，这一手法的实施是基于主力对于散户投资者的炒股思维及操作方式的理解。与此类似的是在高位区的"诱多"，主力通过挂出大买单制造放量上涨、价格强势的假象，从而诱骗散户投资者积极进行高位接盘。

以上介绍了主力最具代表性的三大优势，这三点优势正是散户投资者所不具备的。此外，主力在很多方面还具有优势，例如，主力专业素养强，对于市场整体走势、宏观经济走向的判断更为准确，这保证了主力在炒作个股时可以有一个好的大背景环境来支撑；主力对于哪些个股拥有哪些题材更为了解，这保证了当一些政策利好消息发布、重大事件发生时，主力可以在第一时间内运行具有这些题材的个股；而且主力的炒作往往还有媒体造势、舆论宣传、相关投资机构的大力推荐等。由此可见，主力在参与个股时的优势很多，真正做到了"知己知彼"，既了解自身的实力，又了解大众的心理，还具备灵通的信息渠道，在这样一种情况下，主力除非对大势的研判出现严重的错误，或发生资金链断裂等意外情况，否则，是肯定会成功的。

理解主力的控盘过程

主力在控盘个股的过程中，往往会出现几个较为典型的阶段，即建仓阶段（也称吸筹阶段）、拉升阶段、洗盘阶段、出货阶段，在有些主力控盘的个股走势中，还会出现震仓阶段及拔高阶段，不同的阶段会有不同的盘面特点，主力在不同阶段的行为、目的也是不同的，但所有这些阶段都是在为一个最终的目的服务，即实现主力手中庞大资金的低吸高抛、获取二级市场差价利润。投资者研读主力动向就是为了更好地把握主力的控盘行为和控盘过程，从而可以帮助投资者在主力低位吸筹时介入布局，在主力拉升时持股待涨或快速切入，以分享主力拉升带来的收益，并在主力出货时高位抛出。主力行为分析法通过解读盘面信息来分析主力的行为、意图，明晰主力的控盘过程，进而在此基础之上预测主力的后期操作和后期动向。下面我们就对主力的整体控盘过程进行逐一解读：

1. 建仓阶段

建仓阶段也称为吸筹阶段，是主力将手中的大量资金转化为二级市场中股票筹码的过程，是主力控盘个股的第一个阶段，只有当主力在股市中买入了股票筹码，才有发言权。主力的整个控盘过程也可以说是一个"低吸高抛"的过程，主力的获利源于可以让低位买入的筹码在高位变现卖出，因而，我们可以将主力的建仓阶段理解为主力在低位区买入股票的阶段，当然，这种股价的高位与低位是相对而言的。

在什么样的市场环境下开展建仓操作、选择哪只股票作为建仓目标、买入的筹码数量等具体问题既取决于主力的类型，也取决于主力的实力，一般来说，长线主力多挖掘有业绩增长潜力的绩优股，而短线主力则往往顺应市场热点挖掘短期内的题材股。对于买入的筹码数量来说，主力买入的筹码越多，则控盘能力越强，实力较差的主力一般也要进行 10% 左右的吸筹，实力强大的主力对流通盘的吸筹程度往往会达到 50% 以上。

对于建仓阶段而言，我们可以从以下几点关注主力的建仓行为：

第一，关注主力的建仓时机。股市中有一句著名的谚语："选股不如选时"，这一说法对于当前国内的股市来说，无疑是正确的，在 2007 年的大牛市中，我们发现那些绩差股、垃圾股的涨幅往往更为惊人，丝毫不逊色于那些权重股、绩优股，可以说，在一种良好的市场氛围下，基本面的分析退而求次之，好的时机、好的时间段，投机与炒作往往占据了重要的部分；反之，在 2008 年的大熊市当中，我们发现那些所谓的绩优股、权重股也是一路下跌，其跌幅也丝毫不逊色于那些绩差股。通过以上的事实，我们可以认为，"时机"在股市中是极为重要的，在好的时机下，我们甚至无需关注个股，只要随机挑出一只股票就可以稳稳当当地持股待涨。对于主力而言，由于其优秀的专业素养和灵敏的嗅觉，往往恰到精准地把握住时机，那么，什么时机才是好的建仓时机呢？

好的建仓时机是以好的经济背景为前提的，因为对于个别主力来说，它只是股市"大海"中微不足道的一朵浪花，是无法与潮起潮落的大趋势相抗衡的。据笔者对于股市的经验与理解来说，以下时机无疑是主力较好的建仓时机。

低位区的盘整区：所谓低位区是相对于前期所出现的高位区而言的，深幅下跌后的低位区往往是市场人气较为清淡的交投区间。在这一阶段，对于耐性不强且没有远见卓识能力的散户投资者来说，除了少量的长线投资者布局外，多数会选择离场观望，因而，此时即是主力建仓的好时机，因为，价格的波动轨迹最终还是要向价值靠拢的，低位区多是股价处于相对历史低估状态的区域，在市场回暖之后，这些低位区的个股是有很大的上涨空间的。

个股具备投资价值区间：对于一些个股来说，由于其业绩增长明确、行业前景喜人，因而，虽然这类个股此时并没有处于历史低位区，但其后期走势仍然是十分可期待的。"价格围绕价值来波动"既是经济学中的基本原理，也是股市中价格长期走势的决定性因素，在个股具备投资价值区间进行建仓，是长线主力最偏爱的一种建仓时机，只要个股的业绩随后持续向好，在其业绩的强有力支撑下，主力是不愁此股没有上涨空间的，其未来获利出局的概率几乎可以达十成。一般来说，这些具有明确投资价值的个股要么出现在熊市末期，由于恐慌性的杀跌导致了股票价格与价值严重背离的情况下，要么出现在那些高速成长的个股当中，这些个股主营业务突出，发展潜力惊人，业绩往往会在随后相当长的时间内持续高速增长。

上市公司出现重大利好或利空消息时：当利好或利空消息发布时，主力会根据实际情况进行操作，有的主力采取正向操作策略，即借利好进行吸筹；而有的主力采取反向操作策略，即借利空进行吸筹。对于利好消息是建仓时机而言，很多投资者都能够理解，因为利好消息往往意味着上市公司的基本面转型，业绩开始持续向好，这些积极的因素是导致主力建仓的原因；对于借利空消息来建仓，一般是基于以下这种情况，即这仅仅是上市公司暂时性的利空消息，主力对于消息的解读能力是远强于散户投资者的，因而，当利空消息使得散户投资者惊慌而逃时，主力正好可以借机建仓。

恐慌性暴跌之后：恐慌性的暴跌多出现于以下两种情况，一，出现在市场投资气氛最高涨的情况下；二，出现在市场大幅杀跌后的最后一跌之中。对于第一种情况来说，由于这一波的恐慌性暴跌并没有改变股价处于高位区间的状态，因而，主力一般是不会贸然介入进行建仓的，此时，多是那些仍抱守着多头思维的散户投资者在逢低加仓；对于第二种情况来说，由于此时的恐慌性暴跌往往出现在个股已处于明显低估状态的背景下，这是空方能量的一次集中释放过程，在目前这个低位，投资者都认为"应该"止跌了，然而事实并非如此，市场给人一种深不见底的感觉，这种市场让投资者产生深深的绝望，超出了大部分人所能承受的心理极限，但主力的操作策略却不会受这种情绪因素影响，可以说，这正好是主力吸筹的时机。如果我们发现个股在这种恐慌性暴跌之后出现了明显的放量反弹，随后股价有效企稳，则多是主力已开始进行大规模的买入操作了。

第二，关注主力建仓的目标个股。根据资金持有者的身份，可以将主力分为公募基金、券商、民间游资、QFII、大小非等，也可以根据主力对于个股的控盘时间长短，将其分为短线主力、中线主力、长线主力。可以说，不同类型的主力有不同的操作理念，其在股市中操作行为的最大不同之处就在于它们所选择的控盘目标个股不同。中长线主力多喜欢吸筹有业绩保障的个股，而短线主力则喜欢追逐具有市场热点、题材概念等因素的个股。基金、券商、QFII等崇尚价值投资理念的主力多属于中长线主力，这些主力由于持有资金庞大，因而往往更侧重于建仓那些可容纳巨额资金出入的大盘蓝筹股。一般来说，中长线主力在介入个股前，往往要对其基本面情况进行分析，基本面分析的优点在于它能较准确地把握股票价格的长期走势，这种基本面分析既包括对于其所属行业前景的分析，也包括对于上市公司发展潜力的分析，进行分析之后，主力会在一个相对较长的时间内来完成建仓；民间游资、大小非、大户形成的联盟、私募基金等多属于短线主力，这些主力资金往往喜欢追逐市场热点，由于其资金实力有限，因而在选择建仓目标股时，多会选择那些股性较为活跃、股本规模相对较小的小盘题材股。

第三，关注主力的建仓手法。当主力确定了建仓目标股并选择了好的建仓时机后，余下的操作就是在二级市场中将其买入，不同的主力往往有截然不同的建仓手法，它们会根据自身的资金实力、打算控盘时间的长短、市场持仓情况等因素来决定使用何种手法进行吸筹。短线主力为了制造市场人气，提高资金利用效率，往往会采用急拉暴涨式的火箭式建仓手法，而中长线主力则多会为了降低持仓成本，采用相对较为缓和的吸筹建仓策略。

2. 震仓阶段

震仓多出现在主力建仓完毕之后、大幅拉升之前，震仓阶段并不是主力控盘过程中的一个必备阶段，它的出现与主力的控盘意图、控盘需要有关。由于在建仓阶段，个股多会在相对低位区出现较长时间的震荡运行，而且随着主力持续的大力买入，个股多出现一定幅度的上涨，这样就会使得很多在此区间买入的市场浮筹处于获利状态，这些底部区买入的市场浮筹会对主力的后期控盘造成极为不利的影响，由于这些市场浮筹是获利筹码，因而当主力拉升股价后，若主力有出货意图，则这些筹码很可能会望风而逃，这会为主力的出货及后期控盘制造障碍，因而，主力有必要在拉升个股前通过震仓操作清理一下这些市场浮筹，从而为后期的整个控盘打下良好的基础。

震仓就是制造一种此股上涨无力或阶段性顶部出现的盘面形态，一般来说，主力多会通过打压的方式让投资者产生错觉，使得处于获利状态的投资者在担心利润消失的心态下匆忙抛出手中个股，而主力则可借机加仓，以进一步增加控盘力度，为后期拉升打下基础。

对于震仓行为，我们是可以有效识别的。首先，震仓所出现的股价位置区间应该是相对低位区（从股价的整体走势来看）；其次，在震仓阶段虽然市场近期的获利筹码较多，但是股价短期内的快速下跌却并没有引发大量浮筹的争相抛售，成交量在股价回调时出现了明显的萎缩形态，这说明大部分的筹码已被有效锁定，这是震仓阶段的典型量能形态；最后，我们可以通过此股前期上涨时的量能形态来识别，一般来说，在震仓阶段出现前，股价走势会呈现出典型的放量上涨、缩量回调的形态，且股价在创出阶段性新高时，量能也多会创出阶段性新高，这说明有主力资金在大力吸筹。

3. 拉升阶段

拉升阶段就是主力利用控盘资金大幅拉高股价的过程，主力资金实力雄厚，通常情况下，主力会将控盘资金分为两大部分，一部分用于建仓，另一部分则用于控制股价或拉升股价。这两部分资金比例是成反比的，如果建仓资金多，由于此时市场浮筹的减少，则主力对二级市场中股价走势的控制能力也会增强；如果建仓资金少，由于此时二级市场中存在大量的浮筹，因而就需要更多的控盘资金来控制股价的走势。在实盘操作中，主力一般会对资金的使用方式进行规划，即多少资金用于建仓吸筹，多少资金用于护盘，多少资金用于拉升，从而保证自己整个控盘过程的成功。

主力在低位区建仓个股是为了后来可以在高位区获利出局，个股长期处于低位区运行并不会让主力达到获利的目的，而且，若期间出现大盘的快速下跌，就会对主力的后期控盘产生极为不利的影响，当主力在低位区进行了预计仓位的建仓后，若此时大盘走势较为理想，市场人气较好，则主力就会将个股引入到拉升阶段，可以说，拉升股价是每一个主力必然要做的一件事情。

主力在拉升过程中会把自己完全暴露出来，当个股以凌厉的升势开始步入升途后，就会露出主力的庐山真面目，这时要研究的问题不是个股中有无主力入注的问题，而是要研究个股的升势如何、是否可以积极地追涨等问题。对于拉升阶段而言，我们可以从以下几点关注主力的拉升行为：

第一，关注拉升时机，时机的重要性不仅体现在建仓阶段，它同样体现在拉升阶段，好的拉升时机多是以大盘走势回暖或较为强势为背景的，选择一个好的拉升时机可以让主力不用花费太多资金就可以将股价拉升上去，起到事半功倍的拉升效果。一个老练的主力并不会逆势而行动，那些逆势而行的庄股往往不会得到广大投资者的跟风，只能成为自拉自唱的品种，轻则抬高了成本，减少了利润，重则前功尽弃，被迫弃庄而产生亏损。据笔者经验来讲，主力常选择以下几种时机进行拉升：

宏观经济走势向好、大盘回暖时：只有在一个宏观经济背景较为良好的前提下，大盘才可能出现回暖向上的走势，股市的交投气氛才较为活跃，此时如果主力适当引导，很多投资者都会出现追涨心理，既方便了主力拉升，让主力在拉升过程可以不必用过多的资金从而降低了控盘的风险，也可以为后期的高位出货打好基础。在大盘回暖的走势下，我们将重点放在个股的独立走势上，此时哪一只股票中的主力实力强大、拉升的势头越明显，则越能吸引场外资金的追捧，从而达到"风助火势，火借风威"的效果。

利好消息发布前：散户投资者在股市中可以听到各种各样的小道消息，这些消息往往都是空穴来风，其可靠性、准确度往往较低，如果仅凭这些消息进行操作，则很有可能出现追涨杀跌的可能，例如，当个股的股价在高位区时，此时传出上市公司要进行资产注入的消息，如果这时买入则要面临较高的风险，因为这很可能是主力为出货刻意制造的传闻。但是与散户投资者的小道消息不同，主力的消息渠道极为优越，他们往往可领先市场一步提前获知上市公司将要发布的重大利好消息，股市炒作的是预期，谁能准确地提前获知一些重大利好消息，谁就取得了主动权，主力可以提前获知利好消息，从而提前拉升个股，当上市公司真正公开这一利好消息时，主力既可借利好进行出货，也可以借利好继续强势拉升此股，从而使自己处于一种进可攻退可守的状态下。

龙头股的启动后：在国内股市中，板块的概念深入人心，很多集团资金由于资金规模巨大，因而往往是一个板块一个板块地炒作，在被主力资金炒作的板块中，总有一些个股因条件优秀而受到主力的率先炒作，其启涨时间、涨势、涨幅往往都是最为突出的，这样的个股称之为龙头股。此时，在同一板块里或同一类题材里就会出现龙头股和跟风股，基于板块的概念及投资者的跟风心理，那些没有上涨或涨幅较小的同类个股也多会在主力的推动下及投资者的追涨下出现补涨走势。

技术指标或技术形态完善时：技术分析方法是股市中预测价格走向最重要的方法，它获得了众多投资者的青睐，其中一些经典的分析方法更是达到了普及的程度，投资者通过技术分析得出的结论进行买卖决策已经成为一种重要手段。于是一些主力利用广大投资者这种依赖技术分析方法的心理，通过自身的控盘能力，把价格走势形态、技术指标形态、量能形态等某些技术方面的盘面数据修得很好，趁技术派看好之时拉升股价，这可以有效得到技术派投资者的认可及配合，减少了拉升的阻力，从而实现成功拉抬股价的目的。

第二，关注主力所使用的拉升手法。有的个股虽然上涨的步调较为缓慢，但其升势维持的时间却极长，有的个股升势持续时间极短，仅是在短短数日内通过连续涨停板的方式实现了短期的大幅上涨，也有的个股在上升过程中配合大盘的走势出现了较为自然的一浪一浪的向上推进，这些上涨方式与主力的拉升手法密不可分，不同的主力有不同的拉升方法，中长线主力与短线主力往往使用截然不同的拉升方法。

对于中线主力而言，当中长线主力入注个股后，其较长的控盘时间往往也体现在它对个股的拉升中，中长线所运作的个股虽然阶段性的涨势往往并不凌厉，但是如果从中长期的角度来看，其累计升幅往往十分惊人，中长线主力常用的拉升方式有台阶式拉升、波浪式拉升、阶段性拉升等，无论使用何种拉升方式，由于中长线主力控盘能力较强，因而，当个股经一波快速上涨创出新高后，往往都能在高位区出现强势运行的状态，而很少出现宽幅箱体震荡的走势。

对于短线主力而言，短线主力资金往往喜欢追逐于市场热点，由于其资金实力有限，因而在选择建仓目标股时，多会选择那些股性较为活跃、股本规模相对较小的小盘题材股，短线主力为了制造市场人气，提高资金利用效率，往往会采用急拉暴涨式的火箭式拉升手法，而且往往会在股价刚刚启动时进行大力度的建仓操作，实现快速建仓、拉升一体化的过程，个股的上涨方式很可能出现一波到顶的走势。

4. 洗盘阶段

除了短线主力对于题材股的拉升往往可以一气呵成以外，大多数个股在上涨过程中总要在途中出现或长或短的停留，这往往是一个消化获利回吐盘压力的过程，也是主力在拉升途中的洗盘过程。

洗盘就是主力清洗市场获利浮筹的过程，它可以出现在主力建仓之后、拉升之前，此时的洗盘多将其称为震仓阶段，通常来说，我们所说的洗盘主要是指在拉升途中出现的洗盘行为。当股价上涨一段时间以后，主力为达到后期继续炒作目的，必需于途中让低价买进、意志不坚的散户抛出股票，让获利有兑现要求的投资者交出自己的筹码，以减轻上档压力，同时让持股者的平均价位升高，以利于施行控盘的手段，达到牟取暴利的目的。主力洗盘的意图和目标是明确的，如果投资者不抛出股票，那么主力就继续反复地进行打压制造恐慌或横盘震荡消磨投资者耐心，通过洗盘，主力可以有效地提高市场的平均成本，扰乱市场投资者的思维方式，等待再次拉升时机的出现，从而方便了主力在随后的继续拉升及出货操作。

对于主力的洗盘阶段而言，我们可以从时间与空间这两方面来关注主力的洗盘行为：

第一，对于主力洗盘的时间来说，主力在洗盘时要把握好节奏，洗盘时间太长，既可能错过好的大盘上涨时间，也会让更多的投资者出现不耐烦的情绪，破坏了此股的追涨气氛，从而不便于后期拉升；洗盘时间过短，往往又无法很好地清理掉市场获利浮筹，不利于主力后期的出货操作。一般来说，洗盘时间的长短既与大盘走势、市场氛围有关，也与主力的控盘时间长短、控盘能力、控盘时间等因素有关，长线主力在洗盘时其时间可能会相对长些，多采用小幅度的横盘震荡方式进行洗盘，短线主力的洗盘时间较短，往往会在拉升途中借大势回调采取快速打压的方式进行洗盘。

第二，对于主力洗盘的空间来说，主力在洗盘过程中股价振荡的幅度大小、洗盘的空间多与大盘走势及主力控盘能力相关。控盘能力较强的中长线主力多会采用高位区小幅横盘震荡走势来消磨投资者的耐心，从而完成慢速洗盘行为；控盘能力较弱的短线主力多会借大盘回调之机顺势打压股价制造见顶假象，从而进行快速洗盘。例如，当大盘走势出现短期深幅回调时，此时持筹力度极大的强控盘主力为了不让市场有机会买到较便宜的筹码，多会进行护盘，而控盘能力较弱的主力则有可能借机顺势打压股价，即可达到洗盘的效果，也可以在洗盘过程中进行低吸高抛的阶段性操作，从而降低持仓成本。由于洗盘的目的是为了后期更好的拉升，因此主力在此期间主要的控盘行为是通过少量的抛售筹码打压股价从而"诱骗"市场获利盘抛出，主力的意图并不在出货。因而，在大盘走势较为稳健时，若个股的跌幅明显大于同期大盘且下跌时量能放大，则说明个股并非处于洗盘阶段，这时投资者应格外注意。

洗盘阶段并不是主力控盘过程中必不可少的一个环节，但是了解洗盘行为无疑对我们大有好处。对于中长线投资者来说，一旦我们确认个股中有中长线主力入注，就可以耐心持股，忽略个股在上涨途中出现的横盘震荡或小幅回调走势，一直持股到上涨走势发出明确的反转信号为止；对于短线投资者来说，了解洗盘行为可以使我们避免在个股的一波回调中的低点抛出，这是因为快速上涨的个股多有短线主力积极运作，只要市场或个股没有重大利空消息出现，我们就不必在个股上涨途中因个股短期内出现的深幅回调而感到恐慌，主力即使在此区域进行出货操作，也多会为了随后可以在相对高位区获利出局，从而进行较为积极的护盘操作，个股股价在回调后仍有上升空间。

5. 拔高阶段

拔高阶段多出现在洗盘之后、个股前期已有较大幅度上涨的情况下，它实际上就是主力二次拉升。拔高阶段中个股走势的急与缓、时间的长与短、涨幅的大与小等主要取决于当时的市场整体气氛及个股的追涨气氛，一般来说，当市场人气旺盛，而主力对个股又仍旧有较强的控盘能力时，主力多会顺势引导个股继续大幅上涨，而不是急于出货，此时个股的拔高走势往往涨幅较大，势头较强；反之，这两个因素较差时，主力甚至会放弃对这一个阶段的运作，转而进行出货操作。

拔高走势的出现源于"越高的股价对于高位的后期出货就越有利"这一原因，从股市中攫取最大的利润是每一个控盘主力的最终目的，这种利润就体现在吸筹时的建仓价位与出货时的出货价位两者之间的差价上。主力的控盘过程虽然计划周全，但在具体运作过程中也会结合当时的实际情况展开，股市的走势变幻不定，作为主力而言，也要做到顺势而为才会大大增加其获利的概率，提高获利的幅度，拔高阶段的出现就是一种典型的主力借市场人气的旺盛而再次推升股价的"顺势"行为。

6. 出货阶段

出货阶段就是指主力将自己手中的筹码在高价位卖出进行套现的一个阶段，它是主力控盘过程的最后一个环节，也是关系到其成败最关键的一个环节，这一环节能否顺利实施，直接关系到整个控盘过程的成败。

主力的整个控盘过程是一个"低吸高抛"的过程，由于我国股市目前仍不存在做空机制，无论对于主力来说，还是对于普通投资者来说，只能通过做多的方式在股市中进行获利（所谓做多，即是指在相对低位区买入股票，随后通过股票的上涨来实现获利，即将推出的融资融券将有望改变这一只能通过做多获利的方式），因而，当主力实施出货操作时，只要我们稍加理性分析，不抱有过分投机的心态，就可以很明显地看出个股股价目前已身处高位，一旦我们发现个股在高位区出现滞涨走势时，就要留意个股中的主力是否有出货行为了，这是因为主力的出货行为意味着高位区风险的到来。

一般来说，当主力认为个股也没有上涨空间、拉升艰难的时候，多会选择出货，就如同建仓行为会改变二级市场中股票筹码的供求关系，从而造成股价出现一定幅度的攀升一样，当主力开始出货时，势必也会造成二级市场中筹码供求关系的失衡，使得个股中的卖方力量明显强于买方力量，因而，在主力出货阶段，我们会看到个股出现滞涨走势，且股价重心往往有下移倾向。相对来说，出货也是主力控盘过程中最难的一个环节，如果主力顺利完成出货，获利必定十分丰厚，任何事物的发展都有一个过程，主力出货时散户未必肯高位接盘，因而，主力就要通过各种手段打消散户投资者的恐高心态。主力出货往往是一个持续时间很长的过程，很多主力多会通过长时间的横盘震荡来麻痹散户投资者的高位风险意识，而且，主力为了可以尽量在高位获利出局，多会选择让股价尽可能长时间地停留于高位区，在这种情况下，只要散户投资者保持一定的警觉，是完全有能力、有机会避开高位被套风险的。

对于出货阶段而言，我们可以从以下两点加深理解主力的出货行为：

第一，关注主力的出货时机。"时机"的重要性我们已在前面的建仓阶段及拉升阶段有所介绍，对于出货阶段而言，好的时机同样重要，很多主力之所以可以在高位区完成大量仓位的出货行为，就在于它把握住了好的时机，那么，主力一般会选择何时出货呢？

达到计划目标价位时：主力对于个股的炒作，其最大的特点就是计划明确，主力，特别是中长线主力在入注个股前往往都会对建仓成本、出货价位有一个大体估算，一般来说，中长线主力对于个股的目标价位要求会更高一些，这与中长线主力控盘时间较长、资金周转规模较大等因素有关，而短线主力对于目标位的要求往往相对低一些。此外，目标价位的高低还与主力的控盘能力强弱有关，强控盘主力自然会凭借其强大的控盘能力将股价运作得更高，能力较弱的主力往往会结合大盘走势择机出货，其出货价位相对较低。对于普通投资者来说，我们不是主力，因而并不清楚主力的目标价位究竟是多少，但我们可以从盘面走势中了解到主力的控盘能力强弱、主力的类型（中长线主力还是短线主力），在了解了主力的这些特点之后，就可以对主力炒作的目标价位有一个大体估算了。

利空出现时：很多上市公司突发的利空消息往往会使已经进入此股的主力很被动，在利空消息的带动下，已持有股票的投资者往往有较强的抛售意愿，若此时的股价并不具有估值优势，则主力很可能因为吸筹力度不够且后备资金实力有限，促使其无法承接这些抛盘，而可能借利空先减掉一部分仓位，从而降低其控盘风险，这种出货多是出于战略上的考虑，若利空并非是重大利空，则主力多会在未来的更低价位接回这部分筹码，反之，若利空属于重大利空，则主力很有可能认赔出局。

利好兑现时：股市是一个预期性极强的市场，"利好消息刺激股价上涨"无疑就是这种预期性的最好体现。每当上市公司公布利好消息时，总会使得此股的买卖交投变得越发活跃，利好消息激发了散户投资者的热情。一般来说，利好消息会引发更多的买盘介入，这为主力大力出货提供了便利的条件，一些主力若觉得上市公司所公布的消息其利好程度有限，而股价又达到了其炒作目标，就多会借助这种良好的市场氛围进行大力出货。

传言增多时：短线主力在炒作题材股时，往往会借助市场传闻来引起投资者的关注，当一只个股在短线主力的大肆炒作下已出现了巨大的涨幅后，若此时关于此股的"传言"明显增多，而股价又出现滞涨，则多是短线主力开始出货所引起的，投资者一定要辩证地看待市场传闻。据笔者经验来说，真正的利好消息在其公开公布前，除了极为少数的主力外，普通的散户投资者是无法从传闻中获知的。

第二，注意区别主力的出货行为与洗盘行为。前面我们讲过主力的洗盘行为，值得注意的是，洗盘阶段的走势往往与出货阶段的走势较为相似，那么，我们应如何区分这两种形态呢？

首先，我们应明确，主力的洗盘行为其目的是为了清洗市场中的获利浮筹，提高市场平均持仓成本，从而为后期继续拉升、出货等控盘行为打下好的基础。在洗盘阶段，主力的主要操作行为并非大量出货，因而，二级市场中的筹码供求关系并不会出现明显的失衡，此时股价的走势虽然会出现一定的震荡，但一般不会出现出货阶段时股价重心逐渐下移的走势，而且，其股价波动范围在主力的维护下往往较小；反之，在出货阶段，由于主力高位护盘不积极，股价极有可能出现较大幅度的震荡形态。

其次，洗盘时所出现的位置区间与出货时的位置区间也存在着较大的区别，洗盘是出现在上升途中的，虽然其前期个股已有一定的涨幅，但是其累计涨幅往往并不会过大，此时的股价估值状态也仍然可以接受，从此股价格的中长线走势来看，这时一般不会处于历史高位区；反之，出货是主力控盘的最后一个阶段，此时的个股累计涨幅往往十分惊人，其估值状态也多是处于明显的泡沫区间，从此股价格的中长线走势来看，多会处于历史走势中的相对高位区。

最后，我们还可以通过盘面形态来有效地识别洗盘阶段与出货阶段，在洗盘阶段出现前的价格上涨走势中，多会呈现出典型的量价齐升形态；反之，在出货阶段前的价格上涨走势中，往往会呈现出量价背离形态，而在出货阶段的价格走势则多呈现出脉冲式放量的量能形态，这种脉冲式的量能形态在洗盘阶段却是极为少见的。

筹码分布分析方法

筹码，是某一物品的持有人用以证明自己拥有某种权利的文书和凭证，在股市中，我们常用"筹码"这个概念来指代可用于交易的股票。筹码和现金是可逆互换的，投入股市的资本都是现金，二级市场的交易保证了其可行性，筹码分布理论就是研究筹码和现金可逆互换的理论。"筹码分布"也称为"流通股票持仓成本分布"，在股票行情软件中的名称一般为"成本分布"或"移动成本分布"，对于其研究所得到的理论可称之为"筹码理论"或"筹码分布理论"，筹码分布理论的主要作用在于估算市场的持仓成本。

投资者的持仓成本状态、持仓成本变化方式对股价的走势有着极为重要的影响，筹码理论的核心问题是筹码的成本，筹码分布理论通过分析个股的持仓成本分布状态、流通筹码的转移情况，进而预测价格的后期走势。

筹码分布与筹码转移

在股票市场中，随着交易的达成，股票筹码也从一个投资者手中转移到了另一个投资者手中，股票价格是随时变化的。

所谓筹码分布就是指个股某一时间点的全体流通盘在不同价格区间上的分布情况，一些投资者在相对高位区买进后持有，则这些筹码就会分布在相对的高位区，一些投资者在相对低位区买进后持有，则这些筹码就会分布在相对的低位区。筹码分布反映了一只股票的全体投资者在全部流通盘上的建仓成本和持仓量，它是一个静态的概念，当我们说到"筹码分布情况"时，就是特指某一时间点上的筹码分布情况。为了更好地体现出某一时刻一只个股的全体流通筹码在各个价位上的分布情况，筹码理论以筹码分布图将其直观形象地表现了出来。在一般的股票行情软件中，都有筹码分布图，筹码分布图与K线图处于同一坐标系中，可以让我们清晰地看到某一时间点上个股流通盘的筹码分布形态。

筹码分布仅仅是一个静态的概念，它就像一张照片，拍下了个股在某一时间点上的筹码分布情况（即持仓成本分布情况），但股票交易是一个连续的过程，仅仅通过筹码分布这个静态的写照，我们是难以理解个股的价格运行趋势、持仓成本变化过程的，此时，我们就应关注筹码的转移。如果说"筹码分布"是一个静态的概念，仅反映了筹码在某一具体时间的分布状态，那"筹码转移"则是一个反映筹码如何流动的动态概念。所谓筹码转移，是指个股的筹码随着价格的上涨或下跌，从一些投资者手中转移至另外一些投资者手中的过程，筹码的转移过程就是一个筹码不断换手的过程，随着价格的上涨或下跌，筹码在换手时的价格也在不断地变化。例如，在价格向下的运动过程中，市场的平均持仓成本是逐渐减少的，高位区买入的筹码为了减少亏损会在价格下跌过程中折价卖出，原来的高价位筹码也在逐渐地变为低价位的筹码；反之，在价格上升的运动过程中，市场的平均持仓成本是逐渐增加的，在低位区买入的筹码会在高位区转手卖出，原来的低价位筹码也在逐渐地变为高价位的筹码。在日K线图上，随着光标向右移动，K线图的右侧便会显示出筹码是如何随着股价的变化而不断地转移，这也是市场持仓成本不断变化的过程。

筹码密集形态与发散形态

不同的筹码分布形态往往蕴含了不同的市场含义，在结合价格具体走势的基础上，我们可以通过筹码分布形态来更好地理解市场的当前所处状态。一般来说，筹码分布往往会呈现出两种较为典型的形态，一种是密集形态，一种是发散形态。

筹码密集形态是指个股几乎全部的流通筹码都密集地分布在一个或几个相对狭小的价格空间内，从而形成一个或几个密集峰形的分布形态。一般来说，如果一只股票在某一个价位附近横盘了很长时间，那么就会造成横盘区上方和下方的筹码向这个横盘区集中，从而造成了在狭小的横盘区价格空间内聚集了该只股票绝大多数的筹码,进而形成密集形态。对于密集形态而言,我们可以依据密集峰的数量将密集形态细分为单峰密集、双峰密集、多峰密集3种。

单峰密集是指个股几乎全部的流通筹码都密集地分布在一个相对狭小的价格空间内,它表明该股票的流通筹码在某一特定的价格区域内充分集中。一般来说,个股长期在某一价位附近做横盘震荡走势是形成单峰密集形态的主要原因,单峰密集形态多出现在个股长期下跌后的底部横盘区、上升途中的横盘震荡区、长期上涨后的顶部横盘区。当单峰密集出现在底部区时,此时多是主力作为买方,而普通投资者作为卖方,这种底部区的单峰密集形态是个股后期上涨的原动力;当单峰密集形态出现在上升趋势末期的顶部区时,此时多是主力作为卖方,而普通投资者作为买方,这种顶部区的单峰密集形态是预示个股后期下跌的标志。

双峰密集是指个股几乎全部的流通筹码都密集地分布在两个相对狭小的价格空间内,多峰密集则是指个股几乎全部的流通筹码都密集地分布在两个以上相对狭小的价格空间内。双峰密集与多峰密集形态多是在个股上涨途中或下跌途中出现,由于在上涨途中或下跌途中,个股经历了盘整走势,从而使得在盘整区聚集了较多的流通筹码,相应地便形成了一个密集形态。我们把价格在上涨途中出现的多峰密集形态称为上涨多峰,此时,上密集峰的出现源自于一部分筹码的获利回吐,上密集峰的筹码来自于下密集峰,随着后续买盘的不断推动,股价最终将脱离上密集峰再次向上运行;同理,价格在下跌途中出现的多峰密集形态称之为下跌多峰,此时,下密集峰的筹码是由上密集峰转移而来,随着后续卖盘的抛出,股价最终将脱离下密集峰再次向下运行。

利用筹码理论理解价格的涨跌循环

一轮行情发展都是由筹码转移开始的,又因筹码转移而结束。股票的走势在表象上体现了股价的变化,而其内在的本质却体现了持仓成本的转换,筹码转移不仅仅是股价的转换,更重要的是持仓筹码数量的转换。为了更好地理解价格的涨跌循环走势,我们可以将筹码分布形态、筹码转移过程、主力控盘过程这几个因素进行综合分析,低位充分换手是主力吸筹完成的标志,此时的个股往往会形成低位单峰密集形态,高位充分换手是主力出货完成的标志,此时的个股往往会形成高位高峰密集形态。

我们知道,主力的控盘过程大体由4个阶段构成:建仓阶段、拉升阶段、洗盘阶段和派发阶段,这4个阶段即构成了一个完整的主力低吸高抛的过程。在建仓阶段,主力的主要目的是尽可能多地买入筹码,这就要求市场流通筹码在此区域实现较为充分的换手,筹码只有经过这种较为充分的换手之后,才有可能落入主力的口袋之中,满足主力的吸筹数量,主力在建仓阶段所买入的筹码数量越多,则其控盘能力就越强,未来的利润量就越多,筹码在低位区实现充分换手之后,势必会形成低位单峰密集形态,这种筹码分布形态是主力建仓的典型标志之一。

拉升阶段是一个股价持续走高的过程,也是筹码不断上移的过程,筹码分布往往呈现出发散形态。一般来说,在拉升阶段,如果主力已持有较多的流通筹码,则拉升时只需不多的控盘资金即可在大势较好的情况下快速拉升股价,此时可以发现,低位区的筹码向上转移的速度较慢，这恰恰说明了大部分的低位区筹码都落入了主力手中；反之，如果主力持有的低位区筹码数量较少，则市场中浮筹就会相对较多，主力在拉升过程中就会动用相对较多的控盘资金，此时可以发现，低位区的筹码向上转移的速度较快。

在上升途中，主力会用部分筹码打压做盘，同时又承接抛压筹码，但其大部分筹码仍旧按兵不动地锁定在吸筹区域，等待拉高获利卖出，拉升途中的这种手法可称之为洗盘。由于洗盘时个股往往会在一个相对狭小的价格空间内来回震荡，实现较大的换手，因而，在洗盘阶段后，筹码分布图中多会在这一位置区间形成一个密集峰。

当股价出现了大幅上涨走势后，主力就会有获利出局的愿望，此时，个股进入主力的出货阶段，在出货阶段，主力的主要目的是尽可能多地卖出筹码，这就要求市场流通筹码在此区域实现较为充分的换手，只有筹码经这种较为充分的换手之后，才有可能使筹码从主力的手中转移至普通投资者的手中，主力在出货阶段所卖出的筹码数量越多则利润量就越多，筹码在高位区实现充分换手之后，势必会形成高位单峰密集形态，这种筹码分布形态是主力出货的典型标志之一。

技术指标分析方法

技术指标法是技术分析中极为重要的分支，技术指标分析法是以数字量化的思路，将交易过程中所产生的某些数据以一定的数学方法绘制成曲线或图表，进行预测价格走势的方法。技术指标分析法所依据的交易数据主要包括相应时间周期内的开盘价、收盘价、最高价、最低价及成交量，不同的技术指标会使用不同的交易数据，遵循不同的计算方法（通过某种运算关系建立一个数学模型，并给出数学上的计算公式），从而得到相应的数值——指标值，将指标值连成平滑的曲线就得到了指标线，指标线之间的交叉关系及运行形态是我们利用技术指标分析价格走势时最重要的内容。

一般来说，我们可以把各种技术指标分成以下几类，即趋势类指标、能量类指标、成交量类指标、摆动类指标、大盘类指标。不同类的技术指标有不同的侧重点，例如，趋势类指标主要侧重于解读、分析价格的总体运行趋势情况，是在一个较大的时间跨度内解读价格的运行情况，而摆动类指标则是侧重于解读价格短期内的波动情况，是在一个较短的时间跨度内分析价格的运行方式，因而，如果我们想要对股市运行情况、价格走势运行情况有一个更为全面细致的了解，就不能在使用指标时局限在某一个指标或某一类指标，而应根据需要综合运行各类指标，这样，在运用指标分析预测价格走势时才能做到更准确。

趋势类指标

市场或个股的走势存在趋势运行的特点，我们可以把价格的运行趋势分为 3 种：上升趋势、下跌趋势、横盘震荡趋势，而趋势类指标就是反映市场运行趋势的数字化表现形式。趋势类指标是以均线为基础，根据目前趋势所处的阶段（上升阶段、平台阶段、下降阶段）及当前价格处于趋势线的不同位置，来作出买卖指导。趋势是有形成、发展、加速、转向这种转变过程的，它的形成及延续具有一个相对较长的时间跨度，无论是短期趋势还是中长期趋势，一旦趋势形成就极有可能持续下去。趋势类指标就是在一个大方向的基础上反映市场或个股的这种大趋势运行特点，基于趋势运行的稳定性、长时性，那些反应趋势运行特点的趋势类指标普遍具有较为稳定的特点，不易人为操作骗线，因而受到很多投资者的青睐。

趋势类指标主要包括移动平均线（MA）、指数异动平滑平均线（MACD）、动量指标（MTM）、三重指数平滑指标（TRIX）、趋向指标（DMI）、瀑布线（PBX）等，其中移动平均线、指数异动平滑平均线最为常用。关于如何应用这两种指标实施买卖操作，我们会在第三篇中结合实例详细介绍。

能量类指标

当市场买盘力量大于卖盘力量时，在相应的时间段内，其股价将会呈现出上涨走势；反之，当市场卖盘力量大于买盘力量时，在相应的时间段内，其股价将会呈现出下跌走势。买盘与卖盘力量的对比情况、转化情况直接决定着个股的涨跌。能量类指标通过研判市场上的多空力量对比情况、市场做多能量或做空能量的情况，以此作为着手点来预示价格的走势。

能量类指标主要包括人气意愿指标（ARBR）、中间意愿指标（CR）、心理线（PSY）、容量比率指标（VR）等。

成交量类指标

成交量是市场交锋程度的体现，成交量的增加或缩小都蕴涵了一定的市场含义，美国著名的证券分析专家格兰维尔说过，"成交量是股票的元气，而股价是成交量的反映罢了，成交量的变化，是股价变化的前兆。"这句话简单直接地说出了成交量的重要作用，成交量指标是以"成交量"这一数据信息为核心，通过一定的数学运算方法得出数学模型，以反映量能的变化趋势、买卖盘变化的程度等信息。由于成交量类指标主要以成交量这一数据为核心，并不是以价格作为指标的直接参数，因此，在使用成交量类指标时，投资者应结合可以反映股价走向的趋势类指标进行综合判断。

成交量类指标主要包括成交量（VOL）、均量线、量相对强弱指标（VRSI）、能量潮（OBV）等。

摆动类指标

摆动类指标是以统计学理论为基础，根据某一段时间内的价格波动区间及某一时间点处于这一价格波动区间的位置情况，来作出买卖判断。

摆动类指标的基本原理是：一定幅度（强度）的上涨就是卖出的理由，一定幅度（强度）的下跌就是买入的理由。摆动类指标是典型的短线操作短线指标，在震荡市中，摆动类指标是一种很理想的实用指标。在持续的升势或跌势中，由于价格走势往往沿某单一方向快速变化，此时的摆动类指标就会出现钝化现象，可以说，只有对价格的总体走势有一个较为清晰准确的认识，我们才可以更有效地应用摆动类指标开展实盘操作。在实盘操作中决定是否应使用摆动类指标时，我们可以首先应用趋势类指标分析价格的总体走势情况，当发现价格处于单边的快速上涨或下跌走势中时，此时不宜盲目应用摆动类指标，若价格走势处于震荡状态，则可积极地利用摆动类指标开展实盘买卖。

摆动类指标主要包括随机摆动指标（KDJ）、相对强弱指标（RSI）、乖离率（BIAS）等，其中随机摆动指标（KDJ）最为常用，关于如何应用这一指标实施买卖操作，我们会在第三篇中结合实例详细介绍。

大盘类指标

大盘类指标是指那些专门用于判断大盘走势的指标，这一指标的目标对象是股市全体，即市场整体运行状况。大盘类指标主要包括上涨家数对比（A/D）、涨跌比率（ADR）、腾落指数（ADL）、绝对广量指标（ABI）、广量冲力指标（BTI）、麦氏综合指标（MSI）、指数平滑广量交易指标（STIX）、麦克连指标（MCL）、阿姆氏指标（ARMS）、超买超卖指标（OBOS）等。在实际运用中，涨跌比率、广量冲力指标这两个指标最为常用。

从 K 线形态展开交易

利用大阳线展开实盘买卖

单根 K 线的表现方式有许多种，例如大阳线、大阴线、小阳线、小阴线、下影阳线、下影阴线、上影阳线、上影阴线、十字星等，由于时间周期以"日"为单位的 K 线走势图最为常用，因而，本节中所讨论的单根 K 线形态也是以日 K 线为对象的。每一个交易日的 K 线都包含了开盘价、收盘价、最高价、最低价 4 个要素，当日价格的不同波动方式也会形成不同的单日 K 线形态，通过当日 K 线形态，我们可以很直观清晰地看到股价当日的波动情况，而且，单日 K 线形态也蕴涵了相应的市场多空含义，它是我们预测价格短期走势的依据。那么，常见的单日 K 线形态有哪些呢？这些单日 K 线形态又蕴涵了怎么样的市场多空含义呢？本节及随后几节中，将详细介绍如何利用单日 K 线形态解读价格走势，以及如何利用单日 K 线形态展开实盘操作。

大阳线是实体较长而影线相对较短的阳线，它表明个股当日上涨幅度较大，代表多方力量强大，是个股看涨的信号。日 K 线图中的大阳线，代表了多方在当日取得完胜；而周 K 线图中的大阳线，则代表多方在这一周取得了完胜。一般来说，日 K 线的大阳线易受偶然因素影响，在不结合股价前期具体走势时，我们不能仅凭单日的大阳线而认为多方处于明显的主导地位；而周 K 线的大阳线由于时间跨度相对较长，因此在多数情况下可以较好地反映市场当前的多空力量对比情况。

在分析日 K 线图中的大阳线时，我们应结合个股的前期走势来综合分析，如果大阳线出现在股价连续走高过程中，即在个股处于主升浪走势时，大阳线无疑是多方力量充足、占据主导地位的体现，也是个股加速上涨的信号，此时投资者可以积极持股待涨；如果大阳线出现在个股相对高位区的横盘震荡走势之中，则这种大阳线很可能是主力刻意制造的"放量大阳线"形态，它并非是市场买盘充足的真实体现，此时投资者不宜盲目追涨；如果大阳线出现在下跌途中的反弹走势中，则往往是多方力量的昙花一现，它的偶然出现不能说明多方已开始占据优势。

利用大阴线展开实盘买卖

大阴线是实体较长而影线相对较短的阴线，它表明个股当日下跌幅度较大，代表空方力量强大，是个股看跌的信号。日 K 线图中的大阴线，代表了空方在当日取得完胜；而周 K 线图中的大阴线，则代表空方在这一周取得了完胜。一般来说，日 K 线的大阴线易受偶然因素影响，在不结合股价前期具体走势时，我们不能仅凭单日的大阴线而认为空方处于明显的主导地位；而周 K 线的大阴线由于时间跨度相对较长，因此在多数情况下可以较好地反映市场当前的多空力量对比情况。

与分析单日大阳线的方法相同，在分析日 K 线图中的大阴线形态时，我们也应结合个股的前期走势来综合分析，如果大阴线出现在股价连续走低过程中，即在个股处于下跌趋势中时，大阴线无疑是空方力量强大、占据主导地位的体现，也是个股加速下跌的信号，此时投资者不宜贸然抄底入场；如果大阴线出现在个股相对低位区的横盘震荡走势之中，则这种大阴线很可能是主力打压吸筹的表现形态，它并非是市场抛压沉重的真实体现，此时投资者不宜盲目割肉出局；如果大阴线出现在上涨途中的回调走势中，则往往是由于前期获利盘回吐造成的，它的偶然出现不能说明空方已开始占据优势。

利用其他单日K线形态展开实盘买卖

大阳线与大阴线无疑是单日 K 线形态中最为重要的两种形态，它们一个是多方力量强大的体现，一个是空方力量强大的体现。大阳线是实体较长的阳线形态，它的形成过程往往是这样的：多方力量在当日开盘后占据主导地位，从而推升股价节节走高，使得开盘价与当日的最低价较为接近，而收盘价则与当日的最高价较为接近，从而形成大阳线形态。

大阴线是实体较长的阴线形态，它的形成过程往往是这样的：空方力量在当日开盘后占据主导地位，从而推升股价节节走低，使得开盘价与当日的最高价较为接近，而收盘价则与当日的最低价较为接近，从而形成大阴线形态。我们除了要理解这两种典型的单日 K 线形态外，还应了解以下几种单日 K 线形态，即上影阳线、上影阴线、下影阳线、下影阴线、十字星。

上影阳线

上影阳线是一种带上影线的阳线形态。要想理解上影阳线所蕴涵的市场含义，我们应首先了解上影阳线的形成过程：个股当日开盘后，多方力量占据一定优势，随后，多方于开盘后或盘中发动攻击，但当股价上冲到某一高位后，遭遇到了空方强大的抛压，使股价上升受阻，并出现了一定幅度的回调，但在收盘时的收盘价仍然要高于开盘价，因此形成了一个带上影线的阳线实体。由于当日以阳线形态报收，故在多空双方的总体交锋中，多方占据一定优势，但长长的上影线也说明个股的空方抛压不小，预示着个股随后的上涨走势不容乐观。在利用上影阳线进行实盘操作时，我们还要结合个股的整体走势来做综合分析。

可以说，上影阳线的出现蕴涵了两方面的市场信息，一，多方在当日曾经力图拉升过股价，二，多方拉升的结果并不是很成功，因为在收盘前股价相对于拉升时的最高价出现了一定程度的下跌。我们可以通过比较影线与阳线实体的长短来判定个股中多方与空方的力量对比情况，若是上影线比实体短，则说明虽然多方在高价位遇到了阻力，但多方仍是市场的主导力量，后市继续看涨；若是上影线比实体长，则说明空方的抛压较重，如果个股此时前期的涨幅较大或近期上涨速度较快，则说明多方已无力再次发动大幅拉升，是个股短期内出现大幅下跌的信号。

上影阴线

上影阴线是一种带上影线的阴线形态。要想理解上影阴线所蕴涵的市场含义，我们应首先了解上影阴线的形成过程：个股当日开盘后，多方力量占据一定优势，随后，多方于开盘后或盘中发动攻击，但当股价上冲到某一高位后，遭遇到了空方的强大抛压，随后，在卖盘不断涌出的情况下，价格持续下跌直至收盘，收盘价基本是全天的最低价，因而形成了一个带上影线的阴线实体。由于当日以阴线形态报收，故在多空双方的总体交锋中，空方占据一定优势，但长长的上影线也说明个股受到了多方的关注。在利用上影阴线进行实盘操作时，我们还要结合个股的整体走势来做综合分析。

可以说，上影阴线的出现蕴涵了两方面的市场信息：一，多方在当日曾经力图拉升过股价，但多方拉升的结果并不成功；二，空方的抛压仍然较强，因为个股在当日收盘后是以阴线形态报收的。我们可以通过比较影线与阴线实体的长短来判定个股中多方与空方的力量对比情况，若是上影线比实体短，则说明空方抛压沉重，是个股看跌的信号，若是上影线比实体长，则说明多方力量较强，如果个股此时前期的跌幅较大或近期下跌速度较快，则说明空方已无力再次大幅打压股价，是个股短期内将出现反弹上涨的信号。

下影阳线

下影阳线是一种带下影线的阳线形态，最高价与收盘价相同或相近，是一种先跌后涨的K线形态。要想理解下影阳线所蕴涵的市场含义，我们应首先了解下影阳线的形成过程：个股当日开盘后，空方力量占据一定优势，随后，空方于开盘后或盘中发动攻击，但当股价下跌到某一低位后得到买盘的支撑，随后，在买盘不断涌入的情况下，价格一路上扬直至收盘，收盘价基本是全天的最高价，因此形成了一个带下影线的阳线实体。由于当日以阳线形态报收，故在多空双方的总体交锋中，多方占据一定优势，但长长的下影线也说明个股的空方抛压不小，预示着个股随后的上涨走势不容乐观。在利用下影阳线进行实盘操作时，我们还要结合个股的整体走势来做综合分析。

可以说，下影阳线的出现蕴涵了两方面的市场信息，一，空方在当日曾经力图打压过股价，二，空方的打压并不成功，因为多方在收盘前不仅收复了失地，而且还把股价再度向上推高。我们可以通过比较影线与阳线实体的长短来判定个股中多方与空方的力量对比情况，若是下影线比实体长，则说明虽然空方在低位区遇到了多方的承接，但空方的抛压仍然较为沉重。若是下影线比实体短，则说明空方的抛压较轻，多方所占据的优势还是相对较为明显的。

下影阴线

下影阴线是一种带下影线的阴线形态。要想理解下影阴线所蕴涵的市场含义，我们应首先了解下影阴线的形成过程：个股当日开盘后，空方力量占据一定优势，随后，空方于开盘后或盘中发动攻击，但当股价下跌到某一低位后，得到了买盘的支撑，股价开始出现回升，但是回升幅度并不大，使得收盘价仍要明显低于当日的开盘价，因而形成了一个带下影线的阴线实体。由于当日以阴线形态报收，故在多空双方的总体交锋中，空方占据一定优势，但长长的下影线说明空方在盘中的做空力量较足。在利用下影阴线进行实盘操作时，我们还要结合个股的整体走势来做综合分析。

可以说，下影阴线的出现蕴涵了两方面的市场信息：一，空方在当日曾经打压过股价，且多方的反击力度不大；二，空方的抛压仍然较强，因为个股在当日收盘后是以阴线形态报收的。我们可以通过比较影线与阴线实体的长短来判定个股中多方与空方的力量对比情况，若是下影线比实体短，则说明空方抛压沉重，是个股看跌的信号，若是下影线比实体长，则说明多方力量较强，如果个股此时前期的跌幅较大或近期下跌速度较快，则说明空方已无力再次大幅打压股价，是个股短期内将出现反弹上涨的信号。

在实盘操作中，我们一定要结合价格的实际走势及下影阴线形态中实体与影线长度的对比情况来进行具体分析，当影线较长的下影阴线出现于短期急速上涨之后或是大幅累积上涨后的中高价位区，则是市场高位抛压沉重的表现，这往往是主力机构在高位减磅派发所致，是价格走势即将出现回调的信号，投资者应考虑及时出货。反之，若是影线较长的下影阴线出现在个股短期急速下跌之后或是跌幅累积巨大的情况下，则多意味着多方已经开始加速入场，而空方抛压正逐渐减轻，是个股阶段性上涨或反弹走势即将出现的信号。

十字星

十字星是一种没有实体或实体很短，且上下影线长度相近的 K 线图形，十字星形态开盘价与收盘价的价位基本相同，是一种买方与卖方势均力敌的表现形态。在研判十字星形态时，我们既要看十字星形态中影线的长短，也要看十字星所出现的股价运行位置区间。影线的长短反映了多空双方在盘中的交锋程度，影线越长，说明多空双方的分歧越明显，交锋越剧烈。十字星出现在不同的位置往往有不同的含义，比如出现在急跌后的低点，急涨后的高点，则多是一种短期内走势即将反转的信号。如果出现在上涨初期或下跌初期，则多是一种趋势仍将继续的信号。当十字星出现在持续下跌末期的低价区，则称为希望之星，这是见底回升的信号，当出现在持续上涨之后的高价区，则称为黄昏之星，这是见顶转势的信号。

利用孕线与抱线展开实盘买卖

孕线与抱线是典型的双日 K 线组合形态，它们出现在价格上涨走势或下跌走势后，往往是价格走势阶段性反转的信号，在介绍这两种典型的双日 K 组合形态前，我们首先来看看如何通过两根 K 线的位置关系来解读其所蕴涵的多空含义。双日 K 线组合所蕴涵的多空信息是通过它们之间的位置关系反映出来的，第一个交易日的K线是判断行情的基础，而第二个交易日的K线则是判断行情的关键，我们可以把第一个交易日的K线由上至下划分为5个区域，从区域1到区域5是多方力量减少、空方力量增加的过程。通过比较第二个交易日K线处于第一个交易日的哪一个区域，即可通过这两个交易日的组合形态解读出市场多空信息。

孕线是一种典型的双日组合K线形态，它往往出现在一波上涨走势或下跌走势之后，是价格走势阶段性反转的信号。孕线是一种前长后短的组合形态，前面一根K线是长线，后面一根K线为短线，后面一根K线的最高价和最低价均不能超过前一根K线的最高价和最低价。

一般来说，我们可以把孕线分为阳孕线（也称为看涨孕线）与阴孕线（也称为看跌孕线），如果第一根K线为阴线、第二根K线为阳线，则这种孕线称之为阳孕线，阳孕线多出现在价格一波下跌走势后的相对低位区，是个股短期内即将上涨的信号，故阳孕线也称为看涨孕线，如果第一根K线为阳线、第二根K线为阴线，则这种孕线称之为阴孕线，阴孕线多出现在价格一波上涨走势后的相对高位区，是个股短期内即将回调的信号，故阴孕线也称为看跌孕线。

我们可以这样理解阳孕线（看涨孕线）的形成过程：价格在经过近期一波较大幅度的下跌后，首先出现了一根惯性下跌的大阴线，这说明市场的抛压仍然较为沉重，但出现在个股近期较大幅度下跌之后的大阴线往往也预示着做空动能已处于过度释放状态，在大阴线出现后的下一个交易日，股价非但没有惯性低开，反而出现高开高走的形态，这说明市场做空力量已经不足，且多方力量有发动反击的势头，因而是价格阶段性上涨走势即将展开的信号。

我们可以这样理解阴孕线（看跌孕线）的形成过程：价格在经过近期一波较大幅度的上涨后，首先出现了一根惯性上涨的大阴线，这说明市场的做多气氛仍然较为热烈，但出现在个股近期较大幅度上涨之后的大阳线往往也预示着做多动能已处于过度消耗状态，在大阳线出现后的下一个交易日，股价非但没有惯性高开，反而出现低开低走的形态，这说明市场做多力量已经不足、且空方力量有发动反击的势头，因而是价格阶段性下跌走势即将展开的信号。

利用红三兵与黑三鸦展开实盘买卖

红三兵与黑三鸦是两种典型的三日K线组合形态，它们一个出现在价格一波下跌走势之后，是价格止跌回升的信号，一个出现在价格一波上涨走势之后，是价格滞涨回落的信号。

红三兵是多方力量占据一定优势的表现形态，它由三根实体、影线都相对短小的红色阳线构成，是一种看涨信号。在实盘中我们还应注意，并非每一种由三根实体、影线都相对短小的阳线构成的K线组合形态都是股价看涨的红三兵形态，一般来说，只有在一波明显的下跌之后，或是相对低位区的盘整走势之后出现这种三连阳的形态才可以称作红三兵，才是价格止跌回升的信号，也是我们短线或中长线的买股信号。

常见的底部K线形态

底部与顶部是一组相对的概念，底部是深幅下跌后、股价已跌无可跌的区域，顶部则是大幅上涨后、股价已涨无可涨的区域，下面我们就从市场交易行为本身和量能特点出发，来看看何时出现底部、底部的特征有哪些？

假设市场经过了轰轰烈烈的下跌，在某个相对的低位有跌不下去的现象，这时股市所处的位置不仅是阶段性的低点，而且也极有可能是近一年、甚至近几年内的低点，下跌走势不可能一直持续下去，当股市的走势打破了原有的急跌或缓跌走势后，即在深幅下跌后的低位区出现了较长时间的止跌企稳走势时，这一区域就称之为底部区，那么，何为"较长时间"的止跌企稳走势呢？止跌企稳走势就是股价重心不再下移，它既可以是价格重心的缓慢上移，也可以是股市的横盘震荡走势，而"较长时间"的判断标准则要结合股市的前期走势及这一区域的量能形态来综合判断。

当市场或个股经深幅下跌步入底部区后，往往会走出一些经典的K线组合形态。这些经典的K线形态不仅可以有效地帮助我们及时发现底部的出现，而且也可以让我们通过这些形态更好地理解多空双方力量的转变过程。通过经典的底部形态，我们可以很好地预知价格走势的见底回升即将出现，这种"通过经典的底部形态预测价格后期走势"的分析方法也有着充分的理论依据，它基于技术分析的第三大假设：历史往往会重演。

心理学研究表明，在相似的环境及情绪下，人们往往有着相似的行为，在股市中，投资者的买卖行为集中体现在每一交易日的价格波动情况（通过K线形态得以反映）及成交量之上，价格走势、成交量等方面的盘面数据在表面上看来是市场交易行为的结果，但它却是投资者内在心态、情绪的反映，人们通过对以往的价格走势进行分析，相似的价格形态和交易数据下往往都能演变出相同的后期走势，这是由于相类似的图形往往反映了投资者共通的心理预期。因而，通过研究历史中的价格走势等数据信息，我们就可以在此基础之上，以史为鉴，从而更好地预测未来的价格走势情况。下面我们就来看看常见的底部形态有哪些？

V形底

V形底又称为尖底，是价格走势中较为迅速、强烈的底部反转信号，一般是在市场出现较大的利多或短期内股价跌幅巨大的情况下产生的，通常是由于投资者恐慌性抛售，使股票价格跌到了偏离股票内在价值的低位，是报复性上涨的结果，该形态的底部只出现一次，而且其在低位停留的时间一般很短。

V形底的形成过程是这样的：股价先是连续快速大幅下跌，市场处于极度恐慌状态，股价随即形成单日或双日V形反转，并伴随着成交量的急剧放大，股价大幅度回升。在应用V形底形态进行实盘买卖时，我们一定要关注以下两点：一，股价的累计跌幅，二，V形底形态出现时的量能效果。

一般来说，只有在深幅下跌后的低位区出现的V形反转走势才是买盘大力介入的表现，是多方力量开始反击的信号，也才是更为可靠的底部反转信号，而出现在下跌途中的V形上涨走势很可能是个股的阶段性反弹走势。如果投资者无法具体把握好何为"跌幅较深"这个尺度，那么在实盘买盘中不妨"慢半拍"，即等到V形底形态完全形成之后，查看个股走势在随后较长一段时间内是否可以有效地止跌企稳？多方在V形反转走势中所取得的战果随后能在多大程度上得以维持？通过这类信息来具体分析这次的V形反转走势是下跌途中的反弹、还是真正的V形底反转形态。对于真正的V形底形态来说，我们还可以从它的量能角度去分析，V形底走势由于是剧烈的价格波动过程，而且是买盘大力度介入的表现，因而，其量能会呈现出快速放大形态，如果V形走势中的量能放大效果不明显，则这种V形走势多半并非是底部区的V形底形态。

双重底

双重底是由两个相同或相差不多的低点所组成的底部反转形态，由于股价在这段时间的移动轨迹像英文w，故又称w底走势。双重底形成于下跌行情的末期，当股价经过较长周期和较大幅度的下跌之后产生反弹，但回升幅度不大，时间亦不长，在遇到前期套牢盘和短线获利盘的抛压时，股价又再次下跌，但成交量却明显萎缩，当个股跌至上次低点时却获得支持，再一次回升，这次回升时的成交量要大于前次反弹时的成交量，这说明市场中的买盘力量逐渐增加，当股价反弹到前次的高点后，往往还会出现一小波的回调整理，随后个股放量向上突破使得双重底形态完全形成。为标准的双重底形态示意图，图中标注了双重底的两个重要位置，一个是支撑线，一个是颈线。

与双重底形态相近的一种走势是三重底，三重底多了一次探底过程，因而其底部的构筑往往更为牢靠。在双重底形态中，两个最低点的连线叫支撑线，该形态形成后，颈线以上的上涨幅度至少为双重低点到颈线垂直距离的一倍。

头肩底

头肩底形态是一种最重要的底部反转信号。头肩底的形成过程，值得注意的是，在头肩底形态出现时，我们要关注它的量能特征，一般来说，在头部至右肩的一段上涨走势中会出现放量，且在右肩向上突破颈线的一段上涨走势中，量能会再度放大且效果要强于头部至右肩的一段上涨趋势。头肩底形杰完整地体现了多空双方的力量转变，左肩出现在个股的深幅下跌之后，它是空方力量的最后一次集中，而右肩则出现在最低点的头部反转之后，它是多方力量的再一次集中。

头肩底形态是股市中最常见和最重要的底部反转形态，据笔者经验来讲，这一底部反转形态有两个标志性的买点，只要投资者冷静观察、客观分析，是可以把握好这两个买点的：第一个买点出现在头肩底形成过程中的右肩处，当股价向下持续探底，形成头肩底形态之初，投资者可以在右肩形成时所出现的股价回调过程中买入，此时买入虽然无法买到头肩底形态中的最底部，但是却能大大地降低风险；第二个买点出现在头肩底形态完全形成时，即当个股在右肩处稍做整理随后向上突破颈线位时，此时的股价虽然已明显高于前期头部时的最低点，但如果从中长线的角度来考虑，由于此时个股的升势只是刚刚确立，因而后期仍有较大的上涨空间，可积极介入做多。

圆弧底

圆弧底形态出现在价格走势的深幅下跌之后，起初由于空方抛压的减轻，使得股价从急速下跌转为缓慢下跌，随后在底部区出现窄幅波动，由于在这一区域内，多方力量逐渐增强，空方力量逐渐减弱，因而使得价格走势出现缓慢攀升，形成一个圆弧形，随后股价在多方的推动下继续爬升，上涨的角度也随之抬升，成交量也同步放大，之后伴随着巨量突破颈线位，便完成了圆弧底形态。

圆弧底形态是价格走势缓慢变化的表现，它清晰地体现了多空力量循序渐进的转换过程：当个股经历了前期的大幅下跌，随着空方力量的枯竭、抛压的减弱，从而使得个股的跌速放缓，随后在不断介入的买盘支撑下，股价及成交量开始缓缓上扬，从而形成了圆弧底形态；当多方大量吸筹后，由于此时多方已完全控制了市场，为了使底部区买入的筹码成为获利盘，多方开始大力推升股价，从而使股价向上脱离了这一圆弧形的底部区，圆弧底形成后的中长期升幅往往比较大。该形态形成后的上涨规律是，股价向上突破颈线位后，后市上涨的幅度至少是底部低点到颈线位垂直距离的一倍。

箱形底

箱形底是指价格在低位区的某一固定价格区域内上下波动的走势形态，我们可以将这一价格波动域称为箱体。箱形走势出现在价格的深幅下跌之后，说明做空动能已无法再次有效打压股价，根据股市中"不跌即涨"的规律，我们可以把这一箱形走势看做是跌势转为升势的过渡阶段，也是多方累积其动能的一个阶段，当多方在箱体区域累积了足够的动能之后就会发动攻击，从而使得个股向上突破箱体区域向上运行。

常见的顶部K线形态

顶部出现在大幅上涨之后，一般来说，当顶部出现时，我们可以发现市场前期的累计涨幅巨大，它是由买盘枯竭导致的，也是由持股者开始获利了结离场导致的。一般来讲，股价维持在顶部的时间与上面所讲的最后一波上涨的幅度成反比，如果最后一波上涨的幅度较小，那股价会在顶部维持时间较长，而如果最后一波的上涨幅度较大，则股价维持在顶部的时间就会很短。顶部区的量能特征往往会延续之前的"量价背离"形态下的缩量特征，并且可能会进一步地缩量下去，因而，顶部往往是以缩量形态呈现在我们面前的，它说明多方已无力发动攻势，而持股者的抛售意愿正逐步加强，随着越来越多的投资者意识到上升趋势的结束而选择抛售时，顶部也就构筑完毕，随之而来的就是下跌趋势。

当市场或个股经大涨上涨步入顶部区后，往往会走出一些经典的K线组合形态。这些经典的K线形态不仅可以有效地帮助我们及时发现顶部的出现，而且也可以让我们通过这些形态更好地理解多空双方力量的转变过程。通过经典的顶部形态，我们可以很好地预知价格走势的见顶回落即将出现，下面我们就来看看常见的顶部形态有哪些。

倒 V 形顶

倒 V 形顶简称 V 形顶，又称为尖顶，是价格走势中较为迅速、强烈的顶部反转信号，一般是在市场出现较大的利空或短期内股价涨幅巨大的情况下产生的，该形态的顶部只出现一次，而且其在高位停留的时间一般很短。

V 形顶的形成过程是这样的：首先由于市场情绪狂热、追涨盘涌入导致价格于高位区再度出现一波急速上涨，随后由于买盘无法有效跟进，而获利盘又有强烈的抛售意愿（很可能是由于利空消息引发市场抛售意愿快速增加，而前期过度的上涨又导致买盘资源枯竭），在这种情况下，股价出现了急速下跌，短期内下跌幅度巨大，且随后回升无力，从而形成 V 形顶，V 形顶的出现是空方力量集中释放的结果，也是多空双方力量快速转变的结果，预示着升势的结束，跌势的展开。

双重顶

双重顶是由两个相同或相差不多的高点所组成的顶部反转形态，由于股价在这段时间的移动轨迹像英文字母 M，故又称 M 顶走势。双重顶形成于上涨行情的末期，当股价经过较长周期和较大幅度的上涨之后产生回调，一般来说，这一波的回调幅度较大，且持续时间相对较长，它明显不同于上升途中的那些短暂、幅度较小的回调走势，由于牛市效应仍在，因而个股在随后遇到了抄底盘和短线投机盘的支撑，股价再度向上回升，但成交量却没有明显放大，当个股回升至上次高点时再次遇到了强大的抛压，股价也再度下跌，这说明市场中的空方力量正在变强，卖盘力量也逐渐增加，当股价跌至前次回调时的低点处，往往还会出现一小波的反弹整理，随后个股由于反弹无力就会再度向下跌破这一盘整区，使得双重顶形态完全形成。

与双重顶形态相近的一种走势是三重顶，三重顶多了一次探顶过程，因而其顶部的构筑往往更为牢靠。在双重顶形态中，两个最高点的连线叫阻力线，该形态形成后，颈线以下的下跌幅度至少为双重顶点到颈线垂直距离的一倍。

头肩顶

头肩顶形态是一种最重要的顶部反转信号。头肩顶的形成过程——值得注意的是，在头肩顶形态出现时，我们要关注它的量能特征，一般来说，在左肩至头部的一段上涨走势中会出现量价背离形态（即虽然左肩至头部的这一段上涨使得个股的股价创出了新高，但这一段上涨时的量能却要小于前期主升浪时的量能），在右肩形成后向下跌破颈位线的走势中，有可能出现一定程度的放量，这说明空方抛压沉重，但在个股实际走势中，这种跌时放量的情况却不是必需的，因而个股完全可以在缩量下跌的形态下开始步入跌途，缩量并非是卖盘不足的表现，它更说明了买盘的枯竭。

头肩顶形态完整地体现了多空双方的力量转变，左肩出现在个股的大幅上涨之后，它是多方力量的最后一次集中，而右肩则出现在最高点的头部反转之后，它是空方力量的再一次集中。在理解头肩顶形态时，我们可以对照底部区的头肩底形态来综合理解，因为两者是一对相反的形态，它们的多空双方力量转化过程也恰好相反。

头肩顶形态是股市中最常见和最重要的顶部反转形态，这一顶部反转形态有三个标志性的卖点，只要投资者冷静观察、客观分析，是可以把握好这三个卖点的。第一卖点出现在头部区域，由于个股在前期形成左肩的上涨走势中往往就已出现了一定程度的量价背离走势，因而从左肩至头部的这一波上涨可以说完全是由市场狂热情绪所致，而且在从左肩至头部的这一波上涨走势中往往会出现效果更为明显的量价背离形态，这种量价背离形态说明个股的上涨并非源于充足买盘的推动，而没有充足买盘推动的价格上涨是极不牢靠的，它预示了涨势的见顶。

第二个卖点出现在右肩处，很多投资者由于之前的价格走势仍在创出新高而没有及时出局，这是情有可原的，因为在牛市中盲目预测顶部并非是一件易事。但是，随后当价格经一波回落而出现反弹无力的走势时，此时投资者就应积极转变思维，选择在右肩处逢高出局，因为在形成右肩时，这种反弹无力的走势恰恰说明了买盘的枯竭及空方抛压的加重，是趋势反转的可靠信号。

第三个卖点出现在价格向下突破颈线时，这时头肩顶形态完全形成，由于个股在顶部区多出现缩量情况，买盘不积极，卖盘也不会突然大量涌出，因而当股价有效跌破颈线位时，并不一定需要成交量放大来配合。但是当价格在向下跌破颈线时若出现了价跌量增现象，则显示市场抛售力度较强，股价将加速下跌。

圆弧顶

圆弧顶形态出现在价格走势的大幅上涨之后，起初由于买盘力度的减弱使得股价从快速上涨转为缓慢攀升，随后在顶部区出现窄幅波动，由于在这一区域内，空方力量逐渐增强，多方力量逐渐减弱，因而使得价格走势出现缓慢下跌，形成一个圆弧形，随后股价继续下跌，下跌的角度也随之陡峭，当放量向下跌破颈线位便完成了整个圆弧顶形态。

圆弧顶形态是价格走势缓慢变化的表现，它清晰地体现了多空力量循序渐进的转换过程：当个股经历了前期的大幅上涨之后，随着多方力量的枯竭、买盘的减弱，从而使得个股的涨速放缓，随后在不断涌出的卖盘打压下，股价走势开始下移，从而形成了圆弧顶形态，圆弧顶区域的滞涨走势使得持股者的抛售意愿再度增强，由于此时买盘枯竭，价格反弹走势无力，因而随后很可能会引发更多的抛盘，从而使股价向下脱离了这一圆弧形的顶部区，圆弧顶形成后的中长期跌幅往往比较大。该形态形成后的下跌规律是，股价向下突破颈线位后，后市下跌的幅度至少是顶部高点到颈线位垂直距离的一倍。

箱形顶

箱形顶是指价格在高位区的某一固定价格区域内上下波动的走势形态，我们可以将这一价格波动域称为箱体。箱形走势出现在价格的大幅上涨之后，说明做多动能也无法再次有效拉升股价，根据股市中"不涨即跌"的规律，我们可以把这一箱形走势看做是升势转为跌势的过渡阶段，也是空方累积其动能的一个阶段，当空方在箱体区域累积了足够的动能之后就会发动攻击，从而使得个股突破箱体区域向下运行。

从量能形态出发展开交易

成交量蕴涵的市场信息

成交量是指在某段时间内（多以天为计算周期）买卖双方成交的数量，股市中的成交量是以单边的方式进行计算，即成交量=买方买入的数量=卖方卖出的数量，例如，某只个股当天的成交量为5 856手（1手=100股），这代表当日此股买方买入了5 856手，同时卖方也卖出5 856手。成交量反映了成交的股票数量，与成交量相关的一个概念是成交额，顾名思义，成交额反映的是成交的金额，对于某只股票来说，成交额等于股票每笔成交价格乘以成交股数的金额总和，对于股市总体而言，股市的成交额即是指全体个股的成交额之和。成交额体现了参与个股的资金力度的大小，同样的成交量，如果股价越高，那么操作这只股票所需要的资金便越多。

成交量的变化也就是成交额的变化，如果我们以连续、动态的眼光来看待成交量或者成交额的变化，那么这两者是不存在区别的，因而，我们只需讨论成交量即可。成交量的定义看似简单，然而它却蕴涵了丰富的市场含义，我们只有具备了从简单的数据中提取其所蕴涵的丰富市场含义的能力，才能更好地运用技术分析，准确预测个股后期走势并展开实战。

成交量体现了多空双方的交锋情况

成交量是股市的元气，表示市场中参与者的多寡程度，在交投清淡的市场中是很难进行投机的，持续活跃的成交量带来的是持续活跃的资金流。可以说，股票在某一时间、某一价格区间内运行时，它的成交量大小直接反映了多空双方的交锋规模，若成交量放大，则代表当前买方、卖方的交锋较为剧烈。反之，若是成交量缩小，则代表当前买方、卖方的交锋较为平缓。作为多空双方交锋情况的数字化体现，成交量的增减会随着价格走势、政策导向、投资者情绪等多种因素而出现变化，例如，当价格持续走高时，会导致获利盘的增加，我们知道获利具有更强的获利了结的愿望，但从另外一方面来说，节节攀升的股价也会带动市场形成良好的追涨情绪，在这种情绪的带动下，就会有大量买盘进入股市承接那些获利出局的卖盘，这时多空双方的交锋往往是较为剧烈的，若股价在成交量放大的情况下仍能稳健上升，则说明在这种剧烈的交锋过程中，买盘占据了主导优势，反之，则说明卖方占据了主导优势。

"成交量体现了多空双方的交锋情况"，我们也可以将其理解为成交量体现了投资者的情绪及市场交投气氛，价格上涨时的放量说明多方力量更为强劲，此时投资者追涨热情高，市场交易气氛活跃，价格下跌时的放量说明空方力量更为强劲，此时投资者往往出现恐慌情绪。通过量能的变化，我们可以对当前市场中多空双方的交锋情况有一个更为透彻的理解。

成交量是价格上涨的原动力

量价分析的实质就是动力与方向分析，成交量是动力，而价格走势则是方向，这种动力作用尤其体现在价格的上涨过程中，一般来说，没有放大的量能作为价格上涨的动力，则上升走势是难以持久的。

虽然公司的基本面情况、经济、政策因素等均会影响到股价的走势，但归根结底，决定涨跌的力量还是来自市场本身的买卖活动。当价格持续上涨时，势必会引起多空双方分歧加剧，此时，很多场外的投资者在股市财富效应的诱惑下往往有较强的追涨意愿，而那些已经有一定获利额度的投资者也会有很强的获利了结愿望。根据量价分析的一般原理，价格上升走势中多应伴以成交量的同步放大作为其支撑，这说明在买卖双方的剧烈分歧下，买盘的力量明显处于主导地位（因为价格在买盘的推动下出现了持续上涨，而没有在卖方的抛压面前出现下跌）；反之，若是在价格上涨的过程中并没有放大的量能出现，则说明价格之所以能持续上涨仅仅是源于卖方没有大量涌出，而一旦卖方大量涌出，当前的买盘力道能否再继续维持价格上升走势呢？由于在上升走势中，卖方是有极强的获利了结愿望的，因而，这种不放量的上涨形态并不是价格上涨动力充足的标志。通过以上的分析，我们可以对"放量上涨"走势有一个更为透彻的理解，正因为上涨的放量体现了买盘和原动力的充足，我们才说这种形态是价格升势得以持续的标志。

成交量可以衡量买卖力量的强弱及持续力度

价格的涨跌体现在买盘与卖盘的力量对比上，当买盘的力量大于卖盘力量时，则价格将要上涨；反之，当卖盘的力量大于买盘的力量时，则价格将要下跌，我们可以从价格的涨跌情况来判断买盘与卖盘力量的强弱对比程度，但价格的上涨或下跌却无助于我们判断买盘的力量强度如何、卖盘的力量强度如何、买盘力量持续的力度如何等这样的信息。上涨时的放量既说明了买盘力量强于卖盘力量，也说明买盘力量强度较大，当价格创新高时，只有当买盘的力度也能够同步跟上，我们才能说这样的涨势是较为牢靠的，反之，若价格走势创出了新高，但是量能不放大，则说明买盘力度不够，这样的涨势一般被认为是涨势牢靠的表现，下跌时的放量说明市场卖压沉重，是价格跌势仍将继续的信号，下跌时的缩量则说明场外买盘无意介入，也是价格跌势仍将延续的信号。

此外，成交量还可以用于分析价格走势在短期内能否继续维持，当场外买盘可以有条不紊地涌入市场时，这说明后续买盘充足，是价格升势仍将继续的信号，当场内卖盘持续抛出、买盘又无意入场时，则说明价格的下跌走势也仍将持续下去。成交量除了可以反映买盘与卖盘的持续性之外，还可以反映出买盘与卖盘短期内的过度释放情况，当由于某种原因促使许多人在同一时刻做出买进或者卖出的决定，这样会产生两种效果，第一，无论是买进或是卖出，一般来说总有一方显示出强势，所以会造成价格的巨幅波动，第二，由于市场上的参与者是有限的，而买卖人数又突然增多，这种持续的买进或者卖出是否仍能继续下去，或者说还能延续多久，这可以通过成交量的具体放大情况显示出来，所以通过成交量我们获得了关于趋势是否仍能继续或者说趋势是否即将结束的重要信息。

成交量提前预示了价格的走势——量在价先

有句谚语说得好："知其然还要知其所以然"，对于大多数参与股市的投资者而言，他们对于成交量的理解程度只停留在较为浅显的直观意义上。技术分析中的4个主要因素是价、量、时、空，而和成交量分析联系最为密切的是股价的走势，成交量所蕴涵的信息都是通过不同的成交量组合形态、在结合价格走势的基础上显示出来的，我们可以认为成交量是股价走势的先兆，不同的量价关系（如"价升量增"、"价跌量缩"等）蕴涵了不同的市场含义。可以说，成交量蕴涵了丰富的交易信息，我们在结合价格走势的前提下，是可以通过成交量的变化情况准确地预测出价格后期走势的。在本章的随后几节中，我们将详细介绍如何通过成交量预测价格走势。

成交量中透露了主力的控盘意图

主力的控盘过程主要分为4个阶段，即建仓阶段、拉升阶段、洗盘阶段、出货阶段，主力在每一阶段都有不同的控盘目的和行为，不同的行为也会导致个股出现不同的盘面形态，而其中最为重要的盘面形态之一就是量能形态，在主力的不同控盘阶段，量能形态蕴涵了丰富的信息，例如，在建仓阶段，由于其建仓时间往往可能有限制（或是由于大盘走势正在转好，或是由于主力持有的资金有周转期限），主力不可能用半年或一年左右的时间来建仓一只个股，此时即使主力有意隐藏其建仓，但这时主力的大力吸筹行为却是不能改变的，这种大力吸筹的行为势必会改变此股二级市场中原有供求情况从而促使股价上涨，主力所需要的大量筹码也不是原有的成交量所能提供的，势必会产生成交量放大的效果，根据主力计划建仓时间的长短，股价的上涨程度不同，成交量放大情况也会不同。一般来说，中线主力在吸筹力度达30%左右时就会有拉升意图，此时市场上的浮筹数量仍然较多，因而在拉升阶段多会出现放量上涨、量价齐升的形态；反之，若是主力吸筹力度极大，达到50%以上，这时一般就不会呈现出明显的放量上涨或量价齐升形态。如果仅凭"经典量价理论"的观点来看，缩量上涨自然是不健康的，而不健康的上涨又能涨多少呢？其实主力完全可以在控盘的情况下实现缩量拉升。通过主力的控盘，再结合量能的变化形态，我们可以更好地理解量能形态，也可以更好地分析主力行为，了解主力实力。

通过量能理解牛市与熊市的转换

股票市场的走势可以说是一个牛市与熊市交替循环的过程，牛市是市场整体向上推进的运动过程，熊市则是市场整体向下推进的运动过程，在牛市与熊市的运作途中及二者之间的转变过程中，往往还会穿插着横盘震荡的整体走势。我们在上一节提到过："成交量是股市上涨的原动力"、"成交量可以提前预示价格的走势",那么,我们是否可以利用量能形态的变化来理解股市的牛熊交替过程呢?答案是显而易见的,股市的运动存在着3种趋势,即上升趋势、横盘震荡趋势、下跌趋势,一个完整的涨跌循环是这3种趋势的有机组合,成交量在一轮行情发展过程中充当重要角色,本节中,我们就结合量能形态的变化来解读股市的牛熊交替循环过程。

股市在深幅下跌后形成底部

我们已经介绍了底部的概念及底部的出现过程,下面我们设定一个起点,假设价格的一轮牛熊交替走势是从底部开始的,那么,底部区的量能有哪些特征呢?我们又该如何从这种量能特征来识别底部的出现,理解底部的构筑过程呢?

一般来说,若前期的下跌时间较长,下跌速度相对缓慢,则底部区的持续时间也较长,多在半年以上,这是因为,长期的跌势不但使得股市的财富效应完全消失,而且也使得股市的交投气氛变得极为冷清,虽然空方实力已明显减弱,但由于多方的犹豫不决,促使双方的实力并没有发生根本性的转变,因而市场难以在短时间内走出反转行情,这时的底部区往往呈现出较长时间的缩量形态,技术派人士称这段时间为多头欲发动行情而进行的收集筹码过程,也是一个量的积累过程。由于呈现缩量形态,因而多方累积能量的时间也往往较长,这是因为价格的上涨是由充足的做多动能来推动完成的,而缩小的成交量则说明做多动能的积累要经历较长时间。

若股市在前期的下跌速度较快,且在下跌途中少有长时间的盘整走势出现,则股市在深幅下跌途中虽然引发了市场的恐慌情绪,但其买卖力度、成交数量却没有大幅下降,这样,一旦在深幅下跌后有政策利好消息出台,或是宏观经济走势明显好转,则很有可能引发大量场外资金的涌入,从而形成放量形态的底部,放大的量能说明多方力量可以在较短时间内得到较为充足的积累,因而,这样的放量底部持续时间较短(一般在几个月内即可完成),在底部形态时,由于多方力量较强,因而股价重心会出现一定的上移,这也恰恰是深幅下跌后的止跌企稳形态,它是由多空双方力量发生根本性转变所导致的。

底部过后的小幅攀升走势及量能特征

底部区是一个多方积蓄能量的过程,也是市场多空双方实力正在转化的过程,一旦多方积蓄了足够的做多动能,就会发动攻势,这是底部过后的小幅攀升走势,也是多方检验自身实力的一个试验阶段,一般来说,这一阶段的上涨是有政策的鼓励以及经济情况向好等外围因素来进行配合的,在这一波涨势中,成交量显示出了温和的小幅放量,这种放量来自于多方与空方之间的分歧,由于前期的市场大幅下跌使得很多投资者仍有逢高减仓、逢高出局的思维方式,但由于多方的力量目前已占据一定优势,因而,价格走势此时将上涨,而非下跌,这显示出了加入多方阵营的投资者的确强于空方,随后是一波涨势的回落,但回抽确认并没有创出新低,且在回抽时量能明显萎缩,这种走势进一步反映了空方力量的衰竭。

第一波主升浪及回调整理的量能特征

经历了前期脱离底部区的上涨走势后，股市的人气开始持续活跃，此时的股市由于前期的上涨走势已让市场积累了不少的获利盘，但股市却往往于上涨后脱离底部区的相对高位站稳，这种走势往往出现在政策利好消息出台、经济形势好转的背景之下，它一方面说明了市场的多方已开始占据主导地位，另一方面也说明这种涨势是有基本面的利好作为前提的，因而，股市的后期涨势仍是值得期待的。

随后，由于更多的投资者意识到了上升趋势正趋于形成，而且股市从中长期的角度来看仍处于一个极低的位置区间，因而更多的人开始意识到要捡到便宜筹码的机会越来越小，然而，由于股市前期的暴跌仍然使不少投资者有逢高出局的空头思维，但是，此时股市多方处于明显的主导地位已是不容置疑的事实，随后在多方的再次推动下，股市走出一波快速上涨的行情，我们将这一波快速上涨的走势称之为上升趋势的第一波主升浪。

由于这一波的上涨使得市场出现了更多的获利盘，因而市场的抛压也较之前出现了放大，但由于多方力量较为强劲，因而这一波的上涨会呈现出较为明显的放量，且量能要高于前期脱离底部区后小幅攀升期间的量能，这说明市场做多动能充足，是充足的买盘推动了股市上涨。由于这一波的上涨速度较快，因而在高位区出现回调也就不可避免，但是回调时量能却会呈现出明显的缩量形态，这说明回调走势仅是源于少量获利回吐抛压造成的，它并非是市场空方力量强大的体现。

第二波主升浪及回调整理的量能特征

第二波主升浪的出现是对第一波主升浪的延续，当第一波主升浪出现时，我们就可以确认上升趋势的出现，趋势一旦形成就具有极强的持续力，且多方力量也往往不是一波主升浪就可以完全释放的，随后，在更多的场外投资者涌入股市、更多的投资机构开始关注股市时，股市仍能再接再厉持续上涨，从而形成第二波主升浪，这一主升浪阶段也是整个上升趋势中价格涨幅最大、涨势最快的阶段，在这一主升浪的运行过程中往往还会出现一次或两次中级回调走势，这种回调走势仅仅是消化获利回吐抛压的一个过程，在主升浪的上涨过程中，其成交量的最大特点就是随着价格走势不断创出新高，成交量也不断出现放大，呈现一种典型的"量价齐升"形态，而且，期间的回调走势往往会呈现明显的缩量形态。

最后一波上涨及顶部的量能特征

上升趋势的运行有一个持续的过程，这个过程往往也是价格走势由缓到急的过程，随着股市前期的大幅上涨，很多对股市一无所知的投资者也开始关注股市并打算加入进来，然而前期过大幅度的上涨及量能的持续放大形态也过度地消耗掉了潜在的多方力量，最后一波上涨出现在主升浪走势之后，主升浪阶段的典型量价配合关系是"量价齐升"形态，这说明市场充足的买盘推动了价格步步走高，但最后一波上涨由于买盘力量并不充足，因而往往会呈现出"量价背离"形态，即虽然价格走势仍在创出新高，但成交量却并没有随之创出新高，反而是明显小于前期上涨浪的量能。这一量能形态说明推动股市上涨的力量已非充足的买盘，而仅仅是源于市场狂热的情绪及持股者较为乐观的心态，一旦买盘继续枯竭下去，则股市的上升趋势也就结束了，上涨途中量价背离形态的出现，说明股市见顶已为时不远，市场正在步入见顶阶段。

顶部出现在这最后一波上涨之后，它是由买盘枯竭导致的，也是由持股者开始获利了结离场导致的。一般来讲，股价维持在顶部的时间与上面所讲的最后一波上涨的幅度成反比，如果最后一波上涨的幅度较小，那么股价会在顶部维持的时间较长，而如果最后一波的上涨幅度较大，则股价在顶部维持的时间就会很短。顶部区的量能特征往往会延续之前"量价背离"形态下的缩量特征，并且可能会进一步地缩量下去，因而，顶部往往是以缩量形态呈现在我们面前的，它说明多方已无力发动攻势，而持股者的抛售意愿正逐步加强，随着越来越多的投资者意识到上升趋势的结束而选择抛售时，顶部也就构筑完毕，随之而来的就是下跌趋势。

下跌趋势的量能特征

随着越来越多的卖盘意识到了顶部的出现，就会有更强的抛售意愿，由于此时的买盘已无力承接这些卖盘抛压，因而，股市在持股者的抛售下开始步入下跌走势，此时，市场中的空头思维取代了多头思维，投资者的操作方法也变成了熊市做反弹的思维。我们可以把上升趋势理解为是充足买盘的推动形成的，但是下跌趋势却不能理解为是由充足的卖盘推动来实现的，我们应把下跌趋势理解为买盘无意入场，而卖盘只能通过打低价格的方式进行抛售的过程，因而，下跌趋势并不需要放量，其实，在绝大多数下跌趋势中，缩量形态是这一阶段最典型的量能形态。

利用温和放量形态展开实盘买卖

总的来说，成交量的变化方式无非只有两种，一种是放量，一种是缩量。放量，即是指股票在某一段时间内的成交量相对于前一段时间的平均成交量出现了放大的态势，而缩量则刚好相反。基于放量时的形态不同，我们可以把放量分为4种，即温和放量、递增放量、连续大幅放量、脉冲放量，每一种放量形态都有其特定的市场含义，下面我们就在结合价格走势的基础上看看如何利用不同的放量形态来展开实盘买卖操作。

温和放量是指近期的量能相对于之前而言，呈现出一种前后连续且较为温和的放大效果，温和放量体现出市场运行处于一种温和的过渡状态。一般来说，温和放量多出现在上涨途中，但只有当温和放量出现在深幅下跌之后的止跌企稳走势中，或是出现在上升趋势初期的起涨阶段，它才最具实战意义，这时的温和放量表明市场交投气氛持续活跃，买盘较为充足，是股市由跌势转为升势、且升势将持续下去的典型形态。

利用递增放量形态展开实盘买卖

递增放量形态以两种方式体现出来，一种是量能整体上的形态，例如我们常说的"量价齐升"形态，另一种是数个交易目的局部形态，是指成交量在几日内出现逐级递增、持续变大的情况，有一个明显的持续放大效果，当然，这种递增并非严格的后一交易日的成交量一定要大于前一交易日的成交量，而是指成交量形态在这数个交易日呈现出一种逐级递增的变化方式。

递增放量多出现在价格的上涨走势中，无论这种上涨走势是局部还是趋势性的。上涨走势中的递增放量是买盘加速涌入的标志，这种递增放量形态说明价格的上涨源于充足的买盘推动，一般来说，只要这种递增效果可以持续下去，则价格的涨势就仍然可以很好地保持下去。在进行实盘操作时，我们应注意，由于局部的递增放量多伴以股价的快速上涨，而股价的涨势加快会导致持股者获利了结愿望加强，当递增效果无法再继续时，价格往往就会在短期内出现深幅回调走势，因而，当我们认为个股的短期内量能无法再放大时，就可以进行积极的短线卖出操作。

利用连续放量形态展开实盘买卖

连续大幅放量也可称为连续放量，是股市中一种常见的量能形态，是成交量"台阶式"的跃动，就具体形态而言，它是指个股近期的量能突然大幅放出，且这种大幅放量的效果可以在较长一段时间内得以维持。与连续大幅放量形成一同出现的股价走势多是短期内的暴涨或暴跌（一般来说，以短期内的快速上涨更为常见），在成交量柱形图中，我们可以看到成交量在连续大幅放量前后会呈现出鲜明的对比，在连续大幅放量之后的一段时间内，虽然期间也会发生缩量的情况，但其成交量也要明显高于股价启动前的平均水平，给人一种股票交投极为活跃的感觉。连续大幅放量效果标志着个股出现了异动，这种情况主要是由于主力大力建仓、对倒及短线客增多等综合因素造成的，而主力无疑是制造连续大幅放量的始作俑者，在没有主力参与的情况下，我们很难想象一只股票的交投情况会出现如此大的反差.而且，就沪深两市的实际情况来说，出现这种连续大幅放量形态的个股多是那些仅仅有着"传闻"或某些题材的个股。这些个股由于有一些可炒作的题材，因而更常吸引短线主力的注意。

当个股在连续大幅放量形态的支撑下而向上迈进了一个台阶之后，由于买卖盘的交锋力度明显趋于剧烈，因而股价也多会出现大幅波动，这为短线客带来了机会，短线投机者的涌入对成交量的连续放大起了不可小视的作用。当然，这种连续放大的成交量之所以能维持这么久的原因还在于主力的对倒，只要主力未能胜利出货，为了制造气氛吸引投机者加入，就会使用"造量"这种手法。连续大幅放量既可以出现在个股的主升浪阶段，也可以出现在个股的高位区长期横盘之后，不同情况下的连续大幅放量有不同的市场含义，也预示了个股后期不同的走势。

利用脉冲放量形态展开实盘买卖

脉冲放量是成交量在单日或两三日内出现明显放大，其量能效果可达到前期平均水平的 4 倍以上，但随后又快速地恢复到放量前的水平，成交量在短时间内的异动情况无法反映出市场的连续状态，多是主力操纵的结果或上市公司重大利好消息的突然发布以及重大、意外事件的影响，由于这一量能形态类似于心电图中的脉冲式跳动一样，故称之为脉冲式放量。

脉冲式放量打破了个股原有的连续交投状态，是一种明显的量能异动，与脉冲放量形态一同出现的还有股价的大幅波动，一般来说，有两种原因会导致脉冲放量形态，一是主力对倒造成的脉冲放量，二是利好或利空消息造成的脉冲放量。下面我们就来分析一下不同情况下的脉冲放量反映了什么样的市场含义。

首先我们来看看主力对倒行为下的脉冲放量。所谓"对倒"就是主力自买自卖的行为，由于成交量这一数据受到了投资者的普遍关注，因而，股价的快速波动并伴以量能的急速放出会让投资者产生一种此股"放量突破"或买盘强劲的直观感觉，基于量能的急速放大、股价的巨幅波动，散户投资者的判断、决策很可能也会出现相应的改变，而这很可能正是主力所需要的。很明显，脉冲放量是个股的大幅异动形态，它无疑会暴露主力的行踪，那么主力暴露行踪的目的何在呢？一个主力在介入某只个股后的一段时间内，无非是以建仓、拉升、洗盘、出货为当前的主导因素，在建仓阶段，为了防止散户与主力抢筹，主力在吸筹时会尽量设法隐藏自身踪迹，在拉升阶段，只有持续放大的量能才可能推升股价持续上涨，脉冲放量是无法完成推升股价的，由于在脉冲放量出现的几日内，股价往往是以上涨态势出现的，故出现在洗盘阶段的脉冲放量是难以洗出那些具有"股价放量要涨"这种思维方式的投资者的。通过以上分析，我们可以得出结论，主力大手笔的对倒制造脉冲放量形态，其吸引市场关注的目的是显而易见的，随着个股交投气氛被激活，市场买盘就会更踊跃，而主力则可以趁机出货，因而，当个股出现脉冲放量形态时，我们不可盲目地追高，反而要留意主力是否有出货意图。

其次，我们再来看看利好、利空消息公布时所出现的脉冲放量又反映了什么样的市场含义。如果利好消息属重大利好消息，则市场会出现明显的惜售情绪，持股者卖出意愿极低，因而个股多会以相对缩量的涨停板走势出现在我们面前。但此股在利好消息下为何还会有这么多的卖盘涌出？这些涌出的卖盘是散户的还是主力的？虽然我们无法明确以上问题，但有一点是可以肯定的，这就是利好消息公布状态下的成交量骤增说明市场买卖盘的分歧明显加大，而脉冲放量形态说明买卖的分歧趋于白热化。自然界中有物极必反的道理，它同样适用于股市，利好消息下的脉冲放量是对短时间内市场潜在买盘的过度消耗，因而预示了随后价格走势的反转（至于这种反转是属于阶段性的回调还是整体上的逆转，则要结合价格走势的具体情况来判定）。

通过以上分析可以得出结论：脉冲放量多预示着价格走势即将出现下跌，一般来说，当个股处于上升途中时，这时脉冲放量往往是主力阶段性高抛的结果，虽然这种阶段性的出货并不能改变价格的整体上升轨迹，但它将促使个股随后出现一波较为明显的回调走势；而出现在长期大幅上涨后高位区的脉冲放量形态则多是主力对倒出货的结果，也说明了主力出货的迫切心态，此时我们要注意的就是个股很有可能在脉冲放量后的下跌走势中出现向下跌破这一高位横盘区的情况，因而此时不仅不能依据"放量要涨"的思维方式去追高此股，而更应积极地逢高减仓、做空此股。

通过量价配合八准则系统掌握买卖之道

关于量价配合关系的系统性总结最早见于格兰威尔所著的《股票市场指标》一书中，格兰成尔认为成交量是股市的动力，成交量的变化情况直接体现了股市交投情况和股市中供给与需求间的动态情况，没有成交量的发生市场价格就不可能变动，也就无价格趋势可言，成交量的增加或萎缩都表现出一定的价格趋势。在这本著作中，格兰威尔较为全面地总结出了八种经典的量价配合关系，在这些量价关系中有一些是较为深入人心的，如"量价齐升"是健康的上涨，预示升势仍将继续，反之，"价升量减"则被认为有市无量，是个股转势的预兆。下面我们就对这八条量价准则逐一解读。

量价齐升，上升趋势仍将延续

量价齐升形态是指在价格的持续走高过程中，成交量也会随之相应地放大，并且在价格创出新高的过程中，其局部的量能形态往往也创出新高，呈现出一种价格上涨与量能放大同步递增的情形，而这种不断放大的成交量正体现了买盘的充足，因而预示了上涨行情的延续。

上升趋势中的量价背离是反转信号

量价背离形态往往出现在价格持续大幅上涨之后，这种形态是指虽然价格走势仍在创出新高，但成交量却并没有随之增高，反而明显小于前期上涨浪的量能。这一量能形态说明推动股市上涨的力量已非充足的买盘，而仅仅是源于市场狂热的情绪及持股者较为乐观的心态，一旦买盘继续枯竭下去，则股市的上升趋势也就结束了，上涨途中量价背离形态的出现，说明股市见顶已为时不远，市场正在步入见顶阶段。值得注意的是，由于格兰威尔对量价背离配合关系的分析仅限于市场总体的买盘情况，并没有考虑到主力的作用，而主力无疑是国内市场最为重要的一股力量，它们引导趋势，甚至制造趋势，当主力在低位区实现大力度的吸筹之后，市场浮筹大量减少，因而，个股在上涨途中很可能会出现量价背离形态，此时，我们应结合股价的累计涨幅、量价背离的程度等综合因素来判断价格的后期走势，不宜仅根据这一量价背离形态而盲目做空。

一般来说，在个股的一波上涨走势中，成交量总是会随着股价的升高而出现逐渐放大的形态，这说明是买盘力量的逐步增加才使得个股在这一阶段持续上涨，但有时情况并非这样，个股在一波上涨时其成交量却随着价格的持续走势而出现逐步减小的形态，这种情况多代表了买盘极弱，是趋势反转的信号，当这一形态出现时，我们就要做好阶段性逃顶的准备。

量价先缓升后井喷是反转信号

这一量价配合关系可以描述为，首先成交量随着股价的稳步上涨而出现持续放大的形态，但放大效果、程度都较为温和，然后成交量形态与价格走势出现井喷行情，随后成交量大幅萎缩，价格急速下跌。

起初的成交量随着股价的稳步上涨而出现持续放大的形态，这是买盘较为充足的表现，预示着上涨趋势较为牢靠，但随后急剧放大的成交量是市场潜在买盘短时间内集聚完毕的信号，在场外资金集中、快速的涌入下，价格走势出现了急剧的上涨，这是多方力量在短期内快速释放完毕信号的标志，随后出现的量能大幅萎缩并伴以股价的快速下跌就说明了这一点，这预示着买盘明显发生了枯竭，前期股价的持续上涨和这一次的价格暴涨消耗掉了潜在的买盘，是价格走势出现反转的信号。在实际应用这一量价配合关系时，我们还应结合个股所处的具体位置，一般来说，在个股累计涨幅不大的情况下出现这种形态时，我们可以在量能无法再度放大的情况下于相对高点进行短线抛出，并在随后的回调走势之后再择机在相对低位买回；而当这种走势出现在个股大涨后的高位滞涨区时，则往往是趋势反转的信号，此时投资者更应冷静观望，不宜盲目入场。

先稳健上涨，随后出现放量滞涨是反转信号

量价呈现温和的同步上扬形态，随后出现成交量急剧增加而价格上涨乏力走势，这说明放大的量能已无法有效推动价格上涨，虽然买盘的力度很大，但卖盘的力度却更胜一筹，是市场抛压沉重的表现，是价格下跌的先兆。

二次探底时的缩量是上涨信号

二次探底形态既可以出现在个股长期下跌后的探底走势中，也可以出现在个股一波深幅回调后的回调走势中，它的出现是由于多方力量无法在短时间内快速集结的原因所致，这时我们可以关注第二次探底时的量能情况，如果在第二谷底的成交量低于第一谷底，则表明市场做空动能趋于枯竭，而多方力量正在积蓄之中，是价格走势即将上涨的信号。

深幅下跌后的放量走低是反转信号

当个股在经历了长时间幅度较深的下跌走势之后，由于空方力量已在很大程度上得到了较为充分的释放，因而，当再次出现放量走低的情况时，多是恐慌性抛盘在下跌末期的集中释放，由于个股前期的累计跌幅较大，且恐慌性抛盘是非理性的抛售，是空方力量短期内过度释放的结果，故随着恐慌性抛盘后，它所创的低价不可能在极短时间内突破，往往标志着空头市场的结束。

高位区放量跌破中长期均线是趋势反转信号

移动平均线与趋势线都可以直观清晰地反映出趋势运行的状态，"价格向下跌破长期均线"一般意味着原有的趋势已被打破，是市场抛压沉重的表现，当这一形态出现在高位区时，是空方开始集中抛售的体现，预示了趋势的反转。由于前期的巨大涨幅也累积了巨大的获利盘，因此一旦趋势出现反转迹象，这些获利盘就会逐步出局，从而成为做空的主要动力，如果在这一形态出现之前，个股已有明显的量价背离形态出现，则这一形态就是一个更为可靠的趋势反转信号。在实际应用中，我们也应注意到"涨时放量，跌时缩量"是价格走势中最为显著的特征，因而，下跌时并不一定需要量能的配合，当个股在高位区出现滞涨走势时，若中长期均线开始走平，且股价在较长一段时间内都处于中长期均线下方运行时，则说明当前的市场已是空方占据优势的市场，预示了趋势的反转。

经典股市理论

道氏理论

什么是道氏理论

道氏理论是查尔斯·道、威廉姆·皮特·汉密尔顿与罗伯特·雷亚三人共同的研究结果。他们提出一个目前成为现代金融理论之公理的命题，即：任何一个股票所伴随的总风险包括系统性风险与非系统性风险。

其中，系统性风险是指那些会影响全部股票的一般性经济因素，而非系统性风险是指可能只会影响某一公司而对于其他公司毫无影响或几乎没有影响的因素。

由于道氏理论反映了投资市场受益与风险的一般客观规律，近年越来越多的人将该理论用于投资市场上，已经在成熟的金融市场上验证的结果表明，道氏理论对于价格走势的预测是有效的。

为了庆祝道氏对投资市场研究的贡献，美国市场技术家联会颁给道琼斯公司一份哥翰银碗，以表扬查尔斯·道对投资分析界的贡献。道氏理论被今日的权威人士视为反映股票市场活动的晴雨表，在道氏去世后的今天，这个不朽的理论仍留给市场技术分析师们一个有力的工具。

道氏理论的基本观点

基本观点一是股票指数与任何市场都有的三种趋势，即短期趋势，持续数天至数个星期；中期趋势，持续数个星期至数个月；长期趋势，持续数个月至数年。任何市场中，这三种趋势必然同时存在，彼此的方向可能相反。

基本观点二是主要走势。它代表整体的基本趋势，通常称为多头或空头市场，持续时间可能在一年以内，乃至于数年之久。正确判断主要走势的方向，是投机行为成功与否的最重要因素。没有任何已知的方法可以预测主要走势的持续期限。

基本观点三是主要的空头市场。它是长期向下的走势，其间夹杂着重要的反弹。它来自于各种不利的经济因素，唯有股票价格充分反映可能出现的最糟情况后，这种走势才会结束。

空头市场会历经三个主要的阶段。第一阶段，市场参与者不再期待股票可以维持过度膨胀的价格；第二阶段的卖压是反映经济状况与企业盈余的衰退；第三阶段是来自于健全股票的失望性卖压，不论价值如何，许多人急于求现至少一部分的股票。

基本观点四是主要的多头市场。它是一种整体性的上涨走势，其中夹杂次级的折返走势，平均的持续期间长于两年。在此期间，由于经济情况好转与投机活动转盛，所以投资性与投机性的需求增加，并因此推高股票价格。

多头市场有三个阶段。第一阶段，人们对于未来的景气恢复信心；第二阶段，股票对于已知的公司盈余改善产生反应；第三阶段，投机热潮转炽而股价明显膨涨，这一阶段的股价上涨是基于期待与希望。

基本观点五是次级折返走势。它是多头市场中重要的下跌走势，或空头市场中重要的上涨走势，持续的时间通常在三个星期至数个月；此期间内折返的幅度为前一次级折返走势结束之后主要走势幅度的33%至66%。次级折返走势经常被误以为是主要走势的改变，因为多头市场的初期走势，显然可能仅是空头市场的次级折返走势，相反的情况则会发生在多头市场出现顶部后。

怎样掌握道氏理论要点

根据道氏理论，股票价格运动有三种趋势，其中最主要的是股票的基本趋势。即股价广泛性或全面性上升或下降的变动情形。这种变动持续的时间通常为一年或一年以上，股价总升（降）的幅度超过20%。对投资者来说，基本趋势持续上升就形成了多头市场，持续下降就形成了空头市场。

股价运动的第二种趋势称为股价的次级趋势。因为次级趋势经常与基本趋势的运动方向相反，并对其产生一定的牵制作用，因而也称为股价的修正趋势。这种趋势持续的时间从三周至数月不等，其股价上升或下降的幅度一般为股价基本趋势的三分之一或三分之二。股价运动的第三种趋势称为短期趋势，反映了股价在几天之内的变动情况。修正趋势通常由三个或三个以上的短期趋势所组成。

在三种趋势中，长期投资者最关心的是股价的基本趋势，其目的是想尽可能地在多头市场上买入股票，而在空头市场形成前及时地卖出股票。投机者则对股价的修正趋势比较感兴趣。他们的目的是想从中获取短期的利润。短期趋势的重要性较小，且易受人为操纵，因而不便作为趋势分析的对象。人们一般无法操纵股价的基本趋势和修正趋势，只有管理层才有可能进行有限的调节。

所谓基本趋势，即从大的角度来看的上涨和下跌的变动。其中，只要下一个上涨的水准超过前一个高点。而每一个次级的下跌其波底都较前一个下跌的波底高，那么，主要趋势是上升的。这被称为多头市场。相反的，当每一个中级下跌将价位带至更低的水准，而接着的弹升不能将价位带至前面弹升的高点，主要趋势是下跌的，这称之为空头市场。

所谓次级趋势，它是主要趋势运动方向相反的一种逆动行情，干扰了主要趋势。在多头市场里，它是中级的下跌或"调整"行情；在空头市场里，它是中级的上升或反弹行情。通常，在多头市场里，它会跌落主要趋势涨升部分的1/3~2/3。我们有两项判断一个次级趋势的标准，任何和主要趋势相反方向的行情，通常情况下至少持续三个星期左右；回落主要趋势涨升的1/3，然而，除了这个标准外，次级趋势通常是混淆不清的。它的确认，对它发展的正确评价及对它的进行的全过程的断定，始终是理论描述中的一个难题。

所谓短期变动，它们是短暂的波动。很少超过三个星期，通常少于六天。它们本身尽管是没有什么意义，但是使得主要趋势的发展全过程富于了神秘多变的色彩。在一个无论成熟与否的股市中，短期变动都是唯一可以被"操纵"的。而主要趋势和次要趋势却是无法被操纵的。

道氏理论的其他分析方法

其一，用两种指数来确定整体走势。

著名的道琼斯混合指数是由 20 种铁路，30 种工业和 15 种公共事业三部分组成的。据历史的经验，其中工业和铁路两种分类指数数据有代表性。因此，在判断走势时，道氏理论更注重于分析铁路和工业两种指数的变动。其中任何单纯一种指数所显示的变动都不能作为断定趋势上有效反转的信号。

其二，据成交量判断趋势的变化。

成交量会随着主要的趋势而变化。因此，据成交量也可以对主要趋势做出一个判断。通常，在多头市场，价位上升，成交量增加；价位下跌，成交量减少。在空头市场，当价格滑落时，成交量增加；在反弹时，成交量减少。但在道氏理论中，为了判定市场的趋势，最终结论性信号只由价位的变动产生。成交量仅仅是在一些有疑问的情况下提供解释的参考。

其三，盘局可以代替中级趋势。

一个盘局出现于一种或两种指数中，持续了两个或三个星期，有时达数月之久，价位仅在约 5% 的距离中波动。这种形状显示买进和卖出两者的力量是平衡的。当然，最后的情形之一是，在这个价位水准的供给完毕了，而那些想买进的人必须提高价位来诱使卖者出售。另一种情况是，本来想要以盘局价位水准出售的人发觉买进的气氛削弱了，结果他们必须削价来处理他们的股票。因此，价位往上突破盘局的上限是多头市场的征兆。相反价位往下跌破盘局的下限是空头市场的征兆。一般来说，盘局的时间愈久，价位愈窄，它最后的突破愈容易。

盘局常发展成重要的顶部和底部，分别代表着出货和进货的阶段，但是，它们更常出现在主要趋势过程中的休息和整理的阶段。在这种情形下，它们取代了正式的次级波动。很可能一种指数正在形成盘局，而另一种却发展成典型的次级趋势。

其四，把收盘价放在首位。

道氏理论并不注意一个交易日当中的最高价、最低价、而只注意收盘价。因为收盘价是时间仓促的人看财经版唯一阅读的数目，是对当天股价的最后评价，大部分人根据这个价位做买卖的委托。这是又一个经过时间考验的道氏理论规则。

其五，在反转趋势出现之前主要趋势仍将发挥影响。

当然，在反转信号出现前，提前改变对市场的态度，就好比赛跑时于发出信号前抢先跑出。这条规则并不意味着在趋势反转信号已经明朗化以后，一个人还应再迟延一下他的行动，而是说在经验上，我们等到并已经确定了以后再行动较为有利，以避免在还没有成熟前买进（或卖出）。这条规则告诉人们：一个旧趋势的反转可能发生在新趋势被确认后的任何时间。

其六，股市指数波动反映了一切市场行为。

股市指数的收市价和波动情况反映了一切市场行为。不论什么因素，股市指数的升跌变化都反映了群众心态。群众乐观，无论有理或无理，适中或过度，都会推动股价上升。群众悲观，亦不论盲目恐惧，有实质问题也好，或者受其他人情绪影响而歇斯底里也好，都会反映在市场的指数下挫。与其分析市场上千千万万人中每一个投资人士的心态，做一些没有可能做到的事，不如分析反映整个市场心态的股市指数。股市指数代表了群众心态，市场行为的总和。指数反映了市场的实际是乐观一面或是悲观情绪控制大局。

道氏理论的缺陷

首先，道氏理论主要目标乃探讨股市的基本趋势。一旦基本趋势确立，道氏理论假设这种趋势会一路持续，直到趋势遇到外来因素破坏而改变为止。但有一点要注意的是，道氏理论只推断股市的大势所趋，却不能推动大趋势里面的升幅或者跌幅将会去到那个程度。

其次，道氏理论每次都要两种指数互相确认，这样做已经慢了半拍，错失了最好的入货和出货机会。

再次，道氏理论对选股没有帮助。

最后，道氏理论注重长期趋势，对中期趋势，特别是在不知是牛还是熊的情况下，不能带给投资者明确启示。

道氏理论的应用

道氏理论在投资领域影响广泛，多年来其在股市的牛市和熊市判断上效果显著，但也存在一些不足，特别是当其运用到外汇投资领域。由于外汇市场的特殊性，所以在实际运用道氏理论的过程中需要关注以下几点。

一个是道氏理论的平均指数问题。道氏通过道琼斯工业平均指数和道琼斯铁路指数的相互应证确认市场牛市和熊市，而外汇市场中没有代表广泛意义的平均指数，难以对整体市场进行综合全面的评估。外汇市场上也有选取主要货币组合综合分析指标，美元指数就是其中的一种，也在外汇投资中被广泛运用。

二是道氏理论的信号迟延问题。道氏理论在实际运用中受到最多的批评就在于它发出的买卖信号存有较大迟延，买卖信号一般在趋势的第二阶段出现。一般来说，信号发生前新趋势已经发展全部价格变化的 20%~25%，但大部分的指标均存有时滞问题，通过选用不同的指标可以改善这一方面的问题。

三是交易量问题。道氏理论中对交易量十分重视，但对于外汇投资而言，由于市场分散且交易量的庞大，交易量无法完全统计，道氏理论也就缺少了一个重要的参考指标。

通过道氏理论来辨别牛市和熊市，其准确性为许多股民所称道。牛市代表升市，熊市代表跌市。以道氏理论作分析股市主要趋势，何时是"牛"何时是"熊"，了解现时大市处于哪个阶段，对投资会更加有利。

道氏所说的趋势变化可分为主要走势、次要走势和小型走势，这三种走势是同时并存的。例如港股由 1995 年初至 1997 年 8 月内的大型升浪便是主要走势。主要走势通常维持一至二年，道氏比喻为水流形态之中的"循环"。在此升浪中的调整（即方向与升浪相反），便称为次要走势，通常维持三周至数月不等，并调整主要走势 1/3~2/3 升幅（或跌幅），他喻为波浪。期间日常的升跌便称为小型走势，即涟漪。

要判别"牛市"或是"熊市"，便要看股价的主要趋势是上升或下跌，而每个主要趋势都可分为三个阶段。下文以牛市作解说例子。

牛市第一期，即怀疑期。经济长期陷入困境，人们对股市悲观绝望，不惜盲目抛售，但一些有远见的投资者开始憧憬经济好转，在低位吸纳股份，价格便开始温和地上升，但成交量却很薄弱。

牛市第二期，即乐观期。市场对经济的评价逐步转好，公司的赢利亦见好转，投资者对前景的信心开始恢复过来，成交量亦开始配合股价上升，但不时会出现上落市，股市每每上升了一段时间之后，便会出现一段巩固期。

牛市第三期，即狂热期。经济已经全面复苏，股市在各种利好消息刺激下，一片欣欣向荣，即使有利淡消息出现，亦很容易会被消化，投机意味浓烈的情况下，借钱买卖的金额亦会增加，成交量亦大增。这种炽热的买卖气氛，最终会将股价推高至脱离企业赢利的高位。

投资者要善用道氏理论，有三点是要注意的：

一是趋势要与成交量配合。道氏认为成交量是次要的辅助指标，作趋势判断的时候，要看成交量是否配合。如在牛市之中，价格上升应配合成交量增加，价格下跌时成交量亦应伴随下跌。

二是洞悉先机要思路清晰。道氏的三阶段理论看似简单，但很多时候能够确认清大市趋势，股市已经上升或下跌不少。此外，由于完成整个趋势需时颇长，有的投资者会在途中迷失了。如失去了分析牛市或熊市的能力，理论的好处亦会被削弱。

在第三阶段，由于投资者错失第一阶段到第二阶段的升势，后果可能是少赚一点利润，但错过了第三阶段牛市出货的机会，到大市步入第一阶段熊市的后果则会十分严重，因为第三阶段牛市后，股市通常会出现急跌。事实上，每段期间的转折点并不十分明显，以港股曾经出现的牛市为例，数名股市专家表示港股已进入第二期牛市，但对于何时进入第二阶段则众说纷纭。

波浪理论

什么是波浪理论

波浪理论又称艾略特波段理论，是由美国证券分析家拉尔夫·纳尔逊·艾略特提出的市场分析理论。波浪理论为投资者很好地提供了判别股价波动大势的有效工具。

波浪理论认为，股价的波动与在自然中的潮汐现象极其相似，在多头市况下，每一个高价都会是后一波的垫底价；在空头市况下，每一个底价都会是后一波的天价。如果投资者能审时度势，把握股价的波动大势趋向的话，不必老围着股价的小小波动而忙出忙进，而随着大势一路做多或一路做空，这样既能抓住有利时机赚取大钱，又能规避不测之险及时停损。

波浪理论已超越传统的图形分析技术，能够针对市场的波动，提供全盘性的分析角度、得以解释特定的图形发展的原因与时机，以及图形本身所代表的意义，波浪理论同时也能够帮助市场分析师、找出市场循环周期的所在。

投资者应了解，艾略特的波浪理论其关键主要包括三个部分，第一，为波浪的形态；第二，为浪与浪之间的比例关系；第三，作为浪间的时间间距。而这三者之间，浪的形态最为重要。波浪的形态是艾略特波浪理论的立论基础，所以，波浪的正确与否，对成功运用波浪理论进行投资时机的掌握至关重要。

所谓波浪的基本规则，只有两条：一是第三浪（第三推动）永远不是三个驱动浪（第一、三、五浪）中最短的一个浪。在股价的实际走势中，通常第三浪是最具有爆炸性的一浪，也经常会成为最长的一个浪。二是第四个浪的底部，不可以低于第一个浪的浪顶。

除了以上两个在波浪时的铁律外，还有两个补充规则，这两个补充规则并非是牢不可破的铁律，它主要是帮助投资者能更好的判别浪型，协助正确波浪工作。

补充规则一是交替规则。如果在整个浪形循环中，第二个浪以简单的形态出现，则第四浪多数会以较为复杂的形态出现。第二浪和第四浪就性质而言，都属于逆流行走的调整浪，而调整浪的形态有许许多多种子类型。这条补充规则，能较好地帮助投资者分析和推测市场价格的未来发展和变化，从而把握住出入的时机。

补充规则二的含义是，股市在上升一段后进入调整期，尤其是当调整浪乃属于第四浪的时候，多数会在较低一级的第四浪内完成。在通常情况下，会在接近终点附近完结。这条补充规则主要是为投资者提供调整的终结点，从而使投资者了解在调整临近终结时，应注意做多、做空时的策略，不使投资者操作犯方向性的大错，铸成不可逆转的局面。

总之，波浪理论可以用"八浪循环"、"五上三落"来概括。如果投资者能对这上述基本波浪规则在平时运用中坚守不移，可以说已经成功了一半。

波浪的特征及其表现

波浪理论在具体运用中，常常会遇到较为难以分辨的市况，发现几个同时可以成立的数浪方式。所以，投资者有必要了解各个波浪的特性及其表现形式。

第一浪。在整个波浪循环开始后，一般市场上大多数投资者并不会马上就意识到上升波段已经开始。所以，在实际走势中，大约半数以上的第一浪属于修筑底部形态的一部分。由于第一浪的走出一般产生于空头市场后的末期，所以，市场上的空头气氛以及习惯于空头市场操作的手法未变，因此，跟随着属于筑底一类的第一浪而出现的第二浪的下调幅度，通常都较大。

从表现形式上看，几乎半数以上的第一浪，是属于营造底部形态的第一部分。第一浪是循环的开始，由于这段行情的上升出现在空头市场跌势后的反弹和反转，买方力量并不强大，加上空头继续存在卖压，因此，在此类第一浪上升之后出现第二浪调整回落时，其回档的幅度往往很深。另外半数的第一浪出现在长期盘整完成之后，在这类第一浪中，其行情上升幅度较大，从经验看来，第一浪的涨幅通常是五浪中最短的行情。

第二浪。上面已经提过，通常第二浪在实际走势中调整幅度较大，而且还具有较大的杀伤力，这主要是因为市场人士常常误以为熊市尚未结束，第二浪的特点是成交量逐渐萎缩，波动幅度渐渐变窄，反映出抛盘压力逐渐衰竭，出现传统图形中的转向形态，例如常见的头肩、双底等。

从表现形式上看，第二浪是下跌浪，由于市场人士误以为熊市尚未结束，其调整下跌的幅度相当大，几乎吃掉第一浪的升幅，当行情在此浪中跌至接近底部第一浪起点时，市场出现惜售心理；当抛售压力逐渐衰竭，成交量也逐渐缩小时，第二浪调整才会宣告结束，在此浪中经常出现转向形态，如头底、双底等。

第三浪。在绝大多数走势中，第三浪属于主升段的一大浪，因此，通常它属于最具有爆炸性的一浪。它的最主要的特点是：第三浪的运行时间通常会是整个循环浪中的最长的一浪，其上升的空间和幅度亦常常最大；第三浪的运行轨迹，大多数都会发展成为一涨再涨的延升浪；在成交量方面，成交量急剧放大，体现出具有上升潜力的量能；在图形上，常常会以势不可挡的跳空缺口向上突破，给人一种突破向上的强烈讯号。

第三浪在表现形式上涨势最大、最有爆发力的上升浪，这段行情持续的时间与幅度，经常是最长的。市场投资者信心恢复，成交量大幅上升，常出现传统图表中的突破讯号，例如裂口跳升等，这段行情走势非常激烈，一些图形上的关卡，非常轻易地被穿破，尤其在突破第一浪的高点时，是最强烈的买进讯号。由于第三浪涨势激烈，经常出现"延长波浪"的现象。

第四浪。从形态的结构来看，第四浪经常是以三角形的调整形态进行运行。第四浪的运行结束点，一般都较难预见。同时，投资者应记住，第四浪的浪底不允许低于第一浪的浪顶。

在表现形式上，第四浪是行情大幅劲升后调整浪，通常以较复杂的形态出现，经常出现"倾斜三角形"的走势，但第四浪的底点不会低于第一浪的顶点。

第五浪。在股票市场中，第五浪是三大推动浪之一，但其涨幅在大多数情况下比第三浪小。第五浪的特点是市场人气较为高涨，往往乐观情绪充斥整个市场。从其完成的形态和幅度来看，经常会以失败的形态而告终。在第五上升浪的运行中，二、三线股会突发奇想，普遍上升，而常常会升幅极其可观。

在股市中，第五浪的涨势通常小于第三浪，且经常出现失败的情况。在第五浪中，二、三类股票通常是市场内的主导力量，其涨幅常常大于一类股（绩优蓝筹股、大型股），这就是投资人士常说的"鸡犬升天"，此时市场情绪表现相当乐观。

A、B、C浪介绍：

A浪。在上升循环中，A浪的调整是紧随着第五浪而产生的，所以，市场上大多数人士会认为市势仍未逆转，毫无防备之心，只看做为一个短暂的调整。A浪的调整形态通常以两种形式出现，平坦型形态与三字形形态，它与B浪经常以交叉形式进行形态交换。

在 A 浪中，市场投资人士大多数认为上升行情尚未逆转，此时仅为一个暂时的回档现象。实际上，A 浪的下跌，在第五浪中通常已有警告讯号，如成交量与价格走势背离或技术指标上的背离等，但由于此时市场仍较为乐观，A 浪有时出现平势调整或者"之"字形态运行。

B 浪。B 浪的上升常常会作为多方的单相思，升势较为情绪化，这主要是市场上大多数人仍未从牛市冲天的市道中醒悟过来，还以为上一个上升尚未结束，在图表上常常出现牛市陷阱，从成交量上看，成交稀疏，出现明显的价量背离现象，上升量能已接济不上。

B 浪表现经常是成交量不大，一般而言是多头的逃命线，然而由于是一段上升行情，很容易让投资者误以为是另一波段的涨势，形成"多头陷阱"，许多人士在此期惨遭套牢。

C 浪。紧随着 B 浪而后的是 C 浪，由于 B 浪的完成顿使许多市场人士醒悟，一轮多头行情已经结束，期望继续上涨的希望彻底破灭，所以，大盘开始全面下跌，从性质上看，其破坏力较强。

C 浪的表现形式为破坏力较强，跌势较为强劲，跌幅大，持续的时间较长久，而且出现全面性下跌。

江恩理论

江恩理论系统概述

江恩理论是由 20 世纪最著名的美国投资大师威廉·江恩结合自己在股票和期货市场上的骄人成绩和宝贵经验，通过数学、几何学、宗教、天文学的综合运用，建立起自己独特的分析方法和测市理论。由于江恩理论的分析方法具有非常高的准确性，有时达到令人不可思议的程度，因此很多江恩理论的研究者非常注重江恩的测市系统。

江恩理论是以研究测市为主的，但在测市系统之外，江恩还建立了一整套操作系统，当测市系统发生失误时，操作系统将及时地对其进行补救。江恩理论之所以可以达到非常高的准确性，就是将测市系统和操作系统一同使用，相得益彰。

江恩在 1949 年出版了他最后一本重要著作《在华尔街 45 年》，此时江恩已是 72 岁高龄，他坦诚地披露了纵横市场数十年的取胜之道。其中"江恩十二条买卖规则"是江恩操作系统的重要组成部分，江恩在操作中还制定了"二十一条买卖守则"，江恩严格地按照十二条买卖规则和二十一条买卖守则进行操作。

江恩认为，进行交易必须根据一套既定的交易规则去操作，而不能随意地买卖，盲目地猜测市场的发展情况。随着时间的转变，市场的条件也会跟随转变，投资者必须学会跟随市场的转变而转变，而不能认死理。

江恩告诫投资者：在你投资之前请先细心研究市场，因为你可能会做出与市场完全相反的错误的买卖决定，同时你必须学会如何去处理这些错误。他指出，一个成功的投资者并不是不犯错误，因为在证券市场中面对千变万化、捉摸不定的市场，任何一个人都可能犯错误，甚至是严重的错误。但成败的关键是成功者懂得如何去处理错误，不使其继续扩大；而失败者因犹豫不决、优柔寡断任错误发展，并造成更大的损失。

江恩认为，造成投资者遭受重大损失是有原因的。首先是因为在有限的资本上过度买卖。也就是说，投资者操作过分频繁，在市场中的短线和超短线是要求有很高的操作技巧的，在投资者没有掌握这些操作技巧之前，过分强调做短线常会导致不小的损失。

其次是因为投资者没有设立止损点以控制损失。很多投资者遭受巨大损失就是因为没有设置合适的止损点，结果任其错误无限发展，损失越来越大。因此，学会设置止损点以控制风险，是投资者必须学会的基本功之一。还有一些投资者，甚至是一些市场老手，虽然设了止损点，但在实际操作中并不坚决执行，结果因一念之差，遭受巨大损失。

第三个原因是缺乏市场知识，以至于在市场买卖中遭受损失。一些投资者并不注重学习市场知识，而是想当然办事或主观认为市场如何如何，不会辨别消息的真伪，结果接受错误误导，遭受巨大的损失。还有一些投资者仅凭一些书本上学来的知识来指导实践，不加区别的套用，造成巨大损失。江恩强调的是市场的知识，实践的经验。而这种市场的知识往往要在市场中摸爬滚打相当时间才会真正有所体会。

江恩理论的测市系统部分有很多地方抽象难懂，不易理解，但江恩的操作系统和买卖规则却清楚明确，非常容易理解。江恩的操作系统是以跟随市场买卖为主，这与他的预测系统完全不同，江恩非常清楚地将买卖操作系统与市场预测系统分开，使他能在一个动荡充满危机的年代从事投机事业而立于不败之地。

江恩理论的实质就是在看似无序的市场中建立了严格的交易秩序，他建立了江恩时间法则、江恩价格法则、江恩线等。它可以用来发现何时价格会发生回调和将回调到什么价位。

江恩线的数学表达有两个基本要素，这两个基本要素是价格和时间。江恩通过江恩圆形、江恩螺旋正方形、江恩六边形、江恩"轮中轮"等图形将价格与时间完美地融合起来。

江恩线是江恩理论与投资方法的重要概念，江恩在 X 轴上建立时间，在 Y 轴建立价格，江恩线符号由"TXP"表示。江恩线的基本比率为 1 比 1，即一个单位时间对应一个价格单位，此时的江恩线为 45 度。通过对市场的分析，江恩还分别以 3 和 8 为单位进行划分，如 1/3、1/8 等，这些江恩线构成了市场回调或上升的支持位和阻力位。

在江恩的理论中，"七"是一个非常重要的数字，江恩在划分市场周期循环时，江恩经常使用"七"或"七"的倍数，江恩认为"七"融合了自然、天文与宗教的理念。另外，其中的图、形、表，以及对波动与共震、时间、周期的分析和判势，使我们可以比较准确的预测市场价格的走势与波动，成为股市的赢家。

当然，江恩理论也不是十全十美的，不能指望他使你一夜暴富，但是经过努力，在实践中体会江恩理论的真谛，他一定会使你受益。

江恩二十一条买卖守则

(1) 将你的资本分为十份,每次入市买卖,损失不会超过资本的十分之一;

(2) 设下止损位,减少买卖出错时可能造成的损失;

(3) 不可过量买卖;

(4) 不让所持仓位由盈转亏;

(5) 不逆市而为,市场趋势不明显时,宁可在场外观望;

(6) 入市时要坚决,犹豫不决时不要入市;

(7) 只在活跃的市场买卖,买卖清淡时不宜操作;

(8) 避免限价出入市,要在市场中买卖;

(9) 可用止损位保障所得利润;

(10) 在市场中连战皆胜后,可将部分利润提出,以备急时之需;

(11) 买股票切忌只望收息;

(12) 买卖遭损失时,切忌加码,谋求拉低成本,可能积小错而成大错;

(13) 不要因为不耐烦而入市,也不要因为不耐烦而清仓;

(14) 赔多赚少的买卖不要做;

(15) 入市时设下的止损位,不宜胡乱取消;

(16) 做多错多,入市要等待机会,不宜炒卖过密;

(17) 不应只做单边;

(18) 不要因为价位过低而吸纳,也不要因为价位过高而看空;

(19) 避免在不适当的时候金字塔式加码;

(20) 永不对冲;

(21) 如无适当理由,避免胡乱更改所持仓位的买卖策略。

江恩十二条买卖规则

江恩十二条买卖规则是江恩在华尔街投资四十五年经验的总结,并一直指导江恩成功地操作。

(1) 决定趋势。江恩认为,对于股票而言,其平均综合指数最为重要,可以决定大市的趋势。

(2) 在单底、双底或三底水平入市买入。意思是说,市场从前的底部是重要的支撑位,可入市吸纳。除此之外,当原先的顶部上破时,则阻力成为重要支撑,当市价回落到该顶部水平或稍低于该水平,是买入的绝佳时机。

(3) 根据市场波动的百分比进行买卖。江恩认为,要顺应市势,有两种入市买卖的方法,一种是市况在高位回吐50%时,是一个买入点;另一种是市况在低位上升50%时,是一个卖出点。

(4) 根据三周上升或下跌买卖。江恩认为,当市场主流趋势向上时,如果市价出现三周调整,是买入时机。当市场的主流趋势向下时,如果市价出现三周的反弹,是卖出时机。

(5) 市场分段波动。江恩认为，在上升趋势开始时，市场不会只有一浪上升便见顶，通常会上升—调整—上升—调整—上升才走完整个趋势，同理，在下跌趋势中也一样。

(6) 利用5点或7点波动买卖。趋势上升，出现5至7点调整时，可趁价格低时买入。趋势向下，出现5至7点反弹时，可趁价格高时卖出。出现10至12点反弹或调整，可趁机入市。

(7) 根据市场成交量进行买卖。

(8) 时间要素。江恩线的数学表达有两个基本要素，其中一个就是时间，江恩认为在一切决定市场趋势的因素之中，时间因素是最重要的一环。

(9) 当出现高低点或新高时买入。市价创新高，可追高买入。市价破新低，可以卖出。

(10) 决定大势趋势的转向。江恩认为股价趋势逆转之前，股民可以从图表形态上及时间周期上寻找到蛛丝马迹，股民要密切留意时间周期和价位形态。

(11) 最安全的买卖点。江恩认为市场上破前高点是安全买入点，市场下破前低点是安全卖出点。

(12) 快速市场的价位波动。市价上升和下跌具有一定的速度，可以用来界定不同市势的准则。

回调法则及价格带

回调是指价格在主运动趋势中的暂时的反转运动。回调理论是江恩价格理论中重要的一部分。根据价格水平线的概念，50%、75%、100%作为回调位置是对价格运动趋势构成强大的支持或阻力。

例如：某只股票价格从40元最高点下降到20元最低点开始反转，价格带的空间是40元减去20元为20元。这一趋势的50%为10元，即上升到30元时将回调。而30元与20元的价格带的50%为5元，即回调到25元时再继续上升。升势一直到40元与20元的75%，即35元再进行50%的回调，最后上升到40元完成对前一个熊市的100%回调。

那么，如何判断峰顶与峰底呢？江恩认为一年中只做几次出色的交易就可以了，为此，需要观察以年为单位的价格图，来决定一年中的顶部与底部，然后才是月线图、周线图和日线图。

江恩的时间法则用于揭示在何时价格将发生回调，而江恩的价格法则揭示价格回调的多少。江恩将价格分割成一些区间成为价格带，江恩价格带是以相对时间的最高价和最低价为标准划分的。根据分析期间的长短，这些时间可以是一日或数日、数周、数月、数年或者更长。

价格带通常是按前一个价格趋势的百分比划分的，一般通过价格水平线均分成八条价格带或三条价格带。这些水平线表示对未来价格运动的不同层次的支持线或阻力线，价格将在这些地方发生回调。

在上升趋势中，1/8或3/8的价格水平线表示对上升趋势的较小的阻力位；而在下降趋势中，这两条价格水平线则成为较小的支持位。

怎样运用江恩理论

江恩说过，大多数人在股市中输钱主要有三个原因：一是交易过度或买卖过于频繁；二是没有上止损单；三是对市场知之甚少。

很显然，要在股市中赢钱应当避免上述三种错误。什么是交易过度？笔者的理解是，每一次买卖不要总是全仓进出。其实这并不算特别重要，最重要的是当你在市场中投机而不是投资时，不过度交易在频繁买卖时才显得重要。买卖过于频繁是导致失败的致命伤。你想一想，你在为自己争取赢利的同时，还要养证券公司，负担多重。

不下止蚀单也是投资人常犯的错误或是根本不知道有这回事。有的投资者说自己手中的股票市价已大大低于自己的买入价，如果他是准备长线投资一家公司的股票，他绝对不会因为股价大幅下跌而抱怨。若是投机者，他绝对应该设置一个价位，只要跌破这个价位，无论如何你都应该第一时间抛出股票。江恩的建议是止蚀单设在买入价之下的3%~5%。考虑到中国股市波动幅度比较大，投资者可以适放宽止蚀单的范围，如5%~10%。不设止蚀单的后果就是眼睁睁看着股价被拦腰砍断。聪明人会下止蚀单，设定止蚀位，一旦形势发行逆转，就随时走人。

赫赫有名的江恩理论创始人，证券市场历史中的世界级大师江恩，凭其高超的操作技巧，在其一生的投机生涯中，总共从市场赢了3.5亿美元，他交易次数的成功率在80%以上。在当时与今天的证券市场投资人眼中，他确是一个近乎于"神"的顶级人物，而他创立的"江恩理论"至今仍享受着"神"一样的膜拜。

然而，当我们从整体上研读江恩理论时，便可发现，作为预测大师的江恩与市场高手的江恩，虽然是同一个人，但他却是清清楚楚冷静异常地将自己的预测理论与实践操作分开了的。

预测固然认真，但在实际操作中，他却不是完全让预测牵着自己，相反，他只遵守自己建立的买卖规则，他让预测要服从买卖规则！预测正确、不违背其买卖规则，他照预测方向操作；预测不对时，他用买卖规则（例如止损单）或修正预测，或干脆认错退出。

可见，买卖规则重于预测，这就是江恩获胜的真正秘诀。

然而，至今还有许多股市投资人以为江恩是纯粹凭其神奇理论赢得了市场胜利，于是光顾着去研究、挖掘江恩的理论体系，期望一旦找到了江恩的那片金钥匙，便可像江恩一样从此在股市中百战百胜了。而这，实在是一个认识上的偏误。还有不少人在寻找探索其他的预测方法，也期望有一天会找到那种令他一劳永逸百战百胜的秘密武器，从此让他轻轻松松咤叱股市稳操胜券。可惜，这都如同想制造永动机一样，是人们对预测股市理论价值在认识上的一大误区。

为什么说江恩的成功，其买卖规则重于其预测理论呢？让我们看一看上面创立了如此高深预测理论的大师，同时却又制定并坚定执行了的江恩买卖规则，你我就会明白这一点了。江恩像神一样地建立了他那套高深难懂的预测理论体系，他同时又像我们凡人小股民一般制定了他的操作守则并以其在市场取胜，这就是我们应解读的江恩大师！

事实上，江恩理论也和其他理论一样，有它内在的缺陷，不能指望它一夜暴富，但是经过努力，在实践中体会江恩理论的真谛，定会使你受益匪浅。

量价理论

量价理论最早见于美国股市分析家葛兰碧所著的《股票市场指标》一书。葛兰碧认为成交量是股市的元气与动力，成交量的变动直接表明股市交易是否活跃，人气是否旺盛，而且体现了市场运作过程中供给与需求间的动态实况。没有成交量的发生，市场价格就不可能变动，也就无股价趋势可言，成交量的增加或萎缩都会表现出一定的股价趋势。

成交量

成交量是指当天成交的股票总数。一般情况下，成交量大且价格上涨的股票，趋势是向好的，成交量持续低迷时，一般出现在熊市或股票整理阶段，市场交投不活跃。

成交量是判断股票走势的重要依据，对分析主力行为提供了重要的依据。投资者应对成交量异常波动的股票密切关注，其中"总手"为到目前为止该股票成交的总数量，"现手"为刚刚成交的那一笔股票的数量。

成交量可以在分时图中显示，也可以在日K线图、周K线图或者月K线图中显示。一般的行情分析软件中，如在大智慧中，上面的大图是主图，下面的小图中就会显示成交量，通常以VOL表示，并在图形中用条形实体直观地表示出来，若当天是上涨的，则成交量的柱体呈红色空心状；当天若是下跌的，则成交量的柱体呈绿色实心状。

成交量的单位为股或手。对成交股数的研究非常适合于对个股成交量做纵向比较，即观察个股历史上放量和缩量的相对情况，不过它忽略了各个股票流通量大小的差别，很难精确地表示成交活跃的程度，因而不便于对不同股票做横向比较。

量价同步

量价同步也叫"量价同向"意为股价与成交量变化方向相同。股价上升，成交量也相伴而升，是市场继续看好的表现；股价下跌，成交量随之而减，说明卖方对后市看好，持仓惜售，转势反弹仍大有希望。

量价同步主要包括量增价涨、量缩价跌和量平价平3种形式。

1.量增价涨

量增价涨主要是指个股（或大盘）在成交量增加的同时，股价也同步上涨的一种量价配合现象。量增价涨只出现在上升行情中，而且大部分出现在上升行情初期，也有小部分情况是出现在上升行情的中途。

在经过一轮较长时间的下跌和底部盘整后，市场中逐渐出现诸多利好因素，这些利好因素增强了市场预期向好的心理，促使股市交易逐渐活跃起来。随着成交量的放大和股价的同步上升，投资者购买股票在短期内就可获得利润，赚钱的示范效应刺激了更多投资者的投资意愿。在积极的换手下，成交量不断放大，股价也不断攀升，最后走出了量增价涨、量价配合的良好态势，这种态势对后市股价的进一步上扬形成了实质性的支撑。

2.量缩价跌

量缩价跌主要是指个股（或大盘）在成交量减少的同时股价也同步下跌的一种量价配合现象。量缩价跌现象既可能出现在下跌行情的中期，也可能出现在上升行情的中期。

在上升行情中，量缩价跌说明个股已被主力高度控盘，不是主力不想卖，而是主力找不到人接盘；于是主力任由少量散户左右行情，或者见一个买家就往下面卖一点筹码，因此就出现了量缩价跌的现象。见此状况，交易者应始终回避，因为此时主力的唯一目的就是出货，只要有买家就不会放过交易的机会。

在下跌行情中，量缩价跌是自然现象，它表明多、空双方集体看跌，卖家急于找下家买单，但买家则不愿意进场交易，于是就出现了量缩价跌的状况。出现这种状况，往往说明空方能量还没有得到释放，股价继续下跌的可能性很大，一直会持续到多方愿意进场为止。此时，袖手旁观是上策。

3.量平价平

量平价平表示股价相对平稳，同时成交量也保持相对平稳的状态。量平价平的格局比较少见，通常发生在盘跌走势的股票，也常发生在盘整过程的股票。因为量平价平为多空不明的暗示，投资人宜保守观望，等待量能增温的现象出现再做考虑。

股价在连续急涨或连续急跌之后，突然出现量平价平是比较特殊的现象，这种现象暗示着未来有可能出现"变盘"，此时短线投资人宜准备进行"逆向操作"。也就是急涨后出现量平价平时，短线多单准备卖出；连续急跌后出现量平价平时，短线空单准备回补。

量价背离

量价背离是指股价与成交量呈相反的变化趋势。股价上升，而成交量减少或持平，说明股价的升势得不到成交量的支撑，这种升势难于维持；股价下跌，但成交量上升，是后市低迷的前兆，说明投资者唯恐大祸降临而抛售离市。

量价背离主要包括量增价跌、量缩价涨、量平价跌和量平价涨4种形式。

1.量增价跌

量增价跌主要是指个股（或大盘）在成交量增加的情况下股价反而下跌的一种量价配合现象。量增价跌现象大部分出现在下跌行情的初期，也有小部分情况出现在上升行情的初期。不过，量增价跌出现在上升行情和下跌行情中的研判结果是不一样的。

在上升行情初期，有些股票会出现量增价跌的现象。当股价经过一段比较长时间的下跌和底部较长时间盘整后，主力为了获取更多的低位筹码，采取边打压股价边吸货的手段，造成股价走势出现量增价跌的现象，这种量增价跌现象是底部买入信号。

在下跌行情的初期，股价经过一段比较大的涨幅后，市场上的获利筹码越来越多，一些投资者纷纷抛出股票，致使股价开始下跌。同时，也有一些投资者仍对股价走高抱有预期，在股价下跌时，还在买入股票，多空双方对股价看法产生分歧，换手积极，这便是成交量放大的主要原因。不过，这种高位量增价跌的现象持续时间一般不会很长，当日若收出较长上影线的阴线，则表明空方占优，这时"持股仍看高线者"就应引起警惕。这种高位量增价跌现象实际是卖出信号。

2010年10月开始股价一路下挫，而此时的成交量却不断攀升，形成相互背离的现象。

2.量缩价涨

量缩价涨主要是指个股（或大盘）在成交量减少的情况下股价反而上涨的一种量价配合现象。量缩价涨多出现在上升行情的末期，偶尔也会出现在下跌行情的反弹过程中。对于量缩价涨的行情，投资者应区别对待，一般以持股或持币观望为主。

在上升行情中，适度的量缩价涨表明主力控盘程度比较高，维持股价上升的实力较强，大量的流通筹码被主力锁定。但量缩价涨所显示的毕竟是一种量价背离的趋势，因此，在随后的上升过程中出现成交量再次放大的情况，则可能意味着主力可能在高位出货。

在下降行情中，有时也会出现量缩价涨的反弹走势。当股价经过短期的大幅度下跌后，由于跌幅过猛，主力没能全部出货，因此，他们会抓住大部分投资者不忍轻易割肉的心理，用少量资金再次将股价拉高，造成量缩价涨的假象，从而利用这种反弹走势达到出货的目的。

3.量平价跌

量平价跌是指股价在不断地下跌，而其成交量却表现相对平稳，即成交量暂时不会产生变化。

在上涨行情中出现量平价跌的形态，代表散户退出，所以回档幅度不会太深；在散户退出后，主力补量就可以延续原级数的上涨趋势。

在下跌行情中出现价跌，代表散户持续卖出，股价将持续盘跌，这种现象通常发生于主力出货结束后只有散户交易的"散户盘"。

股价从2010年年初就开始不断下跌，而此时的成交量却保持稳定，没有大的起伏波动，形成了量平价跌的态势。

4.量平价涨

量平价涨，指成交量保持相对的等量水平，而股价持续上升，是可以在期间适时适量地参与的情况。

一般情况下，股价的上涨都会伴随着成交量的增大，而量平价涨中股价一路涨升，成交量却保持一种相对平稳的运行状态，可以说是在市场中一个特殊的案例。从成交量的平稳态势来看，可以判断出场外的流通筹码在一定程度上是相当稀少的，控盘主力持仓的量度相对而言是巨大的，而且都是一些成本十分低廉的筹码。

量平价涨体现出一个显著的信号，就是控盘主力的操作目标位置在某种意义上一般都是相当高的，而且多是以做长庄为主，往往会有一段较大的涨幅可待。

获得成功的炒股高手

"股神"沃伦·巴菲特

沃伦·巴菲特的另类思维

沃伦·巴菲特（WarrenBuffett）1930 年 8 月 30 日出生在美国内布拉斯加州的奥马哈市。他从小就极具投资意识，1941 年，11 岁的巴菲特购买了平生第一张股票。1947 年，巴菲特进入宾夕法尼亚大学攻读财务和商业管理。两年后，巴菲特考入哥伦比亚大学金融系，拜师于著名投资理论学家本杰明·格雷厄姆。在格雷厄姆门下，巴菲特如鱼得水。1956 年，他回到家乡创办"巴菲特有限公司"。1964 年，巴菲特的个人财富达到 400 万美元，而此时他掌管的资金已高达 2200 万美元。1965 年，35 岁的巴菲特收购了一家名为伯克希尔—哈撒韦的纺织企业，1994 年底已发展成拥有 230 亿美元的伯克希尔工业王国，由一家纺纱厂变成巴菲特庞大的投资金融集团。他的股票在 30 年间上涨了 2 000 倍，而标准普尔 500 家指数内的股票平均才上涨了近 50 倍。多年来，在《福布斯》一年一度的全球富豪榜上，巴菲特一直稳居前三名。

如果把巴菲特的投资策略以一句话加以总结，那就是集中投资战略。巴菲特投资成功的方略是多方面的，其中当数"集中投资"的方法最有效。巴菲特认为要选出最杰出的公司，将精力应用于分析它们的经济状况和管理素质上，然后买入长期都表现良好的公司，集中投资在它们身上。对于分散投资，"股神"说："分散投资是无知者的自我保护法，对于那些明白自己在干什么的人来说，分散投资是没什么意义的。"

巴菲特认为，一个人一生中真正值得投资的股票也就四五只，一旦发现了，就要集中资金，大量买入。要把注意力集中在几家公司上，如果投资者的组合太过分散，这样反而会分身不暇，弄巧成拙。

在投资行业的选择上，巴菲特往往也是选择一些资源垄断性行业进行投资。从巴菲特的投资构成来看，道路、桥梁、煤炭、电力等资源垄断性企业占了相当大的份额。如巴菲特2001 年上半年大量吃进中石油股票就是这种投资战略的充分体现。

很多投资者片面地认为：不把鸡蛋放在一个篮子里，才算保险。因此，他们没有集中资金，反而将有限的资金四处出击。今天看这只股好，就买进，明天又听说那只股票是黑马，就赶快追。结果区区几万、几十万或者上百万资金被七零八乱的股票所肢解，导致手中股票少则三五只，多则 10 余只。常常一段时间不是这只股涨，就是那只股跌，一年忙到头，好的可以赚点钱，中的打平手，不好的情况下则是负增长。有的人年复一年，也不善于总结，总认为运气不好，其实这是犯了一个投资的大忌。分散投资不等于使风险得到分散，同样，集中投资虽然有风险集中的弊端，但只要把握得当，坚守一定的操作纪律，风险还是可以控制的。

从表面上看，集中投资的策略似乎违背了多样化投资分散风险的规则。不过，巴菲特对投资者提出了这样的忠告："成功的投资者有时需要有所不为。"他认为，"不要把所有鸡蛋放在同一个篮子里"的投资理论是错误的，投资者应该像马克·吐温建议的那样"把所有鸡蛋放在同一个篮子里，然后小心地看好它"。

纵观中外股市操作成功的人都有一个共同特点，就是善于精心选股、集中投资，很少有分散投资能带来辉煌收益。这一点对于中小投资者来说极为重要。

关于集中投资，巴菲特认为：当遇到比较好的市场机会时，唯一理智的做法是大举投资或集中投资。在实际投资过程中，建议投资者将股票适当集中，手中的股票控制在5只以内，便于跟踪。有些股民20多万资金买了二三十只股票，这么多股票，盘面很难跟踪，对有把握的市场机会重仓参与。

巴菲特将"集中投资"的精髓简要地概括为："选择少数几种可以在长期拉锯战中产生高于平均收益的股票，将你的大部分资本集中在这些股票上，不管股市短期跌升，坚持持股，稳中取胜。"为此，巴菲特的大部分精力都用于分析企业的经济状况，以及评估它的管理状况而不是用于跟踪股价。巴菲特告诫投资"门外汉"们：注意力要集中。

巴菲特的投资哲学首要之处是：记住股市大崩溃。即是说，要以稳健的策略投资，确保自己的资金不受损失，并且要永远记住这一点。其次，让自己的资金以中等速度增长。巴菲特主要的投资目标都是具有中等增长潜力的企业，并且这些企业被认为会持续增长。

极具实用性的投资理论

巴菲特的投资理论极具实用性，其精髓在于挑选优良价值的股票买入，然后长期持有。

一是集中投资。巴菲特的意见是把注意力集中在几家公司上，合理的数目是十至十五家。如果投资者的组合太过分散，这样反而会分身不暇，弄巧成拙。

巴菲特认为要选出最杰出的公司，将精力应用于分析它们的经济状况和管理素质上，然后买入长期都表现良好的公司，集中投资在它们身上。对于分散投资，股神说："分散投资是无知者的自我保护法，对于那些明白自己在干什么的人来说，分散投资是没什么意义的。"

二是挑选价值股，不懂永不做。巴菲特的投资成绩，在1999至2000年度一度落后于大市，当时由于股神表示不懂科网、不懂电脑软件的未来发展和不懂半导体是什么而拒绝买入高科技股。有人更以，"老态龙钟"、"与时代脱节"和"风光不再"等评语都套用在巴菲特身上。

结果随着科网泡沫的爆破，再次证明股神是对的，这说明了股神只会买入自己能够了解的公司股票。

三是战胜心魔，理性投资。很多研究都指出，决定一个投资者成败的关键之一是性格。

股神的心得是战胜自己内心的恐惧和贪婪。在经过深入了解和研究后，找到了买入股票的真正价值后，就不要理会它短期的价格波动。因为市场上充斥着太多不理性的投资者。远离市场（纽约）是股神的选择，这是为了"旁观者清"。巴菲特的理论是："设法在别人贪心的时候持谨慎、恐惧的态度，相反当众人都小心谨慎时，要勇往直前。"事实上，短线的股价经常都不可理喻。

四是长期持有。选中好的公司股票，不要随便因蝇头小利而卖去。只要该公司仍然表现出色，管理层稳定，就应该继续持有。股神说："如果你拥有很差的企业，你应该马上出售，因为丢弃它你才能在长期的时间里拥有更好的企业。但如果你拥有的是一家好公司股票，千万不要把它出售。"

五是拒绝投机。股神从不相信消息，坚持独立思考。他说，即使联邦储备局主席格林斯潘在他耳边秘密告知未来利率的去向也不会因此而改变任何投资计划。

六是等待入市的良机。股神近来总结归纳他的投资心得时指出：投资者不需要在市场上经常出没。在发掘好股票的时候，要等待好时机买入才能作长期持有的策略，这样胜算自然高。

巴菲特选股十招

如果我们听从巴菲特的话，那么应该如何选股呢？股神巴菲特的选股 10 招，颇具指导意义。

第一招是心中无股

有人问，你如何比较最新的买入机会与历史上的其他买入机会？

巴菲特说，极少数情况下可以明显看出股市过于低估还是过于高估，但 90% 的时间股市在二者之间模糊不清。如果你在别人恐惧时跟着恐惧，就无法做好投资。

绝大多数人关注的是股市走势，关注的是别人在买什么卖什么，心里想的全是股票走势过去如何未来将会如何，而巴菲特只关注公司基本面如何价值几何，他忠告投资者：你买的不是股票而是公司，只要公司的赢利持续增长，股价早晚会大涨。

有人问，价值投资者变得更多，会不会导致投资机会变得更少？

巴菲特说，战胜市场的机会总是会有的，因为人们总是重复犯下同样的错误。也许你要手握现金很长时间，但机会迟早会来的，你得准备好才能抓住它们。

第二招是安全第一

2009 年 2 月，巴菲特出资 3 亿美元购买了哈雷摩托的优先股，股息率为 15%。哈雷优先股更像是债券而不是股票，但一年多来，哈雷股价已经翻了一番。因此有人问巴菲特为什么当初没有购买哈雷的普通股？

巴菲特解释说："我没有把握确定哈雷的股票值多少钱，但我有一点非常有把握，那就是哈雷公司不可能倒闭，15% 的固定收益率非常具有吸引力。在投资哈雷债券上我知道的足够多，但在哈雷股票上我知道的并不足够多。"

"幸福的秘诀是降低预期。在投资上，一定要牢记安全第一，而不是赚钱第一，要降低你的预期，做最坏的准备，只做安全有把握的投资，决不盲目冒险投资。我的铁律：第一条，千万不要亏本；第二条，千万不要忘记第一条。"

第三招是选股如选妻

有人问，如何防止再次发生金融危机？

巴菲特说，金融危机会一次又一次地发生，是因为人类总是会做出疯狂的举动，而改变人类的习惯是不可能的。因此在青少年时期受到良好的投资理财教育并养成良好的习惯至关重要。在小学时多了解一点知识，胜过研究生时多学习成千上万本书。

"习惯的锁链在重得无法挣脱之前是轻得无法感受得到"，所以巴菲特专门推出了给小孩子看的投资理财动画片，投资必须从娃娃抓起。大家想一想，多数人选股选得很差，但选妻都选得相当好。为什么？因为小孩子从老爸老妈和其他人的婚姻中学到经验教训，始终认真严格选择，最后才选择到理想幸福的伴侣。但是这些人在选股上从小到大没有受过任何教育训练，在选股上花的时间精力远远少于选择人生伴侣。巴菲特为什么在选股上如此优秀？他经常说："选股如选妻。"事实上他选股比选妻更加严格审慎。

第四招是知己知彼

巴菲特说，你根本不可能成为所有类型公司的专家。你没有必要在所有事情上都成为专家，但你一定要对你投入资金的公司确实非常了解。你的能力圈大小并不重要，但是知道你能力圈的边界非常重要。你不需要聪明绝顶，只要避免犯下重大错误，就会做得相当不错。

什么都懂就是什么都不懂，一招鲜才能吃遍天。首先了解自己的长处，其次发挥自己的长处，研究精通某一类公司才可能有大成。正如孙子兵法所说，"知己知彼，百战不殆"。能力圈并不是固定不变的，你还要不断学习扩大你的能力圈。

第五招是一流业务

巴菲特过去一直强调，他寻找的是业务上具有强大持续竞争优势的优秀公司。他过去几十年一直辛辛苦苦做的事就是寻找最优秀的公司，具有很强的定价能力，拥有一种垄断地位。

第六招是投资就是投入

巴菲特认为，投资就是投入，他非常重视公司是否拥有一流的管理层。有人问，如果发现公司内部存在不道德或者不合法的行为时，你会直接干预吗？巴菲特说，当然会，我们决不会为了赚钱而不惜名誉。巴菲特非常重视自己的名誉，也希望他投资的公司管理层始终做到诚实正直。其实听小道消息做内幕交易都是不义之财，也许会一时让你赚到大钱，但这个隐蔽的定时炸弹会让你一生内心焦虑不安，何必呢？

第七招是一流业绩

有人问，伯克希尔公司下属哪家公司拥有最好的投资收益率？世界上哪家公司拥有最好的投资收益率？

巴菲特说，像可口可乐不需要投入资本就可以经营得很好，有些公司甚至投入成本是负数照样运营很好，比如杂志，提前收取订户的订阅费，后来才寄送杂志。企业经营需要投入资本多少非常关键，那些投入资本是负数的公司最好不过。很多消费类公司有很好的投资收益率，但是太多的人想要买入这类公司，因此很难以好的价格买入。

巴菲特非常重视公司的业绩是否一流，他的衡量标准是股东权益投资收益率，他尤其钟爱那些不需要投入太多资本就能实现持续增长的超级明星公司。

第八招是价值评估

有人问，如何在公司估值上做的越来越好？

巴菲特说，我一开始对估值一无所知，后来我的导师格雷厄姆教会我对某些特殊类型公司进行估值，但是这类公司后来几乎全部消失了，再后来芒格引导我转向具有持续竞争优势的优秀公司。投资的目标是寻找那些未来20年具有持续竞争优势而且价格上具有安全边际的优秀公司。如果我不能根据公司基本面分析进行估值，就根本不会关注这家公司，这对于成为一个优秀的投资者来说至关重要。

第九招是集中投资

近年来，巴菲特连续买入了一些资本密集型企业，如能源和工业类。去年收购的伯灵顿铁路公司就是巴菲特历史上金额最大的收购。这是一个很大的变化，巴菲特一般只投资资本需求小投资回报高的超级明星公司，很少投资这类公用事业公司。

资本需求少，回报高的一般都是小公司，不能给整个公司带来足够大的回报率。随着公司资金规模越来越庞大，巴菲特只能集中投资于更大的公司，尽管回报率降低，但不得不如此。

第十招是长期投资

巴菲特说，在投资中关键是以合理的价格买入一家真正优秀的公司股票，然后忘掉它，一直持有很长很长时间。他过去一直只投资美国企业，但随着经济全球化，他开始投资海外，他非常关注中国。一名中国留学生问巴菲特从中国学到了什么，巴菲特开玩笑地说，他看好的比亚迪公司有一帮非常不同寻常的家伙。他还说，中国是一个令人震惊的经济体，中国拥有巨大的发展潜力，如今这种潜力已经开始显现。

"学我者生，似我者死。"巴菲特的价值投资基本原则始终不变，但他的投资方法始终在与时俱进不断变化，我们学的是巴菲特学正确投资原则，而不是死搬硬套，机械模仿。

"金融天才"乔治·索罗斯

全球最大的投资者

乔治索罗斯号称"金融天才"，从1969年建立"量子基金"至今，他创下了令人难以置信的业绩，以平均每年35%的综合成长率令华尔街同行望尘莫及。他好像具有一种超能的力量左右着世界金融市场。他的一句话就可以使某种商品或货币的交易行情突变，市场的价格随着他的言论上升或下跌。一名电视台的记者曾对此作了如此形象的描述：索罗斯投资于黄金，正因为他投资于黄金，所以大家都认为应该投资黄金，于是黄金价格上涨；索罗斯写文章质疑德国马克的价值，于是马克汇价下跌；索罗斯投资于伦敦的房地产，那里房产价格颓势在一夜之间得以扭转。

索罗斯成功的秘密是许多人都急切地想知道的，但由于索罗斯对其投资方面的事守口如瓶，这更给他蒙上了一层神秘的色彩。

乔治·索罗斯 1930 年生于匈牙利的布达佩斯，一个中上等级的犹太人家庭，出生时的匈牙利名字叫吉奇·索拉什，后英语化为乔治·索罗斯。1960 年，索罗斯小试牛刀，锋芒初现。他经过分析研究发现，由于德国安联保险公司的股票和房地产投资价格上涨，其股票售价与资产价值相比大打折扣，于是他建议人们购买安联公司的股票。摩根担保公司和德累福斯基金根据索罗斯的建议购买了大量安联公司股票。事实证明，果真如索罗斯所料，安联公司的股票价值翻了 3 倍，索罗斯因而名声大振。

1972 年，索罗斯瞄准了银行，当时银行业的信誉非常糟糕，管理非常落后，投资者很少有人光顾银行股票。然而，索罗斯经过观察研究，发现从高等学府毕业的专业人才正成为新一代的银行家，他们正着手实行一系列的改革，银行赢利还在逐步上升，此时，银行股票的价值显然被市场大大低估了，于是索罗斯果断地大量介入银行股票。一段时间以后，银行股票开始大幅上涨，索罗斯获得了 50% 的利润。

1973 年，当埃及和叙利亚大举入侵以色列时，由于以色列的武器装备技术已经过时，以色列遭到重创，付出了血的代价。索罗斯从这场战争联想到美国的武器装备也可能过时，美国国防部有可能会花费巨资用新式武器重新装备军队。于是罗杰斯开始和国防部官员和美国军工企业的承包商进行会谈，会谈的结果使索罗斯和罗杰斯更加确信是一个绝好的投资良机。索罗斯基金开始投资于诺斯罗普公司、联合飞机公司、格拉曼公司、洛克洛德公司等握有大量国防部订货合同的公司股票，这些投资为索罗斯基金带来了巨额利润。

索罗斯除了正常的低价购买、高价卖出的投资招数以外，他还特别善于卖空。其中的经典案例就是索罗斯与雅芳化妆品公司的交易。为了达到卖空的目的，索罗斯以市价每股 120 美元借了雅芳化妆品公司 1 万股股份，一段时间后，该股票开始狂跌。两年以后，索罗斯以每股 20 美元的价格买回了雅芳化妆品公司的 1 万股股份。从这笔交易中，索罗斯以每股 100 美元的利润为基金赚了 100 万美元，几乎是 5 倍于投入的赢利。

1979 年，索罗斯决定将公司更名为量子基金，来源于海森伯格量子力学的测不准定律。因为索罗斯认为市场总是处于不确定的状态，总是在波动。在不确定状态上下注，才能赚钱。

发展完善投资理论

索罗斯在金融市场投资的同时，也在不断地发展和完善他自己的投资理论。

索罗斯认为，股票市场本身具有自我推进现象。当投资者对某家公司的经营充满信心，大笔买进该公司股票时，他们的买入使该公司股票价格上涨。于是，该公司的经营活动也更得心应手：公司可以通过增加借贷、出售股票和基于股票市场的购并活动获得利润，更容易满足投资者的预期，使更多的投资者加入购买的行列。但同时，当市场趋于饱和，日益加剧的竞争挫伤了行业的赢利能力，或者市场的盲目跟风行为推动股价持续上涨，会导致股票价值被高估，而变得摇摇欲坠，直至股票价格崩溃。索罗斯将这种开始时自我推进，但最终又自我挫败的联系称为"相互作用"。而正是这种相互作用力导致了金融市场盛衰过程的出现。

索罗斯认为，一个典型的盛衰过程具有如下特征：市场走势尚不明朗，难以判断；开始过度到自我推进过程；成功地经受了市场方向的测试；市场确认度不断增强；在现实与观念之间出现偏离；发展到巅峰阶段；然后，出现与自我推进过程相反的步骤。

投资成功的秘诀就在于认识到形势变化的不可避免性，及时确认发生逆转的临界点。索罗斯强调，当某一趋势延续的时候，为投机交易提供的机遇大增。对市场走势信心的丧失使得走势本身发生逆转，而新的市场趋势一旦产生，就将按其自己的规律开始发展。

在选择股票方面，索罗斯也有自己独到的见解。他在一个行业选择股票时，一般同时选择最好和最差的两家公司作为投资对象。这一行业中业绩最好的公司的股票是所有其他投资者考虑购买时的第一选择，只有这样才能保证其价格会被推上去；而这一行业中最差的公司，比如负债率最高的、资产负债表最糟的公司。在这种股票上投资，一旦股票最后吸引了投资者的时候，就为赚取巨大的利润提供了最好的机会。

另外，索罗斯喜欢双面下注。他在对宏观经济进行分析时，会通过对国际政治、世界各地的金融政策、通货膨胀的变化、利率和货币等因素的预测，搜寻从中获利的行业和公司，在这些股票上做多。而同时，他也找出那些会因此而受损的行业和公司，大量卖空那些行业和公司的股票。这样，一旦他的预测是正确的，他将会获得双份的巨大收益。

索罗斯在金融市场中，虽然并不遵循常规行动，但他同样对市场中的游戏规则兴趣浓厚，只不过他的兴趣是在试图理解这些规则在何时将发生变化。因为在他看来，当所有的参加者都习惯某一规则的时候，游戏的规则也将发生变化。而这种变化将会使投机者有机会获得与风险相称的收益。

因为袭击英镑，使英国政府遭受重大损失，索罗斯曾被一些媒体描述为一个冷酷无情的"金融杀手"。也许，索罗斯的罪过就在于他赚了太多的钱。如果从社会和个人两个不同的角度来看，有些行为的结果是不同的。由于儿时的经历，他一向对金钱比较淡漠。从社会的角度来看，他提倡控制货币，谴责不顾廉耻的拜金行为。但若单从个人的角度来看，当事物的发展无法逆转的时候，他也会对货币进行投机，因为他认为这是金融市场的游戏规则所允许的。

其实，对于索罗斯而言，除了赚钱，他还有很多更重要的事情去做，那就是通过慈善事业为社会多做贡献。索罗斯从事慈善事业有他宏伟的目标，他希望运用他的财富来促进社会开放，促进民族自立，使人们能够自由表达自己的思想，并追求他们自己的目标。

索罗斯喜欢隐于幕后，他曾长期有意避开新闻媒体，不愿抛头露面。因为在他看来，经营一个全球性的投资公司，一旦人们知道你在做什么，他们就会先于你去做，这样，就会打乱公司的投资计划。所以，名声有时对于一个投资者来说并非好事，而只会带来灾难。但随着索罗斯的事业如日中天，特别是在他成功的袭击英镑之后，再想恢复以前那样平静的生活，几乎是不可能的。他的一举手一抬足都可能是新闻，又有几家媒体会放过呢？他成了市场的领袖，各媒体均把他描绘成可以改变市场的人。

这终于引起了华盛顿政治家们的猜疑。众议院银行委员会的主席亨利·冈扎尔斯要求联邦储备银行与证券交易委员会对乔治·索罗斯的量子基金所从事的外汇交易予以密切注意，并对索罗斯对外汇市场的影响作出评估，以便判明索罗斯是否有操纵外汇市场的行为。对于索罗斯而言，亨利·冈扎尔斯的要求就犹如头上悬了一把剑，不知道前面等待他和他所管理的对冲基金（量子基金的交易方式多为对冲型）的会是什么。

担忧过后，索罗斯又能够处之泰然。他并未因此而停下他工作的脚步，他又开始将目光投向金融市场，寻找下一个目标。

1993 年 6 月，索罗斯通过分析发现，英国的房地产产业正处于低谷，价值偏低。他通过与里奇曼共同设立的基金，斥资 7.75 亿美元，一举收购了英国土地公司 4.8% 的股份。由于索罗斯的巨大影响，许多投资商对索罗斯的决策极为崇拜，当投资商发现了索罗斯的投资踪迹后，产生大量的跟风行为。这导致股票市场上房地产公司的股票价格疯涨了 6.67 亿英镑，按照他在英国土地公司 4.8% 的股份计算，他一下子就赚了 5 200 万英镑。

这次的房地产投资充分显示了索罗斯在市场中所具有的能量，同时，也使索罗斯对自己在市场的领袖地位更加自信了。

早在 1993 年 6 月，索罗斯就断言由于德国经济衰退，其短期利率必须下调，德国马克将会随之贬值。他写信给英国的《泰晤士报》，表明自己对德国马克的看法。市场迅速对此作出反应，马克比价下跌，量子基金也因此而获利约 4 亿美元。这次的轻松告捷，使索罗斯决定进行一场更大的行动。

1994 年年初，索罗斯开始斥巨资卖空德国马克，当时传闻他卖空了 300 亿美元的德国马克。他认为高利率政策将会严重损害德国经济，从而确信德国政府一定会降低利率，使德国马克贬值。事情刚开始似乎有向索罗斯预测方向发展的迹象，德国马克兑美元的汇率下跌。但德国的经济实力要比 1992 年的英国强大得多，不可同日而语。索罗斯在 1993 年下半年对德国马克即将下跌的公开谈论也使德国中央银行有所警惕，加上德国人并不愿意看到索罗斯拿德国马克来赌博，更不愿看到他会赢。最终，德国政府还是维持了现有利率政策，德国马克也始终表现得极为坚挺。这无疑使索罗斯的如意算盘落了空，损失金额之巨大可想而知。

在大肆做空德国马克的同时，索罗斯还犯了一个重大的决策性错误，那就是他赌日元对美元将会下跌。他的依据是日美两国首脑会谈将会解决双方的贸易争端。但美国总统克林顿与日本首相并未能就双方的贸易争端达成共识，双方谈判破裂，外汇市场上日元对美元的汇率大幅攀升，升幅高达 5%，这又给了索罗斯沉重一击。

做空德国马克和日元共使索罗斯损失了 6 亿美元。这虽然对索罗斯的投资形象产生了严重影响，但并不致命，索罗斯手中依旧有 114 亿美元的资产。作为一代大师的索罗斯再一次凭借他超人的承受力和永不服输的自信从这场灾难中挺了过来。

刚从灾难中走出来的索罗斯却不得不面对国会举行的对有关对冲基金扰乱金融市场的听证。在听证会上，索罗斯针对对冲基金的经营方式是否属于违法行为，国会有无必要对其进行进一步的监管等作了成功的解释。他解释说金融市场不可能就未来作出正确的评估，不均衡的跟风行为是剧烈的市场崩溃所必需的要素，自由浮动的货币是有缺陷的，市场总是夸张越限。

在听证会上，索罗斯还尽量淡化对冲基金在整个投资领域中的作用，声称其成交量在整个市场上的份额比较小，没有必要对此特别紧张。索罗斯在国会听证会的出色表现使他顺利地通过了听证会，国会不再担心对冲基金，众议院银行委员会认为没有必要对对冲基金进行进一步的监管。悬在对冲基金上方的利剑暂时被拿开了，索罗斯和他的量子基金又可以放心大胆地去行动了。

经历了一系列股市的跌宕起伏，索罗斯渐渐练就了与矛盾共生的本领。因股市受多种因素的影响，不同的因素作用于股市会带来相互矛盾的影响。如一方面美国股市牛气冲天，另一方面石油价格跌势不止。石油价格的下跌会抵消通货紧缩的作用，导致经济崩溃。面对这种令大多数投资者困惑的情形，索罗斯采取了既不放弃建立在仍然有效的假设之上的做法，同时，又在新假设之上采取相反的做法。这种同时以两种相反的理论作为行动指南的策略虽然会使投机家暂时地处在两种完全相背离的轨道上，看起来似乎不可思议，但事实上在许多场合这样做是明智的。

索罗斯举了这样一个例子对他的"双向"策略进行说明："如果我最初进行一项真实投资，然后卖空相等的份额，那么价格下跌 20%（即使它同时影响多头和空头两方面），我在多头上投资将只剩下 80%。如果我适时地收回空头投资，就能弥补这种损失……"当然，现实要比这个例子复杂的多，因为他常常同时在几个市场上操作，一般来说，很少有人能真正算清。

在整个 1994 年，索罗斯承受着日益增大的压力。1994 年，量子基金只比上一年增长了2.9%。各种媒体也在不断地攻击索罗斯，一边对其公布的赢利数据进行质疑，一边发表一些挖苦性的文字，如"漏洞百出的索罗斯：炼金术失去了点金术"，等等。媒体的这些评论不可避免地影响到索罗斯本人。作为 60 多岁的人，他已处于事业上的巅峰，早有急流勇退的打算。如果他在 1994 年的成绩还像以前那样骄人的话，他可能已经就此引退。但由于1994 年的失手，使他陷入媒体攻击的包围中，他又如何能视而不见？索罗斯无法接受投资生涯的如此结局，他决定再现辉煌。

引爆东南亚金融危机

索罗斯开始潜动寻找大目标。他最终把目标瞄准了东南亚。

在 20 世纪 90 年代初期，当西方发达国家正处于经济衰退的过程中，东南亚国家的经济却出现奇迹般的增长，经济实力日益增强，经济前景一片灿烂，东南亚的经济发展模式在经济危机爆发前曾一度是各发展中国家纷纷仿效的样板。东南亚国家对各自的国家经济非常乐观，为了加快经济增长的步伐，纷纷放宽金融管制，推行金融自由化，以求成为新的世界金融中心。但东南亚各国在经济繁荣的光环闪烁中却忽视了一些很重要的东西，那就是东南亚各国的经济增长不是基于单位投入产出的增长，而主要依赖于外延投入的增加。在此基础上放宽金融管制，无异于沙滩上起高楼，将各自的货币无任何保护地暴露在国际游资面前，极易受到来自四面八方的国际游资的冲击。加上由于经济的快速增长，东南亚各国普遍出现了过度投机房地产、高估企业规模以及市场需求等，发生经济危机的危险逐渐增加。

早在 1996 年，国际货币基金组织的经济学家莫里斯·戈尔茨坦就曾预言：在东南亚诸国，各国货币正经受着四面八方的冲击，有可能爆发金融危机。尤其是泰国，危险的因素更多，更易受到国际游资的冲击，发生金融动荡。但戈尔茨坦的预言并未引起东南亚各国的重视，反而引起反感。东南亚各国仍陶醉于自己所创造的经济奇迹。

东南亚出现如此巨大的金融漏洞，自然逃不过索罗斯的眼睛。他一直在等待有利时机，希望能再打一场英格兰式的战役。

1993 年，索罗斯认为马来西亚货币林吉特被低估。决定拿林吉特作为突破口。他联合了一些套头基金经理开始围剿林吉特但是马来西亚总理马哈蒂尔却决心维持低币值的林吉特，马哈蒂尔采取了一系列强有力的措施，加强了对本国资本市场的控制，让索罗斯及一些套利基金经理无机可乘，只好暂且收兵。马来西亚货币林吉特也因此才免遭劫难。但在马来西亚的小败并未使索罗斯退却，他只是再一次地等待更好的机会。

随着时间的推移，东南亚各国经济过热的迹象更加突出。各国中央银行采取不断提高银行利率的方法来降低通货膨胀率，任凭这种方法也提供了很多投机的机会。这造成的严重后果就是各国银行的短期外债剧增，一旦外国游资迅速流入各国金融市场，将会导致令人痛苦不堪的大幅震荡。

东南亚各国中央银行虽然也已意识到这一问题的严重性，但面对开放的自由化市场却显得有些心有余而力不足了。其中，以泰国的问题最为严重。因为当时泰国在东南亚各国金融市场的自由化程度最高，泰铢紧盯美元，资本进出自由。泰国经济的"泡沫"最多，泰国银行则将外国流入的大量美元贷款移入到了房地产产业，造成供求严重失衡，从而导致银行业大量的呆账、坏账，资产质量严重恶化。

索罗斯正是看准了东南亚资本市场上的这一最薄弱的环节，才决定首先大举袭击泰铢，进而扫荡整个东南亚国家的资本市场。

1997 年 3 月，当泰国中央银行宣布国内九家财务公司和一家住房贷款公司存在资产质量不高以及流动资金不足问题时，索罗新认为千载难逢的时机已经来了。索罗斯及其他套利基金经理开始大量抛售泰铢，泰国外汇市场立刻波涛汹涌、动荡不宁。泰铢一路下滑，5 月份最低跌至 1 美元兑 26.70 铢。泰国中央银行在紧急关头采取各种应急措施，如动用 120 亿美元外汇买入泰铢，提高隔夜拆借利率，限制本国银行的拆借行为等。这些强有力的措施使得索罗斯交易成本骤增，一下子损失了 3 亿美元。但是，只要索罗斯对他原有的理论抱有信心，坚持他的观点正确。3 亿美元的损失根本无法吓退索罗斯，他认为泰国即使使出浑身解数，也抵挡不了他的冲击。他志在必得。

1997 年 6 月下旬，索罗斯筹集了更加庞大的资金。再次向泰铢发起了猛烈进攻，各大交易所一片混乱，泰铢狂跌不止，交易商疯狂卖出泰铢。泰国政府动用了 300 亿美元的外汇储备和 150 亿美元的国际贷款企图力挽狂澜。但这区区 450 亿美元的资金相对于无量级的国际游资来说，犹如杯水车薪，无济于事。

7 月 2 日，泰国政府由于再也无力与索罗斯抗衡，不得已改变了维系 13 年之久的货币联系汇率制，实行浮动汇率制。泰铢更是狂跌不止，7 月 24 日，泰铢已跌至 1 美元兑 32.63 铢的历史最低水平。泰国政府被国际投机家一下子卷走了 40 亿美元，许多泰国人的腰包也被掏个精光。

索罗斯初战告捷，并不以此为满足，他决定席卷整个东南亚，再狠捞一把。索罗斯飓风很快就扫荡到了印度尼西亚、菲律宾、缅甸、马来西亚等国家。印尼盾、菲律宾比索、缅元、马来西亚林吉特纷纷大幅贬值，导致工厂倒闭，银行破产，物价上涨等一片惨不忍睹的景象。这场扫荡东南亚的索罗斯飓风一举刮去了百亿美元之巨的财富，使这些国家几十年的经济增长化为灰烬。

亚洲的金融危机还迅速波及到拉美和东欧及其他亚洲的创汇和证券市场，巴西、波兰、希腊、新加坡的外汇和证券市场也发生了动荡，货币与证券价值纷纷下跌，当地政府也不得不动用国库支持本国货币及证券市场。许多国家已到了谈"索"色变的地步。索罗斯在金融市场上的出击使得许多发原中国家的债务和贸易逆差激增，破坏性极大，各国开始加强金融监管，时刻防范索罗斯，这也使索罗斯的行动变得不再那么容易了。

袭击港币铩羽而归

扫荡完东南亚，索罗斯那只看不见的手又开始悄悄地伸向刚回归祖国的东方明珠香港。1997 年 7 月中旬，港币遭到大量投机性的抛售，港币汇率受到冲击，一路下滑，已跌至 1 美元兑 7.7500 港币的心理关口附近。香港金融市场一片混乱，各大银行门前挤满了挤兑的人群，港币出现多年来的首度告急。香港金融管理当局立即入市，强行干预市场，大量买入港币，以使港币兑美元汇率维持在 7.7500 港元的关口之上。

刚开始的一周时间里，确实起到了预期的效果。但不久，港币兑美元汇率就跌破了 7.7500 港元的关口。香港金融管理局再次动用外汇储备，全面干预市场，将港币汇率重又拉升至 7.7500 港元之上，显示了强大的金融实力。索罗斯第一次试探性的进攻在香港金融管理局的有力防守中失败了。

根据以往的经历看，索罗斯绝不是那种肯轻易罢休的人，他开始对港币进行大量的远期买盘，准备再重现英格兰和东南亚战役的辉煌。但这次索罗斯的决策可算不上英明，因为他也许忘了考虑香港背后的中国，其外汇储备达 2000 多亿美元，加上台湾和澳门，外汇储备不少于 3 740 亿美元，如此强大的实力，可不是英格兰、泰国等国所可比拟的。此番袭击港币，胜算的把握并不大。

对于香港而言，维护固定汇率制是维护人们信心的保证，一旦固定汇率制在索罗斯等率领的国际游资的冲击下失守，人们将会对香港失去信心，进而毁掉香港的繁荣。所以，保卫香港货币的稳定，注定是一场你死我活的生死战，香港特区政府会不惜一切代价反击对港币的任何挑战。

1997 年 7 月 21 日，索罗斯开始发动新一轮进攻。当日，美元兑港币三个月远期升水 250 点，港币三个月同业拆借利率从 5.575% 升至 7.06%。香港金融管理局立即于次日精心策划了一场反击战。香港特区政府通过发行大笔政府债券，抬高港币利率，进而推动港币兑美元汇率大幅上扬。同时，香港金融管理局对两家涉嫌投机港币的银行提出了口头警告，使一些港币投机商战战兢兢，最后选择退出港币投机队伍，这无疑将削弱索罗斯的投机力量。当港币又开始出现投机性抛售时，香港金融管理局又大幅提高短期利率，使银行间的隔夜贷款利率暴涨。一连串的反击，使索罗斯的香港征战未能讨到任何便宜，据说此举使索罗斯损失惨重。

中国政府也一再强调，将会全力支持香港特区政府捍卫港币稳定。必要时，中国银行将会与香港金融管理局合作，联手打击索罗斯的投机活动。这对香港无疑是一种强心剂，但对索罗斯来说却绝对是一个"坏消息"。索罗斯所听到的"坏"消息还远不止这些。1997 年 7 月 25 日，在上海举行的包括中国、澳大利亚、日本和东盟国家在内的亚太 11 个国家和地区的中央银行会议发表声明：亚太地区经济发展良好，彼此要加强合作共同打击货币投机力量。这使索罗斯感到投机港币赚大钱的希望落空，只得悻悻而归。

这次袭击港币失利也给了索罗斯一个教训，不要过分高估自己左右市场的能量，否则，市场有时也会给你来个下马威，让你吃尽苦头。

索罗斯作为世界上的头号投资家是当之无愧的。从他进入国际金融领域至今，他所取得的骄人业绩，几乎无人与之能比。也许有的投资者也会有一两年取得惊人业绩，但像索罗斯那样几十年一贯表现出色，却非常难得。他虽然也曾经历过痛苦的失败，但他总能跨越失败，从跌倒的地方再站起来，而且会变得更加强大。他就像金融市场上的"常青树"，吸引着众多的渴望成功的淘金者。

有人将索罗斯称为"金融杀手"、"魔鬼"。他所率领的投机资金在金融市场上兴风作浪，翻江倒海，刮去了许多国家的财富，掏空了成千上万人的腰包，使他们一夜之间变得一贫如洗，故而成为众矢之的。但索罗斯从不隐瞒他作为投资家以追求利润最大化为目标，他曾为自己辩解说，他投机货币只是为了赚钱。在交易中，有些人获利，有些人损失，这是非常正常的事，他并不是损害谁。他对在交易中遭受损失的任何人都不存在负罪感，因为他也可能遭受损失。

不管是被称为金融奇才，还是被称为金融杀手，索罗斯的金融才能是公认的。他的薪水至少要比联合国中 42 个成员国的国内生产总值还要高，这是对他金融才能的充分肯定。

索罗斯虽然是一个有争议的人，但不容置疑，他又是一个极具影响力的人。

乔治·索罗斯的相关投资理论认为，股票市场的自我推进作用导致了金融市场盛衰过程的循环出现；当所有的参加者都习惯某一规则的时候，游戏的规则也将发生变化；不均衡的跟风行为是剧烈的市场崩溃所必需的要素；在一个行业选择股票时，同时选择最好和最坏的两家公司进行投资。

索罗斯认为，金融投机最重要的是人品。金融投机需要冒很大的风险，而不道德的人不愿承担风险。这样的人不适宜从事负责、进入高风险的投机事业。任何从事冒险业务却不能面对后果的人，都不是好手。

在索罗斯看来，判断对错并不重要，重要的在于正确时获取了多大利润，错误时亏损了多少；当有机会获利时，千万不要畏缩不前。当你对一笔交易有把握时，给对方致命一击，仅做对还不够，要尽可能多地获取；如果操作过量，即使对市场判断正确，仍会一败涂地；人对事物的认识并不完整，并由此影响事物本身的完整，得出与流行观点相反的看法。流行的偏见和主导的潮流互相强化，直至两者之间距离大到非引起一场大灾难不可，这才是要特别留意的，也正是这时才极可能发生暴涨暴跌现象。

投资大师吉姆·罗杰斯

准确的判断力

吉姆·罗杰斯 1942 年出生于美国亚拉巴马州，5 岁开始做第一笔生意赚钱，就是在棒球场捡瓶子卖钱。他在获得奖学金上耶鲁大学毕业后，又到牛津大学贝列尔学院深造，在那里作为赛艇队的舵手，他创造了自己的第一个吉尼斯纪录。1970 年，他和索罗斯共同创立全球闻名的量子基金，其投资回报率高达 4200%，而同期标准普尔指数的增长还不到 47%。他 10 年内赚够一生花用的财富。因为成功的定义就是上帝送给少数人的礼物，那么最牛的人物定有一个最牛的个性，敢为人先，才能掘到只属于自己的那一桶金。

罗杰斯通过调查、旅行，依靠渊博的历史、政治、哲学及经济学知识对不同国家进行分析，判断出所要投资国家及股票行业的风险和机会。他的主要判断准则有五个方面：

一是这个国家鼓励投资，并且比过去运转得好，市场开放，贸易繁荣。

二是货币可以自由兑换，出入境很方便。这在他环球投资旅行过程中体会很深。

三是罗杰斯认为，21 世纪的最显著特点是人口、货物、信息和资本的流动性将大得惊人。21 世纪经济学的主题将是通过货币兑换实现资本控制，只有当市场是自由的，脱开了任何束缚，本国货币具备合理的价值时，人们才会自然而然地开始动作：开采绿宝石，出口到法国，换取法郎，然后再把法郎卖给那些愿意进口葡萄酒或拖拉机的人。如果拥有法郎的人不愿把东西卖给他们，那么葡萄酒和拖拉机进口商就需提高价格，直到卖方无法拒绝。拉美人走在非洲人前面的原因就是货币自由兑换。

四是这个国家的经济、政治状况要比人们预想的好。

五是股票便宜。

罗杰斯对国内股票的投资选择，和他对一个国家的投资判断一样，通常都是从行业的整体情况出发。他发展了一个广泛的投资概念，买下他认为有前途的某一个行业的所有能买到的股票。这和他通常买下一个国家的所有股票的方式一样。

那么，罗杰斯又是如何判断一个行业的呢？罗杰斯说："发现低买高卖的机会的办法，是寻找那些未被认识到的，或未被发现的概念或者变化。通过变化而且是长期变化，并不仅仅是商业周期的变化，寻找一些将有出色业绩的公司，哪怕当经济正在滑坡之时。"他所寻求的变化具体有四种表现：

第一是灾难性变化。通常情况是，当一个行业处在危机之中时，随着两三个主要公司的破产，或处在破产边缘，该整个行业在准备着一次反弹，只要改变整个基础的情势存在。中国的纺织行业也许正符合这种变化。

第二，现在正红火的行业，也许已暗藏了变坏的因素。这就是所说的"树不会长到天上去"。对于这种行业的股票，罗杰斯的通常做法是做空。做空前，一般要经过仔细研究，因为有些价位很高的股票也还会继续走高。

第三，对于政府扶持的行业，他会作为重点投资对象。由于政府的干预，这些行业都将会有很大的变化。他在某一国家投资时，也往往会把政府支持行业的股票全部买下。

第四，紧跟时代发展，瞄准那些有潜力的新兴行业。20世纪70年代当妇女们开始崇尚"自然美"，放弃甚至根本不化妆时，罗杰斯研究了雅芳实业的股票，并认定尽管当时雅芳的市盈率超过70倍，但发展趋势已定，公司最终还是不行。他以130美元的价格做空，一年后，以低于25美元的价格平了仓。

从上述这四种变化，从实质上讲，还是供求关系的变化在起作用。罗杰斯说："致富的关键就在于正确把握供求关系，共产主义者、华盛顿和其他任何人都不能排斥这条法则。"

罗杰斯的投资哲学就是简单的四个字：脚踏实地。他举了个例子："在我非常年轻的时候，有一年，我判断股市将要崩盘。在美国，你可以通过卖空来赚钱。后来确实如我所料，股市大跌，金融机构纷纷破产，一瞬间我的资金翻了三倍，当时我觉得自己实在是太聪明了。"尝了甜头后，罗杰斯判断市场将近一步下跌，于是集中了自己所有的资金大力卖空，而股市却极不合作地上涨了"最后只能斩仓，账户里一分不剩。我当时穷得把自己的摩托车都卖掉了。"事后，他发觉自己当时根本不清楚自己在做什么，自己对股市继续下跌的判断其实没有任何研究做支撑，于是他幡然醒悟，"获得成功后往往会被胜利冲昏头脑，这种时候尤其需要平静的思考。"

对于投资，罗杰斯给大家的建议是，"每个人应该找到适合自己的投资方式。我本人比较喜欢那些无人关注的、股价便宜的股票。但是做出背离大众的选择是需要勇气的，而且我认为最重要的是扎实的研究和分析。"他一再强调"如果想要长期地赚大钱，一定要脚踏实地。"事实上，罗杰斯一直成功地扮演着环球投资家的角色。

环球投资大家

1991 年，罗杰斯环球旅行至博茨瓦纳时，发现那里的货币不仅可以自由兑换，而且还是硬通货，同时，博茨瓦纳的贸易为顺差，政府预算也是顺差，外汇储备丰富，即使三年停止出口，还能照样保持当前的汇率。另外一方面是政府正在培育股票市场，通过股票市场来融资，开放市场，引进外资。促使罗杰斯投资于此的第三个原因是因为博茨瓦纳紧邻南非，而南非正在飞速发展，南非又是博茨瓦纳最大的贸易伙伴，另外博茨瓦纳社会环境安全稳定，没有南非的政治、经济和社会危机，但又可获得南非全部的发展潜力，在这里投资风险几乎没有，于是罗杰斯买进了当时所有的 7 支股票。

罗杰斯 1991 年旅行途经阿根廷对，仔细研究了阿根廷的股市，罗杰斯发现，经过几十年的失败，总结经验后这个国家已开始认识到国家在创造繁荣这方面的能力有限，当地的报纸也说新政府决心改变佩伦主义，因为佩伦主义把一切都国有化了。有一些经济和政治头脑的人就会知道这种中央集权管制下的经济政策只能阻碍经济的发展，并且使阿根廷处于长期的困顿局面中。为了更好地弄清楚他所要投资国家的前景，罗杰斯去问一些政府官员，对政府有何看法，得出的结论使他决定把钱投在政府已宣布将集中发展的三种行业——电讯、旅游和采矿。促成罗杰斯买股票的一个原因是这里的股票非常便宜。经过研究，他买了 19 种股票，这些企业都是有发展前景并有很好的业绩支撑。

途经厄瓜多尔，罗杰斯满眼都是繁荣景象，基础设施很好，出入境手续非常简单，并且货币可自由兑换，罗杰斯又一次选中当地最大的一家银行，做起了股票投资。有意思的是当罗杰斯走进银行股票部时，发现其成员几乎是清一色的金发女性。在崇尚大男子主义的拉美国家，这种工作让女性承担，说明当地人对股票投资不够重视。意味着股市还处于发展初期，投资正是时候。几经周折，他买下当时萧条的股市上最不景气的 7 种股票。

1991 年的美洲在罗杰斯眼里是一块投资宝地，这里旧的独裁统治和外汇管制几乎全部消失。没有中欧和非洲那样潜在的边境问题，形势更趋稳定。每一个投资者都不希望自己的钱投在一个满是战火和硝烟的地方。南美人正在发展真正的股票交易所，他们的货币也越发稳定了。鉴于这些有利因素，罗杰斯在除智利外（智利正处牛市），另外几个国家（厄瓜多尔、秘鲁、玻利维亚、阿根廷、乌拉圭）都做了股票投资。想来收益也不会太差。

中美洲的旅行更接近家园，也受美国影响更多。到处都有美国人留下的痕迹，美国就像一个精力过盛的人，在做自己的事时总还有闲暇来兼顾别国的军事、人权、环境等。巴拿马城基本上就是美国的一个前哨，美元是巴拿马的正式货币，美国的干涉给巴拿马人带来的利益从一条巴拿马运河上即可看出，一条运河也是一棵摇钱树。由于巴拿马的地理位置决定了它的战略重要性，巴拿马河是大西洋与太平洋的通道。

途经哥斯达黎加时，虽然局势不太稳，但罗杰斯还在那儿做了投资。因为这里的政府已决定发展股票市场，并且得知交易所的所长正准备加入国际股票交易所协会。哥斯达黎加拥有美丽的海滩、山脉，以及丛林。旅游业很有发展前途，曾在不同时期被美国人选作投资场所。哥斯达黎加的主要经济支柱产业是制糖、可可。咖啡及旅游业。除旅游业外，其他行业一直处于熊市，罗杰斯相信这些农业市场会兴旺起来的，并且能带动整个国家经济的腾飞。牛市会来的。罗杰斯买了股票交易所最稳健的公司（最大的酿酒厂，最大的报纸，一家农业公司，一家银行等）的部分股票。并准备继续投资下去。

在萨尔瓦多，罗杰斯觉得那里当时的战争即将结束，预测咖啡和蔗糖价格以后肯定会上涨，并且战争结束后美国会投入很多美元，他认为最糟的事情已经发生，往后就会渐渐好起来，所以他也在这里做了投资。

罗氏投资秘笈

罗杰斯的投资法则：它们是勤奋、独立思考、别进商学院、绝不赔钱法则、价值投资法则、等待催化因素的出现、静若处子法则。

勤奋首先是一种精神状态：每次行动之先，是缜密地思考和研究：是精打细算之后准确地出击！罗杰斯说："我并不觉得自己聪明，但我确实非常、非常、非常勤奋地工作。如果你能非常努力地工作，也很热爱自己的工作，就有成功的可能"。这一点，索罗斯也加以证实，在接受记者采访时，索罗斯说，"罗杰斯是杰出的分析师，而且特别勤劳，一个人做六个人的工作"。一分耕耘一分收获，但也要注意看"场所"。

关于独立思考，罗杰斯说："每个人都必须找到自己成功的方式，这种方式不是政府所引导的，也不是任何咨询机构所能提供的，必须自己去寻找。"罗杰斯从来都不重视华尔街的证券分析家。他认为，这些人随大流，而事实上没有人能靠随大流而发财。他认为，"我可以保证，市场永远是错的。必须独立思考，必须抛开'羊群心理'。"

成功并不完全取决于专业知识，更主要的是一种思维方法和行为能力。哲学能使人聪明，而历史使人温故而知新，更加明智。罗杰斯在哥伦比亚经济学院教书时，总是对所有的学生说，不应该来读经济学院，这是浪费时间，因为算上机会成本，读书期间要花掉大约10万美元，这笔钱与其用来上学，还不如用来投资做生意，虽然可能赚也可能赔，但无论赚赔都比坐在教室里两三年，听那些从来没有做过生意的"资深教授"对此大放厥词地空谈要学到的东西多。

"知己知彼，百战百胜！""不打无准备之仗！"罗杰斯说："所以，我的忠告就是绝不赔钱，做自己熟悉的事，等到发现大好机会才投钱下去。"

错过时机胜于搞错对象，不会全军覆没！当然，最好是恰到好处契准目标！如果你是因为商品具有实际价值而买进，即使买进的时机不对，你也不至于遭到重大亏损。罗杰斯如是说："平常时间，最好静坐，愈少买卖愈好，永远耐心地等候投资机会的来临。""我不认为我是一个炒家，我只是一位机会主义者，等候机会出现，在十足信心的情形下才出击"。

"万事俱备，只欠东风"耐心等待时机和契机！市场走势时常会呈现长期的低迷不振。为了避免使资金陷入如一潭死水的市场中，就应该等待能够改变市场走势的催化因素出现。

罗杰斯如是说："投资的法则之一是袖手不管，除非真有重大事情发生。大部分的投资人总喜欢进进出出，找些事情做。他们可能会说'看看我有多高明，又赚了3倍。'然后他们又去做别的事情，他们就是没有办法坐下来等待大势的自然发展。"罗杰斯对"试试手气"的说法很不以为然。"这实际上是导致投资者倾家荡产的绝路。若干在股市遭到亏损的人会说：'赔了一笔，我一定要设法把它赚回来。'越是遭遇这种情况，就越应该平心静气，等到市场有新状况发生时才采取行动。"

罗杰斯曾仔细解释过自己的"罗氏投资秘笈"，这也是他一直对投资者反复强调的要自己做功课，找到一种切实可行、属于自己的方法。

秘笈之一：自制投资表格。

一开始，他的总分析表做得非常简单。罗杰斯会把利润率、净资产收益率，以及此前该公司的历史走势和状况列出来；随着年份增加，他会加入其他的数据，比如应收账款、库存等数据。

从这些数字就可以看出这家公司的经营状况及走势。他的总分析表的时间跨度一般为10至15年，他认为这有利于自己用历史的眼光看待一家公司的发展。

在20世纪80年代末，电脑在美国已经相当普及，但他依然相信用最老土的纸和笔手工制作投资表格来得比较实在。他不用任何存在电脑磁盘里的数据，担心这些数据是否属实。

罗杰斯认为，在牛市里投资者怎么折腾都行，而在市场惨淡时节，投资者尤其要当心。

罗杰斯在自己动手做总分析表时必须要问很多问题，他认为有三个基本要点必须要摸得烂熟：第一，问清楚利润率和净资产收益率是涨了还是跌了；第二，尽量调研上市公司的历史；第三，搞懂应收账款、利润率、资产负债表等是你在投资前的必做功课。

秘笈之二：用历史透视法投资。

如何能做到用历史透视法投资呢？罗杰斯认为，一个好的训练方法是学哲学和历史。正是这种观念让他在动手制作总分析表时有动力尽可能多地了解一家上市公司。你回顾一个行业的历史越久，就会对该行业的周期了解更多。

秘笈之三：小数字的全局概念。

人口老龄化的丰厚投资回报是他投资生涯中值得记录的一笔。大约在1978年或者1979年间，贝弗利实业的年报"飞"上了他的办公桌，当时这只股票每股只卖2美元，但令人惊讶的是，他发现过去五年来贝弗利实业的收入一直在增长。在翻阅所有家庭医疗护理公司的年报后，他发现所有公司的股票都像不要钱一样便宜，但所有公司的业绩都很不错。这到底是怎么回事呢？

罗杰斯拿出自己的总分析表发现，原来20世纪60年代末，这些公司的股价高得离谱。随着一家名叫"四季疗养院"的公司的破产，所有同业公司的股价从天而降，跌到了地板上。最令他激动的是，假设这些公司"复活"成真，华尔街却没一个人正眼看它们一眼。好像又到了下手的时候了！他立刻动身对这些家庭护理公司进行了一番调研。

罗杰斯发现美国人口老龄化现象相当严重，对家庭医疗护理行业的需求将会急剧增长。他判断这个行业的井喷就在眼前。"索罗斯基金"狂扫了所有家庭医疗护理公司的股票，同时他们还买了与此现象相关的行业。

秘笈之四：抄底。

这是投资者都明白的投资法理，一旦进入操作中，很多人在贪婪的驱动下总会反向而为。抄底是每个投资者都希望拥有的投资绝技，但如何发现一个合适的买点几乎是每个投资者常为此苦恼的问题。

罗杰斯比较喜欢选择那些表面上看已经要死不活的企业，依照此前他的那些比率衡量，当这些股票已跌无可跌的时候，多半是这个行业要发生逆转的时刻。比如一个行业的三四家大公司都在亏损，除非这个行业就此没了（这种可能性几乎为零），否则整个行业肯定面临调整，其经营环境也会慢慢改善，那时就是这些股票发生逆转之时。

在熊市里，股价首先会跌到一个合理的价位，然后惨跌到地板之下的地窖里，最后干脆跌下地狱，几乎是"白给也没人要"的半死状态。这时候市场人气惨淡，投资者都急着脱手，对于老辣的投资者而言，应该考虑进场的时机了。

这就像功力老到的投资者，常常是在人们纷纷抛售股票，谁都不想要时，本着"我不下地狱谁下地狱"的慈悲胸怀接手便宜得一塌糊涂的股票，而在人人都举着钞票热情高涨地争相抢购股票时，老手则以"普度众生"的心情将手中的高价筹码派发干净，兑现走人，寻找另一个目标。

说到卖点，罗杰斯认为，但凡一只股票股价高得吓人就要格外留神了，这往往就是这只股票行将玩完的时刻。每次他"抄底"买入股票后很少迅速卖出，总是等到基本面发生变化或者有迹象显示公司出现状况时，他才会抛出股票。

秘笈之五：看不清就离场。

罗杰斯回忆当初在华尔街，他最大的感受是不亏钱就是赚钱。当时，他看到太多人前两年做得相当好，赚钱海了去了，第三年就完蛋了。从天堂到地狱的悲剧每天都在华尔街上演。那些专业的基金经理们感觉每天都要不停地交易才行，因此不断有人建议投资者每天都得做点什么。

他认为这是最糟糕的建议，投资者搞不清楚情况时还不如买点国库券呢！在他看来，哪怕十年做一次交易，只要选对股票也比大部分天天做交易的人赚得多！

秘笈之六：注意供求变化。

正像每种商品都有其特有的供求周期一样，投资者在考察股票时完全可以将考察对象当做商品来看待。

罗杰斯认为，要真正理解供求关系，必须关注供求变化，因社会和经济变革带来的变化常常会在供求关系中得到充分体现，1979年石油危机就是一个很好的例子。任何投资者只要记住这条法则，清楚地了解到供求关系随时变化，等待他们的就是丰厚的利润了。

他最常强调的投资研究就是研究行业状况，研究供求因素，当他看到供应猛增，就意味着要看空这些股票了。

秘笈之七：不犯同样的错误。

在罗杰斯的投资生涯里，曾犯过几次比较严重的错误。一次是1970年让他输得精光的"大学计算"和Memorex。这一次的教训是让他学会更多地关注市场，有时候人的感觉与公司基本面呈现的观点完全不同，即便你判断正确，你所预测的事情也不会在明天发生，总是要等到消化一段时间后才会爆发。

罗杰斯一度曾以为他知道的事情，人家也知道，最后才发现他可能真比别人早一点知道未来事情的发生状况。这次惨败也让他开始意识到，要学会进一步了解买入时机。另一次阴沟里翻船是他买的一只名叫马斯柯的股票。这段亏钱的惨痛经历让他明白，如果买了一只股票，不仅要关注与该公司相关的信息，还要关注其他公司的所有信息。

"华尔街教父"本杰明·格雷厄姆

一个伟大的投资者

股市一向被人视为精英聚集之地，华尔街则是衡量一个人智慧与胆识的决定性场所。英国金融家本杰明·格雷厄姆作为一代宗师，他的金融分析学说和思想在投资领域产生了极为巨大的震动，影响了几乎三代重要的投资者，如今活跃在华尔街的数十位上亿的投资管理人都自称为格雷厄姆的信徒，他享有"华尔街教父"的美誉。

本杰明·格雷厄姆1894年5月9日出生于伦敦。在他还是婴儿的时候，伴随着美国的淘金热潮，随父母移居纽约。格雷厄姆的早期教育是在布鲁克林中学完成的。在布鲁克林中学读书时，他不仅对文学、历史有浓厚的兴趣，更对数学有着非同寻常的喜爱。他喜欢数学中所展现的严密逻辑和必然结果，而这种逻辑的理智对于以盲目和冲动为特色的金融投资市场来说，永远都是最为欠缺的。

格雷厄姆是一个比较谦虚的人，当他的追随者对他的著作奉为经典时，他却一再提醒其追随者，在股票市场中，赚钱的方法不计其数。而他的方法不过是其中之一。随着格雷厄姆操作策略和技巧的日益精熟，格雷厄姆再也不会犯与1929年同样的错误了。当格雷厄姆发现道·琼斯工业指数从1942年越过历史性的高位之后，即一路攀升，到1946年已高达212点时，他认为股市已存在较大的风险，于是将大部分的股票获利了结，同时因为找不到合适的低价股，也没有再补进股票。此时的格雷厄姆几乎已退出市场。这也使得格雷厄姆因此而躲过了1946年的股市大灾难。

一个伟大的投资者之所以伟大，并不在于他能永远保持长盛不衰的记录，而是在于他能从失败中吸取教训，不再去犯同样的过错。格雷厄姆正是这样一个伟大的投资者。

格雷厄姆认为，一个真正成功的投资者，不仅要有面对不断变化的市场的适应能力，而且需要有灵活的方法和策略，在不同时期采取不同的操作技巧，以规避风险，获取高额回报。格雷厄姆在股市投资中坚持不懈地奉行自己创立的理论和技巧，并以自己的实践证明了其理论的实用性和可操作性。其对政府员工保险公司股票的操作，成绩斐然，令投资者欣喜若狂，成为格雷厄姆投资理论成功的经典案例。

政府员工保险公司是由里奥·格德温于1936年创立的。当时，格德温发现政府员工的汽车发生事故的次数要比一般人少，而且若直接销售保单给投保人可使保费支出降低10%至25%，于是，他邀请沃斯堡的银行家克利夫·瑞亚做合伙人，共同创立了这家公司。在公司中，格德温投资2.5万美元，拥有25%的股份；瑞亚投资7.5万美元，拥有55%的股份；瑞亚的亲戚拥有其余20%的股份。

由于政府员工保险公司仅靠提供给政府员工而减少了经营风险，加之，其保险成本比同行低30%至40%，因此，这家公司运作比较良好。但该公司最大的股东瑞亚家族因某种原因于1948年决定出售他们所持有的股份。

格雷厄姆得知政府员工保险公司股份出售的消息后，非常感兴趣。在他看来，该公司的情况极为符合他的投资理念。首先，该公司财务状况优异，赢利增长迅猛，1946年每股盈余为1.29美元，1947年，每股盈余高达5.89美元，增幅极为可观。其次，该公司潜力巨大，由于其独特的服务对象和市场宽度、广度，前景非常看好。再次，该公司最大的股东瑞亚家族同意以低于账面价值10%的比例出售所持有的股份。这一切促使格雷厄姆毫不犹豫地购买了政府员工保险公司的股份。格雷厄姆最终以每股475美元的价格，购入瑞亚家族所持有的一半股份，即1 500股，总计约72万美元。

对政府员工保险公司股份的购买，对格雷厄姆来说，仅仅是一个开始。格雷厄姆认为，像这样业绩优异，价格偏低，而且盘子较小的公司，其价值被市场严重低估；一旦为市场所认识，其股价肯定会大幅上扬。另外，作为一个新兴行业，保险市场的潜力将会使投资者获得较高的投资回报。格雷厄姆决定将政府员工保险公司推为上市公司。

政府员工保险公司的股票经细分后于1948年7月在纽约证券交易所正式挂牌交易，其当天的收盘价为每股27美元，到1948年年底，该股票就上涨到每股30美元。上市后的政府员工保险公司，正如格雷厄姆所料，不断地飞速成长，其服务对象也由过去单纯的政府员工扩展到所有的汽车挺有者，市场占有率也由15%猛增到50%，占据了美国汽车保险业的半壁江山。几年之后，政府员工保险公司就变成了资本额为1亿美元的庞大公司。

格雷厄姆在政府员工保险公司担任董事长之职时，一直实行他长久以来所倡导的发放股利政策。以1948年政府员工保险公司上市市值计，到1966年，投资者的回报率在10倍以上，其中格雷厄姆个人所持有的股票价值已接近1000万美元。

政府员工保险公司的投资完整体现了格雷厄姆投资思想的精髓，再一次向投资者验证了这样一种观点：股市总是会犯错误的，"市场先生"的失误，正是投资者获取利润的最佳良机。1956 年，虽然华尔街仍处于上升趋势之中，但格雷厄姆却感到厌倦了。对他而言，金钱并不重要，重要的是他在华尔街找到了一条正确的道路，并将这条道路毫无保留地指给了广大的投资者。在华尔街奋斗 42 年的格雷厄姆决定从华尔街隐退。

由于找不到合适的人接管格雷厄姆—纽曼公司，格雷厄姆—纽曼公司不得不宣布解散。格雷厄姆在解散了格雷厄姆一纽曼公司之后，选择加州大学开始了他的执教生涯，他想把他的思想传播给更多的人。而格雷厄姆的离去丝毫没有削弱他在华尔街的影响力。他依靠自己的努力和智慧所创立的证券分析理论影响了一代又一代的投资者。他所培养的一大批弟子，如沃伦·巴菲特等人在华尔街异军突起，成为一个又一个的新投资大师，他们将继续把格雷厄姆的证券分析学说发扬光大下去。

格雷厄姆的投资理念

本杰明·格雷厄姆的投资哲学认为，首先要寻找价格低于有形资产账面价值的股票，其次是对由于下列原因造成的账面价值需要进行调整。这些原因是：通货膨胀和使一项资产当前的市场价值并不等于其历史成本减去折旧；技术进步使某项资产在其折旧期满或报废之前就过时贬值了；由于公司的组织能力对各项资产有效的合理组合，公司总体价值会出现一加一不等于二的结构，可能小或大。

格雷厄姆的投资原则是：内在价值是价值投资的前提；利用市场短期经常无效，长期总是有效的弱点，来实现利润；以四毛的价格买值一元的股票，保留有相当大的折扣，从而类减低风险。

格雷厄姆的投资策略是以寻找廉价股，定量分析为主。就选股标准而言，如果一家公司符合以下条件中的七项，就可以考虑购买。这些条件是：

该公司获利与股价之比（本益比）是一般 AAA 级公司债券收益率的 2 倍；

这家公司目前的市盈率应该是过去五年中最高市盈率的 2/5；

这家公司的股息收益率应该是 AAA 级公司债券收益率的 2/3；

这家公司的股价应该低于每股有形资产账面价值的 2/3；

这家公司的股价应该低于净流动资产或是净速动资产清算价值的 2/3；

这家公司的总负债应该低于有形资产价值；

这家公司的流动比率应该在 2 以上；

这家公司的总负债不超过净速动清算价值；这家公司的获利在过去 10 年来增加了 1 倍；

这家公司的获利在过去 10 年中的 2 年减少不超过 5%。

格雷厄姆的忠告

格雷厄姆经常扮演着先知的角色，为了避免投资者陷入投资误区，格雷厄姆在他的著作《有价证券分析》及演说中不断地向投资者提出下列忠告：

第一，要做一名真正的投资者。

格雷厄姆认为，虽然投机行为在证券市场上有它一定的定位，但由于投机者仅仅为了寻求利润而不注重对股票内在价值的分析，往往容易受到"市场先生"的左右，陷入盲目投资的误区，股市一旦发生大的波动常常使他们陷于血本无归的境地。而谨慎的投资者只在充分研究的基础上才作出投资决策，所冒风险要少得多，而且可以获得稳定的收益。

第二，要注意规避风险。

一般人认为在股市中利润与风险始终是成正比的，而在格雷厄姆看来，这是一种误解。格雷厄姆认为，通过最大限度的降低风险而获得利润，甚至是无风险而获利，这在实质上是高利润；在低风险的策略下获取高利润也并非没有可能；高风险与高利润并没有直接的联系，往往是投资者冒了很大的风险，而收获的却只是风险本身，即惨遭亏损，甚至血本无归。投资者不能靠莽撞投资，而应学会理智投资，时刻注意对投资风险的规避。

第三，要以怀疑的态度去了解企业。

一家公司的股价在其未来业绩的带动下不断向上攀升，投资者切忌盲目追涨，而应以怀疑的态度去了解这家公司的真实状况。因为即使是采取最严格的会计准则，近期内的盈余也可能是会计师所伪造的。而且公司采用不同的会计政策对公司核算出来的业绩也会造成很大差异。投资者应注意仔细分析这些新产生的业绩增长是真正意义上的增长，还是由于所采用的会计政策带来的，特别是对会计报告的附注内容更要多加留意。任何不正确的预期都会歪曲企业的面貌，投资者必须尽可能准确地作出评估，并且密切注意其后续发展。

第四，当怀疑产生时，想想品质方面的问题。

如果一家公司营运不错，负债率低，资本收益率高，而且股利已连续发放了一些年，那么，这家公司应该是投资者理想的投资对象。只要投资者以合理的价格购买该类公司股票，投资者就不会犯错。格雷厄姆同时提醒投资者，不要因所持有的股票暂时表现不佳就急于抛弃它，而应对其保持足够的耐心，最终将会获得丰厚的回报。

第五，要规划良好的投资组合。

格雷厄姆认为，投资者应合理规划手中的投资组合。当股票的赢利率高于债券时，投资者可多购买一些股票；当股票的赢利率低于债券时，投资者则应多购买债券。当然，格雷厄姆也特别提醒投资者，使用上述规则只有在股市牛市时才有效。一旦股市陷入熊市时，投资者必须当机立断卖掉手中所持有的大部分股票和债券，而仅保持25%的股票或债券。这是为了以后股市发生转向时所预留的准备。

第六，关注公司的股利政策。

投资者在关注公司业绩的同时，还必须关注该公司的股利政策。一家公司的股利政策既体现了它的风险，又是支撑股票价格的一个重要因素。如果一家公司坚持了长期的股利支付政策，这表示该公司具有良好的"体质"及有限的风险。而且相比较来说，实行高股利政策的公司通常会以较高的价格出售，而实行低股利政策的公司通常只会以较低的价格出售。投资者应将公司的胜利政策作为衡量投资的一个重要标准。

让投资变成"艺术"的彼得·林奇

股票投资的奇迹

彼得·林奇生于 1944 年 1 月 19 日，是一位卓越的股票投资家和证券投资基金经理。目前他是富达公司的副主席，富达基金托管人董事会成员之一，在彼得·林奇出任麦哲伦基金的基金经理人的 13 年间，麦哲伦基金管理的资产由 2000 万美元成长至 140 亿美元，基金投资人超过 100 万人，成为富达的旗舰基金，基金的年平均复利报酬率达 29.2%。

在人们的眼中，他就是财富的化身，他说的话是所有股民的保典，他手上的基金是有史以来最赚钱的，如果你在 1977 年投资 100 美元该基金，在 1990 年取出，13 年时间已变为 2 739 美元，增值 26.39 倍（注意，每年复合增长率为 29%，1.29 的 13 次方是 27.39，不是 28 000 美元，增值 280 倍），不过 13 年的时间。

这个"股票天使"就是彼得·林奇——历史上最伟大的投资人之一，《时代杂志》评他为首席基金经理。他对共同基金的贡献，就像是乔丹之于篮球，邓肯之于现代舞蹈。他不是人们日常认识中的那种脑满肥肠的商人，他把整个比赛提升到一个新的境界，他让投资变成了一种艺术，而且紧紧地抓住全国每一个投资人和储蓄者的注意力。当然，他也在这场比赛中获得了极大的名誉和财富。

彼得·林奇出生于美国波士顿的一个富裕的家庭里。父亲曾经是波士顿学院的一个数学教授，后来放弃教职，成为约翰·汉考克公司的高级审计师。可是不幸的是，在林奇 10 岁那年，父亲因病去世，全家的生活开始陷入困境。

为了省钱，家人开始节衣缩食，林奇也从私立学校转到了公立学校，而且开始了半工半读的生活。11 岁的他在高尔夫球场找了份球童的工作。这份工作应该说是最理想不过了，球童工作一个下午比报童工作一周挣的还多。

高尔夫球场一直是风云人物、名流巨贾的聚集之地，与其他球童不同的是，林奇不仅捡球，还注意学习。从高尔夫俱乐部的球员口中，他接受了股票市场的早期教育、知道了不同的投资观点。林奇跟随球手打完一轮球，就相当于上一堂关于股票问题的免费教育课。

在当时，虽然是经济发达的美国，但人们的意识还是相对保守，对股票业并不很信任，视股票市场如赌场，把买股票等同于赌博行为，虽然这时股票上涨了 3 倍，原本林奇也是这样想的，但球童的经历开始让林奇逐渐改变了看法，增强了赚钱意识，虽然他那时并没有钱去投资股票。

就这样边工作边读书，林奇读完了中学，顺利考入宾州大学沃顿学院。即使在沃顿学院学习期间，林奇也未放弃球童的工作，他还因此获得了弗朗西斯·维梅特球童奖学金。

沃顿商学院的经历对于林奇以后的成长是十分关键的。为了家庭，为了自己，林奇开始着手研究股票，他想找出其中的"秘密"，成为像高尔夫球场的客户一样成功的人物。于是，他有目的地专门研究与股票投资有关的学科。除了必修课外，他没有选修更多的有关自然科学、数学和财会等课程，而是重点的专修社会科学，如历史学、心理学、政治学。此外，他还学习了玄学、认识论、逻辑、宗教和古希腊哲学。还没有真正涉足商海之时，林奇就已经意识到，股票投资是一门艺术，而不是一门科学，历史和哲学在投资决策时显然比统计学和数学更有用。

因为球童的兼职和奖学金做经济上的坚强后盾，大二的时候，林奇已经有了一笔不小的收入。他决定用这笔积蓄进行股票投资，小试牛刀。他从积蓄中拿出 1250 美元投资于飞虎航空公司的股票，当时他买入的价格是每股 10 美元。后来，这种股票因太平洋沿岸国家空中运输的发展而暴升。随着这种股票的不断上涨，林奇逐渐抛出手中的股票来收回资金，靠着这笔资金，他不仅读完了大学，而且念完了研究生。

暑假期间，林奇来到世界最大的投资基金管理公司——"富达"，在这里做暑假实习生，能在这样的公司实习，是一种非常难得的机会。这份工作不仅使林奇打破了对股票分析行业的神秘感，也让他对书本上的理论产生了怀疑，教授们的理论在真正的市场中，几乎全线崩溃，这种信念促使了林奇特别注重实际调研的作用。

1969 年，林奇已经毕了业，也服完了兵役，他开始来到富达，正式成为一名公司的职员。起初是金属商品分析师，干了几年的分析工作之后，1974 年，林奇升任富达公司的研究主管。当时公司正陆续扩展化学、包装、钢铁、铝业以及纺织等部门的业务，这些工作开始让他有机会接触到证券市场的最前线，他除了不断走访公司，收集情报，从中挑出最有前途的投资领域之外，还注意将自己的判断结果与实践相对应，为以后的真正实践打下了良好的基础。

8 年之后，由于工作出色，林奇被任命为富达旗下的麦哲伦基金的主管。这是一个升迁，也是一个很大的挑战，一方面，林奇终于可以直接面对市场，但另一方面，富达有几十个、几百个、几千个这样的基金主管，要能做出一番成就，脱颖而出，必须付出更多的辛苦、更多的想法和思考。

当时的麦哲论基金，资金仅有 2 200 万美元，其业务也仅局限于几家较大的证券公司中，还是一个婴儿，但对于林奇这个初学者而言，却是再合适不过了。因为它提供了一个可以施展的舞台。

为了工作，林奇成了一个工作狂，每天的工作时间长达 12 个小时，他投入了自己所有的心血和精力。他每天要阅读几英尺厚的文件，他每年要旅行 16 万公里去各地进行实地考察，此外，他还要与 500 多家公司的经理进行交谈，在不进行阅读和访问时，他则会几小时几十个小时的打电话，从各个方面来了解公司的状况、投资领域的最新进展。

他还特别重视从同行处获得有价值的信息。所有比较成功的投资家们都有松散或正式的联盟，大家可以通过联盟交换思想获得教益。当然人们不会把自己即将购买的股票透露出来，但在交流中可以获得很多信息。这些处于投资领域顶尖级的人物，能够提供比经纪人更丰富的信息源。这才是林奇"金点子"的最好来源。

林奇还创造了常识投资法。他认为普通投资人一样可以按常识判断来战胜股市和共同基金，而他自己对于股市行情的分析和预测，往往会从日常生活中得到有价值的信息。他特别留意妻子卡罗琳和三个女儿的购物习惯，每当她们买东西回来，他总要扯上几句。1971年的某一天，妻子卡罗琳买"莱格斯"牌紧身衣，他发现这将是一个走俏的商品。在他的组织下，麦哲伦当即买下了生产这种紧身衣的汉斯公司的股票，没过多久，股票价格竟达到原来价格的6倍。在日常小事中发现商机，这就是林奇。

可是，股票市场涨幅不定，之所以人们将它看成是赌场，就注定了有输有赢，林奇也有判断错误的时候。

1977年，他刚掌管麦哲伦基金不久，就以每股26美元的价格买进华纳公司的股票。而当他向一位跟踪分析华纳公司股票行情的技术分析家咨询华纳公司股票的走势时，这位专家却告诉林奇华纳公司的股票已经"极度超值"。当时林奇并不相信。6个月后，华纳公司的股票上涨到了32美元，林奇开始有些担忧，但经过调查，发现华纳公司运行良好，于是林奇选择继续持股待涨。不久，华纳公司的股票上升到了38美元，这时，林奇开始对股市行情分析专家的建议做出反应，认为38美元肯定是超值的顶峰，于是将手中所持有的华纳公司股票悉数抛出。然而，华纳公司股票价格一路攀升，最后竟涨到了180美元以上。即使后来在股市暴跌中也维持了不错水准。

对此，林奇懊悔不已，他开始再也不相信那些高谈阔论的股市评论专家了，以后只坚信自己的分析判断。林奇十分欣赏沃伦·巴菲特的观点："对我来说，股市是根本不存在的。要说其存在，那也只是让某些人出丑的地方。"他开始不再相信专家、理论、数学分析。

经过了涨落、失败的林奇更加成熟了，他优秀的选股能力开始让人们感到惊奇，与别人注重进出场的时机不同，他觉得何时买进、何时抛出没有什么用处，因为行情永远都是跌跌涨涨的。只有投资人在正确的时机选对好的股票，即使是市场行情不好，也要耐心等待，然后在走势翻多的时候，才能获得很高的投资回报率，这就是一个真正的投资者应该做的事情，而不是去投机。

在林奇的投资组合中，他最偏爱两种类型的股票：一类是中小型的成长股股票。在林奇看来，中小型公司股价增值比大公司容易，一个投资组合里只要有一两家股票的收益率极高，即使其他的赔本，也不会影响整个投资组合的成绩。同时他在考察一家公司的成长性时，对单位增长的关注甚至超过了利润增长，因为高利润可能是由于物价上涨，也可能是由于巧妙的买进造成的。

另一类股票是业务简单的公司的股票。一般人认为，激烈竞争领域内有着出色管理的高等业务公司的股票，例如宝洁公司、3M公司、德州仪器、道化学公司、摩托罗拉公司更有可能赚大钱，但在林奇看来，作为投资者不需要固守任何美妙的东西，只需要一个低价出售、经营业绩尚可、而且股价回升时不至于分崩离析的公司就行。

就靠着这种有名的投资方式，林奇成为华尔街股市的超级大赢家。在他所投资的领域中，包括克莱斯勒汽车、联邦快递，等等。彼得·林奇都能在对的地方找到他在市场里的最爱，他对营运地点就在他周遭的公司，特别有偏好。

1990年，林奇管理麦哲伦基金已经13年了，就在这短短的13年，彼得·林奇悄无声息的创造了一个奇迹和神话！赢得了"不管什么股票都喜欢"的名声。

对于很多人而言，彼得·林奇是一个没有"周末焦虑症"的"死多头"，股市调整对他而言只意味着廉价建仓的机会到了，他都不太像一个股市中人，因为他的心态是如此的平和，但也正是因为这样，他才取得了如此巨大的成就！

1991 年，就在他最颠峰的时刻，林奇却选择退休，离开共同基金的圈子。当时，他还是市场中最抢手的人物，而他的才能也是最受倚重的。彼得·林奇非常理智地发表了自己的离去演说："这是我希望能够避免的结局……尽管我乐于从事这份工作，但是我同时也失去了待在家里，看着孩子们成长的机会。孩子们长的真快，一周一个样。几乎每个周末都需要她们向我自我介绍，我才能认出她们来……我为孩子们做了成长记录簿，结果积了一大堆有纪念意义的记录，却没时间剪贴。"

这就是彼得·林奇离开的理由，没有一点的做作和矫情。当然他也受够了每周工作 80 个小时的生活，于是，和其他伟大的投资人和交易商一样，彼得·林奇带着赚来的钱，干干脆脆的离了场。

现在，这个曾经的"股市传奇"就像任何一个平常的父亲一样，在家教导自己的小女儿，同时他也没有闲着，正积极地投入波士顿地区的天主教学校体制，到处募集资金，让清寒子弟也能接受私立学校的教育。

虽然他是亿万富翁，他让别人也成为了亿万富翁，但他却不是金钱的奴隶，而是主人。

彼得·林奇的 25 条黄金规则

彼得·林奇是个投资奇才，作为一个著名的基金管理人，他的思维更现代、投资技巧更新颖复杂，但我们从以下投资规则中能够看出，在骨子里他依然是与格雷厄姆、巴菲特一脉相承的基本面分析派：

（1）投资是令人激动和愉快的事，但如果不作准备，投资也是一件危险的事情。

（2）投资法宝不是得自华尔街投资专家，它是你已经拥有的。你可以利用自己的经验，投资于你已经熟悉的行业或企业，你能够战胜专家。

（3）过去 30 年中，股票市场由职业炒家主宰，与公众的观点相反，这个现象使业余投资者更容易获胜，你可以不理会职业炒家而战胜市场。

（4）每支股票背后都是一家公司，去了解这家公司在干什么。

（5）通常，在几个月甚至几年内公司业绩与股票价格无关。但长期而言，两者之间 100%相关。这个差别是赚钱的关键，要耐心并持有好股票。

（6）你必须知道你买的是什么以及为什么要买它，"这孩子肯定能长大成人"之类的话不可靠。

（7）远射几乎总是脱靶。

（8）持有股票就像养育孩子，不要超出力所能及的范围。业余选段人大概有时间追踪 8~12 家公司。不要同时拥有 5 种以上的股票。

（9）如果你找不到一支有吸引力的股票，就把钱存进银行。

（10）永远不要投资于你不了解其财务状况的公司。买股票最大的损失来自于那些财务状况不佳的公司。仔细研究公司的财务报表，确认公司不会破产。

（11）避开热门行业的热门股票。最好的公司也会有不景气的时候，增长停滞的行业里有大赢家。

（12）对于小公司，最好等到它们有利润之后再投资。

（13）如果你想投资麻烦丛生的行业，就买有生存能力的公司，并且要等到这个行业出现复苏的信号时再买进。

（14）如果你用1000元钱买股票，最大的损失就是1000元。但是如果你有足够的耐心，你可以获得1000元甚至5000元的收益。个人投资者可以集中投资几家绩优企业，而基金经理却必须分散投资。持股太多会失去集中的优势，持有几个大赢家终生受益。

（15）在每个行业和每个地区，注意观察的业余投资者都能在职业炒家之前发现有巨大增长潜力的企业。

（16）股市的下跌如科罗拉多州1月份的暴风雪一样是正常现象，如果你有所准备，它就不会伤害你。每次下跌都是大好机会，你可以挑选被风暴吓走的投资者放弃的廉价股票。

（17）每个人都有足够的智力在股市赚钱，但不是每个人都有必要的耐力。如果你每遇到恐慌就想抛掉存货，你就应避开股市或股票基金。

（18）总有一些事情需要操心。不要理会周末的焦虑和媒介最新的恐慌性言论。卖掉股票是因为公司的基本情况恶化，而不是因为天要塌下来。

（19）没有人能够预测利率、经济形势及股票市场的走向，不要去搞这些预测。集中精力了解你所投资的公司情况。

（20）分析三家公司，你会发现1家基本情况超过预期；分析六家，就能发现5家。在股票市场总能找到意外的惊喜——公司成就被华尔街低估的股票。

（21）如果不研究任何公司，你在股市成功的机会，就如同打牌赌博时，不看自己的牌而打赢的机会一样。

（22）当你持有好公司股票时，时间站在你这一边，你要有耐心——即使你在头5年中错过了沃尔玛特股票，但在下一个5年它仍是大赢家。

（23）如果你有足够的耐性，但却既没有时间也没有能力与精力去自己搞研究，那就投资共同基金吧。这时，投资分散化是个好主意，你该持有几种不同的基金：增长型、价值型、小企业型、大企业型，等等。投资6家同类共同基金不是分散化。

（24）在全球主要股票市场中，美国股市过去10年的总回报排名第八。通过海外基金，把一部分投资分散到海外，可以分享其他国家经济快速增长的好处。

（25）长期而言，一个经过挑选的股票投资组合总是胜过债券或货币市场账户，而一个很差的股票投资组合还不如把钱放在坐垫下。

彼得·林奇的基金投资法则

基金投资法则一：尽可能投资于股票基金

彼得·林奇是著名的选股型基金经理，他对股票的偏爱贯彻始终。林奇给基金投资者的第一个建议就是：尽可能投资于股票基金。

法则一的理由是，从证券市场的长期发展来看，持有股票资产的平均收益率要远远超过其他类别资产。因此，如果一个投资者把投资作为家庭长期财务规划的一部分，追求长期的资本增值，就应该把可投资资金尽可能购买股票类资产。对基金投资者来说就是尽可能投资于股票基金。

林奇的第一法则可能正是眼下不少基金投资者最为担忧的问题：如果股市发生大幅震荡或调整怎么办？林奇的意见是，如果你不能比较好地预计到股市调整的到来，那么就坚定地持有。美国历史上曾经发生过多次严重的股灾，哪怕投资者一次也没有避开这些股灾，长期投资的结果也远远强于撤出股票投资。最关键的，是投资者不能因股市的调整而恐惧、撤出股票投资。"只有通过长期持有股票基金，才能够给投资者带来收益。但是，这需要有非常强的意志力。"

林奇第一法则其实是关于投资的信念问题；即从投资的角度来说，避开股票的风险，其实要大于持有股票的风险。这条经验已经被全球的股市发展历史多次证明，更何况是经济和资本市场都处于蓬勃发展时期的中国。哪怕中途经历了几年的熊市，坚持投资的结果，也远远强于避开股市投资。从这个角度来说，股市在上升周期中的调整，是无需过分担心的。在市场震荡的时期，投资者需要克服的是恐惧，并以理性的态度面对。

当然，这一法则也并不是说投资者可以盲目持有股票基金。实际上也需要两个前提：一是这部分资金应该是以长期资本增值为目的的投资，也就是说，不影响个人/家庭正常财务状况的资金；这样才不会因为短期的波动带来可能影响投资决策的财务压力。另一方面还关系到基金的选择问题：什么样的股票型基金才可以坚持投资？什么样的投资方式可以坚持？通过挑选优秀的股票型基金，组合不同的投资风格，投资者事实上可以更好地规避股市调整的风险。这里就涉及到后面提到的基金投资法则。

基金投资法则二：忘掉债券基金

彼得林奇的基金投资法则之二：忘掉债券基金。这和投资法则一脉相承。彼得林奇以偏爱股票投资著称，但这一法则并非完全由个人偏好所致。

彼得林奇有两个理由：理由一与法则一相同，即从资本增值的角度看，债券类资产收益远不如股票；理由二，如果投资者青睐固定收益，那么不如直接购买债券。因为从实践来看，债券基金的收益并不比单个债券更好，而购买债券基金，还要支付昂贵的申购费、管理费。而且持有基金的时间越长，债券基金相对债券的表现就越差。彼得林奇把这一法则戏称为："没有必要付钱请马友友来听收音机"。

彼得林奇是根据美国市场的情况作出这一结论的。对于国内投资者来说，目前债券基金还不失为普通投资者投资于债券市场的一个方便的渠道。但直接投资于债券的效果的确与债券基金相差不大。

基金投资法则三：按基金类型来评价基金

彼得林奇基金投资法则第三：要找到同类型基金进行评价。弄清投资的基金属于哪一类型，有助于作出正确的投资决策。

之所以要按基金类型来评价基金，是因为不同类型的基金，在不同的市场时期和市场环境下可能会表现不同。如果因为价值型基金近期表现持续落后市场而认为该基金不佳，可能就错过了一只很好的价值型基金。而投资者经常犯的错误是，"他们总是在最需要忍耐的时候失去耐心，从价值型基金跳槽到成长型基金，其实前者正要走向复苏而后者可能马上开始衰落"。

彼得林奇为投资者指出了分析基金收益对比的一个基本原则，就是投资者比较基金收益的差异，要基于同一投资风格或投资类型，而不能简单地只看收益率。各种风格中，都有优秀的基金，而不同风格的优秀基金则是投资者构建投资组合的良好备选对象。如果某基金频繁地变更投资风格，对投资者来说并不是好事，因为林奇的经验认为，"基金管理人缺乏严格的投资记录约束可能会在短期内带来积极的效果，但这些都只是暂时的"。

从国内基金业的情况来看，虽然基金数量已经较多，但基金类型仍然不够丰富。而从投资风格角度来划分，多数基金属于风格不明确的"资本增值型基金"，投资风格也缺乏稳定性。因此，目前投资者可以主要基于基金的基准资产配置比例来划分基金类型，如股票型、偏股型、配置型，等等。而随着基金业发展进一步深化，更丰富的基金类型和基金投资风格的区分将变得日益重要。根据不同的基金类型/风格来对比分析基金之间的表现，有助于投资者发现哪些是真正表现优异的基金。

法则四：忽视短期表现，选择持续性好的基金

如何选择表现优异的价值型基金、成长型基金，或者是资本增值型基金呢？林奇认为，大多数投资者是通过基金过往的表现来选择的；投资者最热衷的是研究基金过去的表现，尤其是最近一段时间的表现。然而，在林奇看来，"这些努力都是白费的"。

这些投资者通常会选取理柏（Lipper）排行榜上最近1年或最近半年表现最好的基金管理人，并将资金投资于这个基金，"这种做法特别愚蠢。因为这些基金的管理人，通常将大部分资金冒险投资于一种行业或一种热门类型的公司，并且取得了成功。而在下一年度，若这个基金管理人不是那么幸运，则可能会排到理柏排行榜的最后"。

这实际上告诉我们一个普遍现象，即基金业中的短跑冠军未必能是长跑冠军。国外市场如此，而在国内市场同样的例子也并不鲜见。关键还是在于，冠军背后的原因是什么？基金更长一段时期内业绩表现是否稳定，是否表现出持续性更为重要。

因此，彼得林奇给出了基金投资法则四：不要花太多时间去研究基金过去的表现，尤其是最近一段时间的表现。"但这并不等于是不应该选择具有长期良好表现的基金，而最好是坚持持有表现稳定且持续的基金"。

这实际上涉及到我们评估基金业绩表现的的一个重要方面：收益持续性，也是我们一直强调投资者要特别关注的。尤其是对于普通投资者，如果你不能很好地分析基金近期高收益背后的真正原因是什么，那就更多地关注已经表现出很好的收益持续性的基金，因为这比短

期收益更好地反映基金经理人的投资管理能力。如果要选择长期投资，就要挖掘真正能够给投资者带来稳定回报的基金。因为从长期来看，收益的持续性远比一时取得收益冠军更为重要。除非你是短期交易的天生热衷者。投资者可以参考德胜基金评级中的收益持续性评级，这正是为帮助投资者评估收益持续性而设计的。

法则五：组合投资，分散基金投资风格

彼得林奇基金投资法则五：建议投资者在投资基金时，也需要构建一个组合。而构建组合的基本原则就是，分散组合中基金的投资风格。

林奇认为，"随着市场和环境的变化，具有某种投资风格的基金管理人或一类基金不可能一直保持良好的表现，适用于股票的原则同样适用于共同基金"。投资者不知道下一个大的投资机会在哪，因此对不同风格的基金进行组合是必要的。

彼得林奇把这样的组合称为组织"全明星队"。也就是从各种风格、类型的基金中，都挑选出满足其他法则的优秀基金，作为备选对象，然后再从中构建投资组合。

在国内基金业，组合投资的做法也已经越来越被普通投资者所接受。不过，许多投资者在进行组合投资时有两点误区：一是过于分散，把资金分散投资在许多基金中；这显然是错误的。并不是组合越分散效果越好，而是要分散有度、分散有方："有度"是指适度分散，组合中基金的数量一般不需要超过3个；"有方"是指组合备选对象不是广撒网，而是经过挑选后的优秀基金。

二是组合中持有的多数基金风格雷同，这样各只基金的收益表现实际上可能高度相关，实际上也就起不到构建组合的效果了。

在这两方面，彼得林奇的"全明星队"思路都值得投资者借鉴。

基金投资法则六：如何调整基金投资组合

已经持有一个基金组合时，如何根据市场的变化调整投资呢？彼得林奇提出了一个简易的一般性法则：在往组合中增加投资时，选择近期表现持续不好的风格追加投资。注意不是在基金投资品种之间进行转换，而是通过追加资金来调整组合的配置比例。

彼得林奇的经验证明，这样的组合调整方式，往往能够取得比较好的效果。基金表现之间的"风格轮动"效应是这种调整方式的依据。而"基金风格轮动"事实上又是基于股票市场的"风格/板块轮动"。根据这个简单的原则调整组合，实际上起到了一定的跟踪风格轮动的效果。因为长期平均来说，买进下跌的板块，风险比买进已经上涨的板块更小。

基金投资法则七：适时投资行业基金

在适当的时机，投资行业基金，是彼得林奇给基金投资者的基金投资法则七。法则七实际上是法则六的运用，只不过风格区分更明确地体现在行业区分。

所谓行业基金，是指投资范围限定在某个行业的上市公司的基金。行业定义既可以是大的行业类别，也可以是细分行业。行业基金的走向实际上反映了该行业在股市上的表现。彼得林奇认为，"理论上讲，股票市场上的每个行业都会有轮到它表现的时候。"因此，彼得林奇的简单投资法则是，在往组合中增加投资时，选择近期表现暂时落后于大盘的行业。这个原理和风格调整是一致的，投资者需要做的，是如何确定表现暂时落后于大盘的行业。如果更细致一些地研究，那些已经处于衰退谷底，开始显示复苏迹象的行业是最好的选择。

从国内基金业的情况来看，国内目前行业基金数量较少，专门针对某个行业类别或者细分行业的基金为数不多，行业覆盖面也远远不及全市场。因此，目前针对行业基金的投资空间还比较有限。不过，随着基金业的快速发展，这种状况很快将会得到改变。随着行业基金逐步增多，针对行业基金的基金投资策略也将找到用武之地。

全球投资之父约翰·邓普顿

约翰·邓普顿（1912—2008 年）全球投资之父、史上最成功的基金经理邓普顿爵士是邓普顿集团的创始人，一直被誉为全球最具智慧以及最受尊崇的投资者之一。福布斯资本家杂志称他为"全球投资之父"及"历史上最成功的基金经理之一"。2006 年，他被美国《纽约时报》评选为"20 世纪全球十大顶尖基金经理人"。作为在金融界一个有传奇色彩的人物，他也是全球投资的先锋。邓普顿共同基金曾经为全球的投资者带来数十亿美元的收益。虽然邓普顿爵士已经退休，不再参与基金的投资决策，但他的投资哲学已经成为邓普顿基金集团的投资团队以及许多投资人永恒的财富。

人物生平

约翰·邓普顿 1912 年出生于田纳西州，家境贫寒。但凭借优异的成绩，他依靠奖学金完成在耶鲁大学的学业，并在 1934 年毕业取得耶鲁大学经济学一等学位。之后，他在牛津大学继续深造，获得罗德斯奖学金，并在 1936 年取得法学硕士学位。

邓普顿在 1937 年，也就是大萧条最低迷的时候成立了自己的公司。1939 年，36 岁的邓普顿依靠 1 万美元的借款购买了 104 家公司的各 100 股股票，几年后，其中 100 家公司的成功为邓普顿掘得了第一桶金。公司取得了相当大的成功，资产规模也迅速增长到了亿，旗下拥有 8 支共同基金。1968 年，公司更名为 Templeton Damroth 并被转售。同年，邓普顿在巴哈马的拿骚，再次建立了自己的邓普顿成长基金。

在之后的 25 年中，邓普顿创立了全球最大最成功的坦普顿共同基金集团，1992 年他将坦普顿基金卖给富兰克林集团。1999 年，美国《Money》杂志将邓普敦誉为"本世纪当之无愧的全球最伟大的选股人"。在长达 70 载的职业生涯中，邓普顿先生创立并领导了那个时代最成功的共同基金公司，每年赢利高达 7000 万美元，其运作手法令华尔街眼花缭乱，成为与乔治·索罗斯、彼得·林奇齐名的著名投资家。

然而，在成为世界上最富有的少数人之一后，邓普顿放弃美国公民身份，移居巴哈马。由于常年居住在巴哈马，邓普敦自然成为英国公民，并受到伊丽莎白二世的青睐，于 1987授予其爵士爵位以表彰其功绩。其受勋的成就之一，即颁发世界上奖金最丰厚的邓普顿奖，自 1972 年起，每年颁发给在信仰上贡献卓著者。

退休之后，他通过自己的约翰·邓普顿基金开始活跃于各类国际性的慈善活动。自 1972 年起，该基金每年重奖在人文和科学研究上有卓著贡献之士，这即是世界上奖金最丰厚的邓普顿奖。

2008 年 7 月 8 日，邓普顿在他长期居住的巴哈马拿骚逝世，享年 95 岁。据邓普顿基金会的发言人表示，他死于肺炎。

逆向投资的风格

作为上个世纪最著名的逆向投资者，邓普顿的投资方法被总结为："在大萧条的低点买入，在互联网的高点抛出，并在这两者间游刃有余。"

他的投资风格可以这样归总：寻找那些价值型投资品种，也就是他说的"淘便宜货"。放眼全球，而不是只关注一点。邓普顿的投资法宝是："在全球范围寻找低价的、长期前景良好的公司作为投资目标。"

作为逆向价值投资者，邓普顿相信，完全被忽视的股票是最让人心动的便宜货——尤其是那些投资者们都尚未研究的股票。就这点而言，他相比其他投资者的优势是，他居住在巴哈马的 Lyford Cay，那里是全世界成功商务人士的俱乐部。

邓普顿发现，Lyford Cay 的氛围更加轻松惬意，人们更容易交流彼此的想法、心得。相形之下，华尔街的气氛就非常功利，也限制了人们的沟通。就象传奇投资者菲利普·费雪一样，邓普顿也发现了交际的价值，他也通过这个方法来获取全球相关投资领域的信息。

15 条投资法则

约翰·邓普顿被喻为投资之父，这不仅在于他的 91 岁高龄，还因为他是价值投资的模范，以及让美国人知道海外地区投资的好处，开创了全球化投资的先河。邓普顿自 1987 年退休之后，全身心投入传教事业中，还著书立说发表自己的人生哲理，将其投资法则归纳为 15 条。

（1）信仰有助投资：一个有信仰的人，思维会更加清晰和敏锐，犯错的机会因而减低。要冷静和意志坚定，能够做到不受市场环境所影响。谦虚好学是成功法宝：那些好像对什么问题都知道的人，其实真正要回答的问题都不知道。投资中，狂妄和傲慢所带来的是灾难，也是失望，聪明的投资者应该知道，成功是不断探索的过程。

（2）要从错误中学习：避免投资错误的唯一方法是不投资，但这却是你所能犯的最大错误。不要因为犯了投资错误而耿耿于怀，更不要为了弥补上次损失而孤注一掷，而应该找出原因，避免重蹈覆辙。

（3）投资不是赌博：如果你在股市不断进出，只求几个价位的利润，或是不断抛空，进行期权或期货交易，股市对你来说已成了赌场，而你就像赌徒，最终会血本无归。

（4）不要听"贴士"：小道消息听起来好像能赚快钱，但要知道"世上没有免费的午餐"。

（5）投资要做功课：买股票之前，至少要知道这家公司出类拔萃之处，如自己没有能力办到，便请专家帮忙。

（6）跑赢专业机构性投资者：要胜过市场，不单要胜过一般投资者，还要胜过专业的基金经理，要比大户更聪明，这才是最大的挑战。

（7）价值投资法：要购买物有所值的东西，而不是市场趋向或经济前景。

（8）买优质股份：优质公司是比同类好一点的公司，例如在市场中销售额领先的公司，在技术创新的行业中，科技领先的公司以及拥有优良营运记录、有效控制成本、率先进入新市场、生产高利润消费性产品而信誉卓越的公司。

（9）趁低吸纳："低买高卖"是说易行难的法则，因为当每个人都买入时，你也跟着买，造成"货不抵价"的投资。相反，当股价低、投资者退却的时候，你也跟着出货，最终变成"高买低卖"。

（10）不要惊慌：即使周围的人都在抛售，你也不用跟随，因为卖出的最好时机是在股市崩溃之前，而并非之后。反之，你应该检视自己的投资组合，卖出现有股票的唯一理由，是有更具吸引力的股票，如没有，便应该继续持有手上的股票。

（11）注意实际回报：计算投资回报时，别忘了将税款和通胀算进去，这对长期投资者尤为重要。

（12）别将所有的鸡蛋放在同一个篮子里：要将投资分散在不同的公司、行业及国家中，还要分散在股票及债券中，因为无论你多聪明，也不能预计或控制未来。

（13）对不同的投资类别抱开放态度：要接受不同类型和不同地区的投资项目，现金在组合里的比重亦不是一成不变的，没有一种投资组合永远是最好的。

（14）监控自己的投资：没有什么投资是永远的，要对预期的改变作出适当的反应，不能买了只股票便永远放在那里，美其名为"长线投资"。

（15）对投资抱正面态度：虽然股市会回落，甚至会出现股灾，但不要对股市失去信心，因为从长远而言，股市始终是会回升的。只有乐观的投资者才能在股市中胜出。

投资哲学

约翰·邓普顿爵士是邓普顿集团的创始人，福布斯资本家杂志称他为"全球投资之父"及"历史上最成功的基金经理之一"，《Money》杂志将他誉为"20世纪当之无愧的全球最伟大的选股人"。如下，泰达荷银将与大家分享这位顶尖基金经理人的三点投资哲学。

投资要做功课邓普顿非常重视在投资之前做足功课。他认为买股票前，至少要知道这家公司的出类拔萃之处，如果自己没有能力办到，就应该请专家帮忙。

监控自己的投资在邓普顿眼中，没有什么投资是永远的，他建议投资者不能买了股票和基金就永远放在那里。泰达荷银基金建议投资者，在坚持长期投资基金的前提下，应该养成定期检查的好习惯。

不要惊慌"行情总在绝望中诞生，在半信半疑中成长，在憧憬中成熟，在希望中毁灭"，这是邓普顿最有名、最为人所欣赏的一句话。他解释为，虽然股市会回落，但不要对股市失去信心，从长远而言，股市始终是会回升的，只有乐观的投资者才能在股市中胜出

价值发现者约翰·内夫

成功的基金经理人

约翰·内夫，市盈率鼻祖、价值发现者、伟大的低本益型基金经理人。约翰·内夫管理温莎基金 24 年，1998 年该基金的年复合收益率为 14.3%，而标普尔只有 9.4%。在过去的 20 年，他同时也管理格迷尼基金，约翰·内夫非常重视"价值投资"，他喜欢购买某一时刻股价非常低，表现极差的股票。而且他总会在股价过高走势太强时准确无误的抛出股票。在低迷时买进，在过分超出正常价格时卖出，从这看来，他是一个典型的逆向行动者。

约翰·内夫出生于 1931 年的俄亥俄州，1934 年父母离婚，母亲改嫁给一位石油企业家，随后全家一直在密歇根漂泊，最终定居于德克萨斯州。约翰·内夫读高中的时候就开始在外打工，对学习毫无兴趣，学业没有任何长进，和同学关系不是很融洽。毕业后在多家工厂工作，包括一家生产点唱机的工厂。同时，他的亲生父亲正从事汽车和工业设备供应行业，并劝说约翰·内夫参与他的生意管理。约翰·内夫发现那段经历非常有用。他的父亲经常教导他特别注意他所支付的价格，他的父亲挂在嘴边的话是："买得才能卖得好。"之后约翰·内夫又当了两年的海军，在军中学会了航海电子技术。

复员后继续学业，进入 Toledo 大学主修工业营销，其中两门课程分别为公司财务和投资，这时约翰·内夫的兴趣被极大的激起，他认为他终于找到了他真正想要的工作。当时 Toledo 金融系的主管是 Sidney Robbins，一个才华横溢的投资系学生，也是他对格兰姆的著作《证券分析》作了重要的修订。最初约翰·内夫学习投资理论，后来又参加夜校学习获得了银行业和金融业的硕士学位。约翰·内夫于 1954 年的圣诞假期来到纽约，他想看看自己能否胜任股票经纪人的工作。但由于他的声音不够响亮，没有威信，有人建议他做证券分析师。但他的妻子不喜欢纽约，所以他确实成了证券分析师，并在 Chev land 国家城市银行工作了 8 年半。后来他成为了该银行信托部的研究主管，但他总是相信最好的投资对象就是那些当时最不被看好的股票，这种理论常常与信托部的委员产生分歧。委员都喜欢那些大公司的股票，因为购买这类股票可以让客户安心，虽然它们并不赢利。约翰·内夫的导师 Art Boanas 是一个彻头彻尾的根基理论者。他认为投资成功的秘诀就是要比其他的人看得远，且印证你的观点。一旦你下定决心，就坚持下去，要有耐心。这种投资风格后来变成约翰·内夫自己的风格，而且让他受益无穷。

1963 年离开 Chev land 银行之后，约翰·内夫进入费城威灵顿基金管理公司。一年后，也就是 1964 年，他成为了六年前成立的先锋温莎基金（Vanguard Windsor Fund）的投资组合经理人。那时的温莎基金，约翰·内夫共有四个合作伙伴，由 chuckFreeman 领导，此人后来和约翰·内夫一起共事了 20 多年。公司使用的是提成报酬制，也就是说如果温莎基金的业绩良好，他和他的伙伴都可以得到较好的报酬。

然而，他的私人生活的风格就像他要买进的股票一样，谦和而毫不引人注目。他的住宅除了一个网球场就在没有别的什么华丽的装饰了，他喜欢周末来一场激烈的网球赛。他总喜欢说他买的设施或衣服有多便宜。他说他的鞋袜是在 LOU 的鞋类大集市购买而夹克是在一家打折店购买，他的女儿要买辆车，他把价格研究了半天后把女儿打发回去要求给予 500 美元的折扣。他常常坐在一把摇摇晃晃的椅子上办公，经常是简洁明了地结束电话谈话，他喜欢阅读历史，特别是欧洲历史，他也喜欢旅游。有些时候他节俭的行为方式反而制造了投资机会。

有一次他在研究一家叫做 Buellington 的大衣仓储公司。他于是把他的妻子和女尔打发出去，采购连锁折扣店之一的衣服样品。她们带回来三件大衣，并强烈建议约翰·内夫买进该公司的股票。约翰·内夫接受了她们的建议，赢得了 500 万美元的收益。几乎又是同样的方式，当福特公司推出新款汽车 TAUTAS 时，约翰·内夫对这款汽车和这家公司产生了极大的兴趣。他解释说之所以投资福特，是因为这家公司无债务并且有着 90 亿美元现金。他认为福特的管理和 GM 的差别简直是一个天一个地。通用的管理者是骄傲的，而福特的管理者更像亲人，他们知道如何节约成本和避免高高在上产生的错觉。福特的管理者和流水线员工吃在一块，所以知道员工在想些什么。福特的生产线员工一年可以得到数万元的奖金，但通用的却什么也没有。约翰·内夫于是在 1984 年大量买进福特股票，那一年因为人们对汽车制造业失望使得汽车板快的股价下跌到每股 12 美元。一年内他以低于 14 美元的平均价格购进了 1230 万美元的汽车股。三年后股价上升到 50 美元，给温莎基金带来 5 亿美元的收入。

1980 年，宾夕法尼亚大学请求约翰·内夫管理该校的捐赠基金。该基金的收入状况在过去的几十年中已经成为 94 所高校基金中最差。约翰·内夫还是用他的一贯方式重新组建了该基金的投资组合，还是购买低调的、不受欢迎的但非常便宜的公司股票。一些受托人反对这一方式，催促他买进当时看来非常令人兴奋的公司股票。这种偏好，其实也就是为什么这一基金过去表现极差的原因。然而，约翰·内夫完全不顾他们的催促，结果也证明约翰·内夫的选择是对的，宾夕法尼亚大学的基金在以后的几十年间一跃为所有大学基金的前 5 名。

值得注意的是，约翰·内夫所属的威灵顿管理公司，自 1992 年 9 月就开始投资台湾股市，至 2001 年 3 月底止，证期会共核准其 12 件申请案，核准金额达 5.67 亿美元，由于约翰?内夫所建立的投资风格，已被威灵顿管理公司其他基金经理人奉为圭臬，因此，我们可以合理推论，以约翰·内夫的选股方式所筛选出的台湾股票，应是威灵顿管理公司的投资标的。

约翰·内夫和其他的伟大投资者一样具有两个特征：小时后家境贫寒，而现在是一个工作狂。约翰·内夫的继父不善经营，所以他的家庭总是在贫困中挣扎，所以他在很早就下定决心时机来临时他一定要非常精明地处理钱财。他每星期工作 60 到 70 个小时，包括每个周末工作 15 个小时。办公室他集中精神不允许任何打扰，而且对他的员工近乎苛刻。当他认为工作没做好时非常严厉甚至有些粗暴。而另一方面，他也给予员工充分的自由对他们喜欢的项目参与他的决策过程。约翰·内夫是一位出色的证券分析师，虽然近年来他很少去公司，但最起码要和公司员工进行交谈。他现在有一个分析团队为他工作，但当出现新股时，他还是很有可能领导这一项目。当他和他的团队完成工作后，他们必须收集所有他需要的信息。在将近 35 年的工作经历中，约翰·内夫已经买进或研究了大部分他认为值得购买的公司股票。换句话说，他所面对的问题是如何更新他的知识而不是从零开始。他紧紧盯住那些股市中不受欢迎的行业集团。他对那些本益比非常低而通常收益率又很高的公司股票很感兴趣。实际上，约翰·内夫经营温莎基金这么多年来，投资组合的平均本益比是整个股市的1/3，而平均收益率为2%或更多。

选股理论

约翰·内夫准坚持的选股标准：

(1) 健康的资产负债表

(2) 令人满意的现金流

(3) 高于平均水平的股票收益

(4) 优秀的管理者

(5) 持续增长的美好前景

(6) 颇具吸引力的产品或服务

(7) 一个具有经营余地的强劲市场最后一条是最为有趣的一点。内夫宣称投资者往往倾向于把钱花在高增长的公司，但公司股票并没有继续增长并不是公司本身经营出了什么问题，而是公司股价已没有了增长的余地。因此内夫买进的股票增长率一般为8%。

选股方法

分析上市公司角度

美国价值派投资大师约翰·内夫，就曾有过这样一个投资经历。他在分析一家名为"布林顿外套"的折扣连锁公司的股票时，让妻子和女儿作实地调查，意外的是母女俩竟然一次买回了三件外套，并称赞那家公司的商品物美价廉。听了她们的讲述后，约翰·内夫果断地买下了50万股该公司的股票，日后这些股票大涨，让他狠狠地赚了一笔。

像这种通过身边小事而发现投资机会的案例，在大师们的投资生涯中并不鲜见。

约翰·内夫十分注重股市中市盈率的对比分析，他认为要从七个方面看任何一家上市公司：

(1) 企业规模方面，一般要求公司收入、市值等方面具备较大的规模。因为规模在一定程度上能反映公司的行业地位、品牌资源等；此外，大中型的公司在亏损后东山再起的机会较大。如在美国市场上，就有市值至少在50亿以上的要求。

(2) 企业经营层面，主要有几个方面，如企业安全性方面，要求现金流健康；具有一定的赢利能力，要求主营业务利润大于0，并且一般也不要求必须有较高的增长；财务实力方面，如偿债能力有要求资产负债率低于行业水平等。

(3) 价格水平方面，要求有合理的价格，一般用低市盈率标准来选取，如市盈率低于市场平均市盈率的40%左右。

(4) 股息收益率方面，持续的股息支付水平是体现公司长期价值的一个方面，如果股票价格下跌，高股息率将弥补一部分损失。

（5）赢利增长率方面，大多数对此要求不高。有的还对此有一定限制，如未来几年赢利预测负增长或0增长，大于5%即不合格。

（6）投资情绪方面，如跟踪分析师的情绪指数，可要求小于0，大于2即不合格，这显示，大多数价值股并非分析师看好的股票。

（7）投资预期方面，如要求赢利预测被不断调低，或维持不变；最近一次公布的赢利低于市场预期。

对于价值型股票，我们从两个方面去寻找。一是从我们跟踪的8种价值型选股策略组合中去寻找；二是从具有行业地位、品牌价值、资源优势的公司中寻找前期因赢利下降导致股价大幅下跌的股票，此类股票的典型特征是市净率处于较低水平。

避险基金教父朱利安·罗伯逊

华尔街风云人物

老虎基金的创办人朱利安·罗伯逊是华尔街的风云人物。他出生于美国南部一个小城镇，从北卡罗莱纳大学商学院毕业后，在 Kidder Peabody 证券公司工作20年之久，1980年5月创办老虎基金，专注于"全球性投资"。在度过10年的蛰伏期后，80年代末90年代初，老虎基金开始创下惊人业绩——朱利安准确地预测到柏林墙倒塌后德国股市将进入牛市，同时沽空泡沫达到顶点的日本股市（沽空指先借入股票，然后沽售，当股价下跌到一定水平再购回，赚取其中差价）。在1992年后，他又预见到全球债券市场的灾难。1993年，老虎基金管理公司旗下的对冲基金——老虎基金（伙同量子基金）攻击英镑、里拉成功，并在此次行动中获得巨大的收益，老虎基金从此名声鹤起，被众多投资者所追捧，老虎基金的资本此后迅速膨胀，最终成为美国最为显赫的对冲基金。20世纪90年代中期后，老虎基金管理公司的业绩节节攀升，在股、汇市投资中同时取得不菲的业绩，公司的最高赢利（扣除管理费）达到32%，老虎基金管理的资产规模在20世纪90年代后迅速增大，从1980年起家时的800万美元，迅速发展到1991年的10亿美元、1996年的70亿美元，在1998年的夏天，其总资产达到230亿美元的高峰，一度成为美国最大的对冲基金。

创业征程

1980年5月，朱利安·罗伯逊和 Thrope Makenzie 以880万美元的资本成立了老虎基金。18年后，当年的880万美元已增长至210亿美元，增幅超过259000%。这期间基金持有人在撤除所有费用后所获得的年回报率高达31.7%。没有人有更佳成绩。老虎基金之所以在90年代成绩斐然，很大程度上是因为朱利安·罗伯逊从华尔街上重金招募了第一流的分析师，从而往往能在金融市场的转折关头押对正确的方向。大多数对冲基金不会拥有很多分析员，通常借助于投资银行的证券分析力量。老虎基金这样大规模的对冲基金则不同，旗下明星级分析员的报酬甚至远远超过在投资银行工作的同行。

1998 年的下半年，老虎基金在一系列的投资中失误，从此走下坡路。1998 年期间，俄罗斯金融危机后，日元对美元的汇价一度跌至 147∶1，出于预期该比价将跌至 150 日元以下，朱利安·罗伯逊命令旗下的老虎基金、美洲豹基金大量卖空日元，但日元却在日本经济没有任何好转的情况下，在两个月内急升到 115 日元，罗伯逊损失惨重。在有统计的单日（1998 年 10 月 7 日）最大损失中，老虎基金便亏损了 20 亿美元，1998 年的 9 月份及 10 月份，老虎基金在日元的投机上累计亏损近 50 亿美元。1999 年，罗伯逊重仓美国航空集团和废料管理公司的股票，可是两个商业巨头的股价却持续下跌，因此老虎基金再次被重创。

从 1998 年 12 月开始，近 20 亿美元的短期资金从美洲豹基金撤出，到 1999 年 10 月，总共有 50 亿美元的资金从老虎基金管理公司撤走，投资者的撤资使基金经理无法专注于长期投资，从而影响长期投资者的信心。因此，1999 年 10 月 6 日，罗伯逊要求从 2000 年 3 月 31 日开始，旗下的"老虎"、"美洲狮"、"美洲豹"三只基金的赎回期改为半年一次，但到 2000 年 3 月 31 日，罗伯逊在老虎基金从 230 亿美元的巅峰跌落到 65 亿美元的不得已的情况宣布将结束旗下六只对冲基金的全部业务。老虎基金倒闭后对 65 亿美元的资产进行清盘，其中 80% 归还投资者，朱利安·罗伯逊个人留下 15 亿美元继续投资。

从老虎基金成立到 2000 年 3 月 30 日，仍然有 85 倍的增长（已扣除一切费用），这相当于标准普尔 500 指数的三倍多，也是摩根士丹利资本国际环球指数的 5.5 倍。老虎基金在 2000 年 3 月 30 日结束，当时纳斯达克指数是 4457.89 点。纳指在 2000 年 3 月 10 日创出 5048.62 历史新高，但是罗伯逊确信科技泡沫迟早爆破。2000 年 4 月 NASDAQ 开始暴跌，连续三年科技股一片萧条，资金大量回流优质股票，网络股被看做垃圾。

2005 年朱利安·罗伯逊提出轨迹理财概念，以多年金融专业知识提倡人们应该保护好自己的财产，规律理财。该理念引发了网络新型的理财模式。受到了广泛投资者的青睐，再次突破年收益高达 35% 的效益。

举世闻名的老虎基金

由朱利安·罗伯逊创立于 1980 年的老虎基金是举世闻名的对冲基金，到 1998 年其资产由创建时的 800 万美元，迅速膨胀到 220 亿美元，并以年均赢利 25% 的业绩，列全球排名第二。其中，1996 年基金单位汇报为 50%，1997 年为 72%，在对冲基金业里，老虎基金创造了极少有人能与之匹敌的业绩。然而，进入到 2000 年，其资产从 220 亿美元萎缩到 60 亿美元，同期无论是道指还是纳指都是一路高歌，一直在市场中呼风唤雨，曾与索罗斯等对冲基金联手冲击香港汇市的"大庄家"，辛辛苦苦几十年，一觉回到解放前，其经历颇耐人寻味。业内人士分析，罗伯逊是"老革命遇到了新问题"，由于他一直奉行的"价值投资"法，也就是依上市公司的获利能力推算其合理价位，再逢低进场买进高档抛售，使他错过了搭上高科技快车的机会，并流失了相当一批优秀的、具有独到眼光和潜质的操盘手，从这种意义上讲，罗伯逊的失败，是一个落伍者的失败。其次，老虎基金本身规模太大，所谓"树大招风"，大量投资者的加入，造成老虎基金"船大难掉头"的情况，随着股市投资生态近年来发生重大改变，称雄一时的老虎基金再也无法点石成金，纵横江湖几十年，传统的管理方式似乎失了灵，许多投资者又纷纷找上门要求赎回资金，迫于无奈，几度辉煌的老虎基金不得不宣布清盘，从而加速了其走向破产的进程。

新兴市场之父马克·墨比尔斯

富兰克林坦伯顿基金集团执行副总裁负责新兴市场研究与投资组合管理富兰克林坦伯顿开发中国家基金、富兰克林坦伯顿 GS 新兴国家基金、富兰克林坦伯顿 GS 亚洲成长基金，暨富兰克林坦伯顿 GS 拉丁美洲基金经理人 Mobius 先生为美国波士顿大学硕士以及麻省理工学院（MIT）的经济与政治学博士，研究新兴市场已经有三十年的经验，1993 年荣获美国晨星颁发年度最佳封闭型基金经理人、1994 年获美国 CNBC 电视网称为年度商业资金最佳管理者。1998 年获美国 Money 选为全球十大投资大师之一。1997 年、1998 年连续获选路透社年度最佳全球基金经理人。

马克·墨比尔斯投资心得

马克·墨比尔斯从事新兴市场投资和研究已有 30 年经验，被《晨星》、《钱》和《纽约时报》多次列为全球最佳基金经理。

如果你想参与全球经济发展最快速地区的成长，就必须大胆地投资于新兴市场国家。

巨幅震荡的波动特性是所有股票市场的特征，即使是最成熟的市场也不例外。

如果你的投资决策能不受情绪影响，而且按长期基本面来拟定投资策略，那么不管股票市场是涨是跌，你照样都能获利。

谎言跟纯粹、真正的事实真相一样，都会透露出重大信息，如果你知道从什么线索来寻找并且用心倾听的话。

早在许多国际性机构或政府所编制的资料可以方便取得时之前，这些数据事实上都早已反映在股价的表现中了。

在很坏的时机要买进绩优的股票；在很好的时机要买进投机的股票。

让旅客通关便利的国家，较易对外国投资采取友善的态度。

在潮湿（即具有流动性）的国家中购买潮湿的股票，别在干燥（即缺乏流动性）的国家中购买干燥的股票。

如果你想等到看见隧道另一端的光明时才买卖股票，那就未免太迟了。

你可以从市场的情绪指数所造成的折价状态中获取利润。

要买进那些股价正在下跌的股票，而不是正在上涨的股票。

如果股价近期下挫了 20%，或是从高点大幅重挫而投资价值浮现时，就应该赶快进场。

低税率的经济环境是值得你把投资资金投入其中的好处之一。

人也许无法从其衣着来区别好坏，但是衣着可以透露一个人的性格。

在决定任何投资决策之前，要经常探询经营阶层的操守与诚信。

密切注意那些过去曾经受到严格管制而如今正进行自由化的产业动向。

不要对公用事业感到意兴阑珊或昏昏欲睡，要保持清醒，注意它们可能的发展。

如果某家公司的资产净值除以全部股数所得出的每股数字高于每股的市价，那么就可以认定，它是一支股价被低估的股票。

千万不要在还没有参观该国证券交易所之前，就贸然投资。

要判断一个市场透明性的最好方法，就是探询它是否有集中股权登记作业制度？如果没有的话，那么这个市场就不能认定是完全透明的。

寻找那些还没民营化或者还没完全民营化的公司。

洞悉情绪与理性之间的落差，你就会发现可以买进的窗口。

如果你同其他人一样买相同的股票，你将得到与其他人相同的下场。

有时候我认为新兴市场就好比是数个飞靶，被自由市场政策这双挥舞的手臂向空中投掷出去，呈抛射轨道飞向无限广阔的天空。究竟它们会往上飞、下坠，或者来个不可思议的大回旋呢？而且就像拿着枪的射击手一样，你会试着尽早在它飞向云层之前，就在轨道线准备位置之上瞄准目标。

新兴国家股票市场就像是一颗炮弹，它的爆炸是由于长期被积压的力量释放的结果。但是凡事总有例外，因为你无法永远总是在正确的时间命中正确的市场，这就是进出时机拿捏的问题，而且在我看来，这根本是近乎不可能的。

你必须随时有退出市场的策略。再跟我念一遍：随时随地，要维持一条逃生的退路。

最让一个初出茅庐或者甚至是经验老到的新兴市场投资人感到挫折的情况就是：他很有可能会被套牢在一缸子毫无流动性的股票上，那可不像一道羹汤的秘方，而是一个不管你怎么卖也卖不掉的股票。手中握有一大堆缺乏流动性的股票，无论你持有的期间长短，就好像是紧握着一瓶氮气：你很想要赶快脱手，但是没有人真心想要从你手中把它取走。套牢在一只已经陷于严重疾病的股票上，就好比戴上重达百磅的脚镣，乘着竹筏通过急流漩涡一样的岌岌可危。它会把你拖下深不见底的水中，只见你一边使劲地踢脚，挣扎，同时一路尖叫，心中万般懊悔：当初为何要听说……

目前在许多国家里，对于那些握有控制股权或绝大多数股权的股东来说，仍然可以轻而易举地欺压我们这些少数股东。你可能也会惊讶地发觉：共同基金的经理人也落入小股东之流。可是作为一个想要对抗经营阶层的小股东，你会发现反对你的一方力量有多庞大，然而支持你这一方的力量却极为渺小。在多数情况下，你根本无法用传统的方法打赢这场仗。你必须诉诸游击战战士常用的方法：掩护、伪装、躲藏，以及趁敌人停止搜寻你的时候突袭。

你在评估是否投资一家公司时，该公司背后的大股东成员名单，其重要性跟一些财务数字的表现同等的重要。比如说你现在碰到一家帐面上表现绝佳的公司，它的资产庞大、有大量的订单，未来前景看好。可是如果大股东是一个令人讨厌的危险人物，什么其他优势都变得不重要了。这就是为什么我坚持"如果可以的话，你最好在购买一家公司的股票之前，跟经营阶层见见面，并且事先了解他们的背景"。

永远记得要挑剔便宜股票的毛病，更何况是别人奉送的礼物，那就更该挑剔了。

是"买在基本面"，还是"卖在激情时"呢？就我们而言，任何股票一旦股价涨了四倍，都是最优先实现获利之投资标的。

正如有一句经历了千百年时间而一再获得证明的俗话所说："熊会在冬天里冬眠，而牛会在夏天时狂奔，可是猪长肥则因为被宰而呻吟。"

马克·墨比尔斯十五大投资法则

马克·墨比尔斯法则一：当每个人都想进场时，就是出场时点；当每个人都急着出场时，就是进场时点。

根据个人经验，马克·墨比尔斯发现最好的出场方式就是——在股市高档时，慢慢地、逐步地分批赎回。不要等市场下跌时才恐慌性抛售，而是在市场仍然还在上涨时就分批出场，当然，所谓的"正确的出场时点"连专家都不一定抓的准，因此，我建议当以下两个主要讯号出现时，就是投资人出场的时点：

讯号一：平常不太有联络的营业员，突然打电话给你，极力推荐你买某支股票，否则你可能会错失这波涨幅。

讯号二：营业员用非常戏剧化的夸张语气，来推荐你买股票。

这两种情况都可能暗示市场投资气氛已经快要失去控制，市场可能发生巨幅波动的局面。另一方面，当每个人都想出场时，就是进场时机，因为在恐慌性抛售下，具有投资价值的股票，可能出现被低估的价格，最明显的例子就是受到 1997 年亚洲金融风暴影响，HSBC 汇丰控股这家世界级、全球分散投资、专业管理的银行，存托凭证 ADR 的价格从 370 美元大跌三成，这是 1990 年代以来少见的价格，也因为这场金融风暴，好的股票才会出现被低估的价格。因此，当所有的人都悲观的时候，通常是马克·墨比尔斯开始转为乐观的时候。

马克·墨比尔斯法则二：你最好的保护就是分散投资。

投资应该是无国界的，只要是具有获利潜力的公司，不论该公司在哪一国家，都应该列入您的投资组合当中，如此才能够达到分散单一股票或是单一国家的景气循环风险，分散投资体质佳的股票，便是您最好的保护。

反映在分散投资的概念，近年来共同基金也有愈来愈多分散单一国家风险的类型出现，比方说，十年前坦伯顿基金集团成立新兴国家基金时，是全球第一只且是唯一一只分散投资在新兴国家的股票基金，但目前已经超过 100 支新兴国家股票基金。

马克·墨比尔斯法则三：如果您想参与全球经济最快速地区的获利成长，就必须投资新兴国家。

为何要投资新兴国家股市？答案就是成长。举例来说，中国大陆、印度与马来西亚三个新兴国家在过去十年当中，全体经济规模成长 118%，而英国、美国与日本这三个国家加总的经济规模，在过去十年只有成长 58%。

与此同时，目前全球新兴国家经济成长值平均达 6.6%，远比已开发国家的 2.9% 为高。

而尽管新兴国家股市短期波动大，但是由于长期成长动能远比已开发国家为强，长期投资新兴国家的报酬收益也较高。

马克·墨比尔斯法则四：经营团队的素质，是选股投资的最高标准。

这就是为何马克·墨比尔斯一年365天当中有250天是往返世界各国的路途上，拜访上市公司，会面各公司经营团队的原因。马克·墨比尔斯认为，人的因素—经营团队的素质，决定了该上市公司未来成长获利空间，而在分析经营团队时，深入的拜访，了解经营团队的经营理念、营运目标、甚至于人格特质，以及各产业的挑战，是几项重要的观察因素。

马克·墨比尔斯法则五：用FELT选择股票或股市投资。

所谓FELT就是Fair、Efficient、Liquid、Transparent。凡投资任何股票投资任何股票或股市之前，都应该审视—股价是否合理（Fair），股市是否是有效率交易（Efficient），此股票是否具有流动性（Liquid），该上市公司财务报表是否透明（Transparent）。

马克·墨比尔斯法则六：所谓"危机（Crisis）"，就是人们开始觉醒的理由。

马克·墨比尔斯举例道：由于泰珠贬值引爆亚洲金融风暴的发生，泰国政府开始进行金融法规的改革，人民担忧未来的生活，也开始更努力工作、存更多钱，这可看出，当大环境安然无事时，人民容易懒散；而当环境艰困时，才是促使人民向前迈进的动力，因此，当金融风暴发生时，正是这些国家开始瘦身、锻炼肌肉的时候，也就是开始出现投资机会的时候。

马克·墨比尔斯法则七：下跌的市场终究会回升，如果你有耐心，就不需要恐慌。

马克·墨比尔斯在香港三十年的投资历练，让他学到"风险的最终价值"—承担风险能提供回报。虽然香港是有名的波动性大的股市，市场消息的风吹草动都可能造成云霄飞车式的股市波动，但是三十年来的经验，马克·墨比尔斯发现如果能将投资眼光放长，通常能有不错的回报。例如1997年亚洲金融风暴发生后的一年间，香港恒生指数大跌55%，但是从1998年9月低点以来的近一年，恒生指数大涨了85%，这也说明了那些能看到隧道终点的亮光的人，终究可以得到回报。

马克·墨比尔斯法则八：有时候你必须表现比大盘差，未来才能击败大盘。

1993年亚洲股市最热门时，泰国股市市值曾达1330亿美元，而在1998年初时却跌了只剩220亿美元，从短线来看，大盘还有下跌空间，似乎应该赶快卖了持股离场，但是当马克·墨比尔斯仔细选股时，发现当中有不少股票体质并不坏，此时正是借着价格被低估、便宜买进，来增加部位的时机，而当投资标的的股价继续被低估、股价继续下跌，马克·墨比尔斯还会再持续加码，因此基金表现从短期来看会落后那些握有许多现金的基金，但是当市场开始触底反弹，基金表现将在绩优股带领下超越大盘。

马克·墨比尔斯法则九：以资产净值（NAV）判断是否值得投资。

在考量一个投资标的是否值得投资时，可以该投资标的之总资产价值减去总负债所得的净值，除以发行在外的股数；如果此一数值高于当前股价，则表示该投资标的目前为低估（undervalued），股价具有上扬潜力，是一值得考虑之标的物；反之则否。

马克·墨比尔斯法则十：先了解一国国家的证券交易所，否则不盲目投资。

此一原则尤其适用于新兴国家股市，因为新兴国家的股市大多仅具欧美成熟国家股市的雏形，法令规章不完全且游戏规则多变，对于资讯掌握不足的投资人而言，有如进入一弱肉强食的野蛮社会中。因此，想要掌握新兴市场高爆发潜力的一般投资人，应选择具有充分资讯，专家代为操作管理的新兴市场共同基金。

马克·墨比尔斯法则十一：一个国家的总体面常常与个别公司的未来成长性互相矛盾。

以俄罗斯为例，该国的总体经济面相当恶劣，如高通膨率、高失业率等，以此来看，并非一适合的投资国家；但该国从社会经济体制转型为资本主义体制的过程中，蕴含了许多的高获利契机，如国营企业的私有化，使得相关投资标的具有高度成长潜力。在此情势下，透过"由下而上"的投资策略才能掌握获利契机。

马克·墨比尔斯法则十二：选择投资标的时，如果只靠技术分析等的投资方法往往会误判情势，必须辅以实际的田野调查。

虽然投资国际化，可以寻找更多更佳的获利机会，也可以分散投资单一市场的波动风险。但外国市场，尤其是政经情势不稳定的新兴国家，情势可能瞬息万变，如果只靠技术分析等的投资方法可能无法掌握全盘局势，必须透过实际的调查访问才能迅速因应变局。因此，投资据点遍布全球重要金融市场的国际性投资集团才能有效掌握全球金融情势的脉动。

马克·墨比尔斯法则十三：如果全世界的股市皆因为一个国家的短期因素而出现剧烈下跌，投资建议立刻从持有（hold）改为买进（buy）。

1998年初的巴西里拉危机等于是为投资人开启一扇投资的大门，亚洲金融风暴使市场如同惊弓之鸟，轻易地就将拉丁美洲与身陷风暴的亚洲划上等号，殊不知此乃两个截然不同的区域，因应金融变动的效率也截然不同，尽管在分类上，拉丁美洲与东盟皆为新兴国家，然而同样的归类并不表示拉丁美洲一定也会重现亚洲股汇市全盘皆墨的景象。的确，低经常账余额与高贸易赤字，使巴西里拉至少高估30%，不过马克·墨比尔斯将货币贬值视为一项绝佳的投资机会，因为尽管放任货币贬值有失国格，但货币贬值却可带动出口，而尽管短期间对于金融市场造成冲击，但是之后的跌深反弹力道势必也是前所未有。

马克·墨比尔斯法则十四：政治不确定性是进入一个市场的通行标志，不确定性会压抑股价，但如果你相信你的基本分析，不确定性反而是你买进原本可能价格过高的大型蓝筹股的好机会。

政治因素难以量化，对于金融市场的影响也难以预测，政治风险高的地方，股市波动幅度也较大，不过在马克·墨比尔斯的眼中，政治风险也是投资机会，正因为政治因素的存在使许多好公司的股价在政治变动环境下，无法反映其真正价值，但根据"价值投资"的原理，股价终将反映企业价值，在许多政治面存在变数的地方，便有许多诸

马克·墨比尔斯法则十五：一旦当不确定成为确定，任何人皆可预测事件的后果时，先前的风险升水便会如轻烟一般立刻消失。

不确定性夹带高风险，但高风险也意谓高报酬，在开发中国家的投资当中，不确定性意味着机会，若能奠基于扎实的基本分析，当股价出现非理性下跌时，反而是逢低承接优质公司的好机会。

使用大智慧常规看盘

大智慧软件简介

大智慧软件是一款用来实时接收股市行情、有效帮助投资者分析股票市场走势的软件，它的功能特点概括如下：

界面友好、易于上手：大智慧软件有多种界面方案及窗口布局可供投资者选择，满足了投资者在分析价格走势时的看盘需求，并且大智慧软件在操作方面也十分容易上手，是一款易学易懂的股票行情分析软件。

多种市场行情实时接收：大智慧软件可以免费接收沪深交易所传统行情，采用全推送行情技术，支持上证所 Level-2 行情、上证所新一代行情、港股实时和延时行情、期货行情、外汇行情。用户可以根据自身需要接收相应的市场行情。

系统稳定、实时性好：对于网络客户端软件，特别是针对实时性较强的股市行情的接收软件，如果网络速度慢、系统不稳定，则无疑会给投资者带来不利因素，大智慧软件有着多年的运营经验，其程序的稳定性和数据的接收速度都比较完善，是一款实时性好、系统稳定的股票行情软件。

功能强大、分析功能出色：大智慧软件中有全面的技术分析功能，这包括它所具备的上百种技术分析指标、条件选股功能、公式编辑器、自编译技术指标、自编译交易系统、自编译条件选股、预测分析、定位分析、模式匹配分析、交易系统评测和成功率测试、时空隧道与模拟 K 线、分笔成交再现、任意分析周期、盘中及时预警等分析功能。除此之外，系统还提供了星空图、散户线、龙虎开盘等高级分析功能。

强大的统计计算功能：统计功能可以对某一时间段、目标股等范围进行统计，其中包括阶段统计、板块分析、指标横向统计、自定义指数等。

实时信息发布、实时解盘：大智慧软件中的信息地雷、声明历程和实时解盘等板块提供了实时点评、实时信息发布的功能，使投资者可以在盘中快速了解有关证券市场的最新消息，这对投资决策有重要的参考意义。

熟悉基本菜单操作

启动大智慧新一代软件后，首先看到的是软件主界面。软件主界面由开机菜单、功能菜单、隐藏菜单、分类标签与子标签以及辅助显示区几大部分构成。

开机菜单

开机菜单中清楚地列示了系统的各项功能。开机菜单中有 10 个选项。

在开机菜单中，投资者可进行如下操作：

1.拖动鼠标指针选择菜单选项。

2.选定菜单中的选项后，按【Enter】键确认并执行所指定选项的操作，按【Esc】键可返回上一级菜单。

3.用鼠标选中菜单中的选项后，也可单击进入。

功能菜单

功能菜单位于主界面最上方，包括"文件"、"查看"、"分析"、"决策"、"公式"、"工具"、"窗口"和"帮助"8 个菜单项，单击某个菜单项，即可弹出相对应的命令菜单。各菜单项的功能。

在功能菜单中，投资者可进行如下操作：

1.用鼠标单击某项菜单，可以从弹出的下拉菜单中看到详细的功能选项。

2.同时按【Alt】键和某项菜单的快捷键字母，即可弹出相应的菜单。如要选择"文件"菜单，可按【ALt+F】组合键。

隐藏菜单

隐藏菜单也称为"功能树"，该菜单平时都是隐藏的，只有将鼠标移动至窗口最左侧处单击，方能显示出该菜单。

隐藏菜单中包括"技术指标"、"交易系统"、"条件选股"、"五彩 K 线"、"上海证券交易所"、"深圳证券交易所"、"中国金融期货交易所"、"一般市场"、"香港联合交易所"、"分类版块"、"自定义指数"和"系统工具"等选项。

在隐藏菜单中，投资者可进行如下操作：

1.该菜单的操作风格类似 Windows 操作系统的资源管理器，若需固定该菜单，可单击菜单右上方的按钮。

2.双击隐藏菜单的某项栏目，可以打开该栏目的详细选项。

如在隐藏菜单中单击"一般市场"选项，可见其又分为"板块指数"和"基金净值"两个选项，双击"板块指数"选项，即可打开板块指数行情报价表。

分类标签与子标签

分类标签中包括不同的证券品种或新闻等信息，只要单击不同的市场栏按钮，即可切换至对应的工作区中。

子标签中显示的具体项目是与分类标签对应的。例如"股票"工作区，在市场类型栏中就会显示"主页"、"上证A股"、"深证A股"、"创业板"和"沪深A股"等内容。

分类标签中包含了10个常用标签。

在分类标签与子标签中，投资者可进行如下操作：

1.单击某分类标签，进入对应工作区，即可查看相对应的子标签。

2.通过子标签，可选择具体的内容进行查看。

例如单击"股票"分类标签，再单击"上证A股"子标签，即可查看上证A股中所有股票的报价。

辅助显示区

辅助显示区在主界面的最下方，分为综合信息栏和状态栏。

1.综合信息栏

综合信息栏包括上证信息栏、深证信息栏、创业板指栏和短线精灵栏。

2.状态栏

状态栏包括大智慧商标、跑马灯、市场多空力量、网络连接和当前时间。

行情报价显示牌的调出与使用

动态显示牌的功能主要是列表显示交易行情，列表纵向每一栏表示股票行情项目，横向每一行表示某股票的行情数据。行情报价动态显示牌中列举了所有股票的价格信息，这些价格包括今日开盘价、昨日收盘价、最新价、最高价、最低价、委买价、委卖价以及成交均价等。

在行情报价显示牌中，最新价为红色，表示当前股价为上涨趋势；最新价为绿色，表示当前股价为下跌趋势，最新价为黑色，表示股价等于开盘价。

分类行情报价表

进入行情报价表的方法有多种，下面分别为读者进行介绍。进入行情报价表后，可进行一些简单的翻页与滚动操作，以查看更多的股票信息。

1.各种进入方法

进入行情报价表的常用方法共3种，罗列如下：

方法一：在开机菜单中选择"2.沪市报价"选项或"3.深市报价"，单击或按【Enter】键，即可进入对应的沪市行情报价表和深市行情报价表中。方法二：将鼠标移至窗口的最左侧，单击出现隐藏菜单，在其中选择"上海证券交易所"或"深圳证券交易所"选项，双击选项，也可以进入行情报价表。

方法三：在主界面最上方有 13 个子标签，单击需要查看的报价表栏目子标签，即可进入相应的报价表。

2.滚动与翻页

在行情标价表中，由于股票的数量和需要显示的项目过多，即使在全页面的状态下窗口中，也无法将所有的股票和项目显示完整，此时就只有通过滚动和翻页来查看更多的股票信息。

如果需要查看更多的股票，可单击窗口右侧的上下翻页按钮中的"向下"按钮，此时下方隐藏的股票便会逐一被显示出来。

如果需要查看更多的项目，可单击窗口右上方的左右滚动按钮中的"向右"按钮，可查看更多的报价项目。

智慧排行

智慧排行是以行情报价表中的"涨幅"字段为排序对象，对报价表进行降序排序。

若您需要进行智慧排行，方法很简单，只需在大智慧的开机菜单中单击"6.智慧排行"选项即可，默认情况下是对"上证 A 股"的所有股票当日的"涨幅"按照从大到小的顺序，即降序进行了排列，如果您想更换涨幅的排序方式，单击"涨幅"项目，此时即可将所有股票重新按照"涨幅"的升序进行排列。

板块行情报价表

在股市中，板块是指一些因为有某一共同特征而被人为地归类在一起的股票群体。板块主要按行业、概念和地区分类，其中行业是根据上市公司所从事的领域划分的，比如电器、纺织、电子信息等；概念是根据权重、热点、特色等题材划分的；地区主要根据省份来划分。

在大智慧软件中，若投资者只关注某个热点板块的股票信息，从前面介绍的行情报价表中很难一一区分某个板块的股票。没有关系，大智慧将各个板块进行了分类，只需将所关注的板块报价表调出即可查看。如需调出"电器"板块的所有股票，可按照如下方法进行操作：

第一步：将鼠标指针移动至大智慧软件窗口的最左侧，单击出现隐藏菜单，单击"分类板块"选项，例如单击"行业"项目，再双击要查看的"电器"板块。

第二步：此时在切换到的页面中便只显示了"电器"板块所有股票的行情报价信息。

怎样看大盘

大盘一般是指沪深指数，各证券公司一般都有大盘显示，详细地列出沪深两地所有股票的各种实时信息。投资者要掌握市场动向，首先就应该学会看大盘。

如何调出大盘分析页面

要调出大盘分析页面，可以通过开机菜单、功能菜单、隐藏菜单和综合信息栏等多种方式完成。

方法一：通过开机菜单。在开机菜单中单击"1.大盘分析"选项，即可自动打开默认的"上证指数"分时走势图。

方法二：通过功能菜单。在功能菜单中执行"文件>选择股票"菜单命令，打开"选择股票"对话框，在"分类股"选项卡下左侧窗格中选择"上证指数"选项，并在右侧的子选项中单击"上证指数"选项，同样可以打开"上证指数"分时走势图。

方法三：通过隐藏菜单。将鼠标指针移至窗口的最左侧，单击弹出隐藏菜单，单击"上海证券交易所"选项，然后在展开的子选项中双击"上证指数"也可完成操作。

方法四：通过综合信息栏。双击综合信息栏中的沪市指数栏，也可以完成同样的操作。

大盘分时图界面详解

大盘分时图界面由大盘分时走势图和右侧的大盘信息窗口组成。

其中，大盘分时走势图中所包含的各种曲线和柱线的含义。

跌、指数涨幅、总成交额、总成交量、昨日收盘、今日开盘、最高指数以及最低指数等实时信息，还可以浏览大盘最新的委卖手数、委买手数、委比数值、上涨家数、平盘家数和下跌家数等信息；在窗口下侧还可以看到各个权重股的涨跌对大盘指数的贡献数值信息。

大盘分时页面的主要操作

在大盘分时页面中可以进行如下所述的一些简单而实用的操作：

1.按【Enter】键，可以在大盘分时图、大盘K线图和行情报价表之间切换。

2.按【PageUp】键，可查看上一个类别的指数；按【PageDown】键，可查看下一个类别的指数。

3.在分时界面中输入01，即可自动弹出"键盘精灵"，再按【Enter】键或直接按【F1】键，可查看分时成交明细表；同样，输入02或按【F2】键，可查看分价成交明细表；输入10或按【F10】键，可查看当天的资讯信息。

4.在右下角的指数贡献栏中，可以查看各个指数成分股的涨跌对指数的加权贡献数据。

个股行情如何看

个股行情即为当日单只股票的走势情况。个股行情分析主要针对个股的分时走势图、个股 K 线图和其他股市线进行分析，本节将分别对这几类线进行介绍。

调出个股分时走势图

个股行情窗口由个股分时走势图、个股信息窗口和个股功能窗口 3 部分组成。个股分时走势图中主要显示了当日该股票的走势线、均价线、指标曲线等；个股信息窗口中主要显示当前的盘口情况、个股委托买卖情况等；个股功能窗口主要显示个股分时量价表、分时成交明细和个股财务状况等信息。

1. 从报价表进入个股分时走势图

进入行情报价表，选择需要查看的个股，例如选择"上港集团"，此时在其下方会出现一条横线，按【Enter】键即可调出"上港集团"的分时走势图。

2. 键盘精灵的使用

要查看个股分时走势图，虽然可以通过报价表进入外，但报价表的个股数量繁多，有时很难找到需要查看的个股，此时可以通过键盘精灵来快速查看需要的个股。

键盘精灵支持 3 种查询方式，输入股票代码、中文名称或名称简写，键盘精灵都能够自动识别输入的信息，实现个股查询。

3. 个股分时走势图窗口说明

进入个股分时走势图后，即可看到该股票当日的分时走势。

个股分时走势图中所包含的各种曲线和柱线的含义。

4. 个股分时走势图窗口操作

如同在大盘分时图中一样，在个股分时走势图页面中也可以进行一些简单而实用的操作，具体如下所述：

1.按【Enter】键，可以循环切换个股 K 线图、行情报价表、分时走势图界面，按【F5】键，可以切换个股的 K 线图、分时走势图界面。

2.按【Page Up】键，可查看上一只股票的行情走势，按【PageDown】键，可查看下一只股票的行情走势。通过滚动鼠标滚轮也可切换查看上、下个股的动态分时走势图。

3.按【+】键，可以循环切换右下角子功能窗口的显示页面。它包括分时成交、财务数据、分价表、大盘指数、信息地雷及短线精灵等栏目。

4.按【1+Enter】键或【F1】键，可以查看个股分时成交明细，按【2+Enter】键或【F2】键，可以查看个股分价成交明细；按【10+Enter】键或【F10】键，可以查看个股基本面资料，按【Esc】键，可退出。

切换至个股动态 K 线图

通过 K 线图，我们既可看到股价（或大市）的趋势，也可以了解到每日市况的波动情形，进而全面透彻地观察到市场的真正变化。

1. 调出个股 K 线图

在大智慧中进入个股 K 线图的方法主要有如下所述 3 种：

方法一：通过键盘精灵进入。直接输入个股代码或个股名称拼音首字母，即可弹出键盘精灵，然后按【Enter】键进入分时走势，再次按【Enter】键即可进入个股动态 K 线图。

方法二：通过报价表进入。从行情报价表中选定要查看 K 线图的个股，然后按【Enter】键进入个股分时走势图，再按【Enter】键，即可进入个股动态 K 线图。

方法三：通过菜单命令进入。在功能菜单中执行"文件>选择股票"菜单命令，弹出"选择股票"对话框，选中要查看的个股并双击股票名称，可以进入个股分时图，再按【Enter】键，即可进入该个股的动态 K 线图。

2. 个股 K 线图窗口说明

个股 K 线图窗口主要由主图区和副图区构成。主图区主要显示 K 线和主图的叠加指标（如均线），副图区主要显示成交量和技术指标，如 KDJ 指标、MACD 指标、RSI 指标等。

3. 个股 K 线图窗口的主要操作

进入个股 K 线图窗口后，可以进行如下一些简单且实用的操作：

1.按【Enter】键，可循环切换个股分时图和个股 K 线图以及行情报价表。

2.直接输入需要查看的指标名称，如输入 MACD，即可显示出 MACD 指标。

3.按【↑】键，可以放大 K 线图，按【↓】键，则可缩小 K 线图。

4.双击某根 K 线的实体，在弹出的小窗口中可以查看该 K 线的历史分时走势（需要保存当日的历史数据）。

5.在个股日 K 线图窗口中，按数字键盘的【+】键，子功能窗口将在分时成交、财务数据、分价表、大盘指数、分时走势、信息地雷、成本分析及短线精灵等页面间切换。

6.K 线的分析周期分别有 1 分钟、5 分钟、15 分钟、30 分钟、60 分钟、日线、周线、月线、季线、半年线以及年线等选择。若需要更换分析周期，可执行"画面>分析周期"菜单命令，然后在弹出的级联菜单中选择 K 线图的周期。另外在 K 线图窗口上方的周期栏中也可以调节分析周期。按【F8】键，可以实现分析周期从小到大的循环切换。

7.按【1+Entcr】或【F1】键，可查看个股历史行情报表，按【2+Enter】或【F2】键，可查看个股分价成交明细，按【10+Enter】或【F10】键，可进入个股基本面资料分析页面。

8.K 线图中默认显示 3 幅画面，投资者可以根据自己的需求选择在 K 线图中显示多幅画面，只需执行"画面>画面组合"菜单命令，从弹出的子菜单中选择要查看的画面组数即可。在 K 线图窗口中显示了 4 幅画面组合。

好用的"十字光标"

利用 K 线图中的十字光标可以显示出某根 K 线的详细数据信息，并会随着光标的移动而显示不同时刻的具体值大小。

若需要显示出十字光标，可执行"查看>十字光标"菜单命令，或按【←】和【→】键。若需取消显示十字光标，按【Esc】键即可。

其他股市线的调用

在大智慧中，除了可以调用 K 线图外，还支持显示美国线、价格线、宝塔线和压缩线等几种常用的股市线。

1. 美国线

美国线又称为柱形线，其构造比 K 线更简单，是国际金融市场通用的价格图表。美国线的直线部分表示当天行情的最高价与最低价的波动幅度，右侧的横线代表收盘价。

K 线与美国线相比，K 线所表达的含义较为细腻敏感，更容易掌握短期内价格的波动，也易于判断多空双方（买力与卖力）的强弱状态，可作为进出场交易的参考。而美国线更偏重于趋势面的研究。

那么如何才能在大智慧中显示出美国线呢？只需执行"查看>选项"菜单命令，打开"选项"对话框，切换至"系统参数"选项卡下，默认情况下的"主图指标"为"K 线"，将其更换为"BAR 美国线"即可，通过相同的操作，可将 K 线更换为宝塔线、价格线和压缩线。

2. 价格线

价格线又叫收盘线，是将每天（或每周、每月）的收盘价连接起来得到的价格曲线图。

用价格线观察股价的运行趋势十分直观明了，而价格线的缺点是图形反映的信息量太少，只有收盘价一个指标。

3. 压缩线

压缩线是一种结合成交量的大小，将 K 线实体放大或缩小的 K 线图。它更易从感观上滤掉一些小成交量的波动，放大大成交量的波动。当原来的宽阴线被阳线吃掉时，为买进信号。反之，原来的宽阳线被阴线吃掉为卖出信号。

其他常规看盘法

在大智慧中，除了可以查看行情报价表、大盘分时图、个股分时图和个股 K 线图外，还有一些其他的常规看盘法，比如多窗口看盘、对股票综合排名等。

多窗口看盘——多股同列

多股同列就是将多只股票的分时走势或 K 线走势放在一个画面中同时列出。多股同列的功能有助于同时观察对比若干股票与其他个股或指数在同一时期走势的强弱情况。

多窗口看盘包括多股票分时同列、多股票 K 线同列、股票多周期同列、股票多日分时同列等 4 种方式。大智慧支持同时显示 4 图组合、9 图组合、16 图组合 3 种图形组合方式。

1.多股同列查看股票信息

如何进行多股同列查看呢？方法很简单，可以通过菜单命令进入，也可以从下拉列表中选择。

方法一：通过执行菜单命令进入。在分时图或 K 线图窗口中执行"画面>多图组合"菜单命令，再选择具体要组合的方式即可。

方法二：从下拉列表中选择。在分时图或 K 线图窗口中单击"多图组合"右侧的下三角按钮，在展开的下拉列表中选择多图组合方式即可。

2.多股同列窗口中的操作

在多股同列的窗口中，可以进行哪些简单而实用的操作呢？

（1）按【PageUp】键，可查看上一组股票组合图，按【PageDown】键，可查看下一组股票组合图。

（2）通过按【↑】和【↓】键，可调整所需显示画面的窗口数。按【↓】次，显示 9 图窗口数，按【↓】两次，显示 16 图窗口数。在 16 图窗口数界面下，按【↑】一次，显示 9 图窗口数，按【↑】两次，显示 4 图窗口数。

（3）通过按【←】和【→】键，可选择个股。按【Enter】键，可进入选定的个股走势。按【Esc】键，可退出个股走势。

（4）在多股同列的窗口中选定某只个股，直接输入要替换的个股代码或拼音简写，即可替换当前选定的个股。

查看综合排名

大智慧的综合排名功能可以按不同的股票分类同时显示涨幅排名、5 分钟涨幅排名、委比正序排名、今日跌幅排名、5 分钟跌幅排名、委比逆序排名、今日振幅排名、今日量比排名和总金额排名等 9 个排行小窗口。

那么如何才能查看股票的综合排名呢？这里介绍两种方式，第一种是通过菜单命令进入查看，第二种是通过快捷键进入查看。

方法一：通过菜单命令进入查看。执行"查看>综合排名"菜单命令，即可打开"上证 A 股综合排名"窗口。

方法二：通过快捷键进入查看。使用键盘输入数字 81、82、83、84、85、86，可分别调出上证 A 股、上证 B 股、深证 A 股、深证 B 股、所有 A 股和所有 B 股的综合排名窗口。输入 82，弹出"键盘精灵'窗口，按【Enter】键即可打开"上证 B 股综合排名"窗口。

大智慧灵活的系统设置

选项设置

选项设置包括对大智慧系统的外观、板块、系统参数和快捷键等方面的设置，以贴心的服务来满足众多投资者的需求。

外观设置

打开大智慧，默认状态下的界面颜色为红黑配色方案，即界面的背景为黑色，上涨的情况用"红色"表示，下降的情况用"蓝色"表示。很多用户也都默认使用此种外观形式。

往往不同的投资者有不同的审美观，这种默认的界面不一定适合所有的人，另外一种外观或许更适合自己，更方便自己查看股票走势。执行"查看>选项"菜单命令，弹出"选项"对话框，在"外观"选项卡的"配色方案"下拉列表中选择需要的外观颜色，如选择"绿白"，即可改变默认的配色方案。

若对默认的几种配色方案也不满意，还可以自定义外观，从"配色方案"下拉列表中选择"自定义"选项后，在下方的列表框中选择不同的设置对象，包括背景、图形文字、坐标、阳线及阴线等对象，即可对各个对象进行单独的配色或字体设置。

板块设置

在"选项"对话框中单击"板块设置"标签，切换至"板块设置"选项卡，在该选项卡中可以对板块名称和自选股名称进行编辑。在左侧的列表框中可以选择一类股票，系统会自动将该只股票属于哪个板块标注到右侧窗口中。若需要将该只股票选入或选出板块，则直接单击板块名称即可，按住【Ctrl】键同时选中多只股票，可以一次性将其添加到板块中。

在"板块设置"选项卡下单击"板块分类"按钮，弹出"板块管理"对话框，投资者可以在该对话框中进行新建和删除一级板块分类，也可以在一级板块分类中进行二级板块的新建、删除、清空和查看操作。

大智慧新一代的板块管理还支持文件引入功能，从图中可以看出板块管理采用了二级板块分类的方式，例如"行业"板块为一级分类，该板块中的"保险"、"电力"、"电力设备"、"电器"等板块都是二级分类。

若在"板块管理"对话框中单击"新建分类'按钮，然后再输入一个分类名称，即可新建一个自定义的一级分类，在新建的一级分类中又可以设置具体的二级分类版块。

投资者还可以将一个或多个二级板块加入到左边的一级板块列表框中，将其设置为一级板块。当打开一级板块分类的动态行情表时，就可以看到相应的二级板块调用目录，十分方便实用。若投资者需删除多余的一级分类，将其选中后单击"删除分类"按钮即可。

若投资者需要在某一个一级分类板块中新建二级板块，则首先需要选中该一级分类板块，再单击"新建"按钮；然后在弹出的对话框中输入新建板块的名称，单击"确定"按钮，即可在选定的一级分类中新建一个二级板块。在"板块管理"对话框中，还可以对原有的或者新建的二级板块进行删除、清空和查看等操作，只需单击相应的按钮即可。

系统参数设置

在"选项"对话框中单击"系统设置"标签，在切换到的该选项卡中可以对大智慧新一代软件的性能、数据保存、界面、除权和自动收盘等项目进行设置。

1.性能设置

性能设置栏中包括自动换页时间、指标排序更新时间和预警时间间隔3项。

自动换页时间：用于设置自动换页间隔的秒数。按【Ctrl+PageDown】组合键可以控制是否自动换页。

指标排序更新时间：用于设置在动态行情报价表中每隔多长时间刷新一次指标排序栏目。若设置为"0"，则表示不刷新。

预警时间间隔：用于设置每隔多长时间重新计算一次预警，以免价格在盘整时，重复报出预警。

2.数据保存

数据保存栏中包括多日线天数、5分钟资料存储、1分钟资料存储、分笔成交存储和公告新闻保存5项。

多日线天数：任意分析周期设置。设置为1~1000，表示若干日线，设置为–1~–240，表示为若干分钟线。超出这个范围的数据视为无效。

5分钟资料存储：设置5分钟数据存储的天数。

1分钟资料存储：设置1分钟数据存储的天数。

分笔成交存储：设置分笔成交数据存储的天数。该数据占用硬盘空间较大，建议用户根据实际情况选择。

公告信息保存：设置公告新闻存储的天数。

界面设置

界面设置栏中包括19个项目，具体功能如下所述：

默认主图指标：设置主图指标显示的类型，默认为K线显示。大智慧软件还支持美国线、价格线、宝塔线盒压缩线等几种主图指标显示。

默认多图组合图形数量：设置多图组合显示的图形数量。

多图组合图形背景颜色：在多图组合中，可以对应股票的涨幅或者涨速改变图形的背景，方便查看。

动态显示牌背景颜色：在动态显示牌中，可以对应股票的涨幅或涨速，改变图形背景，方便查看。

分析图最小宽度：在图形分析画面中，如果分割子窗口时分析图宽度小于设定数值，分析图将自动扩大它，并覆盖其他副窗口。0 表示不设定。

分析图最小高度：在图形分析画面中，如果分割子窗口时分析图高度小于设定数值，分析图将自动扩大它，并覆盖其他副窗口。0 表示不设定。

显示水平坐标线：设置分析画面中是否显示水平坐标线。

显示垂直坐标线：设置分析画面中是否显示垂直坐标线。

技术指标之间显示分隔：在副图的技术指标窗口中显示分隔线。

显示左坐标标尺：设置是否在图形窗口左侧绘制坐标标尺。

显示右坐标标尺：设置是否在图形窗口右侧绘制坐标标尺。

3DK 线：设置以 3D 方式绘制 K 线。

窗口左侧快速页面工具：设置在动态显示牌和图形分析窗口左侧显示快速页面工具条。

功能树：主窗口左侧显示功能树，可以进行股票、指标、功能等设置操作，鼠标指针移到主窗口最左侧并单击即可激活功能树。

分时显示集合竞价：设置在分时图左侧显示集合竞价期间的价格，选择"自动调整"，表示仅在正式开始前显示集合竞价。

列表计算停牌股票：在动态显示牌中，对于没有最新价格的股票，计算其技术指标数值。

历史回忆窗透明度（%）：设置"历史回忆"中分笔成交再现窗口的透明度，其值范围为 0~100。

价格变动闪烁：设置每当行情变动，动态显示牌相应变动的项目闪烁提示。

窄窗口标题条：设置子窗口显示正常窗口宽的一半，节省空间。

除权设置

除权设置栏包括默认除权、向后复权、等比除权和除权调整成交量 4 项。

默认除权：默认时总是使用除权后的历史数据。

向后复权：一般选择该项才认定为向后复权方式。

等比除权：由于红利分配引起除权缺口而对股价作出调整，调整方式是以红利与除权前一日收盘价的比率作为依据，逐日向前调整。

除权调整成交量：除权时调整成交量，以保证当日的换手率正确。

自动收盘设置

自动收盘设置栏由收市后自动收盘、收市多少分钟后执行、执行 5 分钟线自动收盘、执行 1 分钟线自动收盘、执行分笔成交自动收盘以及自动收盘结束后关机 6 项构成。

收市后自动收盘：设置每个市场收市后，自动进行收盘作业，保存日线以及下面的数据。

是属于该功能分类的各个功能选项。按功能，快捷键可以分为全局快捷键、行情列表快捷键和走势 K 线图快捷键 3 类。

对话框下方显示的是当前选中功能的快捷键，投资者可以根据自己的想法在文本框中输入新的快捷键来代替旧的快捷键。若需要恢复各个功能的默认快捷键设置，直接单击"恢复缺省"按钮即可。

版面设置

版面主要包括分时走势版面、技术分析版面、基本资料版面、成交明细版面、分价表版面和全屏版面，用户可以根据自己的需求对这些版面进行修改和删除，也可以新增版面，以满足自己看盘的需求。

对版面进行修改、删除和增加，都需要在"窗口布局"对话框中进行。在功能菜单中执行"画面>版面设计"菜单命令，即可弹出"窗口布局"对话框。

新增版面

若默认的 6 个版面不能满足投资者的使用需求，此时就可以新增一些实用的版面。在"窗口布局"对话框中单击"新建"按钮，弹出"新建布局文件"对话框。

输入新建版面的名称，然后在"有效范围"选项组中设置新建版面是"本市场"的还是"全局"的，是基于当前选中的"分时走势"版面还是"新建空白页面"。设置完毕后单击"确定"按钮，弹出"设计页面"对话框。

"设计页面"对话框左侧的列表框中给出了当前股票资讯的所有信息项目，用户可根据自己的需求选择要增加的资讯信息。如需在分时图中显示地雷资讯，可先勾选"地雷资讯"复选框，再单击"添加到下方"按钮，或者拖动左侧列表框中的项目到当前打开的窗口中，系统即可将该项目添加至窗口的指定位置。通过以上设置后，可以看到分时图窗口的下方显示出了该股票的所有信息地雷。

修改版面

修改版面其实与新增版面中基于当前选中版面新建的操作方法类似，也是在"设计页面"对话框中进行。修改版面的操作可通过如下所述两种方式完成：

方法一：通过菜单命令进入。在功能菜单中执行"画面>版面设计"菜单命令，打开"窗口布局"对话框，选择要修改的版面，再单击"修改"按钮，即可弹出"设计页面"对话框，在该对话框可以重新设置版面。

方法二：通过快捷菜单进入。首先打开需要修改的版面，然后在该版面的空白处右击，在弹出的快捷菜单中单击"重新设计版面"命令，打开"设计页面"对话框，在该对话框中即可重新设置版面。

对于版面中新增的项目，投资者可以随时更换为其他的项目，只需右击新增的项目，如右击"分笔成交"区域，从弹出的快捷菜单中选择其他的项目即可。项目名称前面带"√"，表示选中了该项目。

删除版面

对于新增的版面，如果投资者用过之后需要将其删除，可重新打开"窗口布局"对话框，选中需删除的版面名称后单击"删除"按钮，此时将弹出一个提示框，提示用户是否"删除窗口布局文件技术分析 17"，单击"是"按钮即可。

数据管理设置

大智慧新一代为投资者提供了数据管理的功能，通过该功能可以完成收盘清盘、维护系统的股票代码对照表、取补历史数据、手工编辑除权数据、引入除权文件和财务数据文件以及清理历史数据等功能。在功能菜单中执行"工具>数据管理"菜单命令，即可打开"数据管理中心"对话框，"数据管理中心"对话框中包括收盘清盘、代码对照表、生成数据、安装数据、财务数据和整理数据 6 个标签。

收盘清盘

在"数据管理中心"对话框中单击"收盘清盘"标签，即可切换至该选项卡下。该选项卡主要用于设置执行收盘功能，将每个交易日结束后的行情信息存入数据库，以供需要时调用以往的历史数据。左侧的列表框用于选择需要收盘的数据范围，右侧的界面用子设置收盘时需要保存哪些数据。一般建议投资者将其设置为"自动收盘"，该项功能可在"选项"对话框的"参数设置"选项卡下设置。

代码对照表

代码对照表是用于维护股票代码与股票名称的对照表。当投资者的电脑无法连接到网络或接收不到服务器中的股票名称信息时，投资者可通过该功能手动设置其股票名称。

在"数据管理中心"对话框中切换至"代码对照表"选项卡后，首先选定要手动编辑的市场，再在下方的列表框中选择要编辑的股票，然后单击"编辑"按钮。

当然，对于未完善的股票，投资者也可以增加，在"数据管理中心"对话框中单击"新增"按钮，在打开的"新增股票"对话框中设置新增股票的代码和对应的股票名称即可。相反，若要删除代码对照表中的某股票，选中该股票后单击"删除"按钮即可。

生成数据

"生成数据"功能主要是将系统中存在的数据复制到文件中，供第三方使用。在"数据管理中心"对话框中单击"生成数据"标签，即可切换至"生成数据"选项卡下。

在"生成数据"选项卡左侧的列表框中可以选择生成数据的范围，前面带"√"的为选定范围，即所选定交易所的所有股票数据。若投资者只需要个别股票，而不是交易所的全部股票数据，则可单击"加入个股"按钮，选择所需股票就可以生成该股票的数据。在"数据类型"选项组中可以选择生成数据的类型，系统支持生成日线和 5 分钟线；并可以设置指定输出某一个时间段的数据，最后设置生成数据的路径。所有设置完成后，单击"执行生成"按钮，即可完成生成数据功能。

安装数据

"安装数据"功能是到其他大智慧用户那里将数据复制到用户自己的系统中。如果用户的系统中缺少某一段时间的数据，可以使用此功能来补充。在"数据管理中心"对话框中单击"安装数据"标签，即可切换至"安装数据"选项卡。

安装数据的来源可以是其他使用大智慧新一代软件的用户，安装数据的步骤如下所述：

第一步：首先从其他大智慧新一代用户那里利用"生成数据"功能将系统中存在的数据复制到文件中，生成大智慧新一代中的数据。若数据是从网站上下载的，则需选择下载的日期。

第二步：在"安装数据"选项卡下单击"数据文件名称"右侧的"查找文件"按钮，选择复制过来的文件。

第三步：选择安装方式。安装方式共有覆盖方式安装、补充方式安装和时段方式安装 3 种，覆盖方式安装表示所有数据以引入的数据为准，若存在同一时间的数据，则将被覆盖。补充方式安装表示以系统中的数据为准，若存在同一时间的数据，将保留系统中存在的数据，时段方式安装与覆盖方式类似，只是覆盖指定时间段内的数据。

大智慧新一代的安装数据格式支持从分析家、钱龙、胜龙及汇金等软件数据库中提取的历史数据，还可以自动搜索出分析家、钱龙、胜龙及汇金等软件数据的路径。例如在同一台计算机中也安装了胜龙分析软件，则可在"安装数据格式"下拉列表中选择"胜龙 5.0 数据格式"，设置好安装文件的路径、安装方式和安装类型后，单击"执行安装"按钮即可。

财务数据管理

财务数据管理功能主要用于处理个股的除权资料与财务数据。在"数据管理中心"对话框中单击"财务数据"标签，即可切换至"财务数据"选项卡。

投资者可首先在下方的列表框中选择要查看的股票。如选择"浦发银行"，则在上方的列表框中会对应显示历史除权信息记录。

财务数据支持手工修改除权数据，方法是在下方列表框中选择股票后单击"新增"、"修改"或"删除"按钮。但手工修改除权除息数据比较烦琐，用户也可以从大智慧官网上下载除权除息数据，只需单击"除权引入"按钮，即可将除权除息数据引入到系统中。

若投资者需要将系统中所有股票的财务数据输出到指定文件中，可单击"财务输出"按钮，相反，若需要将下载的财务数据引入到系统中，可单击"财务引入"按钮。

数据整理

数据整理功能可以对接收到的有问题的数据进行修正。在"数据管理中心"对话框中单击"数据管理"标签，即可切换至"数据管理"选项卡。

大智慧新一代软件接收数据主要通过有线电视台经图文卡进行转换，有时就会收到一些错误的数据，比如价格错位、价格低于零等情况，若出现这些情况，可以通过"数据整理"功能来整理数据。投资者应经常使用此功能来对数据进行维护，以避免因为数据错误而引起的死机、非法操作等软件故障。

"数据整理"功能可以删除系统中出现的错误日线数据，包括时间错位、价格小于等于0、价格过高、最高最低价格紊乱和连续等值等，也可以删除指定日期的日线、5分钟线和1分钟线数据。在删除数据之前，用户首先需要设置好需要操作的市场，可供选择的市场有上海证券交易所、深证证券交易所、中国金融期货交易所，系统按照不同的市场对数据进行整理，所以每个市场的数据需要进行单独的设定和处理。

数据下载

大智慧新一代软件的部分功能需要有完整的数据，此时投资者就需要同步更新数据。利用大智慧新一代中的"下载数据"功能，就可以对所需的数据进行下载保存。

在功能菜单中执行"工具>下载数据"菜单命令，即可弹出"下载数据"对话框，数据下载功能允许对数据进行选择性的下载，包括分时数据、分笔数据、日线数据、5分钟线数据、财务数据、除权数据和专业财务数据，帮助用户补充、整理数据。此功能强制客户端的数据与服务器的数据保持同步，当客户端的数据出现紊乱或缺失时就需要执行此功能，以保持选股、测试等数据的准确性。

"下载数据"对话框左侧的列表框中为要下载数据的类型，右侧的列表框中为下载数据的范围。若勾选"全部"复选框，表示下载整个市场的数据。投资者也可以按需求进行选择性的下载。

单击选中"自动同步"单选按钮，表示保持数据与服务器同步，并进行下载。也可以下载最近一段时间的数据，需在窗口下方单选项的文本框中输入天数。设置完毕后，单击"开始"按钮即可开始下载数据。

委托设置

大智慧软件自身不承担委托交易功能，但是支持一些证券公司的委托交易程序挂接在大智慧软件上使用，大智慧新一代支持用户设置委托功能，用户需安装所属券商提供的券商委托软件，方可进行委托下单。具体委托下单的方法，请用户向所属券商咨询。

在功能菜单中执行"工具>委托设置"菜单命令，即可弹出"自助委托设置"对话框。

在"自动委托设置"对话框中单击"添加委托"按钮，弹出"委托路径设置"对话框，设置新添加委托券商的名称和委托程序路径，其中委托营业部名称可以随意设置，委托程序路径设置正确后单击"确定"按钮返回。

在"自助委托设置"对话框中可以设置多个委托程序，并可以将其中一个委托程序设为默认。按【F12】键，可以快速调用默认的委托程序。

若投资者需要对委托程序进行修改和删除，则需先选中委托程序，然后单击"修改委托"或"删除委托"按钮即可完成操作。

大智慧丰富的信息资讯

个股最新公告新闻提示

投资者在炒股的时候可能会遇见这样的情况，即不知道最近这个上市公司有没有新的公告、信息或新闻。一般人不可能每天都把浩如烟海的报纸、网站浏览一遍，而且即使这样做了也仍然有可能漏掉所需要的重要信息，从而造成不必要的投资损失。大智慧新一代中提供的"信息地雷"就帮您免除这个麻烦。

如何查看信息地雷

信息地雷是指软件提供商、证券公司和资讯公司等软件服务机构，将上市公司的各种历史信息及新的公告、新闻、市场评论等内容，以各种不同图形和符号的形式，显示在相应的分时走势图或K线图上方的一种信息提供方法。

信息地雷一般会出现在大盘和个股的走势图上方或行情报价表单只股票的名称旁边。当在走势图中时，可将鼠标指针移到相应的信息地雷上，地雷旁边就会出现相应的标题提示，若此时按【Enter】键或者双击，则可进入正文浏览，若需返回，则按【Esc】键或者再次按【Enter】键即可。

当在行情报价表中时，可将鼠标指针移至¤图形上，就能看到相应的标题提示信息，双击即可进入正文浏览，按【Esc】键可返回。

信息地雷的5大类型

仔细的投资者可能已经发现了信息地雷包括5大类，即反映在走势图中有5种不同的图形标志，这5种地雷分别为资讯地雷、评论地雷、荐股地雷/公开信息地雷、财务报告地雷和复合地雷，它们的含义和图形标志。

将鼠标指针移至复合地雷上，就可以看到此处包含了多个信息地雷。投资者移动鼠标指针，选择想要查看的地雷信息单击其标题即可查看其详细的信息。

设置信息地雷

对于有些投资者来说，可能不喜欢查看信息地雷，或者喜欢以其他的方式来查看最新的地雷信息，比如自动弹出方式。大智慧新一代允许投资者根据自己的需求设置信息地雷。

在功能菜单中执行"查看>信息地雷"菜单命令，弹出"信息地雷设置"对话框，该对话框显示了各种图例所表示的意思，用户可以根据自己的需求选择信息地雷的显示方式，各显示方式的具体含义如下所述：

勾选或取消勾选"显示信息地雷"复选框，可以打开或关闭信息地雷系统。

勾选"自动弹出最新地雷"复选框，则在查看股票时自动弹出当日及当日以后的资讯信息。

勾选"K线底部同时指示"复选框，则在有地雷的日K线下方将出现地雷标志。

勾选"显示地雷数量"复选框，则在顶部的K线地雷下会显示当日地雷数量。

个股K线图上的"生命历程"

在大盘和个股的分时走势图中有信息地雷，而在K线图中也有信息提示，只不过一般称之为"生命历程"。系统会将个股基本面变化消息、重要公司公告等以信息地雷的形式挂在K线图顶端。

在个股的K线图上，只要将鼠标指针移至想要查看的地雷标志上，就会出现对应的标题提示，此时单击或按【Enter】键，都可展开详细的正文内容，浏览完毕后，按【Esc】键即可退出。

全面的滚动资讯与公告新闻栏

大智慧为投资者提供了及时而实用的滚动资讯和公告新闻，投资者可以随时查看更新的滚动资讯，全面了解财经资讯信息，掌握上市发布的最新公告等，有利于投资者对未来股市的走向做出正确的判断。

查看滚动资讯

大智慧新一代的滚动资讯为投资者提供市场上全面的财经资讯，帮助投资者第一时间了解当日的财经要闻和实时热点新闻，投资者只需在大智慧窗口的综合信息栏中单击C1图标即可打开滚动资讯栏，滚动资讯栏为用户提供了两方面内容，左侧为滚动的"实时财经资讯"，右侧为实时的大智慧"超赢个股监控（增值服务）"。

若需查看"滚动资讯"栏中各标题内的详细信息，将鼠标指针移至标题上单击，即可打开对应的信息窗口，在该窗口中将显示详细的资讯信息。

浏览公告新闻

大智慧提供的公告新闻是专业证券投资咨询公司"万国评测"为投资者提供的当前市场上的财经要闻、上市公司公告、市场研究、板块资讯等，可以帮助投资者更好地研判行情。

在功能菜单中执行"查看>公告新闻"菜单命令，即可进入公告新闻栏，公告新闻栏的整个窗口被划分为3个部分：左侧的列表框为新闻类别，用于选择新闻的类别，右侧上方的列表框为新闻子类别，用于显示选中新闻类别中所包含的所有新闻标题，并按照收到的时间顺序进行排列。单击某个标题名，其具体信息内容就显示在右侧下方的列表框（即为正文显示栏）中。

专家解盘——实时观察

实时观察是指由大智慧观察员为用户提供的实时的市场观察简报，以防范由于突发事件造成市场的巨幅波动，同时让投资者及时了解不同的分析师发布的最新沪深股市动态资讯。

开市时间实时弹出的专家解盘

默认情况下，一旦有解盘的信息发布，系统就会在屏幕右下角自动弹出系统提示框，提示投资者现在已经有新的解盘内容，单击提示框中的文字链接，即可弹出"实时观察"窗口，若要查看某条信息的详细解盘信息，单击该条信息对应的标题即可。

提示框关闭后如何再查看

由于弹出的系统提示框会在几秒钟后消失，如果投资者想再次查看实时解盘的内容，又该如何查看呢？

投资者在功能菜单中执行"查看>实时观察"菜单命令，弹出"实时观察"窗口，即可查看当日所有的实时解盘内容。单击某条信息的标题，即可在下方的列表框中显示该标题对应的详细内容。

个股【F10】，全面的基本面资料

大智慧新一代软件中为投资者提供了查看个股基本面资料的功能，投资者只需按【F10】键即可进入个股基本面界面，界面中以图形化的方式向投资者完整地层示了个股的财务数据、股东构成和机构投资者持仓等情况，为投资者分析个股基本面提供了重要的决策依据。

进入个股基本面界面的方法：在个股分时走势图或 K 线图窗口中按【F10】键，或者按【10+Enter】组合键。包括操盘必读、财务透视、主营构成、行业新闻、大事提醒等若干个标签。投资者可以在此完整地了解需要的比较完整的信息。

1.操盘必读

默认打开的基本面界面即在"操盘必读"选项卡下。"操盘必读"选项卡中包括最新指标、最新消息、控盘情况、概念题材和成交回报 5 个选项组。

（1）最新指标

"最新指标"选项组中主要刊登了公司最新公布的财务报告的简明情况，其中包括最新的每股收益、每股净资产、每股公积金、每股未分配利润、每股经营现金流、目前流通和总股本等信息。

"最新指标"选项组中还将最新公布的财务报告与前一次的财务报告相比较。

在"最新指标"选项组最下方的一栏中显示了分配预案、最新除权、公司下次发布末期报表的公布日期以及该公司曾经使用的名称等信息，该公司的曾用名为山鹰纸业，然后又更改为 G 山鹰，现在为山鹰纸业。

（2）最新信息

"最新信息"选项组中主要显示公司发布的最新信息，包括公司的最新公告、分红预告、近期主要财务指标等。

（3）控盘情况

"控盘情况"选项组中主要显示股东的人数、股东人均持有的流通股数据信息以及专家对该信息的点评。

（4）概念题材

"概念题材"选项组列出了该股票所属的行业、概念和板块信息，投资者通过该选项组可以了解到该股票所在行业的相关信息。

（5）成交回报

"成交回报"选项组中显示的是各个证券交易所中该股票的成交信息，记录了该股票在某日的成交量、成交金额和涨跌幅偏离值等信息。

2.财务透视

单击"财务透视"标签，切换至"财务透视"选项卡，即可查看到"财务透视"的详细内容。"财务透视"选项卡包含了主要财务指标、利润表摘要、资产负债表摘要和现金流量表摘要4个部分，通过财务透视，投资者可以了解公司最近几年的营业状态和财务状况。

"主要财务指标"选项组中显示了8个不同时期的每股收益、每股税后收益、每股净资产、每股未分配利润、每股公积金、销售毛利率和营业利润率等财务数据指标。

"利润表摘要"选项组中显示了8个不同时期的营业收入、营业成本、营业费用、管理费用、财务费用和营业利润等财务信息。

"资产负债表摘要"选项组中显示了8个不同时期的总资产、流动资产、货币资产、存货、应收账款、其他应收账款、股东资产净额和无线资产的具体数值。

"现金流量表摘要"选项组中显示了8个不同时期的经营现金流入、经营现金流出、经营现金流量净额、投资现金流入、投资现金流出、投资现金流量净额、筹资现金流入、筹资现金流出以及筹资现金流量净额等的具体数值。

3.主营构成

单击"主营构成"标签，切换至"主营构成"选项卡，即可查看到"主营构成'的详细内容。

"主营构成"选项卡包括公司主营构成、公司采购和销售客户情况信息。它主要是统计该上市公司在报告期内的主营业务收入，包括公司涉足的所有行业项目和公司产品在全国范围内的业务收入、主营成本、毛利率以及同比增长等数据。

4.行业新闻

单击"行业新闻"标签，切换至"行业新闻"选项卡，即可查看到"行业新闻"的详细内容。

"行业新闻"中记录了公司所属行业范围内的新闻、资讯等，记录的行业新闻按照时间的先后进行排序。此选项卡中的信息很多时候预示着该行业的冷热走向以及成本、利润等因素的变化，从而影响该公司经营利润的变化。

5.大事提醒

单击"大事提醒"标签，切换至"大事提醒"选项卡，即可查看到"大事提醒"的详细内容。

"大事提醒"选项卡包括解禁流通、机构持仓统计和股东增减持3个选项组，它记录了公司的解禁股份数量和类型、持股的总额和家数、股东的名称、股票变动数量等信息，并按照时间的先后顺序进行排列。

6.八面来风

单击"八面来风"标签，切换至"八面来风"选项卡，即可查看到"八面来风"的详细内容。

"八面来风"选项卡中按照时间的先后顺序显示了该公司以及所在行业的一些新闻信息，这些新闻资讯都来自于国内各大证券、经济报刊和杂志，具有相当的权威性。

7.公司概况

单击"公司概况"标签，切换至"公司概况"选项卡，即可查看到"公司概况"的详细内容。

"公司概况"选项卡中包含了该上市公司的名称、公司地址、所属行业、公司网址、上市日期、法人代表、首日开盘价、发行量以及主营范围等基本公司信息。其中，公司法人代表、所属行业、主营范围应引起投资者的关注。

8.管理层

单击"管理层"标签，切换至"管理层"选项卡，即可查看到"管理层"的详细内容。

"管理层"选项卡中包含了公司高管人员的情况，董事、监事和高管人员年度报酬情况以及高管的简历。管理人员的素质是决定企业能否取得成功的一个重要因素，一个经营管理能力很强的团队才能创造出良好的效益和利润，所以通过这些基本资料，投资者可以全面地对公司的管理层进行了解，并做出正确的判断。

9.最新季报

单击"最新季报"标签，切换至"最新季报"选项卡，即可查看到"最新季报"的详细内容。

"最新季报"中记录了公司最近4个季度的财务状况，投资者在表中不仅可以很方便地查看公司一年中4个季度的财务状况变化，还可以将各个季度的指标数据作对比，从中发现公司的经营状况。"最新季报"选项卡中包含了单季度财务指标、单季度利润表摘要、单季度现金流量表摘要、季度经营情况等选项组。

（1）单季度财务指标

"单季度财务指标"选项组中包含了最近4个季度的每股收益、销售净利率、净资产收益率、每股经营现金流量、主营收入同比增长率、净利润同比增长率、主营收入环比增长率和净利润环比增长率。

（2）单季度利润表摘要

"单季度利润表摘要"选项组中包含了公司在最近4个季度的营业收入、营业利润、利润总额和净利润等利润统计信息。

（3）单季度现金流量表摘要

"单季度现金流量表摘要"选项组中包含了公司在最近4个季度的经验现金流入、经营现金流出、经营现金流量净额、投资现金流入、投资现金流出以及投资现金流量净额等现金流量指标的具体数值。

（4）季度经营情况

"季度经营情况"选项组中显示了公司董事会对整体经营情况的讨论和分析报告、公司持有其他上市公司股权的情况等信息。

10.股东进出

单击"股东进出"标签，切换至"股东进出"选项卡，即可查看到"股东进出"的详细内容。

"股东进出"选项卡中刊登了公司各期的十大股东进出情况、控股股东和实际控制人以及股东的户数。

（1）大股东进出

"大股东进出"选项组中显示了各期前十名无限售条件的股民以及前十大股东的名称、持股数、占流通股、增减情况和股本性质。

（2）控股股东和实际控制人

"控股股东和实际控制人"选项组中列出了公司的控股股东和实际控股人。

（3）股东户数

"股东户数"选项组中显示了不同时间该公司股东人数的变化情况，包括变动的日期、股东户数、环比增减（负数代表减少，正数代表增加）、环比变化比率和人均持股金额。投资者从这些数据中可以了解到其他股民对该股票的持有和关注程度。

11.股本分红

单击"股东分红"标签，切换至"股东分红"选项卡，即可查看到"股东分红"的详细内容。

12.资本运作

单击"资本运作"标签，切换至"资本运作"选项卡，即可查看到"资本运作"的详细内容。

"资本运作"选项卡中介绍了公司证券投资、金融证券和项目投资等各种方式的资金募集情况，详细列出了各种募集方式的募集资金的使用情况。

13.行业地位

单击"行业地位"标签，切换至"行业地位"选项卡，即可查看到"行业地位"的详细内容。

"行业地位"选项卡中列出了该公司所属的行业以及在该行业中所处的排名情况。它列出了该行业中所有同类公司流通股、总资产、主营收入、每股收益、总股本、净资产、净利润和净资产收益率等各项内容的排名，投资者从这些排名中可以得知该公司在该行业中所处的地位。

14.信息快讯

单击"信息快讯"标签，切换至"信息快讯"选项卡，即可查看到"信息快讯"的详细内容。

"信息快讯"选项卡中列出了公司最新的信息公告，包括股东大会决议公告、董事会公告等。

15.回顾展望

单击"回顾展望"标签，切换至"回顾展望"选项卡，即可查看到"回顾展望"的详细内容。

"回顾展望"选项卡中列出了公司历史的半年财务报告。投资者从这些报告中可以得知公司整体的经营情况以及遇到的问题和困难。

16.赢利预测

单击"赢利预测"标签，切换至"赢利预测"选项卡，即可查看到"赢利预测"的详细内容。

"赢利预测"选项卡中主要是一些机构对未来几年公司的赢利情况和基本面变化进行的预测，包括赢利预测、投资评级、每股收益预测明细、研报摘要、同行业研报摘要等。

（1）赢利预测

"赢利预测"选项组中显示了不同机构对公司未来几年的每股收益、净资产收益率、净利润、主营收入及每股净资产等指标的预测值。相应的赢利预测综合值是根据各机构预测值进行简单平均获得的，未曾考虑上市公司分红送配情况。

（2）投资评级

"投资评级"选项组中列出了多家机构对该股票的投资评级建议，包括买入、增持、中性、减持和卖出的建议。

（3）每股收益预测明细

"每股收益预测明细"选项组中列出了一些知名的证券公司或证券机构对该股未来几年内每股收益的预测，可以详细地看到预测的日期、预测机构的名称、预测的未来收益等信息。

（4）研报摘要

在"研报摘要"选项组中，投资者可以浏览到各个证券公司和投资机构对该股票的预测数据、预测依据等研究报告摘要信息，包括未来每股的收益、市盈率变化、预测依据、行业冷热走向和投资评级等。

（5）同行业研报摘要

在"同行业研报摘要"选项组中，投资者可以浏览到同行业的其他上市公司的预测研究报告摘要信息，这些摘要信息可以作为对公司未来的业绩成长能力和赢利能力的对比参考。

自己的信息库——备忘录

大智慧为每一只股票提供一个备忘录，用户可以自由编辑备忘录的内容，方便自己动手维护一套有价值的信息库。大智慧新一代新增的"备忘录"功能支持按照个股或时间对备忘录进行管理。

如何建立一套有价值的备忘录

在对话框左上角可以通过选择"股票模式"和"时间模式"两个标签来选择管理备忘录

的模式。"股票模式"将列示所有备忘录的个股，"时间模式"将列示所选日期的所有备忘录。对话框右侧的"新增"、"修改"和"删除"按钮分别用于新增备忘录、修改备忘录或删除所选备忘录。

投资者要如何建立自己的备忘录呢？具体操作方法如下所述：

第一步：在功能菜单中执行"查看>备忘录"菜单命令，弹出"浏览备忘录"对话框。

第二步：在"浏览备忘录"对话框中单击"新增"按钮，弹出"备忘录"对话框。首先注明备忘录的日期、时间和价格，再单击"股票"按钮选择备忘的股票，并选择图标，设置是否为主备忘；最后在中间的文本框中填写备忘内容，即新建一个备忘录，设置完毕后单击"确定"按钮即可完成备忘录的建立。返回"浏览备忘录"对话框，即会看到新建的备忘录。

备忘录的使用

建立备忘录到底有什么用处呢？在实际使用中，它对投资者有什么好的作用呢？如下所述为分别在分时走势图和行情报价表中显示出备忘录对投资者的作用：

在分时走势图窗口中的空白位置右击，从弹出的快捷菜单中单击"标记备忘录"命令。当投资者查看其所关注的股票时，就会在分时走势图中显示出对应的备忘录图标，将鼠标指针移近图标时，将显示该备忘录的详细信息，这样就方便地对投资者进行了提醒，使投资者在做出投资操作之前有更多的参考。

除了能在分时走势图或 K 线图中显示备忘录外，还可以在行情报价表中显示。

前提是在行情报价表中显示出"备忘"这个项目。在行情报价表中右击任意一个列标题项目，从弹出的快捷菜单中单击"扩展行情>备忘"菜单命令，报价表中将新增"备忘"列，拖动垂直滚动条，即可查看到为所关注的股票添加的备忘录信息。将鼠标指针移近图标时，便会出现备忘录的详细信息。

股民交互两大平台

在大智慧的使用过程中，投资者若遇到什么问题，或对大智慧有什么新的建议，或希望与其他股民进行交流，就可以登录到大智慧论坛或大智慧路演中心，本节将对这两个功能进行简单的介绍。

大智慧论坛

启动 IE 浏览器，在地址栏中输入网址"http：//bbs.gw.corn.cn/"，按【Enter】键即可进入大智慧论坛，目前大智慧论坛已经拥有了近 43 万的注册用户，最高同时在线 5 万余人。

论坛中分为产品服务区、股票讨论区、休闲娱乐区和站务管理区。"产品服务区"包含了对所有大智慧产品的使用和疑问的关注，包括股票池功能区、Internet 版、手机版、Flash 版和港股通 5 类产品，投资者可根据疑问对应哪类产品进入对应的产品区。在论坛中有大智慧公司专业的论坛版主和技术人员，他们会给投资者以满意的解决方案。如果您对大智慧新一代有任何建议和意见，也可以在该区域进行发表。

"股票讨论区"中包括"指标交流"和"技术交流"两方面的内容，投资者可以在该区域与其他网友共同探讨关于炒股的心得和体会，进一步交流炒股的技巧。

大智慧路演中心

大智慧路演中心是大智慧为投资者提供的一个可以与大智慧产品设计师和投资专家进行实时交流的平台。在路演平台中，投资者可以围绕不同的路演主题尽情发问，进行技术交流。

要进入大智慧路演平台，在大智慧软件右上方单击"路演"按钮，即可自动启动 IE 浏览器，并链接到大智慧路演中心。另外，按【77+Enter】组合键，也可以进入大智慧路演中心。

打开大智慧路演中心首页，在首页中可以看到上次路演的所有内容回顾，包括嘉宾精彩的发言和以往精彩的路演回顾。

在大智慧路演中心首页单击"进入路演大厅"按钮，就可以看到本次路演的详细内容，在页面的上方可以看到路演交流的时间，在交流时间内，投资者可以向主持人和各位嘉宾提问和交流，也可以和特定的嘉宾进行交流。在右上侧的嘉宾列表中，可以看到嘉宾的在线状态，其实它的形式就像网页聊天室，投资者只需将要发表的意见或建议输入后发送即可。

在路演大厅的右侧，可以查看最近的热门问题、最新提问、已答项目等集萃。另外，投资者也可以对感兴趣的话题输入关键字进行搜索。

大智慧强大的技术分析功能

技术指标的操作

大智慧软件中包含了大量的技术指标，不同的技术指标有着不同的用处和特点。那么在大智慧新一代中如何调用、切换、隐藏和调整这些技术指标呢？

指标显示

大智慧默认情况下在K线图中会显示3图组合，即一个主图和两个副图，系统默认最多显示6图组合。在副图中，投资者可选择要查看的技术指标。显示技术指标的操作方法有如下几种：

方法一：通过下拉列表选择技术指标。进入K线图中，单击主图上方的"常用指标"按钮右侧的下三角按钮，从展开的下拉列表中即可选择要显示的技术指标的英文缩写。

方法二：通过执行菜单命令显示。在功能菜单中执行"画面>分析指标"菜单命令，弹出"选择指标"对话框，在"技术指标"列表框中即可选择要查看的技术指标。

方法三：通过隐藏菜单显示。单击窗口左侧的空白处，打开隐藏菜单，在隐藏菜单中单击"技术指标"选项，即可在打开的列表中选择具体要显示的指标。

方法四：双击指标项。软件包含的技术指标可以分为趋向指标、反趋向指标、能量指标、量价指标、压力支撑指标、大盘指标、主图指标、成交量指标、超买超卖指标、摆动指标、统计指标、多空势力对比指标、特色指标、分时指标和一些大智慧的特色指标。投资者只需双击要显示的指标，即可在走势图上显示出对应的指标。

方法五：设为常用指标。默认情况下，当投资者右击K线图中的副图区时，"常用指标"菜单中将显示经常使用的指标，若投资者需要将经常使用的指标添加到此处，可打开"选择指标"对话框，在左侧的列表框中右击需要设为常用指标的指标，从弹出的快捷菜单中单击"设为常用"命令即可。

指标切换

其实指标的显示操作与指标的切换操作是相同的，所有"指标显示"的操作都适用于"指标切换"，如下为另外两种指标切换的方法：

方法一：通过副图下方的选项卡切换。在副图下方的一栏中单击"指标"按钮，列出所有常用指标，单击需要切换的指标名称即可切换至对应的指标。

方法二：使用键盘精灵切换。在K线走势图界面中直接输入指标名称或者拼音首写字母，即可切换至该指标显示。输入MACD，按【Enter】键即可切换至对应的MACD指标显示。

调整指标参数

技术指标中的参数并不是一成不变的，投资者可以根据自己的需求为技术指标设定不同的参数，不同的技术指标往往会对股价的走势做出不同甚至完全相反的判断。例如，大智慧中默认的移动平均线指标的参数为"5天"、"10天"、"20天"、"30天"、"60天"和"120天"，而在股市处于调整期间时，往往需要显示250天均线（年线），才可以起到重要的支撑或压力作用；此时就需要对移动平均线指标进行调整，以显示出250天均线。

在主图或者副图的空白处右击，从弹出的快捷菜单中单击"调整指标参数"命令，弹出"指标参数调整"对话框，该对话框中显示了默认的指标参数，这里将默认的移动平均线参数重新设置为"5天"、"10天"、"20天"、"30天"、"120天"和"250天"。若需恢复默认的指标参数，单击"恢复缺省参数"按钮即可。

复权和除权处理

当上市公司进行分红配股后，其股价将比除权之前低很多，显示在K线图中就会出现一个很大的缺口。除权后，K线图中的均线也会有很大的变化，使均线系统出现失真，对股价走势的分析也会造成影响，此时就需要对K线图进行复权处理。

所谓复权，就是对股价和成交量进行权息修复，按照股票的实际涨跌绘制股价走势图，并把成交量调整为相同的股本口径。股票除权、除息之后，股价会随之产生变化，但实际成本并没有变化。

所谓除权，就是由于公司股本增加，每股股票所代表的企业实际价值（每股净资产）有所减少，发生该事实之后需要从股票市场价格中剔除这部分因素而形成的剔除行为。如果上市公司将盈余以股票股利分配给股东，也就是公司的盈余转为增资时或进行配股时，就要对股价进行除权。如果上市公司将盈余以现金分配给股东，股价就要除息。

在除权当日，K线图中会显示一个很大的缺口，看起来好像股价大跌一样，实际上投资者的股票总资产并不会减少。"浦发银行"在2010年6月9日到2010年6月10日之间出现了一个很大的缺口，此时在功能菜单中执行"画面>价格还权"菜单命令，即可看到复权后的K线没有缺口，均线系统也恢复平滑。

大智慧新一代提供了价格还权功能，并提供了向前除权和向后复权两种方式，两种方式的含义及区别如下：

向前除权：保持现有的价位不变，将以前的价格逐级缩减，来去掉由于分红送配带来的缺口影响，以保持总体图形的连续性。

向后复权：保持先前的价格不变，而将以后的价格逐级增加。

两者区别：两者最明显的区别在于向前除权的报价和 K 线图显示的价格完全一致，而向后复权的报价低于 K 线图的显示价格。例如，某股票当前价格为 8.8 元，每 10 股送 10 股，前者除权后的价格仍是 8.8 元，后者则为 17.6 元。按【Ctrl+R】组合键可以在向前除权和向后复权之间切换。

时段统计

大智慧新一代的时段统计功能，可以帮助投资者迅速统计个股在选定阶段内的各项数据，从中了解个股的压力支撑程度，掌握主力资金的运作规律。

时段统计可以在 K 线图上进行，操作方法：先把鼠标指针放在要统计的起始日期 K 线（第一根 K 线）上，然后按住鼠标右键拖曳到结束日期的 K 线（最后一根 K 线）上释放，出现一个快捷菜单，单击"时段统计"命令就可以对所选中的 K 线组合进行时段统计了。

单击"时段统计"命令后，在 K 线图中会出现一个对话框，不仅显示了这一时段的开盘价（第一根 K 线的开盘价）、收盘价（最后一根 K 线的收盘价）、最高价、最低价和阶段涨跌幅等，还显示了该时间段内成交的均价、加权均价、成交量、成交额以及换手率等。应特别注意加权均价，由于这是该段时间里所有参与交易的平均成本，往往对价格的支撑或压力形成重要作用。

当统计时段的股价连续上升，加权均价往往形成后市的重要支撑（主力资金连续买入推动的情况支撑更为明显）。当该时间段的股价连续下跌时，加权均价是市场大部分交易者的平均套牢价格，往往是后市反弹的重要压力（主力资金连续卖出杀跌的情况压力更为明显）。

在个股分时走势图上，也可以通过时段统计发现某一时间段内的平均交易成本。

个股历史时段行情回放——时空隧道

时空隧道是大智慧新一代软件提供的一种可以方便快捷地查看过去某一时间交易情况的功能，它可以将数据定位到指定时间，该时间后的数据将不显示。若存储了分时线数据，还可以再现定位时间的及时行情。

使用时空隧道回到过去

在时空隧道中，投资者可以输入一个时间，系统将回忆该时间的动态行情、历史数据等。另外，系统还可以自动改变这个时间，股价会随着时间的变化而变化，就像进入时空隧道一样。而且这个自动变化的速度可调。"步长"参数表示每次变化多少时间，"速度"参数表示每分钟发生多少次变化。

在功能菜单中执行"分析>时空隧道"菜单命令，首先调整日期和时间至想要重现走势的时间，如调到 2010 年 1 月 17 日下午的 14：22：53，则 14：23 分至 15：00 的行情走势就隐藏起来了。

在"时空隧道"对话框下方有 5 个按钮，其功能分别为"乘 10 倍快退"、"退后"、"前进"、"乘 10 倍快进"和"自动前进"。单击"退后"按钮，行情会以"步长"值为单位进行自动调整，调整的速度可以在"速度"文本框中设置。连续单击"退后"按钮 C1，直到时间调整到 2010 年 1 月 11 日，此时 K 线图中的最后一根 K 线将只显示到 2010 年 1 月 11 日。

股价未来走势的假想——模拟 K 线

在大智慧新一代中，投资者可以使用模拟 K 线来预测未来的趋势线形态和强度变化。在"时空隧道"对话框中单击"模拟 K 线"按钮，对话框中便会增加"新增 K 线"和"删除 K 线"两个按钮，并且 K 线走势图画面左边背景呈蓝色，右边为斜纹背景。

在进行模拟 K 线操作时，会弹出一个"添加 40 个数据到模拟 K 线中"对话框。从对话框中可以看出，模拟 K 线可以按照沿时间反向、上下反向、平滑连接 3 种方式将模拟的一段时间 K 线添加到个股的 K 线后面。

对添加的模拟 K 线可以进行移动、删除等操作。用鼠标右键选取一段模拟 K 线，从弹出的快捷菜单中单击"移动模拟 K 线"或"删除模拟 K 线"命令，即可移动和删除模拟 K 线。若需要对某根模拟 K 线进行修改和删除，可右击该模拟 K 线后，从弹出的快捷菜单中单击"修改模拟 K 线"或"删除模拟 K 线"命令。

K线的模式匹配设计

形态分析被认为是研判和把握股票未来走势的关键，古今中外许多理论都是围绕形态产生和发展的，例如，波浪理论。形态之所以重要，是因为它涵盖了"量"、"价"、"时"、"空" 4 个因素，但形态的描述和筛选一直是技术分析的难点，大智慧新一代推出的"模式匹配设计"功能使得技术分析中最困难的"形态分析"变得很简单，该功能针对"时间"、"空间"、"价位"、"成交量" 4 个方面对两个形态的相似性进行描述，成功解决了形态研究中的描述和筛选两大问题。

在功能菜单中执行"分析>模式匹配设计"菜单命令,即可弹出"模式匹配分析"对话框。从个股 K 线图中用鼠标右键选取一段 K 线后右击,从弹出的快捷菜单中单击"模式匹配设计"命令,也可以打开"模式匹配设计"对话框。

该对话框中不同设置项目的含义。

通过"模式匹配设计"对话框,投资者可以自己任意设计出某周期内的任何形态,并通过系统选股平台进行形态选股。

由于实际 K 线中有时较难寻找到使用者心目中理想的形态,因此自绘形态就能较好地解决这个问题。无论任何形态,都可以通过系统的模式匹配设计中的匹配自绘形态功能做到,并能将其保存为一个模板进行多次调用。在"模式匹配设计"对话框中,首先设置"模式名称"为"W 底",再选中"匹配自绘制趋势"单选按钮,然后在右侧的区域中用鼠标单击,再按住左键拖动,即可移动该线至其他位置绘制所要的形态设计,绘制完成后单击"保存模式"按钮。

如果要将具体的某段 K 线趋势保存为匹配模式,同样打开"模式匹配设计"对话框,输入"模式名称"为"上升通道",再选中"匹配实际 K 线"单选按钮,然后单击"高级"按钮显示出更多的设置项目,设置完毕后单击"保存模式"按钮即可。

将添加的模式保存好后,再进行条件选股时,其用处就显而易见了。当投资者打开"条件选股"对话框进行选股条件设置时,将会在左侧的列表框中显示出一个"模式匹配"选项,单击该项目即可查看到保存的"W 底"和"上升通道"两个模式了。

多只股票的相关性分析

大智慧提供的相关性分析功能,旨在为用户提供多只股票之间的相关性分析和交叉分析。该功能能够定量说明股票与股票、股票与指数之间的相关性,以此来帮助投资者得到相似的股票板块,创建投资组合,并且能够查看时间错位情况下各项目的相关性。相关性分析模块中有相关性分析和交叉分析两部分内容。

相关性分析

相关性分析其实就是分析股票与股票之间的相关性,找出与设定条件相关性最大的几只股票。假设要找出最近 60 只交易日内上证 A 股中的股票形态、涨幅与上证指数相关性、相似性最高的股票。

切换至上证指数 K 线图,在功能菜单中执行"分析>相关性分析"菜单命令,弹出"相关性分析"对话框,首先添加相关性分析的公式,再单击"新增栏目"按钮,弹出"选择指标"对话框,然后在左侧列表框中选择"相关性公式"选项,分别添加放大倍数、形态相关、涨幅相关和阴阳相关 4 个相关性公式。这 4 个公式的参数都是 60,也就是在计算出的最终结果中，数据是取指定日期之前 60 个交易日的数据计算的结果。

接下来选择要分析的股票范围。在"相关性分析"对话框中单击"股票范围"按钮，弹出"选择股票"对话框。此时该对话框中没有显示股票，投资者需要单击"新增"按钮，在弹出的对话框中选择需要分析的股票，这里按【Ctrl+A】键选择所有的上证 A 股股票。返回"选择股票"对话框，即可看到添加的所有上证 A 股股票。

所有准备工作完毕后，返回"相关性分析"对话框中，单击"计算"按钮进行数据计算，则 4 个不同数列的相关性系数就自动计算出来了。单击每一列数据的标题可进行从高到低的排列，排名越靠前，相关系数越大，说明与目标个股走势的相关性就越高。如单击"涨幅相关"，可将该列数据进行从高到低排列。中信证券与上证指数的涨幅相关系数最高，达到了 0.8334，说明其每天的涨幅及 K 线走势与上证指数相似度最高。

叠加了中信证券日 K 线走势的上证指数日 K 线，二者的 K 线及其单日涨幅基本完全相似。可见，当大盘开始上涨时买入该股票，则可获得与大盘涨幅基本相当的收益；而当大盘下跌时，损失也与大盘基本相当。

交叉分析

交叉分析通常用于分析两个变量之间的关系，实际使用中，我们通常把这个概念推广到行变量和列变量之间的关系，这样行变量可能有多个变量，列变量也可能有多个变量，甚至可以只有行变量没有列变量，或者只有列变量没有行变量。

交叉分析与相关性分析类似，只不过交叉分析是多只股票之间进行的一种交叉分析。执行"分析>相关性分析"菜单命令，打开"相关性分析"对话框，单击"交叉分析"按钮，即可进入交叉分析设置界面。接着单击"股票范围"按钮，添加需要分析的股票，此时在横纵坐标中分别显示添加的股票。再单击"选择指标"按钮，从弹出的"选择指标"对话框中选择分析的相关性为"形态相关"，即分析两只股票形态相似的程度，最后单击"计算"按钮，即可计算出两只股票形态的相关性。

股价未来走势的预测分析

今天要知道昨天的股票涨跌，是一件很容易的事情，但今天要知道明天股票的涨跌，就不是那么容易的事了。翻开每一只股票的走势图考察某一段的走势，总可以在现有行情中找到历史的影子，也就是说历史在部分重演。既然历史在部分重演，那么综合某一段走势的历史表示，就可以对现有走势的未来表现作出分布预测。

大智慧新一代全新推出的预测分析功能可让投资者在选定的股票范围内，用指定时段的历史数据对现在走势的未来表现作出分布预测。同时，投资者可将计算出来的结果保存后添加到 K 线图形中，进一步验证该设计的现实性。

预测分布设计

进行预测分布设计，通常情况下可采用两种方法，第一种是在对话框中显示预测分析的结果图，另外一种是在指定股票的日 K 线中显示预测分析结果。

1.在对话框中显示预测分析结果图

首先，在功能菜单中执行"分析>预测分布设计"菜单命令，将弹出"预测分布设计"对话框，单击"设置"按钮，在弹出的"选择指标"对话框中选择指标或条件作为预测条件。如果已事先保存有"模式匹配"文件，还可以以模式匹配作为条件进行预测。这里选择的是"MA 均线"，并设置其指标线"MA1"、"上穿"、"MA2"指标。

接下来设定需要统计的时间范围和股票。如设定时间范围为 2009-1-17 至 2011-1-18，然后单击"新增"按钮，将要分析的股票添加到左侧的列表框中，如添加"浦发银行"股票作为分析对象。

设置好条件、统计范围后，单击"计算"按钮，系统便自动统计出所有满足条件的点以及预测长度内的股票 K 线走势。股票 K 线叠加得越多，图形颜色越黄，也越能说明满足预测条件后股票的走势。

在"统计范围"选项组的上半部分是统计出的股票记录，有"股票名称"、"时间"、"匹配"、"长度"选项。其中"时间"是指满足条件的时间点，"匹配"表示预测的相近度，该值越大，表明越相似；只有预测条件为"模式匹配"，计算后长度才会有数据，它是匹配的 K 线天数。

单击股票记录，在预测统计结果图形中会出现一根蓝色的曲线，它代表该股票的收盘价走势。双击股票记录，窗口便会切换至该股票的分析画面，以高亮显示并用一个圆圈的形式圈出该股票满足预测条件的点。

2.在日 K 线中显示统计预测结果

如果投资者想直接以某段 K 线作为模式来进行预测分析，则可以在个股的日 K 线画面中右键选取一段作为模式的 K 线，然后在弹出的快捷菜单中单击"模式匹配预测图"命令。

在"预测分布设计"对话框中设定匹配度、允许的伸缩范围以及相关的统计范围，然后单击"计算"按钮，再单击"确定"按钮，便能在所选定股票的日 K 线中显示预测分析图结果，验证了用模式匹配方式进行预测分析的可行性。

预测分析

要进行预测分析，首先要存好很多预测图。预测图的来源有两个，一是利用预测分析设计计算指标得出预测图；另一个是根据模式匹配得出预测图。模式匹配有两种形态，一种是实际 K 线的形态，可以把投资者认为最可能上涨的某股票的形态保存成一个预测图；另外一种就是在设计图上根据自己设计的形态计算出的预测图，不用去琢磨怎样编写公式实现双底、V 形反转等形态，只需要再画出顶点和线段就可以计算出许多著名形态的预测图。

在功能菜单中执行"分析>预测设计"菜单命令，弹出"预测分析"对话框，从中选出要进行分析的预测图，单击"确定"按钮或双击选定的预测图，就可在 K 线图中看到按预测分析设计的未来走势。单击不同的预测图，可浏览不同的 K 线走势效果图。通过单击"新建"和"修改"按钮，可新建、修改预测分布设计和预测图。

单击"确定"按钮，返回 K 线图，此时可以看到在 K 线图中显示出了该股票未来的 K 线走势。

股票的定位分析

利用大智慧新一代，可在指定股票和时间中查找满足定位条件的股票，然后统计这些定位点前后 N 天的数据，并用图形表示出该定位点以前或者以后若干周期内的股价走势以及任意指标或条件的分布情况。

在功能菜单中执行"分析>定位分析"菜单命令，弹出"定位分析"对话框。首先设置定位的条件，单击"定位条件"按钮。若还需要添加条件，可单击"新增条件统计"按钮。单击"新增指标统计"按钮，可选择统计指标，计算后可统计出该指标在定位点前后 N 周期的分布图。在指标的统计图上右击，可以重新设置统计指标属性、指标条件或删除指标。

弹出"定位条件"对话框，首先可以确定定位的条件，单击"定位条件"按钮，在弹出的对话框中选择需要设定的条件，接着设置统计定位点前后的天数、时间范围。若要添加要分析的股票，可单击"新增"按钮，选择要分析的股票后单击"确定"按钮。

返回"定位分析"对话框，单击"计算"按钮，系统便会将所有满足条件的股票选出，选出的股票及其定位时间点会显示在"定位分析"对话框左侧的列表框中，并以图形的形式统计出这些股票在定位点前后 N 天的行情分布情况，在定位点的统计图上，中间一点是选出的定位点，两边用红、黄两种颜色来区分统计的股票在定位点前后不同周期的分布情况。股票叠加得越多，图形上的黄色就越多。另外，在图上右击，可以对定位条件进行重新设置。在图右边的百分比坐标上，可以按住鼠标左键进行上下拖曳，以放大和缩小图形，百分比坐标框右边的竖线可以来回拖动，以控制窗口大小。

单击选出的股票，在上述的统计图上便会出现一根蓝色的曲线，它是该股票的收盘价曲线。双击选出的股票，画面便切换至该股票的 K 线图分析窗口，在 K 线图上会以高亮度显示出定位点，并以惊叹号提示。

紧跟热点——板块分析

板块联动是股市最大的特征之一，大智慧引进板块强度分析，对各个板块从不同的角度进行板块分析，并利用图形的方式进行对比，自动计算各类板块的最新变动情况，轻松灵活地从整个股市中迅速找出热门板块，发现板块领头羊，挖掘待涨机会股，紧跟热点，把握趋势。

板块分析系统预设 4 大类 100 多个板块，投资者还可以根据需要自动增减板块，运用多种统计方法，从板块基本面、动态显示牌及技术指标等多个方面进行计算，解决数据横向统计的问题，随心所欲地统计数据，全权把握整个市场的细枝末节。板块分析形象地从整个市场、板块内部利用图形方式进行对比，板块强弱、板块领头羊、板块更替一目了然。

大智慧在板块分析中提供了 4 种板块分析方式，即对比分析、关系分析、样本股分析和交叉分析。在功能菜单中执行"分析>板块分析"菜单命令，即可在弹出的"板块对比分析"对话框中查看到这 4 种分析方式。

对比分析

"板块对比分析"对话框中默认显示"对比分析"选项卡，在"对比分析"选项卡下可以对各行业、概念、地域等板块进行统计分析，分析的内容和范围可以自由设定。

单击"新增项目"按钮，弹出"板块分析数据计算方法"对话框，投资者可以在该对话框中设定要计算的指标。在"数据名称"文本框中输入新的计算方法名称；在"显示格式"文本框中设置统计结果的显示格式，大智慧支持 5 种类型的选择，分别是保留两位小数点、保留 3 位小数点、不保留小数点、科学计数法以及每隔 3 位数字加逗号的财务计数法，在"统计方法"下拉列表中有 3 种统计方法可以选择，包括算术平均、加权平均和全部累加；在"分析周期"下拉列表中可以设置周期为 60 分钟、日线、周线、月线等；单击"选择函数"和"选择公式"按钮，可以调用系统中已有的函数和指标公式作为计算方法，系统支持调用技术指标、基本面指标和动态行情指标 3 种公式；在下方的"计算公式"文本框中，投资者可以自己编辑公式作为计算方法。设置好新增项目后，单击"确定"按钮。

设置完新增项目后，投资者可以从两个方面进行板块对比分析，即显示牌中的排序以及具体的图形分析。

返回"板块对比分析"对话框，单击"刷新计算"按钮开始计算，并在显示牌中得到结果，此时投资者可以观察到盘面的热点变动，分析强势板块和弱势板块。

通过显示牌的排序，虽然能发现强弱板块，但对于板块内部的信息，可以通过图形进一步对比分析获得。双击显示牌中的任意一个数值，便可以进入该项目的图形对比分析对话框中。例如，双击分析结果中的"电力"板块的"平均涨幅"数值，即可显示出该板块所有股票的涨幅分布情况图形。若想对分析结果进行保存，单击"导出数据"按钮即可。若要查看某个板块的所有股票，双击"模块对比分析"对话框中的板块名称，即可进入动态行情牌中显示。若想对统计项目进行删除和修改操作，在字段名称处右击，再从弹出的快捷菜单中单击相应的选项即可。

关系分析

投资者可以通过关系分析，选出多个板块的交集、并集、差集，并可以将这些集合的股票保存到指定板块。

在"板块对比分析"对话框中单击"关系分析"标签，可切换至"关系分析"选项卡。在左侧的列表框中选择不同的板块，并选择统计方式为"交集"、"并集"或"差集"，系统将自动在右侧的列表框中显示两个或多个板块的不同集合。显示的是几个板块的"交集"。

交集：同时属于多个板块的股票。若在多个板块中没有一只股票同时属于这些板块，则交集为空。

并集：多个板块间股票的总和。

差集：一个板块与其他板块间股票集合相减。

样本股分析

样本股分析就是选定一些股票作为样本，然后分析出这些样本股在其所在板块中所占的市值比例、流通盘比例等数据。

在"板块对比分析"对话框中单击"样本股分析"标签，即可切换至"样本股分析"选项卡。单击"新增"按钮，选择要进行分析的样本股；再返回"样本股分析"选项卡，选择要进行分析的板块范围，例如选择"行业"板块，即可分析这些样本股各项指标在"行业"板块中所占的比例。

交叉分析

交叉分析就是将多个板块进行交叉对比分析，通过不同板块间股票数量的比率来发现板块间的交集情况。

在"板块对比分析"对话框中单击"交叉分析"标签，切换至"交叉分析"选项卡下，先选中"设置行"单选按钮，然后在板块目录下选取板块，如选择"行业"板块，这些板块便排列在分析对话框各行的行首；再选中"设置列"单选按钮，然后在板块目录中选取板块，如选择"地域"板块，则这些板块便排列在分析对话框各行列的列首，作为统计的列，双击各行板块计算的结果，便会切换至相应的板块动态行情牌显示。

您的持仓成本是多少——移动成本分布

股票的持仓成本就是流通盘在不同的价位有多少股票数量，对股票进行持仓成本分析具有极其重要的实战意义。移动成本分布显示了计算当天所有持股者（并非只有庄家）的成本分布情况，由等间距的水平线表示，水平线的位置表示成本所处的价位，长度表示相对比例。

移动成本分布原理

一轮行情发展都由成本转换开始，又因成本转换而结束。什么是成本转换呢？形象地说，成本转换就是筹码搬家，指持仓筹码由一个价位向另一个价位搬运的过程；它不仅仅是股价的转换，更重要的是持仓筹码数量的转换。

股票的走势在表象上体现了股价的变化，而其内在的本质却体现了持仓成本的转换。要理解这一点，就必须对一轮行情进行过程分析。

可以说，一轮行情的跌宕起伏与庄家的行为是密不可分的。庄家行为最本质的体现是对做庄股票持仓成本的控制。如同商品交易，从低价位买进，在高价位卖出，才会产生利润。庄家的行为与商品交易有相同之处，但绝不是简单的类似，它比商品交易的低买高卖有着更加丰富的内涵，它是庄家行为和市场行为的高度体现。

一轮行情主要由吸筹阶段、拉升阶段和派发阶段3个阶段构成。

1.吸筹阶段

吸筹阶段的主要任务是在低位大量买进股票。吸筹是否充分以及庄家持仓量的多少对其做盘有着极为重要的意义：其一，持仓量决定了其利润量，筹码越多，利润实现量越大；其二，持仓量决定了其控盘程度，吸筹筹码越多，市场筹码越少，庄家对股票的控制能力越强。同时，吸筹阶段也常伴随着洗盘过程，迫使上一轮行情高位套牢者不断地割肉出局，这样庄家才能在低位吸筹承接。

其实，庄家吸筹的过程就是一个筹码换手的过程，在这个过程中，庄家为买方，股民为卖方。只有在低位充分完成了筹码换手，吸筹阶段才会结束，发动上攻行情的条件才趋于成熟。庄家的吸筹区域就是其持有股票的成本区域。

2.拉升阶段

拉升阶段的主要任务是使股价脱离庄家吸筹成本区，打开利润空间。在此过程中，庄家用部分筹码打压做盘，同时又承接抛压筹码，但其大部分筹码仍按兵不动地留在吸筹区域，等待高位卖出。在拉升过程中，部分股民纷纷追涨，同时部分股民获利回吐。对于做庄技巧较好的庄家，如有大势的配合，庄家只需点上一把火，拉升工作便由股民自行完成，其间，庄家主要利用控盘能力调控拉升节奏。在拉升阶段，成交异常活跃，筹码转手加速，各价位的成本分布大小不一。

3.派发阶段

派发阶段的主要任务是卖出持仓筹码，实现做庄利润。股价经拉升脱离成本区达到庄家的赢利区域，庄家高位出货的可能性不断增大；随着高位换手的充分，拉升前的低位筹码被上移至高位。而当低位筹码搬家工作完成之时，庄家的出货工作也宣告完成，一轮下跌行情也随之降临。

在一轮行情的流程中要充分重视两个概念，即低位充分换手和高位充分换手。低位充分换手是吸筹阶段完成的标志，高位充分换手是派发阶段完成的标志，它们是拉升和派发的充分必要条件。所谓充分换手，就是在一定价格区域成交高度密集，使分散在各价位上的筹码充分集中在一个主要的价格区域。

总之，任何一轮行情都是由高位换手到低位换手，再由低位换手到高位换手。这种成本转换的过程不仅是利润实现的过程，也是割肉亏损的过程，从而形成股票走势的全部历史。

移动成本分布的形态表示

有效地测定现阶段持仓成本的分布状况，是进行成本分析的关键所在。大智慧新一代提供的移动成本分布指标，是进行成本分布研究的有力工具。

1.移动成本分布图

在个股 K 线分析界面中，按【Ctrl+O】组合键或单击信息栏中的"成本"，即可进入移动成本分布图。移动成本分布图反映了不同价位上投资者的持仓数量，在形态上像一个峰群组成的图案，实际上这些"山峰"是由一条条自左向右的水平直线堆积而成的。水平线主要为红色和绿色，另外还有一些蓝色的线条。红色的线条表示在目前价位获利的筹码，绿色的线条表示在目前价位套牢的筹码，蓝色的线条表示当天新加入的成本；线条高度代表价格，长度代表持仓筹码在这一价位的比例。随着十字光标的移动，线条长短和颜色会发生变化，指示了不同时间的持仓成本分布状况。

2.火焰山移动成本分布图

在信息栏上方单击第 2 个小图形，即可查看到火焰山移动成本分布图。火焰山移动成本分布图中显示了 N 日前的成本分布，显示的色彩由大红色到金黄色，时间越短，颜色就越红；时间越长，颜色则越黄。由于各个时间段的筹码叠加的原因，所以其色彩图也是叠加的。例如，金黄色的 30 日前成本区域叠加在 5 日前的成本区域上，也就是说，5 日前的成本真实的包含区域应当是红色和黄色两种颜色的外廓所包含的区域。

3.活跃度移动成本分布图

在信息栏上方单击第 3 个小图形，即可查看到活跃度移动成本分布图。活跃度移动成本分布图中显示了 N 日内的成本分布，显示的色彩由深蓝到浅绿，时间越短，颜色就越绿；时间越长，蓝色就越深。由于各个时间段的筹码叠加，所以其色彩图也是叠加的。例如，深蓝色的 5 日内成本区域叠加在了 30 日内的成本区域上，也就是说，30 日成本真实的包含区域应当是深蓝色和浅绿色两种颜色的外廓所包含的区域。

A股、B股、H股联动分析

鉴于我国上市公司的股票有 A 股、B 股、H 股等之分，A 股、B 股、H 股的走势在地域和资金来源以及上市公司之间具有关联性，股价也会不可避免地产生一些近似的波动。因此，研究 3 种股价波动之间的关联性，对于把握股价的走势是十分有用的。大智慧新一代的"联动分析"功能从股价、涨幅、市盈率等多个角度来探讨股市之间的相关性，直观地显示了 3 种股票之间走势的差异性和相同性，深刻揭示了 3 种股价波动的内在本质。

在功能菜单中执行"分析>联动分析"菜单命令，即可进入"联动分析"窗口，"联动分析"窗口由 3 部分组成，即 A 股、B 股和 H 股，系统分别用红、黄、紫 3 种颜色来显示 3 种数据。

右击任意一个字段名称，从弹出的快捷菜单中可以看到 4 种分析数据，分别是"A 股数据"、"B 股数据"、"H 股数据"及"其他数据"，每一个数据下面又包括"股价"、"涨幅"、"市盈率"等多种数据。"其他数据"中包括 3 种股票的价格比以及一些基本财务数据，单击其中的任何一个项目，可以插入该列或替换显示列；单击"删除"选项，可以删除其中的任何一个项目。另外，单击"股价"、"涨幅"、"市盈率"等任何一个项目，即可以实现该项目由大到小的排序。

在"联动分析"窗口中双击某一股票，就可以自动激活将同一上市公司的两只股票进行叠加。例如双击"鼎立股份"，系统会自动在鼎立股份 A 股的图形上叠加鼎立 B 股的图形。

证券统计分析——数据表

数据表统计分析在证券研究分析中有着相当重要的作用。大智慧新一代内置了行情数据和基本面两个数据库，将数据表的统计功能和行情数据、基本面数据结合应用，能够完成目前绝大多数的证券统计分析工作，并大大简化以往的证券统计分析工作，极大地提高了统计分析的工作效率。

数据表分为普通表格、横向层次表、纵向层次表 3 个类型。3 种数据表都有相同的区域，即总控制区、属性控制区、数据区和统计区。

数据表各区域的名称及功能。

大智慧新一代特别设置了 6 种常用图表来表示数据的分布，用户能更加直观地查看分布情况。只需拖动鼠标选中需要绘图的不同时期或不同股票的数据，然后在所选中的区域右击，从弹出的快捷菜单中选择"分布图（以列为系列）"或"分布图（以行为系列）"选项，在弹出的"选择图表类型"对话框中选择要分析的图表类型后单击"确定"按钮即可。

片刻之后，系统将弹出"统计图"对话框，自动生成一个选定区域的图表。

大智慧先进的智能技术

K线图解

大智慧新一代为投资者提供了 K 线图解的功能，即在原始的 K 线图中找出指定的形态，并将其标记出来。

大智慧五彩 K 线

五彩 K 线就是对于事先描述好的 K 线形态，大智慧系统会自动将其找出来，并将满足条件的 K 线显示为不同的颜色，以区别于其他的 K 线。五彩 K 线功能可以在左侧的隐藏菜单中打开。

从隐藏菜单中可以看到，五彩 K 线分为"K线模式"、"上涨 K 线模式"、"下跌 K 线模式"和"反转 K 线模式"几类。

K 线图解标记

若要查看某类 K 线，可单击该 K 线模式的名称，展开该类型所有的 K 线模式，例如，双击"上涨 K 线模式"中的"阳包阴"模式，可在 K 线中发现有一处 K 线的显示变成了红色，而其他的 K 线颜色则为蓝色，标注为红色的 K 线即为"阳包阴"模式。

系统指示

技术指标系统指示功能就是在 K 线或者分时走势图上显示某种技术指标条件满足与否，系统默认用红色表示符合买入条件，绿色表示符合卖出条件。

目前，系统指示功能支持技术指标、条件选股、交易系统和五彩 K 线、组合条件 5 大类，分别用不同的高亮符号在 K 线图上标注这些分析方法的状态。进入 K 线图，在功能菜单中执行"工具>系统指示"菜单命令，弹出"系统指数"对话框，即可看到系统默认的 5 种系统指示。

技术指标指示

技术指标指示即采用技术指标作为买入和卖出信号的标准，当技术指标条件满足时，当天的 K 线下方就会出现红色圆点，即买入信号；而当技术指标条件不满足时，则显示为绿色圆点，即卖出信号。

在"系统指示"对话框中单击左侧列表框中的"技术指标"选项，即可展开所有的技术指标分类。选择要用于判断买卖信号的技术指标，如选择"反趋向指标"中的"KDJ 随机指标"，设定指标线 K"上穿"D 线。设置完毕后单击"确定"按钮，返回日 K 线图，此时可以看到日 K 线中出现了红色和绿色的圆点。

条件选股指示

条件选股指示又分为指标条件选股、基本面选股、即时盘中选股、走势特征选股和形态特征选股等几种方式。

在"系统指示"对话框中单击左侧列表框中的"条件选股"选项，即可展开所有的条件选股分类。接着选择一种具体的条件选股方式，如单击"指标条件选股"选项；再选择一种具体的指标作为判断买卖信号的依据，如选择"MA 均线买入条件选股"；并设置 5 日均线与 10 日均线形成金叉，即为买入信号，反之为卖出信号。单击"确定"按钮，返回日 K 线图，可以看到日 K 线中采用红色和绿色的旗帜表示的买入和卖出信号，其中红色旗帜为买入信号，绿色旗帜为卖出信号。

交易系统指示

交易系统指示是大智慧在条件选股功能上的一个大的延伸，旨在建立一套完整的交易规则体系，系统可以通过此平台对我们的买入、卖出等操作发出明确的买卖信号指示。

在"系统指示"对话框中单击左侧列表框中的"交易系统"选项，即可展开的交易系统指示指标。选择一种交易系统指示指标，如单击"指标交易系统"选项；然后选择任意一种指标交易系统，如选择"W&R 威廉指标交易系统"；然后设置 14 日 W&R 由下向上穿越 80 为买入信号，而资金量的 50%由上向下穿越 20 为卖出信号。设置完毕后单击"确定"按钮，返回日 K 线图，可以看到买卖信号用红、绿箭头表示。其中红色箭头为买入信号，绿色箭头为卖出信号。

"傻瓜"选股

当一个资历极浅的菜鸟股民走进股市交易大厅时，看着拥挤的人流，面对大屏幕上花花绿绿的数字，往往会感觉慌乱，不知如何下手。这个阶段是每个股民的必经之路，所以大可不必担心，也不用羡慕，因为大智慧炒股软件中的条件选股，可以按照用户选定的选股条件，自动经过计算选出当前或历史上某一段时间内所有满足条件的股票，并列示在动态显示牌中供用户参考。

如何进行条件选股

要进行条件选股，可在功能菜单中执行"工具>条件选股"菜单命令，在弹出的"条件选股"对话框中显示了"技术指标"、"条件选股"、"交易系统"、"五彩 K 线"、"模式匹配"、"组合条件"和"基本面条件"7 种选股方式，单击任意一种，即可展开其对应的选股条件选择和设置界面。

若只需进行选股方式中的"条件选股"，可以通过隐藏菜单实现。打开隐藏菜单，可以看到"条件选股"选项，单击该选项，将从展开的次级列表中显示所有条件选股的方式，包括"技术指标选股"、"基本面选股"、"即时盘中选股"、"走势特征选股"和"形态特征选股"单击任意一种方式，即可进入对应的选股分类中。

如何保存选股结果

对大多数投资者来说都希望将选股结果保存下来慢慢研究走势和指标，然后确定其是否值得购买。在"条件选股"对话框中设置好选股条件后，可以在单击"执行选股"按钮前先选择要将选股结果保存到的自选股中。单击"选股至板块"按钮，在弹出的"加入到板块"对话框中选择需要将选股结果保存到的位置（一般可保存到默认的自选股中），如选择"自选股 1"，即可完成选股结果的保存。投资者也可以通过单击"新建"按钮新建一个自选股保存选股结果。

怎样调用或删除以前的选股结果

若投资者之前保存了选股结果，待到需要使用时可方便地调用，不需要时也可方便地将其删除。

在行情显示牌中单击"自选股"子标签右侧的下三角按钮，再从展开的下拉列表中选择保存选股结果的自选股名称，即可在行情报价表中只显示上次的选股结果。

执行"工具>自选股管理"菜单命令，在弹出的"设定自选股"对话框中选择保存选股结果的自选股名称后，右侧的列表框中会对应地显示保存在该自选股中的选股结果。

常用的选股类型

大智慧系统支持投资者通过技术指标、条件选股、交易系统选股、五彩 K 线选股、模式匹配选股、基本面条件选股和组合条件选股 7 大类选股方法进行选股。本节逐一为读者进行介绍各种选股类型的操作方式。

1.技术指标选股

技术指标选股是根据指标线的数值范围，或指标线是否向上或向下突破某数值来进行选股。技术指标选股需要设定具体指标线发生了某种变化。例如要选出 60 日均线大于 10 的股票，需要首先选中 MA 技术指标，然后设置指标线 MA5（60 日均价线）大于 10。

在"条件选股"对话框中单击"执行选股"按钮，行情报价表中将只显示出选出的符合要求的股票报价表。默认情况下，选股结果自动保存到"条件选股结果"板块中。

2.条件选股

使用条件选股公式来选股，是大智慧选股的标准方法。所谓条件选股公式，就是专门针对条件选股功能设计的分析公式，这种公式可以直接使用，不需要另外设置过多的参数。从选股条件列表框中选取需要的条件，设置参数和分析周期，然后单击"执行选股"按钮，即可将所有符合条件的股票选入动态显示牌中显示。

例如要从沪市的 A 股中选出日线"MACD（26，12，9）"发生金叉的股票，可以在"条件选股"对话框左侧的（"条件选股"列表框）中单击"指标条件选股"选项，再单击"MACDMACD 买入点条件选股"选项，在对话框右侧的参数表中设置数值为 26、12 和 9，将分析周期设定为"日线"，单击"高级"按钮，可看到选股范围默认为上证 A 股和深证 A 股，若要改变范围，单击"改变范围"按钮，在弹出的"选择范围"对话框中选择选股范围，这里取消勾选"深证 A 股"复选框。

单击"确定"按钮返回"条件选股"对话框，再单击"执行选股"按钮，即可在行情报价表中自动显示出 MACD（26，12，9）发生金叉的股票。

3.交易系统选股

交易系统是一套完整的交易分析方法，它提供了买入和卖出两个方向的条件。交易系统选股可以选出交易系统发出某种信号的股票。选择某交易系统公式后，需要再选择需要查找的信号类型，可以是多头买入条件、多头卖出条件、空头买入条件、空头卖出条件、止损条件或任意交易信号。

例如根据 RSI 指标选出多头买入信号的股票，首先在"条件选股"对话框中单击"交易系统"选项，再单击"指标交易系统"选项，然后在列表框中选择"RSI 相对强弱指标交易系统"，设置其分析周期为"日线"，6 日 RSI 由下向上穿越 20 可买入资金量的 50%，RSI 由上向下穿越 80 后全部卖出，并选择需要查找的信号的类型为"多头买入信号"。这里设置选股的范围依然为"上证 A 股"。

单击"执行选股"按钮后，行情报价表将自动筛选出交易系统发出符合设置条件信号的所有股票。

4.五彩 K 线选股

特殊的 K 线形态往往对后市有非常准确的指示作用。利用大智慧的五彩 K 线选股功能，可选出某种 K 线形态的股票。值得注意的是，有些 K 线形态是指示后市看跌的，用这些 K 线形态来选股，则是"卖出"选股。

5.模式匹配选股

模式匹配选股的选股条件就是在本书 11.5 节中介绍的"模式匹配设计"对话框中保存下来的模式，系统将按照投资者自己保存的 K 线模式筛选出符合这些模式的股票。

在"条件选股"对话框中单击"模式匹配"选项，选择"上升通道"模式，设定选股范围为"上证 A 股"。

单击"执行选股"按钮，系统将自动弹出"条件选股"对话框，该对话框中即显示出了筛选出来的符合条件的股票名称、时间等。同时，行情报价表中也会显示出选股结果。

6.基本面条件选股

基本面分析牵涉到很多方面的知识结构，投资者需要时时关注财经、证券等方面的知识，但众多的股票包含大量的信息，使得投资者在选股时难以下手，利用大智慧软件中的基本面条件选股方式，只需设定要选出股票的基本面信息，系统将自动选出符合所设定基本面条件的所有股票。

例如要选出"每股收益大于1元"的股票，可首先在"条件选股"对话框中单击"基本面选股"选项，再在右侧的界面中设置"每股收益"，"大于1"，并设置选股范围为"上证A股"。

单击"执行选股"按钮，系统自动筛选出每股收益大于1元的所有股票，并显示在行情报价表中。

7.组合条件选股

大智慧的组合条件选股功能允许投资者将不同分析周期的各种选股条件按"条件与"或"条件或"的方式组合，从而生成更多的选股方法。技术指标状态、条件选股条件、交易系统买卖指示、五彩K线及基本面条件选股等各种选股条件均可参与组合。

既然是组合条件，那么肯定是两个或两个以上的条件。投资者可在前述6种选股方式中任意选择两种或两种以上的方式进行组合，例如首先选择"技术指标"中的"MA（5，10，20，30，60，120）指标线 MA5 大于 10 [日线]"，设置完毕后单击"加入"按钮，再切换至"条件选股"设置页面，设置其基本面选股条件为"B-101涨幅大于0.04 [分时]"，同样设置完毕后单击"加入"按钮，此时两个条件都会显示在"组合条件"列表框中。

为了方便以后对组合条件进行编辑或修改，可将组合条件进行保存，单击"保存"按钮后将弹出"组合条件"对话框，在文本框中输入组合条件的名称，再单击"确定"按钮即可完成保存。

保存好组合条件后返回"条件选股"对话框，单击"执行选股"按钮，便可以在行情报价表中看到筛选出的同时符合两个条件的股票，这里只有一只股票"红阳能源"同时满足这两个条件。

保存组合条件后，"条件选股"对话框的"组合条件"列表框中将显示出保存的组合条件。右击该条件，通过从弹出的快捷菜单中选择命令，可删除或编辑组合条件。若选择编辑组合条件，将弹出"条件组合"对话框，在该对话框中显示了组合的两个条件，默认组合方式为"条件相与"，可以更改组合方式为"条件相或"，也可以选中任意一个条件进行修改或新增其他的条件、删除多余的条件等操作。

选股成功率测试

大智慧不但能做一般意义上的买入条件选股，也可以做卖出条件选股，因此，使用其"条件选股成功率测试"功能，投资者可以站在买入股票的角度，衡量"买入"选股的成功率。

在"条件选股"对话框中先选择测试条件，单击"成功率"按钮进入成功率测试功能，测试时段默认为上市第一天起至测试当天止。"目标周期"与"目标利润"两个参数用于设置"成功判据",默认值分别为 20 日和 10%。即在选出后的 20 日内,目标利润若攀升至 10%则为成功。

所有参数都设置好之后,单击"测试"按钮,测试立即开始。测试结果可以统计数据、详细列表和分布图 3 种形式展示。

智能预警

一个人的精力是有限的,不可能随时监控所有的股票,在瞬息万变、浩若烟云的股市上难免会错失良机。大智慧的个股预警是值得用户信赖的火眼金睛。它可以按照用户拟定的条件与范围监控股票,忠于职守,快速反应。结合大智慧自编公式的强大威力,用户几乎可以监控任何值得注意的情况。

如何设置预警

大智慧的个股预警监控条件分为股票价格突破指定的上下限、股票涨跌幅突破指定的上下限、成交量突破指定的上下限以及成交额突破指定的上下限 4 类。监控范围由投资者自由设定,可以将设定的条件用于监控所有 A 股,也可以只监控自己感兴趣的某几只股票。一旦有了满足预警条件的股票出现,系统会立即弹出预警窗口并发出声音提示,并且系统会将已经发出的预警情况记录下来供投资者参考。

在功能菜单中执行"工具>预警"菜单命令,或按【Ctrl+A】组合键。

单击"新增条件"或"修改条件"按钮,将弹出"预警条件设定"对话框。

从"预警条件"选项组中设置预警条件、分析周期、用法注释及参数。大智慧新一代预警系统的监控条件分为交易系统发出买入或卖出信号、条件选股条件成立、股票价格突破指定的上下限、股票涨跌突破指定的上下限以及股价突破投资者绘制的趋势线 5 类。

在"监控股票"选项组中设定该预警条件监控的范围。单击"加入"按钮或"删除"按钮可以增加或减少监控的股票;在此也可以设定监控板块,凡是属于该板块的股票,都会自动加入监控行列。

以何种方式发出警报也可由投资者自行选定,可以发声报警、弹出警示框报警,也可以两者兼备、双管齐下。

"预警后保持监控"复选框用来设置是否需要持续监控。当某只股票的预警条件满足并发出预警后,系统并不将这只股票从监控范围内删除,而是继续对它进行监控,当条件再一次由不满足变为满足时,预警系统会再次发出预警,如此循环不断。

所有的预警设置完毕后,单击"启动预警"按钮即可启动预警系统,软件底部状态条上会显示出一个小铃铛。

预警分析

按照预警条件、股票、时间进行过滤，可以方便查找预警记录。预警记录还可以复制到剪贴板中或输出到 Excel 等程序中。

在"预警"对话框中单击"预警条件"按钮，会弹出"预警分析"对话框。预警分析支持按照预警条件、预警股票和预警时间对记录进行筛选，筛选出来的数据还可以再按股票名称、预警条件、预警日期和价格、现价等条件进行排序显示。

特殊的交易系统预警

1.交易系统预警的特点

交易系统预警与其他预警有所不同，归纳起来，其有如下 4 个方面的特点：

（1）交易系统监控是一个连续的监控过程，在初始阶段系统监控买入信号，包括多头买入和空头买入。在交易系统发出买入信号，系统发出买入预警后，系统才会转入监控卖出信号。只有当交易系统发出卖出信号后，才算是真正地完成了一个预警周期。

（2）交易系统预警可以进行连续预警。勾选"预警后保持监控"复选框，交易系统在完成一个预警周期后并不把该预警从该监控范围内删除，而是继续转入买入条件的预警，开始下一轮的预警周期。

（3）勾选"卖出预警 T+0"复选框时，卖出预警可以在买入的任何时刻发出；若不勾选此复选框，则进行 T+1 预警，即只有在买入预警发出的次日后才进行卖出预警。

（4）买入预警和卖出预警在预警记录中分别使用红色图标和绿色图标表示。

2.交易系统预警的设置方法

首先，打开"预警条件设定"对话框，选择要添加的交易系统预警条件为"KDJKDJ 交易系统"，然后设置买入和卖出条件，单击"加入"按钮，添加要分析的股票；再勾选"预警后保持监控"和"卖出预警 T+0"复选框。

单击"确定"按钮，返回"预警"对话框，单击"预警分析"按钮，对话框下方会显示出发出的预警记录，前面的图标为红色，表示是买入预警记录。

设置趋势线预警

投资者如果需要对趋势线进行预警，首先就需要在 K 线图中利用"画线工具"画出一条趋势线，然后右击该条趋势线，从弹出的快捷菜单中单击"趋势线预警"命令，系统便将趋势线纳入为预警监控中。

设定趋势线预警后，趋势线中会出现一个小铃铛的图标，表示该条趋势线已添加了预警。设定趋势线预警后，当股价跌破趋势线时，系统就会发出预警，当股价突破趋势线时，系统同样会发出预警。

大智慧易学的实用工具

自编公式武器——公式编辑器

公式编辑器就好比是一个工作母床，通过这个工作母床可以制造出所需要的各式各样的零件。在指标分析工作中，利用编辑器可以编写出相应的分析条件，这种方法是在技术分析中最为常用的方法之一。例如 MACD 指标、MA 指标等，通过对这些指标的观察、分析，投资者可找出一些合适的条件作为买入或卖出点。当然，投资者也可以根据自己的需求，通过公式编辑器编写一些自己的指标。

认识公式编辑器

大智慧新一代配置的公式编辑器采用类似 C 语言的语言来编辑公式，在公式中可以使用迭代、循环和分支语句类型，并且还提供了支持相关分析和专业财务的函数。

在功能菜单中执行"公式>公式管理"菜单命令，或按【Ctrl+F】组合键，即可弹出"公式管理器"对话框。公式编辑器是导入源码和进行指标编写的窗口，"公式编辑器"对话框中列示了技术指标、条件选股、交易系统、五彩 K 线、模式匹配和组合条件 6 种公式编辑器。

由于这几种编辑器的展开和使用大同小异，本节仅以"技术指标"公式编辑器为例来进行介绍。

在"公式管理器"对话框中选择"技术指标"选项，再单击"新建"按钮，便可进入技术指标公式编辑器。

公式编辑器窗口中的按钮和设置项的功能。

公式编辑器的快捷工具栏中还包括了一些在编辑公式时常用到的快捷按钮，介绍如下：

剪切/复制/粘贴：这 3 个按钮可以对公式编辑窗口内的内容进行剪切、复制和粘贴操作。

插入函数：单击"插入函数"按钮，将弹出"插入函数"对话框，它可以帮助投资者在大智慧新一代函数集中寻找所需的函数。该对话框将函数进行分类，并给出每个函数的用法和注释，可以帮助初学公式编辑的投资者节省大量的时间。

禁用周期：每个公式均有其适用的分析周期，在编辑公式时，可以将每个公式最适合的分析周期设定为默认分析周期，再使用时系统会自动调整到缺省周期上。系统还可以为每个公式设定禁用周期，在禁用周期内计算该公式将不会得到结果。

参数精灵：在使用分析工具时，很多时候需要调整参数，但很多投资者无法理解对参数调整的实际意义，使用参数精灵，可以将参数调整及参数意义放在同一段文字中，方便投资者使用。

用法注释：供投资者编辑公式时输入指标算法、用法的解释，在使用公式时提示操作方法及注意事项。

公式编辑器的调试栏中主要包括的按钮和功能。

公式编写的规则

所有的公式系统都遵守统一的运算法则、统一的格式进行函数之间的计算，在编写公式之前，投资者必须先了解有关公式编写的一些规则，包括数据使用规则、运算符和运算顺序、指标的格式等。

1.数据使用规则

任何公式的运算首先都要有原始的数据，数据的来源和类型都必须遵循一定的规则。

（1）数据来源

公式中的基本数据来源于接收的每日行情数据，这些数据由行情函数从数据库中提取，例如高、开、低、收、量及额等；还有就是来自财务数据、【F10】数据、兹定于数据、扩展数据、横向统计数据以及自建的外部数据等。

例如：CLOSE；//收盘价

各种数据的引用格式。

（2）数据类型

数据类型分为变量和常量两类。所谓变量，就是一个随着时间（或K线序列）变化而变化的数据，例如成交量；常量就是一个永远不变的数据。每个函数体本身需要的参数可能是变量也可能是常量，不能随便乱写，函数计算的结果一般是一个变量。

2.运算符及运算顺序

运算符将函数连接成语句。运算符分为算术运算符、比较运算符和逻辑运算符。

当表达式中包含多种运算符时，首先运算算术运算，然后运算比较运算，最后运算逻辑运算。所有比较运算符的优先级相同，即按照从左到右的顺序计算比较运算符。算术运算符和逻辑运算符的优先级从上向下运算。

3.指标的格式

指标线名称：=语句

在一个公式中不能有两个相同的指标线名称，指标线的名称不允许使用系统的保留字，如C、O、CLOSE、收盘价等。指标线是最终输出到公式中显示的语句，也可以被当做变量在后面的语句中使用，可以被其他公式引用。指标线可以没有名称，即直接书写语句就可以了。

4.中间变量（中间语句）

一个语句将显示一条指标线。一个复杂的公式往往有很多语句，而且有些语句没必要显示出来，这时我们可以把不需要显示的语句定义为中间语句（中间变量）。对于中间语句，只需在一般语句的名称与语句之间的冒号后加一个等号（即"：="）即可。例如语句"上日收盘价：=REF（C，1）"，就表示该语句为中间语句。重复使用的语句也可以定义为中间语句。

5.关于括号、空格及回车符

括号是提高运算优先级别的符号，大多数函数体本身也使用了括号，这些括号是不分大小的，运算时，公式语句从里到外先后运行。如果不能确定语句的运算级别，可以加括号以提高希望先进行运算的语句的优先级别。

6.关于语句注释和屏蔽

语句注释是在语句后面加双斜杠后加入注释语句，可以注释该句的运算思路。本注释方法只注释本行的内容。如：

AA：REF（C，1）；//取得前一周期收盘价

一段语句暂时不用或注释语句较长时，可以用花括号 {} 括起来，括号中的内容不参与公式运算，即为屏蔽。

7.线形的描述

有时我们想指定技术指标线的画法，这时可以在语句后加上逗号","，再加线形描述符，描述该语句对应的指标线画法。

自己编写公式

公式的编写是在大公式编辑器中完成的，要编写不同类型的公式，打开不同的公式编辑器进行编写即可。下面简单介绍编写一个公式的方法：

1.创建公式

打开"公式编辑器"对话框，在"公式名称"文本框中输入要编写的公式的名称，如输入 JxTD。公式名称可以由字母或数字组成，最多可以有 9 个字符，但公式名称在同类公式中不能重复。接着在"公式描述"文本框中对公式进行注释，如这里输入"均线通道"。

2.设计计算公式参数

在编写公式时，如果公式中含有计算的参数，这些参数往往用来指代公式中的常数，通过修改这些参数，可实现对公式计算周期或计算方法的调整和修正。设置计算参数时，需要设置 5 个项目，分别是参数名称、缺省值、最小值、最大值和步长值，其中，"参数名"用于标示参数，即公式中的参数名；"缺省"值是指在计算公式时，对该参数使用默认值计算；"最小"值和"最大"值是允许该参数调整的范围；"步长"的默认值为 1，它是指在优化参数时系统从最小值到最大值逐一调整参数，每次调整的增量，常用于交易系统公式的编写中。

3.设计公式语句

一个公式可以由若干语句构成，每条语句计算得出一个结果，语句与语句之间用分号隔开。

一条语句可以由若干函数通过四则运算或逻辑运算而组成。函数是公式系统的基本成

分，它的作用是对数据做某种操作，通过计算得到的结果是一个变量。如函数 HIGH（）表示调用该分析周期的最高价。函数由函数名称和参数组成。参数要用函数名后的括号括起来，可以是变量，也可以是常量。函数若需调用几个参数，则在括号内的调用是有顺序的；若没有参数，则可以省去括号，如函数 HIGH（）没有参数，则写成 HIGH（）和 HIGH 都可以。

函数之间通过运算符连接成为语句。

对于技术指标公式，语句得到的计算结果以图线的形势表现出来，即得到了指标线，不同的语句将得到不同的线，为了在指标图形中互相区分，通常用不同的颜色标注不同的指标。语句还可以有自己的名称，在指标图形中显示在左上角的位置，如 MACD 指标的 DIFF 和 DEA 指标线。在编写语句时，语句名要写在语句的前面，并用一个冒号将它与语句隔开，例如：

VAR1：MA（CLOSE，N）；

表示语句 MA（CLOSE，N）名称为 VARI。若后面的语句需要引用它，则只写需要引用的语句名即可，如 MA（VARI，20）。

4.设计中间语句

中间语句的写法只需在一般语句名称与语句之间的冒号后加上等号，即"="。如下面的代码：

VAR1：=MA（CLOSE，N）；

表示该语句为中间语句，重复使用的语句也可以定义为中间语句。

5.设计其他公式语句

一些公式的作用不是计算显示出指标线，而是表示出相应的操作。例如，条件选股公式显示的是条件选股结果，交易系统公式显示的是买卖交易指标，五彩 K 线公式显示的是某种形态的彩色 K 线组合。

在这些公式中，通常需要有一条或几条逻辑表达式表示这些操作的语句，比如，当逻辑表达式计算结果返回 0 时，表示不需要进行相应的操作；当返回非 0 时，则表示需要进行相应的操作，并在图形界面中将其显示出来。

如在选股公式中有一条逻辑表达式语句：

OPEN<REF（CLOSE，1），

该语句用于选出本期开盘价高于上期收盘价的股票。

交易系统公式中通常需要 1~4 条逻辑表达式语句，分别为多头和空头的买入卖出条件判断语句，分别用 ENTERLONG、EXITLONG、ENTERSHORT 和 EXITSHORT，表示多头买入、多头卖出、空头买入和空头卖出条件。当这些语句返回非 0 时，表示需要进行相应的操作。

五彩 K 线公式中通常可以有 1~6 条逻辑表达式语句，最多可以描述 6 种不同的颜色。

这里定义了变量 VAR1、VAR2、VAR3、VAR4、VAR5，并定义了一个参数 N，首先分别为 VAR1、VAR2、VAR3 和 VAR4 赋值，然后再由 VAR1、VAR2、VAR3 和 VAR4 的平均值得到 VAR5。

6.保存公式

公式编写完毕后，单击公式快捷工具栏中的"保存"按钮，即可将编写的公式进行自动保存。再单击按钮关闭公式编辑器，随意进入要查看个股的 K 线图中：使用键盘输入指标的缩写 JXTD，按【Enter】键，此时在打开的 K 线图中便会显示出 JXTD 指标线。

公式管理

在大智慧新一代中公式编辑完毕后，还可以对所有的公式进行管理，包括导入公式源代码或将编写的公式导出，也可以将编写的公式设为常用公式。

1.导入／导出公式

如果投资者在网上发现有很好的公式，可以将这些公式的源代码下载后直接导入大智慧新一代中使用，投资者也可以将自己编写的公式导出到其他炒股软件或其他计算机中与多人分享。

（1）导入公式

要导入公式，首先在功能菜单中执行"公式>公式引入"菜单命令，弹出"公式引入"对话框，大智慧新一代支持引入两种格式的公式，一个是 EXP 格式，另一个是 FNC 格式，首先投资者需要从网站上下载这两种类型的公式文件并保存到大智慧的根目录下（根目录为：\ 大智慧 \dzh2\userdata\IMPORT），打开"公式引入"窗口后，单击"公式路径"右侧的按钮，确定以上大智慧的根目录，此时该根目录下的公式文件将自动显示在下方的"新公式"列表框中。

单击"编辑"按钮，弹出对应的公式编辑器窗口，在该窗口中显示了公式的名称、参数设定以及公式语句等，若投资者需对公式进行修改，可在该窗口中进行。

若要显示引入的公式在图形中的表现效果，可在"公式引入"对话框中单击"显示"按钮，此时在打开的 K 线图中会显示出该公式运行的结果，K 线图中很明显地指示出了急拉减仓、寻机低吸等，为投资者的操作提供了很好的提示作用，使投资者对股市行情一目了然。

（2）导出公式

在功能菜单中执行"公式>公式输出"菜单命令，弹出"输出公式"对话框，投资者可以在对话框左侧选择要导出公式的类别，分别可以选择"分组"类型、"常用"类型以及"自编"类型等。若单击"自编"标签，将显示投资者自己编写的所有公式，勾选需要导出的自己编写的公式，如勾选"JXTD 均线通道"复选框。若你不想导出的公式被人看见或修改，可勾选"完整型加密"复选框，对公式进行加密，若需要设置一个公式的使用期，可勾选"公式有效期"复选框，再从后面的下拉列表中显示出公式的有效期。所有设置完毕后单击"输出"按钮。

弹出"输出公式"对话框，从"保存在"下拉列表中选择需要保存的位置，默认的文件保存类型即为 *，FNC，在"文件名"文本框中输入公式的名称，设置完毕后单击"保存"按钮，即完成公式的导出。

2.将公式设为常用

对于投资者经常会使用的公式，无论是系统内已经保存的公式，还是自己编写的公式，或者是引入的公式，都可以对其设置为常用。设置为常用的公式将以特殊的颜色显示名称，以区别于其他公式。如将自编的"JXTD 均线通道"公式设为常用，首先执行"公式>公式管理"菜单命令，打开"公式管理器"对话框，在"自编"选项卡右击"JXTD 均线通道"公式名称，然后从弹出的快捷菜单中单击"设为常用"命令。

再次打开"公式管理器"对话框时，在"分组"选项卡下的"其他"下拉列表中即可以看到自编的"JXTD 均线通道（常用）"公式设为了"常用"，其后面添加了"常用"二字，并以红色突出显示。

图形标识工具——画线工具

大智慧提供了多种画线工具，可任意设置角度，自动保存，帮助用户多角度地分析趋势，捕捉最佳买卖点。

画线工具的使用

要使用画线工具，首先要启用画线工具，再选择任意一种画线工具，然后在对应的图形中进行绘制。

1.打开画线工具

打开画线工具的方法有如下所述两种：

方法一：切换至 K 线图或分时走势图中，在功能菜单中执行"查看>画线工具"菜单命令，即可弹出"画线工具"窗口。

方法二：在 K 线图或分时走势图中，按【09+Enter】或【F9】键，也可以弹出"画线工具"窗口。

2.使用画线工具

画线工具的画线功能都是通过鼠标拖动的方式完成的。首先选择相应的画线工具，在画线起点处按下鼠标左键，拖动鼠标至画线终点，然后释放鼠标。画线完成后，还可以用鼠标拖动画线的起点或终点，改变画线的方向；也可以拖动整条画线，平行移动画线。若需要修改画线的颜色，只需要选中画线的任意一段右击，从弹出的快捷菜单中单击"颜色"命令，然后从弹出的对话框中重新选择画线颜色即可。在使用画线工具时，还可以使用以下3种特殊的画线功能：

（1）画线的吸附功能。有的投资者希望能够得到非常精确的画线，比如希望画线的起点和终点能够与股票的价格严格对应起来，此时投资者可以使用画线工具的同时按住【Ctrl】键。当画线点与K线的最高、最低价接近到一定程度时，画线点会自动吸附上去，这样可以帮助投资者精确定位。

（2）副图画线。大智慧新一代支持副图画线，用户可以直接利用鼠标在副图上进行各种画线的处理，如指定角度的趋势线等。

（3）画指定角度的趋势线。画趋势线的过程中，系统会在起点显示该线条的角度，如果角度不是90度或270度，还会显示斜率，即沿着这条趋势线的每天的股价除以指标值的变化量。

3.清除画线

清除画线的方法有如下3种：

方法一：若需要删除全部的画线，按【Ctrl+D】快捷键即可清除当前窗口中的所有画线。

方法二：先选中要删除的画线，再按【Delete】键。

方法三：右击要删除的画线，从弹出的快捷菜单中单击"清除画线"命令。

画线工具操作指南

将鼠标停留在某个线形按钮上，会跳出提示框，提示该线形的名称。大智慧新一代可画多达13种线型。在本书第4章中为读者介绍了常用的几种画线工具的使用方法，本节将完整地介绍这13种画线工具的操作指南。

1.趋势线

首先选取一点作为趋势线起点，按住鼠标左键移动鼠标，窗口中的线会随之移动，将直线放至适当位置，释放鼠标左键即可生成趋势线。选取线中任意一点按住鼠标左键移动鼠标，即可平移该线。

2.线段

线段和趋势线的不同之处在于趋势线是一条无限延长的射线，而线段具有始点和终点。

线段和趋势线的画法相近，首先选取一点作为趋势线起点，按住鼠标左键移动鼠标到目标地点，释放鼠标左键即可生成趋势线段。选取线中任意一点，按住鼠标左键移动鼠标即可平移该线。

3.平行线

平行线用来描述股价在一定价格通道内的运行情况，其中一条线称为趋势线，另一条称为轨道线。首先画一根趋势线（或趋势线段），然后单击"平行线"画线工具按钮，在想作平行线的点上单击，就能画出一条和刚才所作的趋势线（或趋势线段）平行的射线（或线段）。

4.黄金分割线

当行情发生转势后，无论是止跌转升的反转，抑或是止升转跌的反转，以近期走势中重要的峰位和底位之间的涨额作为计量的基数，可将原涨跌幅按 0.191、0.382、0.5、0.618、0.809 分割为 5 个黄金点。股价在反转后的走势将有可能在这些黄金点上遇到暂时的阻力或支撑。

在画黄金分割线线时，画法有如下两种情况：

（1）如果股价正处于见底回升的阶段，可以此低点为基点，单击此低点，并按住鼠标左键拖动鼠标，使其边线对齐相应的高点，即回溯到这一下跌波段的峰顶，释放鼠标左键即可自动生成向上反弹上档阻力位的黄金分割线。

（2）如果股价正处于见顶回落的阶段，以此高点为基点，单击此高点，并按住鼠标左键拖动鼠标使边线对齐相应的低点，即可回溯这一上涨波段的谷底，释放鼠标左键即可自动生成黄金分割线。

5.波段线

波段线将一个波浪的高低点涨幅空间分为 50%、25%、33% 等一些重要地带，以此来确定重要的支撑阻力位，可以说是简化的百分比线。

在画波段线时，以近期走势中重要的高点或低点中的一点为基点，单击此点，并按住鼠标左键，拖动鼠标使边线对齐另一相应的点，释放鼠标左键即可生成波段线。

6.百分比线

以近期走势中重要的峰位和底位之间的涨幅作为计量的基数，将原涨跌幅按 0.25；0.50；0.75；1.00 的比例四等分，即生成百分比线。百分比线可使用户对价格的涨跌幅度有直观的了解，便于确定阻力位与支撑位。

百分比线的绘制也分为两种情况，画法如下所述：

第一种情况：如果股票处于上升趋势中，可以以低点为基点，单击此低点，并按住鼠标左键拖动鼠标使边线对齐另一相应的高点，释放鼠标左键即生成百分比线。

第二种情况：如果下跌趋势中，可以以高点为基点，单击此高点，并按住鼠标左键拖动鼠标使边线对齐另一相应的低点，释放鼠标左键即生成百分比线。

7.线性回归、线性回归带及线性回归通道

线性回归、线性回归带及线性回归通道根据数学上线性回归的原理来确定一定时间内的价格走势。线性回归将一定时间内的股价走势做线性回归计算，然后确定未来一段时间内的总体走势，线性回归带是根据这一段时间内的最高、最低价呼出线性回归的平行通道线，回归通道则是将线性回归带的延长处理。

若要画这 3 类线，以近期走势中重要的高点或低点中的一点为起点，拖动鼠标至相对低点，系统即自动生成线性回归线。因为是系统自动生成的，所以不能对其进行移动。

8.周期线

时间周期理论认为，股价波动高低点出现的周期"基本等长"。周期线是以时间周期理论为基础的一种分析方法。它以一定的时间段为单位，将股价走势图分为若干个等时间的分段。周期线对于确定一定时间内股票的涨跌具有参考意义。

画周期线时，将鼠标指针移到想要画等周期线的窗口单击，该窗口即会出现等周期线。选取周期线上任意一点，按住鼠标左键不放拖动鼠标即可移动周期线。单击周期线上的亮点，按住鼠标左键移动鼠标可改变时间周期。

9.费波拉契线

费波拉契数列是一串神奇的数字：1，2，3，5，8，13，21，34，55，89，144，233，377，610，987，1597……直至无限。构成费波拉契神奇数字系列的基础非常简单，由1，2，3开始，产生无限数字系列，而3，实际上为1与2之和，以后出现的一系列数字全部依照上述的简单原则，两个连续出现的相邻数字相加，等于一个后面的数字，例如3加5等于8，5加8等于13，8加13等于21，……直至无限。表面看来，此一数字系列很简单，但背后却隐藏着无穷的奥妙。在使用上述神奇数字比率时，若与波浪形态配合，再加上动力系统指标的协助，投资者和分析者能较好地预估股价见顶见底的信号。

若要绘制费波拉契线，可将鼠标指针移到想要画的费波拉契线上单击，该窗口即会出现费波拉契线。选取线上任意一点，按住鼠标左键移动鼠标可移动费波拉契线。

10.阻速线

阻速线的原理与江恩角度线相似，也是通过一些特殊的角度来确定价格的变化方向。当价格上升或下跌的第一波形态完成后，利用第一波的展开幅度和这些特殊角度可推出后市发展的几条速度线，作为支撑和阻力位置。

绘制阻速线可以分为两种情况：

第一种情况：在上升趋势中，以低点为基点，单击此低点，并按住鼠标左键拖动鼠标使虚线对齐另一相应的高点，释放鼠标即生成阻速线。

第二种情况：在下跌趋势中，以高点为基点，单击此高点，并按住鼠标左键拖动鼠标使虚线对齐另一相应的低点，释放鼠标即生成阻速线。

甘氏线试图将价格随时间的变化关系界定在特殊的上升或下降角度线内，并以此来推测后市的发展方向及阻力位与支撑位。这些特殊的角度一般为22.5、30、45、60等，其中30、45、60这3个角度线最为重要，45度线一般认为是多空分界线，30、60度线则为多空忍受线。

绘制甘氏线可以分为如下所述两种情况：

第一种情况：在上升趋势中，以低点为基点，单击此点，并按住鼠标左键拖动鼠标使45度虚线对齐另一相应的高点，释放鼠标即生成甘氏线。

第二种情况：在下趋势中，以高点为基点，单点击此点，并按住鼠标左键拖动鼠标使

45 度虚线对齐另一相应的低点，释放鼠标即生成甘氏线。

盘口异动监控——短线精灵

大智慧新一代提供的短线精灵功能可以实时监控沪深 A 股的涨跌、成交、盘口、资金流动及板块热点，迅速给出异动信息，帮助投资者及时把握市场机会。

在个股分时走势图或 K 线图中单击状态栏右方的"短线"标签，即可看到"短线精灵"窗口。在功能菜单中执行"查看>短线精灵"菜单命令，也可打开"短线精灵"窗口，其中记录了异动发生的时间、股票名称、异动类型和异动数量等信息。

模拟炒股工具——投资管理器

大智慧为投资者提供了投资管理器，方便模拟统计自己投资的收益情况。软件中将盈亏数字分别用红色和绿色来显示，并提供 3 类投资报表，还从不同角度汇总每笔交易的历史盈亏、浮动盈亏、总盈亏，投资成绩一目了然。投资管理器可同时管理多个投资者账户，设置不同的名称并分设密码。另外，系统还增加了自动送配等除权信息，更加接近实际投资。

在功能菜单中执行"查看>投资管理"菜单命令，弹出"选择投资者"对话框，如果是第一次使用投资管理器，"投资者"下拉列表为空白，可输入用户名后再在"密码"文本框中输入密码。

单击"确定"按钮即可进入该投资者的投资记录界面，界面下方显示了投资者的操作记录和股票的盈亏情况等信息，每条信息中的盈亏数字分别用红色和绿色来表示。在左上方的下拉列表中，可以选择汇总表、历史交易表和个股历史交易表 3 种不同类型。

在投资管理器中单击"新增"按钮，将弹出"投资项目"对话框，在"投入资金"选项卡下投资者可设置需要投入买卖股票的资金额，如输入投资金额为 10000，切换至"买入股票"选项卡，在该选项卡下投资者可增加新的买入交易，先选择要买入股票所在的证券交易所，再选择交易的日期，最后在"股票代码"文本框中输入需要买入的股票代码，系统将自动显示出该股票当前的买入价和交易费，并默认买入量为 100 股，而且计算出了成交总额和交易费率等值，若需要新增卖出交易，切换至"卖出股票"选项卡，按照设置"买入股票"的方法设置卖出股票即可。

投资指数表示指数股综合市值。它以用户所持各股票的持仓量为权重，以全部初始投资额作为基准值1000点，因此指数的走势就是用户当前持股的总市值的走势，对于0.75%的交易费率来说，当投资指数达到1015点时，就表明开始赚钱了。

单击投资管理器中的"投资指数"按钮，大智慧会自动以用户投资组合中的个股持仓量为权重，为投资者建立个人投资指数。

个人投资指数也有各种分析周期的分析图，诸如日线、分时线等。若需查看，可打开隐藏菜单，单击"自定义指数"选项，在其列表中将显示出新建的"张三投资指数"，双击该指数，即可查看到对应的K线图。

投资管理器还允许投资者建立投资净值，在"投资管理器"窗口中单击"投资净值"按钮，即可生成该账户的资金净值指数，投资者可以直观地记录该账户的赢利与亏损情况，动态地显示投资净值。其建立和查看方法和"投资指数"类似，这里就不做过多的阐述。

优选交易系统——优化交易系统

世界金融市场发展至今，各种交易指标、交易系统层出不穷，但对于某一只股票，依据不同的交易系统来买卖，可获得的最大收益是不同的。大智慧新一代的强大优选交易系统功能将能计算所选的一组交易系统分别在参数取什么样的值时可获得最大收益，并将这组交易系统按算出的最大收益排序，排在最前面就是最适合本股票的交易系统。

进入个股日K线图，执行"工具>优选交易系统"菜单命令，弹出"交易系统全局优选"对话框，在列表框中勾选需要测试的技术指标，然后选择测试时间段，选择测试周期，单击"开始测试"按钮就可以测评了。

从测试结果中可以看出，使用KDJ指标可以获得最大的年收益，而且成功率为100%。选中KDJ指标，将其拖曳至当前打开的"中达股份"的日K线中，此时可以看到在K线中出现了红色向上和绿色向下的箭头，红色向上的箭头表示买入信号，绿色向下的箭头为卖出信号，并分别显示了此处买入和卖出的数量。

投资方法的好坏测试——系统测试平台

所谓系统测试，就是用历史数据来验证投资方法的正确性。测试平台将历史上所有满足买入或卖出条件的位置找出来，计算每一次交易的收益，从而得到采用该投资方法可以得到的准确收益。

大智慧系统测试平台从信号有效性和交易有效性两方面来描述一个投资方法的好坏。所谓信号有效性，就是当买入信号发出后，股票价格是否在一定时间内真的上涨到期望的幅度，其统计重点是出现信号后上涨的概率，我们用成功率来表示，而交易有效性就是对完整的买入和卖出交易进行统计，查看每次交易的收益情况，其统计重点是每次交易是否赢利，我们用年收益率来表示。

大智慧系统测试平台能在短时间内对任意分析方法形成各种图表形式的量化测试报告，定量地从成功率、赢利能力、风险系数等多方面评价投资方法的实战价值。用户可根据评测报告，对投资理念进行有的放矢的修正，全面提升实战性能。

1.设置测试平台

测试平台可以对技术指标、条件选股和交易系统 3 种分析方法进行系统测试，测试需要进行 5 个步骤，分别为设置分析方法及其参数、买入条件设定、平仓条件设定、市场模型及测试设置。

以 DIFF 线由下向上突破 EDA 形成黄金交叉为买入条件，对 MACD 技术指标进行测试的操作如下所述。

（1）选择分析方法

首先执行"公式>系统测试平台"菜单命令，弹出"系统测试平台"对话框，从左侧的列表框中选择需要测试的分析方法，此时我们从技术指标中找到 MACD，然后保持默认参数为 12、26、9，分析周期为日线。

（2）设定买入条件

设置好分析方法后，单击"下一步"按钮进入买入条件设定界面。

界面中各选项组中功能介绍如下：

测试时间段：设置一个时间段，系统仅测试在该时间段内发生的买入或卖出行为。

强制平仓盈亏不计入测试结果：当测试结束后，系统如果不处于空仓状态，则会按照最后一天的收盘价进行平仓。如果勾选该复选框，则强制平仓的收益将被记入测试结果，否则不计入。建议不勾选该选项。

买入规则：对于技术指标测试，在这里需要设定在什么条件下买入股票。这里设定"指标线 DIFF 上穿 DEA"，即发生黄金交叉。如果是条件选股或交易系统测试，该选项由公式决定，不需要投资者设定。

资金交易规则：当条件满足时，系统需要决定买入多少股票。系统提供了 4 种买入方式，分别是全部资金买入、部分资金买入、固定资金买入和固定股数买入。本例中选择"部分资金买入"，并设置每次投入 30% 的可用资金。

连续信号：选择当出现连续买入信号时需要采取的措施，有 4 种方式可供选择，分别为不再买入、同等买入、递增买入和递减买入。本例中选择"同等买入"，即买入数量与上一个买入信号相同。

忽略连续信号：短期内发生的连续信号往往需要将它删除，系统提供了对这种情况的支持。投资者可以选择忽略若干周期内发出的连续信号，如果忽略 0 周期内的信号，等同于不忽略任何买入信号。这里设置忽略 5 周期内的连续信号。

（3）设定平仓条件

设定好买入条件后，单击"下一步"按钮进入平仓条件设定界面。设定平仓条件就是设置在什么条件下卖出股票。对于交易系统公式，因为公式中已经设置了卖出条件，所以平仓条件是可选的，而对于技术指标和条件选股条件的测试，则至少要指定一个平仓条件。平仓条件设定界面中的选项说明如下：

目标周期平仓：买入若干周期后，无论涨跌都平仓。本例设置为 20 个交易日平仓。

目标利润止赢：当前股价上涨，与买入价相比收益达到指定百分比则卖出。本例选择与买入价相比到达 10% 的利润后自动平仓。

最大损失止损：当前股价下跌，与买入价相比损失达到指定百分比则卖出。本例选择与买入价相比到达 5% 的亏损后自动平仓。

回落平仓：随着股价的变化，每当股价从一个新高位产生下跌，则计算从这个新高开始最大允许产生多少亏损。为避免股价震荡，可以设定新高后若干天内的损失幅度。如指定 4 天最大损失 5%，则表示 4 天内浮动亏损超过 5%。

横盘平仓：若干日内价格变动幅度小于指定幅度，则认为是价格盘整，此时强制平仓。

（4）设置市场模型

设置好平仓条件后，单击"下一步"按钮进入市场模型设定界面，在该界面中投资者可以设定资金的分配模型和系统测试范围。市场模型界面中的选项说明如下：

单股票测试：对每一只股票投入固定的资金，不同股票间设定单独的账户，只能用于购买该只股票。

全市场测试：如果是新的交易系测试，该项会屏蔽。总的资金投入到股市中，该资金会根据发出信号的先后买入股票。该模型中只有一个资金账户，不同股票使用同一账户买卖。采用全市场测试，可以更精确地描述实际情况，对于克服信号过于集中而造成资金紧缺的情况有很大的帮助。全市场模型可以设定最多同时持有的股票数以及每次最多买入的股票数。本例中设置最多同时持有 30 只股票，当多只股票同时满足条件时，最多同时买入 10 只股票；当满足条件股票数超过限制时，"随机买入"。

测试对象：单击"加入"按钮，可添加需要测试的股票。建议选择较多的股票进行测试，这样测试结果更具有广泛性。

（5）测试设置

设置好市场模型后，单击"下一步"按钮进入系统测试设定界面，这里显示了刚才投资者所设定的测试条件。

单击"开始"按钮，系统便会按照设定进行测试，并将测试结果显示出来。

2.分析系统测试结果

系统测试结果可以分为摘要、报告、明细、分布和收益 5 个部分。在测试结果窗口中单击对应的按钮，即可切换至对应的测试结果界面中。

首先查看到的是"摘要"，"摘要"界面中显示了系统最重要的分析结果，主要有年回报率、成功率等几项内容，将鼠标移动到项目名称上，可以看到该项目的具体含义。

单击"报告"按钮，可显示出"报告"界面，该界面中详细列出了每一次交易的详细情况，分为交易测试和信号测试两个部分。

单击"明细"按钮，可显示出"明细"界面，该界面中详细列出了每一次交易的价格、数量、收益和类型。

单击"收益"按钮，可显示出"收益"界面，该界面中用曲线来表示了历史收益情况，红色表示处于赢利状况，绿色表示处于亏损状态。单击"分布"按钮，可显示出"分布"界面，该界面中用小圆圈来表示每一次交易的盈亏状况，每一个小圆圈代表一次交易，其水平位置表示交易发生的时间（以卖出时间为准），垂直位置表示收益情况，位置越高表示收益越大，具体收益数值及百分比分布标注在图形两边的坐标上。红色小圆圈表示赢利交易，绿色表示亏损交易，该图形形象直观地表示了每次交易的盈亏情况。例如交易中的红色多而绿色少，说明胜率较高。若每次赢利交易都赢利甚少，而每次亏损交易都亏损甚多，则胜率高也不一定能够赚钱。

3.优化参数

在测试平台的系统设置中可以设定优化参数。所谓优化参数，就是让电脑帮助投资者找出最佳的参数。在测试设置界面中单击"优化参数"按钮，将弹出"优化参数"对话框。

对于公式中的参数，可以选择其中一部分进行优化，优化方法是将每个选中的参数从最小值到最大值逐一进行测试，每次变化的量由步长来决定。每次优化运算均需要对全部选定股票进行计算，所以优化是一个非常耗费时间的工作，我们在进行优化时需要在测试股票数量、优化参数个数、优化步长等多方面进行权衡。

通过优化分析后，系统会采用图形式、列表式、三维式 3 种方法来显示优化的结果。

（1）图形式

默认显示为"图形式"界面。该界面从净利润率、年回报率、胜率、交易数量及成功率 5 方面来显示优化结果。如果优化参数个数大于等于两个，则系统默认采用二维图来表示优化结果。图中每一个小格表示一组参数的计算结果，位置表示参数值，颜色表示优化结果数值，红色代表较高的数值，绿色代表较低的数值，白色表示该组参数没有测试结果。如果优化参数多于两个，则可以选择 X 和 Y 方向各表示一个参数，其他参数通过拖动来进行设定。如果取消 Y 方向显示或优化参数只有一个，则系统会采用一维图形显示优化曲线，其 X 方向表示参数的大小，Y 方向表示测试数据的大小。

（2）三维式

单击"三维式"按钮，进入"三维式"界面，从空间的角度显示了净利润率、年回报率、胜率、交易数量及成功率 5 方面的优化结果，双击三维图，可以切换不同颜色的填充模式，也可以单击右边的图标切换填充颜色。